Götter am Morgenhimmel

Veröffentlichungen
aus Hochschule, Wissenschaft und Forschung

BAND VIII

Herausgegeben von Wigbert Grabert

Britta Verhagen

GÖTTER AM MORGENHIMMEL

Die Religion der nordeuropäischen Bronzezeit

1983

GRABERT-VERLAG
TÜBINGEN – BUENOS AIRES – MONTEVIDEO

Satz und Druck: Gulde-Druck GmbH, Tübingen
Buchbindearbeiten: Großbuchbinderei Lachenmaier, Reutlingen
Filme: R. Künstle, Tübingen
Schutzumschlag: Creativ GmbH, Stuttgart
Lektorat: Dr. Robert Brenner

CIP-Kurztitelaufnahme der Deutschen Bibliothek

Verhagen, Britta:
Götter am Morgenhimmel:
d. Religion d. nordeurop.
Bronzezeit / Britta Verhagen. – Tübingen;
Buenos Aires; Montevideo: Grabert, 1983.
(Veröffentlichungen aus Hochschule,
Wissenschaft und Forschung; Bd. 8)
ISBN 3-87847-063-0

Inhaltsverzeichnis

Fünftes Kapitel
KULT UND BRAUCH

Sechstes Kapitel

Siebtes Kapitel
NACH DEN KATASTROPHEN

Einleitung

Unter dem Begriff »Nordeuropäische bzw. nordische Bronzezeit« versteht der Vorgeschichtsforscher im allgemeinen eine ganz bestimmte, räumlich und zeitlich begrenzte Kulturepoche, die sich im Norden Europas seit 2000 v. Chr. entwickelt hat. Sie unterscheidet sich von der vorangegangenen »Jungsteinzeitkultur« auf den ersten Blick vor allem dadurch, daß jetzt die Metallbearbeitung und der Metallguß in den Vordergrund treten, wobei im Gegensatz zu der Zeit des Übergangs, der »Steinkupferzeit«, die Bronze das Übergewicht hat. Der Raum, in dem diese Kultur als einheitliches Ganzes entstand und wirksam wurde, umfaßt Teile von Norddeutschland, Schleswig-Holstein und Dänemark als tragende Mitte, außerdem Südschweden und ein kleines Stück von Südnorwegen. Die Völkerschaften, die diese Gebiete im 2. Jahrtausend v. Chr. bewohnten, müssen damals eine kulturelle und sicher auch politische Einheit gebildet haben. Die kulturellen Anstöße aber scheinen durchweg von der Mitte, von Schleswig-Holstein und vor allem den dänischen Inseln, ausgegangen zu sein.

Die Funde, die dieser Kultur zugerechnet werden, zeigen in ihrer Vielfalt und künstlerischen Vollendung die Merkmale einer ungewöhnlichen Eigenständigkeit und auch einer Verfeinerung, die man in diesem geographischen Raum in vorgeschichtlicher Zeit nicht erwartet. Man ist ja im allgemeinen nicht sehr geneigt – und heute weniger denn je – den Germanen des Nordens eine Hochkultur zuzubilligen und stellt sie bestenfalls an die Grenze zwischen Natur- und Kulturvolk. Eine Ausnahme bildet hier aber für den Kenner eben jene Zeit zwischen – ungefähr – 2000 und 1200 v. Chr. Für gewöhnlich läßt die Vorgeschichtsforschung zwar – auch heute noch – die »Bronzezeit« des Nordens später enden, gelegentlich sogar erst um 800 v. Chr. Das ist insofern richtig, als tatsächlich in den »dunklen« Jahrhunderten nach 1200 das Eisen im Norden kaum eine Rolle spielt, so daß der Name »Eisenzeit« nicht sehr passend wäre. Aber wir müssen uns klar darüber sein, daß die Epoche, um die es in unserer Betrachtung geht, die eigentliche nordische Bronzezeitkultur, ohne Zweifel um 1200 abbricht. Der Zeitabschnitt, der ihr folgt, aber läßt sich bis jetzt so wenig erhellen, daß man ihm keinen bestimmten Namen geben kann.

Der bekannte Archäologe Friedrich Behn nennt die »nordeuropäische Bronzezeit« eine »prähistorische Hochkultur«[1]. Auch andere Forscher schätzen sie mit Recht hoch ein. Die spätere germanische Mythologie kennt wie die griechische den Begriff des »Goldenen Zeitalters«, das irgendwann einmal in der Vorzeit geherrscht haben soll. Es ist wahrscheinlich, daß für den Norden die Bronzezeit dieses »Goldene Zeitalter« war.

Freilich, wir haben es hier mit einer Hochkultur fast ohne Städte, fast ohne Steinbau, aber offenbar auch ohne soziales Elend, Sklaverei und dergleichen zu tun. Es ist die Zeit eines erstaunlichen materiellen Reichtums, der sich in den Funden dartut. Edelmetalle gab es im Überfluß, man hat gesagt, nach der Fülle der Funde zu schließen (und es ist ja immer nur ein Bruchteil des tatsächlich Dagewesenen, was sich im Boden findet), müsse damals jedes Bauernhaus goldenes Geschirr beherbergt haben. Der Reichtum setzt Schiffahrt und Handel voraus, die offenbar in dieser Epoche in ganz Europa in einem Maß blühten wie später bis zur Neuzeit nicht mehr.

Die Funde zeigen aber auch, daß dort im Norden – mindestens in den großen Zeiten dieser Kultur – ein wahrhaft guter Geschmack, ein seltener Sinn für die edle Einfachheit, für Harmonie und Gleichmaß herrschte. Der Lebensstil war offensichtlich kultiviert, man gab viel auf Körperpflege: Rasiermesser, Pinzetten, Messerchen zum Haar- oder Nägelschneiden fanden sich in den meisten Männergräbern, manchmal in Lederetuis zusammengestellt. Die (allerdings seltenen) Gräber, in denen sich auch vergängliche Stoffe erhielten, zeigen Dinge des täglichen Gebrauchs, die man hier eigentlich erst viel später erwartet hätte: genähte und bestickte Kleidung, Lederschuhe, Durchsteckknöpfe, Sicherheitsnadeln, bemalte oder mit Brandmalerei verzierte Spanschachteln, herrliche Metalldosen, die Schmuck oder Nähzeug enthielten, Schmuck überhaupt, in Männer- und Frauengräbern, edel in der Form und nie überladen. Eine junge Frau trug im Grab über ihrem eigenen reichen Haar eine große Flachsperücke, die durch ein feines Netz gehalten war. Einer ihrer Füße hatte durch das Tragen von zu engem Schuhwerk gelitten. Einige Entrüstung weckte um die Jahrhundertwende die Tatsache, daß etliche junge Mädchen im Grab einen Miniwickelrock aus rotgefärbten Schnüren mit Bronzeklunkern daran trugen; dergleichen hatte man »der züchtigen Germanin« doch nicht zugetraut und sprach darum von einem »illyrischen Röckchen«.

Reizende Klappstühle, auch mit Bronzeklunkern geschmückt, wurden gefunden. Dazu kommen dann die Dinge, die im Kult Verwendung fanden und oft auch als Opfer niedergelegt wurden: die wunderbaren Sonnenscheiben, die Bronzekrüge und Goldtassen, die Schalen und Kesselwagen und die Luren, jene einzigen heute noch spielbaren Musikinstrumente der Vorzeit, die aber nicht nachgegossen werden können, weil ein so dünner Bronzeguß nicht mehr herstellbar ist. Pferde gibt es und Schwäne, auch kleine Menschengestalten beleben außer den Tierbildern gegen Ende der Bronzezeit die Gerätschaften, Rasiermesser zeigen Einlegearbeiten mit figürlichen Darstellungen, fast realistische Bronzestatuetten lassen die Frage auftauchen, ob auch Großplastik vorhanden war und nur verloren ging.

Natürlich haben sich Waffen in Menge gefunden, Streitbeile, Speerspitzen, Dolche und vor allem Schwerter, die in der späteren Zeit hauptsächlich in der Form des »Griffzungenschwertes« auftreten und auch aus Bronze gefertigt sind. Dennoch gibt es keine Anzeichen dafür, daß in jenen Jahrhunderten größere Kämpfe oder gar verheerende Kriege in den Nordländern stattgefunden haben. Es war, wie es scheint, eine Zeit des Friedens und des sich mehrenden Besitzes, eine Wärmezeit, fruchtbar zunächst in jeder Beziehung, die Zeit des »Klimaoptimums«, in der in Schweden Weizen und Wein gediehen und an der Nordsee ein Klima herrschte wie etwa heute am Mittelmeer, eine Epoche voller glücklicher Voraussetzungen also für eine blühende Kultur, die aber nicht dauern konnte. Sie endete nach Jahren zunehmender Dürre und Trockenheit plötzlich in der Erschütterung durch eine weltweite Naturkatastrophe, die dem Norden vor allem Moor- und Waldbrände und eine gewaltige Überschwemmung brachte. Ein Klimasturz riesigen Ausmaßes zerstörte vorerst alle jene günstigen Voraussetzungen – das »Goldene Zeitalter« war zu Ende.

Die Forscher, die sich mit der – vielfach so genannten – »Nordischen Bronzezeit« befaßten, haben natürlich nicht nur nach der materiellen Kultur jener Epoche gefragt, sondern auch nach ihrer Religion. Hier blieb zunächst für Spekulationen ein weites Feld offen. Die Funde gaben Rätsel auf. Die Goldscheiben, die Sonnenwagen und überall (auch auf den schwedischen Felsbildern) angebrachten Sonnensymbole verführten dazu, an einen »reinen Sonnenkult« zu denken. Friedrich Behn spricht von »solarem Monotheismus«. Er meint, die Sonne sei als einzige Gottheit, nicht vermenschlicht wie in anderen Kulturen, sondern als Naturerscheinung und Symbol allgemeinen göttlichen Wirkens angebetet worden[2]. Auch bei anderen Forschern und Laien, und gerade bei solchen, die die Germanen besonders zu preisen wünschen, finden sich ähnliche Ideen. Man beruft sich auf das Wort des großen römischen Schriftstellers Tacitus (etwa 50 bis 116 n. Chr.): »Im übrigen sind sie (die Germanen) der Meinung, daß man die Götter nicht . . . irgend einer menschlichen Gestalt nachbilden könne, wegen der Hoheit der himmlischen Mächte«, und schließt daraus, daß die Germanen überhaupt keine menschengestaltigen Götter verehrt hätten. Der spätere Götterkreis sei dann erst durch die Berührung mit den Römern (Behn meint, sogar erst durch das Christentum), angeregt entstanden.

Diese Meinungen sind natürlich gänzlich unhaltbar. Das Wort des Tacitus bezieht sich eindeutig nur auf das »Nachbilden« (in Metall, Holz oder Stein), nicht auf die Vorstellung als solche. Alle Indogermanen-Völker sind auf dem entsprechenden Entwicklungsstand Polytheisten gewesen. Es wäre doch sehr seltsam, wenn ausgerechnet nur die Germanen in dieser frühen Zeit sich so vollständig aus dem Vorstellungskreis aller ihnen verwandten

Völker gelöst und ihren Entwicklungsstand so gänzlich verleugnet hätten, um dann – was noch seltsamer wäre – sehr verspätet zu dem (angeblich) »primitiven« Polytheismus zurückzukehren, und zwar nur deswegen, weil sie ihre erklärten Feinde, die Römer, nachzuahmen wünschten. Dies wäre doch absurd, ganz abgesehen davon, daß der Götterkreis, den die isländische Literatur des Mittelalters so eingehend darstellt, weit mehr Beziehungen zu der uralten, früh aufgezeichneten Götterwelt der Indoarier aufweist als zu dem zu Tacitus' Zeiten schon recht nüchtern und starr gewordenen römischen Staatskult. Es ist deutlich, daß das spätere Wissen von den germanischen Göttern und ihren Taten aus sehr alten, überaus urtümlichen Quellen stammt, die weit vor der »Antike« liegen müssen. Übrigens spricht Tacitus selber des öfteren von den (menschengestaltig vorgestellten) Göttern der Germanen, nur daß er sie, wie es bei den römischen Schriftstellern üblich war, mit römischen Namen – Merkur, Mars usw. – benennt.

Was nun die Bronzezeit angeht, so geben die Funde allerdings keinerlei Hinweis darauf, daß die Edda-Götter, die Asen und Vanen, schon damals den Norden Europas beherrschten. Es ist richtig, daß Götterbilder fast fehlen – nicht ganz, wir werden später mehr darüber hören –, daß aber immer und überall Lebensbaummotive und Sonnenbilder erscheinen, vor allem die von Pferden gezogene oder im Schwanenschiff fahrende Sonne beherrscht weithin das Feld. Was steckt dahinter?

Das Rätsel ist vor noch nicht allzu langer Zeit gelöst worden und zwar durch Jürgen Spanuths Atlantis-These. Spanuth hat in seinen Büchern »Das enträtselte Atlantis« (1953), »Atlantis« (1965), »Die Atlanter« (1976), »Die Philister« (1980) und mehreren kleineren Veröffentlichungen ein enormes Material zusammengetragen und seine These (die zunächst kühn erschien) so ausgezeichnet untermauert, daß es meiner Meinung nach unmöglich ist, bei näherer Beschäftigung mit ihr nicht zu erkennen, daß sie stimmt, stimmen muß, weil hier eine unbestreitbare Tatsache die andere stützt. Diese Atlantis-Theorie ist die einzige ihrer Art, die den Bericht Platos wirklich ausschöpft und der Frage nach Logik der Zusammenhänge standhält. Sie ist in keiner Weise

»phantastisch«, sondern arbeitet mit Tatsachen, die längst bekannt waren und nur nicht richtig zusammengesetzt wurden. Jetzt aber zeigt sich plötzlich das Puzzle der vorgeschichtlichen Einzelbeobachtungen und -erscheinungen als mühelos gefügtes klares Bild der europäischen Vorgeschichte, ohne daß, wie es sonst meist der Fall war, die Teilchen erst passend gemacht werden mußten.

Der Bericht, den die Priester zu Sais in Ägypten dem griechischen Staatsmann und Dichter Solon nach ihren alten Aufzeichnungen darlegten und den Plato in seinen Dialogen »Timaios« und »Kritias« aufgeschrieben hat, spielt in der Bronzezeit, genauer gesagt, gegen Ende des 13. Jahrhunderts v. Chr. Die im Bericht selbst gegebenen Zahlen – 8000 bzw. 9000 Jahre (vor Solon) –, die viele »Atlantologen« in die Irre geführt haben, erklären sich dadurch, daß die Ägypter durch lange Zeiten (auch heute noch) statt nach Jahren nach Monaten rechneten, was übrigens oft zu Verwechslungen führte. Rechnet man die Angabe des Atlantisberichtes auf Monate um, so kommt man laut Spanuth[3] auf das Jahr 1226 v. Chr. Jedenfalls muß jeder, der den Bericht überhaupt ernst nimmt, sehen, daß er ein geschlossenes Bild bronzezeitlicher Lebensweise, Kultur und Mythologie gibt und unmöglich ans Ende des Paläolithikums bzw. an den Anfang des Mesolithikums gesetzt werden kann, wo es alles das, was der Bericht anführt, noch nicht gab: große Tempel und ummauerte Städte, Streitwagen und Reiterverbände, Metallverarbeitung – sogar Eisen wird einmal erwähnt. Da der erzählende Priester die Absicht hatte, Solon über frühere Großtaten seiner Heimatstadt Athen aufzuklären, enthält der Bericht zunächst eine Beschreibung der Stadt Athen und ihrer Verfassung in jener Vorzeit, die genau auf das mykenische Athen des 13. Jahrhunderts paßt.

Nach den ägyptischen Aufzeichnungen soll Athen damals einer Macht Widerstand geleistet haben, die mit gewaltigen Heeren vom »atlantischen Meer«, von außerhalb der »Säulen des Herakles« her, gegen die Länder am Mittelmeer vorstürmte. Die Heimat dieser fremden Scharen beschreibt der Bericht in seinem weiteren Verlauf als ein großes Reich, dessen Eigenheiten genau dargestellt werden. Der Sitz der Königsmacht ist eine Insel, die

Plato »Basileia«, die Königliche, nennt. »Später«, sagt der Bericht, »versank diese Insel im Verlauf eines Tages und einer Nacht« im Meer, das seither dort, wo sie versank, »unzugänglich und unerforschlich wegen des sehr seicht liegenden Schlammes« war[4].

Nun fand Spanuth heraus, daß es die Nordsee war und nur sie, die in der Antike das »atlantische Meer« genannt wurde, und daß jene Insel Basileia einst hinter Helgoland gelegen hatte und um 1220 v. Chr. vom Meer überspült wurde, später aber teilweise wieder auftauchte und bis ins Mittelalter hinein existiert hat. Von dieser Insel also und aus den weitgespannten atlantischen Reichen, von denen Plato erzählt, kamen jene Heere, die in die Mittelmeerländer vordrangen, Griechenland angriffen, Kleinasien durchzogen und schließlich einen massierten Angriff von Land und See her zugleich gegen Ägypten durchführten.

Es waren die »Nord- und Seevölker« der ägyptischen Berichte, man kannte sie längst, kannte ihre Bilder von den Tempelwänden von Medinet Habu in der Königsstadt Theben in Ägypten, man wußte, daß sie große, schlanke, blonde, bartlose Leute mit seltsamen »Strahlenkronen« als Kopfbedeckung, mit Rundschilden und Griffzungenschwertern gewesen waren, und auch, daß der Pharao Ramses III. sie 1195 v. Chr. zu Land und See geschlagen hatte. Man wußte nur nicht, woher diese »Nord- und Seevölker« gekommen waren.

Jetzt erfuhr man es. Nicht aus der Ägäis oder vom Balkan, wie man vermutet hatte, kamen die großen Seefahrer mit ihren Schwanenkopfschiffen, die so erstaunlich den späteren Wikingerbooten glichen, sondern viel weiter her: von den Küsten der Nordsee, aus dem Bereich des nordeuropäischen Kulturkreises der Bronzezeit.

Dieser Teil von Spanuths Forschungsergebnissen ist vielfach anerkannt worden. Das Beweismaterial, mit dem er hier auffahren konnte, war absolut überzeugend. Die Verbindung mit dem Atlantisbericht allerdings will vielen Forschern heute noch nicht einleuchten, zu Unrecht, denn die Beweise sind hier genauso schlagend wie dort. Aber man hatte sich eben unter »Atlantis« etwas so ganz anderes vorgestellt, einen geheimnisvollen Riesenkontinent, der vor vielen Tausenden von Jahren mitten im Atlantischen Ozean – dem heute so genannten – versunken war, oder – unwahrscheinlicher noch – irgendeine kleine Insel im Mittelmeer (die von außerhalb hereinstürmenden gewaltigen Kriegerscharen erwähnte man in diesem Fall wohlweislich nicht). Neue Erkenntnisse der Vorgeschichte brauchen eben immer Zeit, bis sie sich durchsetzen, das ist eine oft gemachte Erfahrung.

Besonders interessant ist, daß durch Spanuths Forschungen und Entdeckungen plötzlich ein helles Licht auf die Funde der nordischen Bronzezeit gefallen ist und daß die Rätsel, die sie aufgaben, eine ganz neue, erstaunliche und unerwartete Lösung fanden. Jetzt stehen sie ja nicht mehr allein, jetzt gibt es schriftliche Berichte über diese Kultur und ihre Träger, Berichte, die einander ergänzen: ägyptische und griechische, vornean den Atlantisbericht mit seinen vielseitigen Beschreibungen und Erklärungen, dann die »Phaiakie« der Odyssee, die Spanuth mit dem Atlantisbericht zusammengestellt hat, und viele Stellen aus Werken griechischer Schriftsteller, aus der »Argonautica« des Apollonios von Rhodos, der Herakliden-Sage, aus Herodot, Hesiod und vielen anderen mehr. Alle diese Quellen ergänzen einander, zeigen harmonisch zusammenpassende lebendige Bilder jener Welt, von der wir bisher nur kannten, was in der Erde gefunden worden war.

So wissen wir nun auch, wie es mit der Religion dieser Nordwelt bestellt war und was es mit den Sonnenzeichen, den Pferden und Schwänen auf sich hat. Das Ergebnis ist verblüffend: Weder solaren Monotheismus ohne menschengestaltiges Gottesbild, noch auch das Walhall der Wikinger mit Asen und Vanen sehen wir – es erscheint vielmehr, auf dem Sonnenwagen stehend oder im Schwanenschiff fahrend, umgeben von weißgekleideten Frauen, eine schöne Jungmännergestalt im blauen Gewand, die Strahlenkrone auf dem Haupt, geschmückt mit dreifachen Ohrgehängen, blitzende Bronzespiralen auf der Brust, eine Gestalt, die ein merkwürdig starkes Licht ausstrahlt, das nicht nur den bronzezeitlichen Norden, sondern noch weite Räume und Zeiten erhellt. Dieser Gestalt gilt in der Hauptsache die vorliegende Schrift.

Einige Vorbemerkungen erscheinen mir noch nötig. Es ist die

Aufgabe dieses Buches, das Wichtigste von dem, was wir heute über Religion und Kult der Nordeuropäer der Bronzezeit wissen oder erschließen können, als Ganzes darzustellen. Weshalb ich mich dabei weithin auf die Werke Jürgen Spanuths stütze, wurde schon gesagt. In ihnen findet sich an vielen Stellen ein reiches Material zu meinem Thema verstreut, denn Spanuth mußte es ja in erster Linie darum gehen, seine These zu verteidigen. Alle seine Beweise aufzuführen, ist mir hier nicht möglich, ich muß da den Leser auf Spanuths Werke selbst verweisen. Aber die Zitate aus seinen Büchern werden die aus den Werken anderer Autoren überwiegen, eben darum, weil es galt, alles, was Spanuth zu dem Thema Bronzezeitreligion zusammentragen konnte, mit in den Kreis der Betrachtung zu ziehen und so Klarheit über das bisher Rätselhafte zu gewinnen.

Die meisten Forscher, die über die Bronzezeit Nordeuropas schrieben – auch Spanuth – haben die Nordleute jener Epoche als »Germanen« bezeichnet; das ist zweifellos möglich, denn die Vorfahren der später Germanen genannten Völkerschaften waren sie sicherlich. Aber trotzdem möchte ich im folgenden den Namen für diese Epoche vermeiden; er stiftet, wie mir scheinen will, Verwirrung.

Daß die Angehörigen des nordischen Kultkreises der Bronzezeit sich selbst noch nicht »Germanen« nannten, ist klar. Tacitus erklärt den Nemen für jung und als eigentlich nur dem Stamme der Tungrer am Rhein zukommend. Doch das wäre noch nicht ausschlaggebend. Wichtiger erscheint mir die Tatsache, daß Spanuths These von Sprachkundigen gelegentlich mit dem Argument abgelehnt wird: »Jene Seevölker, die um 1200 v. Chr. in Griechenland, Kleinasien, Ägypten einbrachen, können nicht Germanen gewesen sein, denn – das läßt sich erschließen – sie sprachen nicht germanisch. Auch die Dorer z. B. gehörten zu den Völkerschaften der ›Großen Wanderung‹, die nach ihnen sogar ›Dorische Wanderung‹ genannt worden ist, sie aber sprachen eine dem Griechischen der Mykener nahe verwandte Sprache und konnten sich, als sie die Peloponnes besetzten, sehr wohl mit den ›mykenischen‹ Griechen verständigen.« Das letztere stimmt natürlich. Aber – sprachen denn die Nordleute jener Zeit überhaupt schon

»germanisch«? Ganz sicher nicht. Eine germanische Sprache kann es damals noch sowenig gegeben haben wie etwa eine keltische oder lateinische. Sie alle haben sich erst nach ebendieser großen Wanderzeit entwickelt, die die Völker Europas sich neu verteilen und neue Wohnsitze finden ließ.

Jene Stämme, die wir unter dem Namen »mykenische Griechen« zusammenfassen, sind etwa um 1900 v. Chr. in den griechischen Archipel eingewandert. Auch sie waren Indogermanen und kamen ursprünglich aus dem Norden Europas. Sie brachten von dort eine Sprachform mit, die sie beibehielten. Im Norden mag sich diese Sprache im Laufe der Bronzezeit bis zu einem gewissen Grad weiterentwickelt haben, doch nicht so sehr, daß sie nicht dem »Griechischen« des Südens noch recht nahe blieb und die Dorer sich tatsächlich ohne Mühe mit den Mykenern verständigen konnten[5]. Meine Beschäftigung mit Namen und Bezeichnungen aus »atlantischer« Vorzeit, die sich im späteren griechischen Schrifttum erhalten haben, konnte nur *ein* Resultat bringen: Die Bronzezeitsprache des Nordens mag möglicherweise auf dem Weg zum Germanischen gewesen sein, sie würde unserem heutigen Ohr aber unbedingt »griechisch« klingen. Dieser Eindruck dürfte schon allein durch die os-Endung der Männernamen entstehen. Natürlich weiß man nicht, inwieweit hier die »atlantischen« Namen gräzisiert wurden. Aber die Nachsilbe, durch die Namen und Bezeichnungen als männlich charakterisiert wurden, muß original sein. Nach der ersten Germanischen Lautverschiebung, die irgendwann im 1. Jahrtausend v. Chr. stattfand – also *nach* den Katastrophen und den Völkerverschiebungen –, lautete diese Nachsilbe r bzw. er. Im Altnordischen der Edda hängt dieses r an fast allen als männlich zu verstehenden Namen und Bezeichnungen. Wir haben es im Deutschen noch als Endsilbe bei Berufsbezeichnungen: Lehrer, Förster, Sänger usw. Vor der Lautverschiebung war dieses r ein s (auch z geschrieben, aber stets s gesprochen). Der unbetonte Zwischenvokal färbte sich wie üblich je nach Gegend oder sogar persönlicher Aussprache als a, o oder u; der o-Klang mag zunächst vorgeherrscht haben.

Diese Germanische Lautverschiebung veränderte die Sprache des Nordens in hohem Maße und machte sie recht eigentlich erst zum »Germanischen«, so wie wir es kennen. Ein einschneidender Vorgang, der Rätsel aufgibt. Ich möchte ihn mit einem anderen ebenso rätselhaften Ereignis zusammenstellen: dem Einbruch der Odins-Religion, der Religion der Asen-Götter, in den Norden. Ich werde später darauf zurückkommen. Klarstellen möchte ich hier nur, daß für meinen Begriff erst nach jenen Ereignissen, die Sprache, Glauben, teilweise sogar Gedankenwelt und Sitten veränderten, die Leute aus dem Norden Europas wirklich als Germanen bezeichnet werden können.

Den Ausdruck »Indogermanen« dagegen möchte ich beibehalten. Man gebraucht heute vielfach dafür, den Engländern und Amerikanern folgend, die Bezeichnung »Indoeuropäer«. Das Wort umreißt das Gemeinte aber nur unvollkommen. Es war gegen Ende des 18. Jahrhunderts, als der englische Staatsbeamte Sir William Jones entdeckte, daß zwischen der altindischen Sprache der Veden, dem Sanskrit, und den germanischen Sprachen eine enge Verwandtschaft bestand. Bald stellte sich dann heraus, daß dieser Familie noch eine ganze Anzahl weiterer Sprachen angehörten. Im vergangenen Jahrhundert entstand dann die »Indogermanistik« als neuer Wissenschaftszweig. Man unterschied zwei Sprachgruppen, die sich in verhältnismäßig früher Zeit voneinander getrennt haben mußten und eigene Entwicklungswege gegangen waren: die Ost- und die Westindogermanen, Satem- bzw. Kentum-Indogermanen genannt. Die Bezeichnung Indo-Germanen legte nun den äußersten östlichen wie den äußersten westlichen Bereich fest, in dem diese Sprachen gesprochen wurden.

Es konnte nicht ausbleiben, daß der Ausdruck Indogermanen in seiner Bedeutung ausgeweitet und auf das Volkstum überhaupt angewendet wurde. Man hatte ja inzwischen erkannt, daß die Verwandtschaft der indogermanisch sprechenden Völker sich nicht auf die Sprache beschränkte, mindestens nicht, was die frühen Zeiten angeht, sondern auch äußeres Erscheinungsbild, religiöse Vorstellungswelt, Sitten und Gebräuche umfaßte. Alle diese Völker mußten einmal eine Einheit gebildet und in einem gemeinsamen, begrenzten Entwicklungsraum herangewachsen sein. (Ich bekenne mich zu der auch von meinem verstorbenen

Lehrer J. W. Hauer vertretenen Ansicht, daß die Wurzeln der indogermanischen Sprache bis in die Eiszeit hinabreichen und daß der Entwicklungsraum der indogermanischen Völker nach der Eiszeit in Nordwesteuropa lag.)

Die Zusammengehörigkeit von Sprache und Rasse ist mehrfach geleugnet worden. So hat z. B. 1948 Oskar Paret in seinem Buch »Das neue Bild der Vorgeschichte« die Meinung, Rasse und Sprache hätten nichts miteinander zu tun, unter anderem dadurch begründet, daß er die nordamerikanischen Neger anführte, »die wegen ihrer englischen Sprache nicht mehr zur schwarzen Rasse gerechnet werden dürften«, wenn die Verteidiger der Gegenmeinung recht hätten[6]. So darf man das freilich nicht nehmen. Sprachwechsel sind immer vorgekommen, das ist richtig, aber wir haben es hier ja mit Vor- und Urgeschichte zu tun. Es kann doch wohl nicht geleugnet werden, daß alle extrem hellfarbigen Völker – mit einer Ausnahme – in der vorgeschichtlichen Zeit, in der sie für uns zuerst faßbar werden, indogermanische Sprachen hatten (die Ausnahme bilden die hellfarbigen, nordafrikanischen Libyer, die einen Sprachwechsel durchgemacht haben müssen, denn im kultischen Bereich, der immer speziell konservativ ist, finden sich bei ihnen noch indogermanische Worte).

Da wir keine andere Sammelbezeichnung für die hellfarbigen, indogermanisch sprechenden Völker haben, verwende auch ich den Begriff »Indogermanen« in dem erweiterten Sinne. Aber ich halte es doch für gut, wenn man sich bewußt bleibt, daß dieses Wort eigentlich die Sprache meint.

Die Bezeichnung »indoeuropäisch« tut das auf keinen Fall, da »europäisch« keine Sprache ist oder je war. Außerdem ist es ganz unsicher, ob alle in Europa wohnenden Völker von Anfang an »indoeuropäisch« sprachen, und umgekehrt leben heute viele Völkerschaften, die solche Sprachen sprechen, außerhalb Europas.

Der Begriff »Rasse« aber kann ebenfalls nicht ganz beiseite gelassen werden. Äußere Merkmale, vor allem die extreme Hellfarbigkeit (bzw. Pigmentarmut), können sehr wesentlich mithelfen, die Wege vorgeschichtlicher Völker zu erkennen und sonst unlösbare Fragen zu klären. Schon Ernst Krause (1891) schrieb:

»Die Geschichte der Arier (Indogermanen) hätte niemals in die Zeiten der Vergangenheit rückwärts verfolgt werden können, wenn sie der großen Zahl der brünetten Völkerrassen angehört hätten. Denn von der Erscheinung der meisten Völker der Vergangenheit erfahren wir aus geschichtlichen Aufzeichnungen eben nicht viel mehr als die Erwähnung der Statur und der Farbe von Haut und Augen.«[7] Es ist tatsächlich unmöglich, zu einem richtigen Bild der vorgeschichtlichen Entwicklungen zu kommen, wenn man, wie das jetzt oft geschieht, diese Merkmale einfach ignoriert. (Man bedenke z. B., zu welch richtigen und oft überraschenden Erkenntnissen die Fähigkeit der Ägypter, rassische Merkmale präzise darzustellen, geführt hat.) Ressentiments und politische Gesichtspunkte welcher Art auch immer sollten in der Forschung niemals eine Stelle haben. Hier sollte es um die Erkenntnis gehen, »was und wie es wirklich war«, und um nichts sonst. Bemühen wir uns um Sachlichkeit, so werden uns die neuen Erkenntnisse eine reine Freude bereiten.

Hierher gehört auch noch die Frage, wie die jeweilige Zeitstellung zu bezeichnen sei. Früher schrieb man ganz selbstverständlich: im Jahre 800 n. Chr. oder 600 v. Chr. und meinte damit nach oder vor Christi Geburt. Dann gingen viele Forscher von dieser Schreibweise ab, konnten sich aber nicht über die neue Bezeichnung einigen. Der eine schrieb vor oder nach Zw. und meinte »Zeit*wechsel*«, der andere deutete das als »Zeit*wende*«, der dritte schrieb: v. d. Ztr, was »Zeitrechnung« heißen sollte. Wieder ein anderer verwendete einfach »vor« oder »nach« ohne Zusatz, heute kann man auch + oder – lesen. Es ist aber nun einmal so, daß unsere Zeitrechnung nach dem (fiktiven) Geburtsjahr Jesu Christi ausgerichtet wurde. Man mag sich zum Christentum stelle wie man will, die Tatsache bleibt. Darum möchte ich auch hier die alte Schreibweise beibehalten, denn da wie dort gilt es eben, weltanschauliche Spannungen und Bekenntnisse aus dem Spiel zu lassen zugunsten der so wichtigen intellektuellen Redlichkeit und Sachlichkeit, die allein wissenschaftliche Fragen einer echten Lösung zuführen können.

Erstes Kapitel

Die uralten Götter

Die Herkunftsfrage
Das Eiszeiterbe:
Weltbaum, Erdmutter und Himmelsgott
Ymir und Tuisto

1. Die Herkunftsfrage

Wenn von Religion und Kultur der nordeuropäischen Bronzezeit gesprochen werden soll, so muß zuerst nach den Wurzeln gefragt werden, aus denen diese Kultur erwuchs. Und da steht am Anfang die Frage nach der Herkunft ihrer Träger selbst.

Woher kamen diese Menschen, die Spanuth »Atlanter« nennt, obwohl sie selbst sich, wie er zugibt, sicherlich nie so genannt haben?

Auch hier hilft wieder einmal nur die Beachtung der äußeren Merkmale ein Stück weiter. Daß die Germanen zu Tacitus' Zeiten im Durchschnitt extrem hellfarbig und großgewachsen waren, darüber sind sich alle römischen Schriftsteller einig, und moderne Versuche, hier dies und das einzuwenden, zeigen nur jene Absicht, die man allzuleicht merkt und die verstimmt. Offenbar wirkten die Bewohner des nördlichen Europa auf die Römer in ihrem Erscheinungsbild sehr einheitlich. Tacitus schreibt, sie seien »ein eigenartiges, reines und nur sich selbst gleiches Volk«. Daraus läßt sich ersehen, daß noch um die Zeit von Christi Geburt kein dunkler gefärbtes Volkstum in den europäischen Norden vorgedrungen und keine Mischung erfolgt war. Und diese Tatsache läßt wieder den Rückschluß auf die Vorfahren der Germanen bis in fernste Zeit zu.

Ich möchte hier in knappen Zügen darlegen, wie ich den Hergang sehe. Freilich handelt es sich nur um eine Hypothese, um Vermutungen und Schlußfolgerungen, die aber, wie ich meine, den Vorzug der Logik für sich haben.

Man hat die Neger die »Wärmeform der Menschheit« genannt. Die sehr hellfarbige Menschenart dagegen könnte man vielleicht am zutreffendsten als »Schattenform« bezeichnen. Das Heranwachsen dieser Art muß in einem Raum erfolgt sein, in dem keine Notwendigkeit bestand, die Haut durch Entwicklung von Pigment vor starker Sonnenbestrahlung zu schützen. Mögen die Mutationssprünge im Erbgang willkürlich erscheinen und Auslese den Vorgang bestimmen oder nicht, die Tatsache liegt auf der Hand, daß ebenso bei Menschen- wie bei Tierarten im Laufe sehr langer Zeiträume eine körperliche Anpassung an die klimatischen Verhältnisse des jeweiligen Lebensraumes erfolgt. Alle dunkelfarbigen Menschenarten sind einem warmen, sonnenreichen Klima angepaßt, die hellfarbigen dagegen müssen durch sehr lange Zeiten hindurch in einem Klima gelebt haben, das keine Anpassung an kräftige Sonnenbestrahlung nötig machte. An eine »Depigmentierung«, von der auch gesprochen wurde, glaube ich nicht. Es lag keine Notwendigkeit für eine solche Anpassung vor, denn es ist deutlich, daß z. B. die recht dunkel gefärbten Eskimos selbst unter primitiven Lebensbedingungen im hohen Norden existieren und überleben konnten und können, ohne an Farbe zu verlieren. Da bleibt nur der Schluß übrig, eine Hominidenart anzunehmen, die von vornherein hellfarbig war und von der der weißhäutige Teil der Menschheit abstammt, dazu einen Lebensraum, dessen klimatische Verhältnisse diesen »Weißen« erlaubte bzw. sie zwang, die Hellfarbigkeit beizubehalten[8].

Das Europa der Eiszeiten mag hierfür geeignet gewesen sein. Auch jene Eigenschaften, die später den weißen Teil der Menschheit auszeichneten und in seiner Geschichte deutlich zutage treten, das hohe Maß an Aktivität und Erfindungslust, die Freude am Neuen, am Entdecken und am Kampf, die Fähigkeit vor allem, sich mit Willensanstrengung gegen die andrängenden Verhältnisse durchzusetzen, statt sich ihnen zu beugen und anzupassen, all dies läßt ebenfalls auf ein Heranwachsen in einem Lebensraum schließen, in dem es besonders schwer war, sich zu erhalten, der Mühen auferlegte und für scharfe Auslese sorgte.

An den Rändern der Eisfelder und Gletscherhalden Europas mögen solche Verhältnisse durch lange Zeiträume hindurch geherrscht haben. Hier gab es wahrscheinlich auch viel Nebel, wolkenbedeckten Himmel, Regen, Schnee und lange Winter. Ich bin überzeugt davon, daß die sogenannten »Cromagnons« Westeuropas, jene hochintelligenten Großwildjäger, denen wir die Höhlenmalereien in Frankreich und Spanien verdanken, bereits hellfarbig waren – ihren hohen Wuchs und die Langköpfigkeit zeigen die Grabfunde.

Sie waren vielfach Rentierjäger. Und so kann man annehmen, daß diese, als etwa um 10000 v. Chr. das Eis sich allmählich zurückzog, dem Ren weiter nach Norden gefolgt sind, soweit der Eisrückgang es eben zuließ. Kulturen, die denen der Eiszeitjäger noch recht ähnlich sind, haben sich an der Ostsee und in Norwegen gefunden.

Da diese einwandernden Jäger – vielleicht waren sie auch schon Rentier- oder gar Rinderzüchter – »Menschen wie wir« waren, d. h. der Spezies des »Homo sapiens sapiens« angehörten, körperlich in nichts von Jetztzeiteuropäern verschieden, so dürften sie auch eine Sprache gehabt haben. Und nichts hindert uns anzunehmen, daß diese Sprache jenes Urindogermanische war (oder ihm wenigstens ähnelte), das unsere Sprachforscher mit so viel Mühe und Scharfsinn rekonstruiert haben.

Hier und jetzt – in der Mittelsteinzeit des nördlichen Europa – muß sich das eigentliche Indogermanentum entwickelt haben[9], das dann aber bald weiter nach Osten ausgriff. Die Neuland suchenden Wanderscharen mögen auf den Ostwegen immer nachgestoßen haben. So folgte dann – vielleicht im 5. Jahrtausend v. Chr. – ungefähr zu der Zeit, als man in Schleswig-Holstein anfing, Großsteingräber zu bauen, die endgültige Trennung von West- und Ostindogermanen und die Sonderentwicklung der Sprachen. Im 4. Jahrtausend erreichten dann die Ostfahrer das Kaspische Meer, um das sie sich in weitem Bogen ansiedelten. Sie schufen eine Kultur, die Hauer die »cirkumkaspische« nannte und die bis ins Zweistromland reichte, wo sie sich an einigen Stellen mit der der Sumerer überschnitt, die – etwas später als die »Uriranier« – in jene Länder einwanderten.

Von nun an trennten sich die Wege der »Satem«- und »Kentum«-Sprachen sprechenden Völker, obwohl Berührungen und Überschneidungen sicher nie fehlten. Während die Ostindogermanen in den Iran, nach Indien, ja in Ausläufern bis Japan und China gelangten und weithin die russischen und asiatischen Steppen bevölkerten, drangen die Westindogermanen von ihrem Zentrum Schleswig-Holstein-Dänemark aus als Träger der Megalithkultur in die Mittelmeerländer vor. Sehr früh scheint ein Zug Spanien und Portugal erreicht zu haben, wo es sogenannte »Urdolmen« gibt, wie sie sonst nur im Kerngebiet an der Nord- und Ostsee vorkommen. Ebenfalls in sehr früher Zeit – etwa im 4. oder schon im 5. Jahrtausend v. Chr. – gelangten hellfarbige Völkerschaften nach Ägypten, sie sind wahrscheinlich bereits die Träger der Negada II-Kultur mit ihren vielen Schiffssymbolen, gründen dann kleinere Staaten in Unterägypten, werden kurz vor 3000 von dem Pharao von Oberägypten, König Skorpion, und seinem Sohn Horus Narmer besiegt und ziehen als Vertriebene nach Westen. Es sind jene Völker, die die Ägypter zunächst Tamaku, bzw. Tuimah, das heißt »Nordleute«, später aber Libyer nennen. Ihre Megalithgräber ziehen sich die Mittelmeerküste entlang bis nach Marokko, ihre Völkerschaften wohnen im Atlasgebirge und auf den Kanarischen Inseln, und ihre Papyrusboote sind wahrscheinlich von einem Hafen in Westmarokko aus eine Zeitlang regelmäßig nach Mittel- und Südamerika gefahren[10]. Andere Auswanderer tragen die Megalithkultur (meist zu Schiff) in die Bretagne, wo ein weit ausstrahlendes Zentrum entstand, nach Nordfrankreich, auf die Mittelmeerinseln, wie auch nach England und Irland. Alle diese Völker scheinen die Verbindung mit der alten Heimat im Norden aufrechterhalten zu haben, wir können sie zu den Atlanter-Völkern rechnen, die eine Art »Koalition« bildeten, und deren Könige in späteren Zeiten laut Atlantisbericht alle 5 oder 6 Jahre auf der Königsinsel hinter Helgoland zusammenkamen[11].

Auch die Hethiter, die in Kleinasien ein bedeutendes Reich gründeten, waren ihrer Sprache nach Westindogermanen. Da sie keine wesentliche Megalithkultur in die neue Heimat mitbrachten und die Bodenfunde für eine Einwanderung von Nordosten her sprechen, so ist es wahrscheinlich, daß sie von der großen Gruppe der Streitaxt- oder Schnurkeramikvölker abstammen. Diese waren Westindogermanen, besaßen ein Zentrum in Thüringen, hatten sich aber schon früh weit in den Osten bis in die Länder nördlich des Schwarzen Meeres und an die Mündung der Wolga und den Rand des Kaukasus ausgebreitet. Ihre sehr einheitliche Kultur mit den Einzelgräbern unter flachen Hügeln, die Streitäxte und Gefäße mit Schnurverzierungen bergen, hebt sich überall deutlich hervor und zeigt ihre große Verbreitung und ihre weiten Züge. Einige Jahrhunderte vor 2000 v. Chr. drängten ihre Scharen wieder westwärts, ähnlich wie 1500 Jahre später die Kimmerier zogen sie wohl zum Teil nach Kleinasien, zum Teil nach Mittel- und Nordeuropa. Sie waren keine Megalithiker, und ihr Vordringen in das indogermanische Kerngebiet im Norden scheint zunächst zu kriegerischen Auseinandersetzungen geführt zu haben. Danach aber entstand aus der Vereinigung von Streitaxt- und Megalithleuten allmählich ein sehr homogenes Volkstum, das – etwa ab 2000 v. Chr. – die harmonische und fruchtbare Kultur der Bronzezeit hervorbrachte[12].

2. Das Eiszeiterbe: Weltbaum, Erdmutter und Himmelsgott

Alle diese Völkerschaften, Ost- wie Westindogermanen, zeigen sich nicht nur durch ihre Sprachen und ihr Aussehen als Abkömmlinge *eines* Stammes, sondern auch und vor allem durch ihre religiösen Vorstellungen. Diese sind einander immerhin – bei einigen Verschiedenheiten – doch so ähnlich, daß man sehr wohl erkennt: auch sie müssen aus einer gemeinsamen Quelle stammen. Daraus ergibt sich, daß diese mythologische Vorstellungswelt bereits vor der Trennung von West- und Ostindogermanen jene Form gefunden hatte, in der wir sie später bei fast allen Indogermanen-Völkern finden.

Die Wurzeln dieser Vorstellungen dürften also auch in die westeuropäische Eiszeitkultur hinabreichen. Hier sind wir allerdings ganz auf Vermutungen angewiesen, nichts steht noch wirklich fest, das an sich so reiche und erstaunlich großartige Fundmaterial gibt ebenfalls wieder Rätsel auf, die bis jetzt nicht überzeugend gelöst wurden.

Es liegen verschiedene Versuche vor, die wunderbaren Bilder und eingeschliffenen Zeichen der franco-kantabrischen Höhlenwelt zu deuten. Die älteste und weithin bekannteste These besagt, die vielen, oftmals mit eingeritzten Pfeilspitzen bespickten Tierbilder hätten dem Jagdzauber gedient, eine Vermutung, die nicht unvernünftig erscheint, da Jagdzauber-Zeremonien mit Bildern ähnlicher Art bis in die heutige Zeit hinein noch von Naturvölkern, z. B. den Pygmäen (wenn auch nicht in Höhlen) vorgenommen wurden. Dagegen hat die Höhlenforscherin Marie König die Jagdzauber-These gänzlich verworfen. Sie hält die Bilder und Zeichen für den Ausdruck einer frühen Gestirnbeobachtung und eine Darstellung von Zahlen, von mathematischen und astronomischen Erkenntnissen, die sich vor allem auf die symbolische Darstellung des Mondlaufes konzentriert, und die sie später bei den Sumerern fortgesetzt sieht[13]. Folgt man Marie Königs Gedankengängen, so könnte man zu der Vermutung gelangen, daß sich hier in den eiszeitlichen Höhlen Westeuropas nicht nur die Anfänge unserer Schrift und unseres Rechensystems zeigen, sondern bereits jene erstaunlichen mathematischen, geometrischen und astronomischen Kenntnisse vorbereiten, die sich später in der Megalithik finden. Auch den Anfängen der megalithzeitlichen Mysterienreligion, der Zahlenmystik, des Wiedergeburt-Glaubens und der Vorstellung des Jenseitsweges könnten wir hier bereits begegnen. Könnten. Aber dies alles ist noch zu wenig belegt, zu sehr Vermutung, um irgendwelchen gültigen Schlüssen als Basis dienen zu können.

Jedenfalls findet sich kaum eine Spur des späteren, in der Megalithzeit bereits so ausgeprägten Mythos in dem, was Marie König aus den Höhlenzeichen herausliest. Die zweifellos uralte indogermanische Mythenwelt gehört einer menschheitlichen Entwicklungsstufe an, in der das Tierbild im religiösen Raum schon zurücksteht und das menschengestaltige Gottesbild bereits stark hervortritt. Von diesem Bild zeigt sich allerdings in den Höhlen der Eiszeit noch wenig. Die gelegentlich dargestellten Menschen tragen zumeist Tiermasken.

Die Frage, ob die ausgemalten Höhlen überhaupt zu kultischen Zeremonien benutzt wurden, bleibt vorerst offen. Einiges weist auf solche Zeremonien hin, z. B. die Spuren junger Füße, die offenbar in der Höhle von Tuc d'Audobert einen Rundtanz um große Bisonplastiken geschlungen haben, woraus man auf »Einweihungen« geschlossen hat, wie sie seit den ältesten Zeiten bis heute bei den Naturvölkern üblich waren und in denen Knaben in das Weistum und die praktischen Kenntnisse der erwachsenen Männer eingeführt wurden. Dies war stets und zu allen Zeiten eine religiöse Zeremonie, man nimmt an, daß sie bereits in der Eiszeit von tiervermummten Zauberern geleitet wurde, wie sie in der Höhle Trois Frères gemalt sind[14].

Hie und da finden sich auch andere Spuren von Vorstellungen, die sich durch 20000 oder mehr Jahre erhalten haben. Eine möchte ich hier anführen: Da befindet sich in der Höhle von Lascaux (Dordogne) tief unten im sogenannten »Brunnen« ein Bild, das einen von einem Speer getroffenen Bison zeigt. Vor ihm liegt oder stürzt eben zur Erde ein primitiv gezeichneter Mann (vielleicht mit Vogelmaske?)[15], den der gereizte Bison offenbar angreift oder eben getötet hat. Nahe dem Toten oder Sterbenden sitzt ein in Seitenansicht gezeichneter Vogel auf der Spitze einer Stange. Es kann wohl nicht anders sein: Es ist der Seelenvogel,

1 Eiszeitliche Höhlenmalerei, Lascaux, Dordogne (aus H. Kühn, Auf den Spuren des Eiszeitmenschen, Wiesbaden 1953)

2 Aufbahrung des Adalbert von Prag (Bronzetür zu Gnesen)

der auf der Spitze des Lebensbaums sitzt und damit anzeigt, daß die Seele des gestürzten Mannes schon den Körper verlassen hat.

Die Vorstellung, daß die Seele beim Tode des Menschen in Vogelgestalt dem Leib entfliegt und sich singend auf der Spitze des Lebensbaumes oder Himmelsstützers niederläßt, ist durch die ganze Vorzeit und das europäische Mittelalter bis heute lebendig geblieben, es finden sich aus allen Zeiten Zeugnisse für ihr Vorhandensein: In der ägyptischen Legende erscheint die Seele des getöteten Osiris als Vogel auf der Spitze des Weltbaumes, und ganz ebenso die des ermordeten Knaben in dem eng mit der Osiris-Legende zusammenhängenden plattdeutschen Märchen vom »Machandelboom« (ich werde später darauf zurückkommen). Auf der romanischen Bronzetür von Gnesen aus dem Beginn des 12. Jahrhunderts n. Chr., auf der das Martyrium des Adalbert von Prag dargestellt ist, befindet sich ein Bild, das den Leichnam des von den Preußen getöteten Bischofs zwischen zwei Bäumen aufgebahrt zeigt: Sein Kopf steckt auf dem kronenlosen Stumpf des einen Baumes, daneben sitzt sein Seelenvogel, ebenso in Seitenansicht gezeigt wie der in der Höhle von Lascaux, auf der Spitze eines deutlich als Lebensbaum (Weltstützer) gekennzeichneten Bäumchens. Auch die Germanen haben den Seelenvogel auf der Stange gekannt: Die Langobarden richteten noch in Italien Stangen mit Vogelbildern auf der Spitze zum Gedächtnis ihrer gefallenen Freunde auf.

Auf Stäben der Altsteinzeit, die aus Knochen gefertigt sind, haben sich auch stilisierte Baumdarstellungen gefunden. Es ist sehr wahrscheinlich, daß die Altsteinzeit-Jäger schon den Weltbaum-Weltstützer-Kult kannten. Die großartige Vorstellung von dem Baum des Lebens, dessen Krone den Himmel stützt, der in die jenseitige Welt ragt oder gar die Welt selbst ist, der als Maßbaum dem Menschen wie dem All das rechte Maß, Gesetz und Recht zuteilt und als ewig wachsende Macht das Leben schützt, das sich bei Gefahr in seinem Stamm birgt – dies Bild einer aus unsichtbaren Wurzeln wachsenden Allmacht ist so weit über den Erdkreis verbreitet und hat sich bis heute in so vielen Gestaltungen erhalten, daß es wahrhaft uralt sein muß.

Der Weltstützer dürfte das erste und älteste Gottesbild der Menschheit überhaupt sein, es ist zugleich das tiefsinnigste. Man hat vermutet, daß der Hausbaum die Anregung zu diesem Bild gegeben habe. Die Großwildjäger der Eiszeit wohnten nicht nur in Höhlen bzw. Höhleneingängen, sie kannten auch Zelte, die wahrscheinlich, den Jurten der Nomaden ähnlich, aus Fellen hergestellt wurden (einige Altsteinzeit-Zeichnungen zeigen solche Zelte). Da hat man das Zelt dann wohl um den Stamm eines Baumes gespannt oder auch dessen Äste durch Einflechten von Zweigen zu einem Schutzdach gestaltet. In späteren Sagen finden sich noch einige Hinweise auf die Sitte, einen Wohnraum rund um einen Baum zu bauen. Vielleicht empfand man den Baum inmitten des Hauses als stützenden und bergenden Schutzgeist und formte danach die Vorstellung einer baumgestaltigen Gottmacht, die das ganze Weltall schützt und stützt.

Später – beim gezimmerten Haus – wird der Hausbaum zur tragenden Firstsäule und der Weltbaum folgerichtig zur den Himmel stützenden Weltsäule, was nicht hindert, daß der Weltbaumgedanke nie ganz verschwindet: Die Säule ist stets und immer wieder ein Baum, der seine Äste ausbreitet, um das Firmament zu tragen.

Von der jüngeren Steinzeit an gibt es dann unendlich viele Zeugnisse nicht nur für den Weltstützer-Kult, sondern auch dafür, daß der Weltbaum – wie die Säule – zugleich als Gottmensch oder Baumgott gesehen wurde. So wie die Menhire, die Großsteine, manchmal Gesichter zeigen, trägt auch der Weltbaum gelegentlich einen Kopf und ein aus dem Holz herausgeschnitztes Gesicht[16]. In den deutschen Museen gibt es mehr als einen solchen »Baummann« aus keltischem oder germanischem Erbe.

Die Verpersönlichung der Baumsäule führte wohl schon in frühester Zeit dazu, daß man sie mit dem großen Himmelsgott in eins setzte, der sicherlich ebenso früh als »Vaterbild« Gestalt annahm. Bekannt ist, daß die Germanen in und vor heiligen Stätten Baumsäulen aufzustellen pflegten und daß solch eine »Irminsul« ihren Namen von dem Himmelsgott hatte, der bei der Völkergemeinschaft der Herminonen oder Irminonen den Namen Irmin trug. (Yr oder Ir wurde ein baumähnliches Runenzeichen genannt, es bedeutet Eibe. Yr stammt wie die Silben ar oder er aus einer indogermanischen Wurzel *R,* die die Bedeutung des Aufsteigenden, Emporströmenden und Hohen hat.)

Der nordgermanische Heimdallr, in der späten isländischen Überlieferung schon eine etwas verblaßte Gestalt, war ebenfalls ursprünglich Himmelsgott und Weltstützer. J. W. Hauer[17] schreibt in diesem Zusammenhang: »In der gesamten indogermanisch-germanischen Glaubensgeschichte ist das *Streben* zu erkennen *nach einer höchsten Gottgestalt* in diesem Reich der Gottesmächte. Im Verlauf der Entwicklung hat sich dieses Streben im germanischen Bereich so gut wie im indoarischen[18] in verschiedenen Göttergestalten zu verwirklichen gesucht. Aber am frühesten und beharrlichsten hat es sich mit dem ›Weltstützer‹ verbunden, jenem indogermanischen Urgott, der in seiner Hoheit und Unfaßbarkeit alle Einzelmächte überragte. Wie wir schon oben gesagt haben, ist in der nordischen Mythologie *Heimdall* dieser Weltstützer. Von ihm heißt es in der ›Kürzeren Seherinnenrede‹, Hyndjoljođ, Str. 35, Genzmer II S. 46 Str. 7 und 14:

Einer erstand
in Urtagen,
allgewaltig . . .
Den stärkte
der Erde Kraft,
eiskalte See
und Eberblut:
Den hehrsten Herrscher
heißen sie ihn,
sippenverwandt
sämtlichem Volk.

Denn der Allgott ist auch der Urvater der Menschen, er steht als Baum und Weltachse wachend im Weltall, das Mondhorn im Gezweig, er ist der Wachsame, der alles überschaut.«

Bei den Griechen war es Hermes, der ursprünglich als Weltstützer gesehen wurde (der Name ist ja auch dem des Irmin nahe verwandt). Die »Hermen«, Steinsäulen mit Menschenkopf, scheinen direkt von den Menhirsäulen mit Gesicht abzustammen. Auch Zeus raunt Orakel aus der Dodona-Eiche, und Jupiter bekämpft hoch auf der Säule die Giganten.

Wie lange sich die Vorstellung vom Welt und Himmel stützenden Allgott gehalten hat, zeigt die das Gewölbe tragende Säule in der Krypta der karolingischen Michaelskirche in Fulda. Mit ihren eingerollten, goldbemalten Voluten hat sie Irminsul-Charakter, und im Kirchenführer steht zu lesen: »Candidus deutet die Säule als Sinnbild für *Christus, der das Weltall trägt*.«

Weltstützer- und Himmelsgott-Vorstellungen durchdrangen einander, und das sicher schon lange, ehe diese Vorstellungen uns durch Berichte und Bilder faßbar werden. Aber wenn wir Zeus und Jupiter nennen, so taucht auch jene Himmelsgott-Idee vor uns auf, die, echt indogermanisch wie sie ist, doch fast ebensoalt sein dürfte wie die des Weltstützers, von dem sie sich – so oft die Vorstellungen sich auch berühren – doch klar unterscheidet. Hier sehen wir den »großen Gott des Himmels und der Erden« nicht als wachsenden, tragenden Baum oder stützende Säule, sondern ganz und gar als menschengestaltige Gottheit, die als »Vater« alles Lebendigen und gleichzeitig als der unendliche, alles umfangende Luftraum erschaut wird. Die eiszeitliche Höhlenkunst zeigt kaum je ein männliches Gottesbild, mindestens nicht in menschlicher Gestalt. Dennoch dürfen wir, wie ich glaube, annehmen, daß auch dieser Himmelsherr ebenso wie seine Gattin bereits der Eiszeitreligion angehört hat.

Doch wenden wir uns zuerst der Gattin zu. Daß sie von den Großwildjägern der Altsteinzeit verehrt wurde, dürfte wohl keinem Zweifel unterliegen. Denn *sie* ist abgebildet worden, immer wieder, als kleine oder große Statue, in Grotten, an Felswänden oder auch in Höhlen. Ohne Kopf, ohne Füße, oft auch ohne Arme tritt nur ihr Leib aus dem Felsen, oft findet sich in der

Höhle allein ihr Symbol, die Vulva, der Mutterschoß alles Lebendigen, eingeritzt oder gemalt. Allgemein wird angenommen, daß die sogenannten »Venus«-Statuen die Erdmutter, die »Terra oder Magna Mater« darstellen. Sie wurden sowohl im europäischen Osten wie in Italien, Spanien und Frankreich gefunden, und einige von ihnen stammen noch aus den Frühzeiten des sogenannten Jungpaläolithikums, der zweiten Stufe der Altsteinzeit, sind also 20 bis 30000 Jahre alt. Diese plastischen Bildwerke haben im Gegensatz zu den Gravierungen in den Höhlen meistens Köpfe, die Gesichter sind aber nicht ausgeführt, auch hier ist stets der Leib das Wichtigste, der übermäßig groß und voll gestaltet ist. So scheinen diese nackten Frauen Schwangere zu sein – offenbar soll vor allem die große Fruchtbarkeit und Mütterlichkeit der Göttin gezeigt werden. Eine dieser Statuen, die man unter einem Felsüberhang bei Laussel in der Dordogne entdeckte, hält ein Bisonhorn in der erhobenen Hand, und es ist, als biete sie dem Beschauer den Trank des Lebens im Füllhorn dar.

Die Erdmutter in ihrer überquellenden Weiblichkeit als Tragende und Gebärende – noch ist sie nichts als ein Quell der Fruchtbarkeit und soll auch wohl diese bewirken. Wie die Zeremonien um manche Höhlenbilder trächtiger Tiere doch wohl der magischen Förderung der Fruchtbarkeit des Jagdwildes dienen sollten, so mag auch im Glauben der Urmenschen die Erdmutter ihre Fruchtbarkeit auf die Frau, die zu ihr die Hände erhob, übertragen haben. Auch in späteren Zeiten schenkten ja die zahlreichen Hypostasen und Nachfolgerinnen dieser Urgöttin den Frauen Beistand in Geburtswehen und den Unfruchtbaren Hilfe. Es sind kleine Elfenbeinbilder der »Venus« gefunden worden, die vielleicht zu diesem Zweck als Amuletts getragen oder in der Wohnhöhle aufgestellt wurden.

Das ist die *Große Mutter* der Eiszeit. Später ändert sich ihr Aussehen, wie ihre Funktionen sich erweitern. Die mehr nur angedeuteten weiblichen Darstellungen auf manchen Menhiren vor allem auf der Insel Elba, in Sardinien und in Frankreich werden als Bilder der Magna Mater gedeutet, die zu allen Zeiten hauptsächlich in den Kulturen des Mittelmeerraumes eine beherrschende Rolle gespielt hat. Aber sie fehlt auch im Norden

3 »Venus« von Laussel/Dordogne (aus A. E. Hepp, Licht von Mitternacht, Tübingen 1979)

nicht. Primitive Darstellungen eines weiblichen Idols mit zu den Brüsten erhobenen Händen finden sich ebenso wie im Süden im Nordwesteuropa der Megalith- und sogar Bronzezeit.

J. W. Hauer stellt in seinen »Urkunden und Gestalten« zwei verhältnismäßig späte Anrufungen der Mutter Erde aus Nord und Süd einander gegenüber, die ich hier übernehmen möchte[19].

Die erste ist der bekannte angelsächsische »Flursegen«, der aus England und aus bereits christlicher Zeit stammt, aber noch alle Anzeichen vorgeschichtlichen Alters trägt:

Die Erde bitt ich und den Oberhimmel:
Erke, Erkẹ, Erke, der Erde Mutter!
Es gönne dir der Allwaltende
Äcker, wachsend und aufsprießend,
voll schwellend und kräftig treibend,
und des breiten Gerste Früchte
und der weißen Weizens Früchte
und aller Erden Früchte!
Heil sei dir, Erdmutter, der Irdischen Mutter!
Sei du grünend in des Gottes Umarmung
mit Frucht gefüllt, den Irdischen zu Frommen.

Zum Vergleich dann ein Hymnus aus dem griechischen Bereich, der den »Orphischen Hymnen« entstammt:

Göttliche Erde,
Mutter der seligen Geister
Und der sterblichen Menschen,
Allgeberin, Allernährerin,
Wachstumssprossende, waltend der Früchte,
Prangend im Kreise der Zeiten,
Sitz des unvergänglichen Alls,
Farbig schillernde Jungfrau,
Du trägst in kreißenden Wehen
Die vielgestaltige Frucht;
Immerwährende, heilig-reine,
Tiefbusige Spenderin des Glücks,
Du erfreust mit duftender Saat,
Blumenprangende Gottheit,
Regenfreudige, um die sich rundet

Kunstvoll im Kreise das Sternenall
Unvergänglicher Art
Und in reißenden Strömen.
Auf denn, selige Göttin!
Mehre die reichen Früchte der Freude
Gütigen Herzens den Hochbeglückten
In der glücklichen Zeiten Kranz!

Im Mythos beherrscht die »ewig jungfräuliche Mutter«, ohne ihren Erdmutter-Charakter einzubüßen, an der Seite des Himmelsgottes auch die überirdische Welt. Wie ihr Gatte den Tag, so vertritt sie die Nacht, oftmals mit dem Mond verbunden, sie trägt den dunkelblauen Sternenmantel des Firmaments, der sie rings einhüllt, und immer und überall, wo wir ihr in der Überlieferung begegnen, schimmert sie im Glanz des Sternenhalsbandes (»rundet« sich also »kunstvoll« um sie »das Sternenall«), das ihr Geliebter um sie gelegt hat, als er sie für immer an sich band.

Freilich ist sie in späterer germanischer Zeit nicht nur die kosmisch vom Himmelslicht umstrahlte Königin oder die Mutter ewigen Wachstums, sondern auch die bäuerlich sorgende Hausfrau, die Spinnerin, die sich darum kümmert, ob auch zur Julzeit auf dem Bauernhof aller Flachs versponnen ist. Wiederum im blauen Mantel steht sie zuletzt, ihr Kindlein im Arm, die Mondsichel zu Füßen, als Mutter Maria in den Dorfkirchen des heutigen Europa und hört mit der gleichen Geduld wie einst in der Urzeit die Bitten der Gläubigen und vor allem der in Not befindlichen Frauen an.

Es gibt Überlieferungen, aus denen sich schließen läßt, daß in der Frühzeit die Mutter Erde auch gattenlos, jungfräulich, alles Wachsende allein aus sich selbst hervorbringend gedacht wurde. In der nordischen Ursage ist sie die »Kuh«, die das erste gottmenschliche Wesen aus dem Eise leckt. Aber – wie schon erwähnt – steht fast ebenso früh der zeugende Gatte neben ihr, »der uralte heilige Vater«, wie Hölderlin ihn nennt. Und aus der Umarmung von Himmel und Erde entsteht – das ist ein Kernpunkt aller frühen Religion – die Fruchtbarkeit, das Wachstum, Gras, Korn, Blumen und Früchte und – der Sohn.

Gegen Ende des letzten Jahrhunderts herrschte bei den meisten Wissenschaftlern die Meinung, daß der sogenannte Animismus am Anfang alles religiösen Erlebens der Menschheit stehe und daß von ihm aus dann eine geradlinige Entwicklung zum Polytheismus und von diesem zum Monotheismus führe. Unter Animismus versteht man die kindliche Weise, Erscheinungen der Natur und leblose Gegenstände als menschenähnlich beseelte Wesen zu empfinden, die sich wie Menschen verhalten, dem menschlichen Gegenüber Gehör schenken, ihm antworten und durch magische Praktiken beeinflußt werden können. Zweifellos war das religiöse Erleben der Urmenschen wie noch heutiger Naturvölker stark von dieser Art und Weise, die Dinge zu »beseelen«, bestimmt. Man spürte in den unbegriffenen Naturvorgängen eine wesenhafte »Macht«, die auf den Menschen wirkte, die bedrohlich oder gnädig sein konnte und die günstig zu stimmen rätlich schien. Naturgeister, Naturgötter schienen in allen Dingen zu wesen und zu wirken.

Aber die Wissenschaft hat doch inzwischen erkannt, daß hinter diesem Naturerleben noch ein anderes, tieferes stand. Gerade bei Völkern, die noch im primitiven Stadium lebten, entdeckte man den Glauben an ein »höchstes Wesen«, einen Weltschöpfer und Herrn aller Dinge, der fern – meist in himmlischen Höhen – thronte, den Menschen aber alle Gesetze und Regeln gegeben hatte und den Gesetzesbrecher bestrafte.

Dieser Glaube, diese noch kaum dem Bewußtsein verhaftete Empfindung, einen lenkenden »Vater« hoch über der Welt verehren zu dürfen, den man fürchten und dessen Liebe man gleichzeitig vertrauen mußte, ist sicher ein ganz ursprüngliches Bedürfnis, das von allem Anfang an zum Menschsein gehört hat.

Der »uralte, heilige Vater« der Indogermanenvölker hat viele Namen und entwickelt sich vielseitig, obwohl er im Grund immer der Gleiche bleibt. Wir dürfen die Entwicklung des »Polytheismus« nicht als geordneten und logisch-gedanklich geplanten Vorgang ansehen. Es ist ein üppiges Wachsen und Werden, ein Ineinander- und Auseinanderströmen der Gottesbilder und ihrer Eigenschaften. Immer wieder nehmen die göttlichen Gestalten bei den verschiedenen Völkerschaften neue Formen an. Wie diese Völker sich trennen und vereinen, trennen und vereinen sich auch die Götter, diese oder jene Funktion tritt in den Vordergrund, die Namen und Beinamen ändern sich je nach Sprache und Dialekt (und auch nach dem Gehör und der speziellen Orthographie dessen, der sie schließlich irgendwann einmal aufschreibt). Jüngere Generationen betrachten ihre Götter als Kinder und Nachkommen der älteren. So verjüngt sich gerade der Himmelsgott unaufhörlich, und in den größeren indogermanischen Götterkreisen erscheinen die Mitglieder fast ausschließlich als Nachkommen und Ebenbilder des höchsten Götterpaares Himmel und Erde.

Später versuchen dann Priester, Weise und Gelehrte einige Ordnung in das Götterwirrsal zu bringen, so entstehen Genealogien, ganze Götterstammbäume. Die klassischen Griechen z.B. betrachteten Uranos, dessen Name zum Wort für »Himmel« wurde, als den ältesten »allwaltenden Vater«, sein Sohn war Kronos, dessen Sohn Zeus. Diese Genealogie hat, was das Alter betrifft, sicher recht: Uranos ist ein sehr früher Name des Himmelsgottes, identisch mit dem Varuna der Indoarier und dem Ahura der Iranier. Dieser »Urahn« muß also in jener Zeit, als die Trennung zwischen Ost- und Westindogermanen stattfand, den Himmel beherrscht haben, denn beide Völkerkreise kennen seinen Namen als den des obersten Gottes.

In »Zeus« nun begegnen wir dem Namen, der irgendwann – wir wissen nicht wann – dem Himmelsgott beigelegt wurde, und der eine so weite Verbreitung gefunden hat, daß er zur Bezeichnung für »Gott« schlechthin wurde. Es ist die Stammsilbe de bzw. di oder da, der dann noch häufig ein j, i oder g angehängt wurde (sowie später die männliche Nachsilbe os, us oder as). Die Silbe di bedeutet soviel wie Tag, beziehungsweise meint den leuchtenden Taghimmel (unser Wort Tag kommt eben von diesem Daj oder Dag). So begegnet uns der oberste Gottherrscher nun in vielen Sprachen und bei vielen Völkern unter diesem Namen: Dyauspita bzw. Dyaus Pitár bei den Indoariern, Jupiter und Deus Pater bei den Römern, Zeus Patér bei den Griechen, Ziu bei den germanischen Sueben, Tyr bei den Nordgermanen; eine frühe, sicher steinzeitliche Namensform haben die Iren überliefert: Dag-da = Tag-Gott.

Dieser »leuchtende Taghimmel« wird als allumfassende Atmosphäre, als Luft, Atem, ja als All gesehen. Der Gott trägt den lichtblauen Mantel, ist Herr der Sonne, aber auch Spender des belebenden Regens. Und wenn er zürnt, schwingt er den Blitzstrahl, der als Beil oder Hammer dargestellt wird. Der Deos ist aber auch – und das von frühester Zeit an – der Schöpfer der Welt, der Hüter des Gesetzes und Rechtes, der allwaltende und sogar der alliebende Vater. Das Wort Vater wird ihm fast in allen Sprachen – wir haben es oben gesehen – beigelegt. Er ist der Vater der Menschen wie der Götter, der Heroen wie der Königsgeschlechter. Wunderschön besingen ihn die griechischen Dichter:

Zeus, Vielnamiger, Herrscher in Glorien, höchster der Götter,
Schöpfer und Lenker des Alls und der ewigen Ordnungen Urquell,
Der du erkennen und grüßen dich läßt von den sterblichen Menschen,
Weil sie von deinem Geschlecht und ihr Bild nach dem deinen geschaffen.
Willig, wohin du es lenkst, folgt dir, um die Erde sich schwingend,
Jedes Gestirn in den Bahnen, die du allmächtig ihm anweist.
Ohne dich, Vater, geschieht kein Ding, nicht hienieden auf Erden,
Noch in ätherischen Höh'n, noch draußen im Schoß des Meeres,
Wo nicht Böses der Frevler verübt in der Seele Verblendung.
Aber auch dieses verstehst du weise zum Guten zu lenken,
Schaffst aus Finsternis Licht, läßt Segen ersprießen aus Unheil
Und fügst flechtend aus Übel und Gut ein vollkommenes Ganzes.
Nimm von den Menschen den Bann der Verblendung, befreie die Geister
Von dem umwölkenden Dunst, gib nur ein Teilchen der Weisheit
Ihnen zu fühlen, durch die du mit Klugheit die Welt lenkst,
Daß sie erkennen, wie sehr du sie ehrest
Und dir, wie Sterblichen ziemt, lobsingen Ehre dir die Tage des Lebens,
Schöner ist nichts und erhabener nichts für Götter und Menschen,
Als das gerechte Gesetz, das im Weltall herrscht, zu verkünden.

Kleanthes aus Assos (gest. 251 v. Chr.)[20]

Das klassische Griechentum hat ein großartiges Bild des Himmelsgottes Zeus gezeichnet. Der Weltenherrscher, der mit wallendem Haar und Bart auf seinem Wolkensitz thront, die Blitzwaffe in der Hand, zu seinen Füßen der Adler, sein Botenvogel, der aber wahrscheinlich in der Frühzeit ein Symbol der Sonne gewesen ist (bei den Römern blieb er das bis in späte Zeiten und wurde als Feldzeichen der Legionen zum Bild der sonnenhaften Siegesgewißheit des römischen Heeres).

Das eigentliche Geleit- und Symboltier des Himmelsgottes ist aber seit Urzeiten der Stier.

Es ist deutlich, daß in einem Frühstadium der religiösen Entwicklung die Götter vielfach in Tiergestalt auftraten. Das Wesen des Gottes wurde durch ein Tier ausgedrückt, das ihn vertrat, in dessen Bild er den Menschen erschien.

In allen indogermanischen Mythen vom Ursprung der Welt stehen Stier und Kuh als wirkendes, schaffendes oder sich in die Welt hinein opferndes Götterpaar am Anfang der Entwicklung. J. W. Hauer schreibt hierzu: »Wenn wir fragen, aus welcher Zeit der Mythos von der Kuh als schaffender und mütterlicher Urmacht stammt, so werden wir zurückgeführt in jene Zeiten, in denen das Rind eine hervorragende, ja zentrale Rolle im Leben der Menschen spielte. Vielleicht daß seine Anfänge zurückgehen in jenes eiszeitliche Jägertum, dem die verschiedenen Formen des wilden Rindes die Hauptgrundlage des Lebens boten. Im Wildrind und Wildstier sah man die unsterbliche Lebenskraft in eindrucksvoller Weise verkörpert. Aus ihr lebte man selber. Aus dieser Kraft, d. h. aus ihrer kosmischen Wurzel mußte deshalb auch die Welt leben.«[21]

Es ist verlockend, die großen Bisonstierbilder der eiszeitlichen Höhlenkunst als Darstellungen des »Himmelsstiers«[22], des umfassenden und gewaltig starken Gottwesens zu sehen, zumal hier der Stier des öfteren nicht nur Mondhörner, sondern auch das (oft als Dreieck gestaltete) Sonnen-Stirnauge trägt, das allen ursprünglichen Himmelsgöttern im Mythos eigen ist. Da aber Sinn und Zweck der Höhlenbilder tatsächlich noch nicht schlüssig und glaubhaft ergründet wurden, muß es auch hier vorerst bei der ungewissen Vermutung bleiben.

Sicher ist nur, daß soweit wir zurückblicken können, der Stier als Symboltier des Himmelsgottes, seiner Stärke und Zeugungskraft auftritt, ebenso wie die Erdmutter als »Urkuh« geschaut wird. Bei »Isis und Osiris« ist dies sehr klar, aber auch Hera, die Gattin des Zeus, ist »kuhäugig«, und Zeus selbst erlebt einige seiner zahlreichen Liebesabenteuer, aus denen die Heroen hervorgehen, als Stier. Im germanischen wie im indoarischen Mythos steht die Urkuh Audhumbla am Anfang alles Werdens. Und in der indoarischen Philosophie wird die Kuh Viraj zur Quelle der Lebensmacht überhaupt. In den Stieropfern aber, die in den alten Kulten eine so überragende Rolle spielten (vor allem im Mittelmeerbereich – die jene Opfer einleitenden Spiele leben ja bis heute in den spanischen und südfranzösischen Stierkämpfen fort), ist es im Grund kein anderer als der Himmelsgott selber, der rituell geschlachtet wird, um der Welt seine Kraft und sein stärkendes und zeugendes Blut zu geben.

3. Ymir und Tuisto

Von dem großen Stieropfer beim Thing der zehn atlantischen Könige, das der Atlantisbericht beschreibt, wird später noch die Rede sein; auch hier handelte es sich zweifellos um die lebenspendende Tötung des Himmels- und Urstiers.

An dieser Stelle muß aber noch an ein anderes, verwandtes Opfer erinnert werden, von dem die Edda[23] berichtet; das aber durchaus noch in die Altsteinzeit zurückgehen könnte: die Opferung des Urriesen Ymir durch drei junge Götter, die aus seinen Knochen, seinem Fleisch und Blut die Welt schaffen. (Daß sie sein Schädeldach als Himmel aufstellen, erinnert an den Schädelkult der Frühzeit, den, wie es scheint, schon die Vorneandertaler übten. Laut Marie König ist das menschliche Schädeldach stets als Symbol des Himmels gesehen worden.)

Freilich ist Ymir in diesem Mythos nicht eigentlich Himmelsgott. Die jungen Lichtgötter verhalten sich zu ihm wohl eher wie der Geist zur Materie. In der späten Edda-Fassung ist Ymir der älteste der Reifriesen, gegen die der hammerschwingende Thor, der ja ebenfalls Himmelsgotteigenschaften hat, zu Felde zieht so wie Zeus gegen die Titanen. Die Titanen aber sind nicht nur Riesen und Naturgewalten, sondern auch und vor allem ein sehr altes stirnäugiges Göttergeschlecht, das Zeus, der verjüngte Himmelsgott, überwindet, um seine eigene, kultiviertere Herrschaft aufzubauen. So steht hinter dem Naturmythos vom Frühjahrsgewitter, das die Reif- und Schneegewalten des Winters vertreibt, ein älterer und tieferer Mythos von der Überwindung einer uralten chaotisch-ungeformten Macht durch lichte, geistigere »Himmelsmächte«, die aus der ungeformten Materie nun die Welt und ihre Ordnung schaffen.

Hauer[24] weist nach, daß Ymir auch in der Edda gelegentlich als »Gott« bezeichnet wird. Er ist der Urvater der Götter wie der Riesen. Er entspricht dem indoarischen Yama wie dem iranischen Yima und bringt als zweigeschlechtliches Wesen die Menschheit aus sich hervor.

In der Urzeit war's,
da Ymir lebte.
Nicht war Sand
noch salzge Woge.
Nicht Erde war
noch hoher Himmel,
Ginnung gagap war
doch Gras nirgend.

So sangen noch im vorigen Jahrhundert die Isländer nach einer ganz einfachen und darum geradezu magisch wirkenden Melodie. (Die Worte leiten die Völuspà ein, die bedeutendste Edda-Dichtung.)

Ginnung gagap ist der gähnende Abgrund des Nichts, das, was die Griechen »Chaos« nannten. Dieser Abgrund, die gähnende Leere des Ungeschaffenen, wird ausgefüllt mit dem Fleisch und Blut des geopferten Ymir. Die Welt entsteht durch die Opferung des Urgottes.

Hauer nennt anschließend die ostindogermanischen Parallelen: »Die seltsame Vorstellung, daß aus einem göttlichen Urwesen die Welt gebaut wird, tritt uns wiederum im weiteren arischen Bereich entgegen, und zwar in erster Linie in Indien, dann im

Iran.« Er zitiert Verse aus dem sogenannten Puruşa-Lied, Rigveda X, go = Atharvaveda 6 (diese Lieder wurden bereits um 1000 v. Chr. in Indien aufgeschrieben). Der Name des dort besungenen Urwesens, aus dem die Welt gebaut wird, ist Puruşa (Puruscha gespr.), der »Mann« oder »Mensch«.

Als mit dem Puruşa als Darbringung
die Götter einst das Opfer ausspannten,
da ward der Frühling das Opferschmalz,
der Sommer Brennholz und der Herbst der Opferguß.
Mit dem Frühregen besprengten sie das Opfer,
den im Uranfang geborenen Puruşa.
Ihn opferten die Götter,
die Gewaltigen, die Mächtereichen.

Im weiteren erwähnt Hauer auch die im Iran bewahrte Form dieses Mythos. Hier ist es wiederum der Urstier, der als Weltgott auftritt und durch den jungen Lichtgott geopfert wird.

Ebenfalls in große Zeittiefen und »Urtage« zurückzuführen scheint ein Mythos, den Tacitus überliefert hat und auf den hier noch kurz hingewiesen werden soll.

Ymir, Yama bzw. Yima bedeutet »der Zwilling«, richtiger wohl der »Zwitter«. In der Edda ist Ymir ein mannweibliches Wesen. Hauer setzt ihn darum in Beziehung zu dem von Tacitus genannten Tuisto, der ebenfalls Urgott und Zwitter ist.

Tacitus schreibt in seiner »Germania«: »In alten Liedern, bei ihnen (den Germanen) die einzige Art der Überlieferung und der Geschichtsschreibung, feiern sie den Gott Tuisto, den Erdentsprossenen und dessen Sohn Mannus als den Ursprung und die Gründer des Volkes. Dem Mannus schreiben sie drei Söhne zu, nach deren Namen die dem Ozean zunächst wohnenden Ingävonen, die in der Mitte Herminonen und die übrigen Istävonen genannt werden.«[25]

Hauer schreibt dazu: »Der Glaube an eine Ursprungsgottheit, die Doppelcharakter hat, ist offenbar urindogermanisch. Über die ursprüngliche Bedeutung dieses ›Zwillings‹ kann kein Zweifel sein. Es ist eine Urgottheit, welche die beiden Grundprinzipien der Welt in sich schließt: männlich-weiblich, Licht-Dunkel, Macht-Widermacht . . . Mannus, der Sohn des Tuisto, ist ebenfalls eine urindogermanische Gestalt. Im Indoarischen tritt er auf als Manu, der göttliche Stammvater der Menschen (manu heißt nämlich nichts anderes als ›Mann, Mensch‹), in Manes, dem Urahn der Phrygier, einem indogermanischen Volk in Kleinasien, in dem römischen Cerus Manus, dem männlichen Gegenstück zu Managenita, der großen Zeugerin. Da durch die Negadakultur in Oberägypten, die wohl in das 4./5. Jahrtausend v. Chr. zu setzen ist, nordisch-indogermanische Einflüsse auch an der Wurzel der ägyptischen Kultur liegen, kann wohl die Frage erwogen werden, ob der dort als ältester Herrscher auftretende Menes nicht irgendwie mit dem indogermanischen Mannus zusammenhängt.«[26]

Hier möchte ich einschalten, daß der erste Pharao, der Ober- und Unterägypten gleichermaßen regierte, Narmer hieß und daß es nie ganz klar war, warum er auch Menes genannt wurde. Dies war offenbar ein Beiname, vielleicht die Bezeichnung für einen sagenhaften Pharao, der am Anfang von Kultur und Herrschaft gedacht wurde[27].

Zu den von Hauer genannten »Männern des Anfangs« könnte man außerdem noch den ersten König von Kreta, Minos, stellen. Er ist – wohl schon von den klassischen Griechen – zumeist als reale, historische Gestalt aufgefaßt worden, gehört aber sicher in Wahrheit der Sage an (ebenso wie sein Bruder Rhadamanthis, der »blonde« Unterweltsherrscher).

Hauer fährt fort: »Daß die Überlieferung von Mannus sich noch weit hinein bis in die christliche Zeit gehalten hat, zeigt ein Vers um 1300 (n. Chr.) bei Frauenlob:

> Mennor der erste was genannt,
> dem diutische Rede Gott tät bekannt.

Im Indogermanischen ist Yama-Manu zugleich auch der erste, der den Weg des Todes ging, zum ewigen Licht durchdrang, wo er als Herrscher aller, die nach ihm dorthin gelangten, thront. Im Wessobrunner Gebet wird der Christengott manno miltisto genannt, der ›mildeste manno‹. Das Wort bedeutet also Gott und Mensch zugleich.«[28]

Wir sehen somit: Vom späteren Mythos aus führen noch manche Spuren zurück zu den Vorstellungen der Werdezeit des Indogermanentums und sogar darüber hinaus in die ferne Welt der Altsteinzeit. Es sind halbverwischte, oft schwer oder überhaupt nicht zu deutende Spuren, aber wir mußten uns mit ihnen befassen, um wenigstens etwas zu erahnen von den Grundlagen, auf denen sich die spätere Entwicklung aufbaut.

Zweites Kapitel

Die Megalithreligion

Die Datierungsfrage
Die Toten und der Kalender
Osiris und der Machandelboom
Der Sonnenheld

1. Die Datierungsfrage

Um etwa 10000 v. Chr. zog sich das große Teile Europas bedekkende Eis zurück, das Klima wurde besser, milder, ganz allmählich wandelte sich die Tundra zur Wald- und Wiesenlandschaft. Jetzt – um 10000 – läßt der Wissenschaftler mit der Eiszeit auch die »Altsteinzeit« bzw. das »Jungpaläolithikum« enden, es beginnt die »Mittelsteinzeit« als Übergang zur »Jungsteinzeit«, dem »Neolithikum«. Dieser letztere Begriff wird bestimmt vom Übergang der Kultur der »Jäger und Sammler« zu der der »Ackerbauer und Viehzüchter«. Fast gleichzeitig beginnt auch an den Küsten des Weltmeers die »Megalith – d. h. Großstein-Kultur«.

Wir können heute noch Überreste dieser Kultur sehen, die einmal, das ist deutlich, das Gesicht der Erde entscheidend geprägt hat. Unendlich vieles ist zwar dem Spaten, dem Pflug oder dem Bagger zum Opfer gefallen. Aber dennoch finden sich immer noch, gehäuft oder einzeln, die hochaufragenden »Großsteine«, die »Menhire«, die von einer Steinplatte überdachten »Dolmen«, die einst Gräber und von Erdhügeln überwölbt waren, die »Ganggräber«, die »Steinkreise« (»Cromlechs«) und so weiter (die Namen sind bretonisch, da die Bretagne besonders reich an Megalith-Denkmälern ist), die »Alignements«, die gewaltigen Steinalleen und -anlagen bis hin zu späten und entsprechend großartigen Heiligtümern wie Stonehenge und Avebury in Südengland. Diese Megalith-Denkmäler sind sich überall merkwürdig ähnlich: In Skandinavien und Norddeutschland, in Frankreich, in Schottland, England und Irland, in Portugal und Spanien, auf den Mittelmeerinseln Malta, Sardinien, Korsika, sie ziehen sich von Palästina nach Kleinasien, zum Kaukasus und durch Baktrien nach Indien, andererseits aber die nordafrikanische Küste entlang bis Marokko, finden sich auf den Kanarischen Inseln, in Nord- und Südamerika, in Polynesien und in vielen Gegenden

Südostasiens. Und dort – das ist das Seltsamste von allem – »leben« sie sogar, d.h. sie taten es wenigstens noch vor dem Zweiten Weltkrieg. Dort gibt oder gab es Stämme, die in unserer Zeit Menhire und Dolmen setzten und in Cromlechs religiöse Feste feierten.

Die Gleichartigkeit all dieser Steinsetzungen läßt von vornherein darauf schließen, daß es sich hier um eine Sitte bzw. um eine bestimmte Kulturerscheinung handelt, die von *einem* Punkt ausgegangen und zudem durch eine bestimmte Weltanschauung, durch bestimmte religiöse Gedanken und Vorstellungen getragen war und ist. Man hat von einem »Megalith-Gedanken« gesprochen. Wie aber geschah die Übertragung dieses »Gedankens« von einer Weltgegend zur anderen?

Es hat sich gezeigt, daß die »lebenden« Megalithkulturen in Südindien, Assam, Westbirma, auf Borneo, Sumatra usw. ebenso wie z.B. die der polynesischen Inseln verhältnismäßig jung sind. Weder eine räumliche noch eine zeitliche Beziehung zu den alten Megalithkulturen Europas und der Mittelmeergegenden läßt sich heute mehr feststellen. Die Megalithiker Südostasiens z.B. sind durchweg Mongolen, sie haben die Sitte, Großsteine aufzurichten, über See und offenbar von verwandten Völkern übermittelt bekommen. Und dennoch stammen diese Kulturen ursprünglich von den Steinzeitkulturen Europas ab, denen sie ja so verblüffend ähnlich sehen. Die Übertragung geschah zweifellos durch Völkerwanderungen und Siedlergruppen, aber sie ging langsam vonstatten – durch Jahrtausende hindurch – und so, daß die Zuwanderergruppe im fremden Volkstum bereits aufgegangen und nur die Sitte, der »Gedanke«, geblieben war, als neue Auswanderer ihn nun wieder zu fremden Küsten weitertrugen.

Der Heimatbereich des »Megalithgedankens« liegt ohne Zweifel im europäisch-mittelmeerischen Raum, und es stellt sich nun wiederum die Frage nach dem eigentlichen Ausgangspunkt und nach der Zeit, in der jener »Gedanke« zum erstenmal gedacht wurde.

Als ich – noch ein Kind – zuerst von den »Hünengräbern« Norddeutschlands und den Menhiren der Bretagne hörte, schien die Antwort auf diese Frage festzustehen: Irgendwo in den Tief-

4 Dolmen von Crucuno bei Erdeven, Bretagne (aus A. Herrmann, Unsere Ahnen und Atlantis, Berlin 1934)

ebenen Nordwesteuropas, an der Nordsee, vielleicht in Holland, Schleswig-Holstein oder in der Lüneburger Heide hatte man in grauer Vorzeit angefangen, diese Gräber und Steinmale zu errichten. Dort gehörten diese gewaltigen, plump geschichteten Steinanhäufungen hin – unter den weiten Himmel der Tiefebene mit seinen großen Wolken und verhangenen Horizonten. Errichtet mußten sie sein, wenn nicht von Riesen, wie die Sage überall erzählte, so doch von großgewachsenen, schweren, ernsten Menschen, die nicht das anmutig Feine, hübsch Zugerichtete, sondern eher das Gewaltige, Rohe, tiefsinnig Schwermütige suchten und schufen. Und diese Meinung fand ich durch meine Lektüre und später durch meinen Lehrer J. W. Hauer bestätigt: Es war so, die Megalithkultur gehörte ursprünglich dem europäischen Norden an, aus kleinen Anfängen hatte sie sich hier entwickelt und war dann durch jene Auswandererscharen, die der Norden immer wieder aussandte, weil es auf den Bauernhöfen stets zuviel jüngere Söhne gab, nach Süden und zur See an alle erreichbaren Küsten getragen worden. Hauer setzte ihren Beginn ins 4. Jahrtausend v. Chr.

Gustav Schwantes schrieb 1939: »Dies (Nordeuropa) ist das einzige Gebiet, wo man das Riesensteingrab aus älteren Begräbnisformen sozusagen herauswachsen sieht . . . Das alles erscheint als das Ergebnis einer ununterbrochenen Entwicklung aus den Grabbräuchen der Mittelsteinzeit.«[29]

Umso überraschter war ich dann, als ich 1955 in »Der Aufstieg der Menschheit« von Herbert Kühn die Meinung vertreten fand, die Megalithkultur sei durchaus nicht in Nordeuropa »einheimisch«: »Im Fortgang der Forschung hat sich immer mehr gezeigt, daß der Blick von Montelius und auch von Sophus Müller (beide Forscher hatten die Megalithkultur von den Kulturen des vorderen Orients abgeleitet. B. V.) der Richtige war. Die Megalithkultur kommt tatsächlich aus dem westlichen und östlichen Mittelmeer, und es ist eine Fülle von Tatsachen, die diesen Gedanken bestätigt . . . Alle wesentlichen Erscheinungsformen der Megalithkultur, der Steinschliff, der Ackerbau, die religiöse Struktur, die Errichtung des festen Totenhauses – das alles ist etwas vollkommen Neues an der Ostsee, die schwedischen und die englischen Forscher, auch die Dänen und die Norweger sind sich vollkommen einig in dem Gedanken, daß die Megalithkultur eine fremde, von außen hereingetragene Lebensform ist, die sich wie eine Kolonisation, vom Mittelmeer ausgehend an den Küsten des atlantischen Ozeans ausbreitet und die sich nach Schweden und nach Deutschland fortsetzt.«[30]

Und in der Tat – die Forscher waren sich einig, in allen Publikationen konnte man es lesen: Der »Megalithgedanke« war im kulturell so weit fortgeschrittenen Süden wohl hauptsächlich in Ägypten entstanden und hatte sich langsam – sehr langsam – nach dem Norden vorgetastet, den er samt Ackerbau, Fruchtbarkeitskult und Magna Mater erst im Laufe des 3. Jahrtausends v. Chr. erreichte, denn jetzt wurden die Zahlen für Europa immer kleiner, die Kulturen immer jünger.

Die These klang überzeugend, aber es blieben Fragen und Unstimmigkeiten. Nun sollte also die ganze Megalithik nichts anderes als eine plumpe, verbauerte Nachahmung der großartigen Pyramiden- und Tempelkulturen des vorderen Orients sein. Betrachtete man die ungeheure Menge und absolute Gleichartigkeit der Megalithdenkmäler, so klang das unwahrscheinlich. Konnten denn alle diese Steinsetzungen auf die genau gleiche Weise »mißraten« sein? Warum hatte man sie, wenn man schon nachbildete, nicht den Urbildern ähnlicher gestaltet, nicht Pyramiden oder wenigstens pyramidenähnliche Steinhaufen errichtet, statt Dolmen mit Tragsteinen und Deckplatten unter Erdhügel zu legen, warum runde Steinkreise statt viereckigen Tempelhöfen angelegt? War nicht das Umgekehrte viel wahrscheinlicher: Daß – eben unter Berücksichtigung des Toten-Haus-Gedankens – aus plumpen Steinsetzungen im fortgeschrittenen Ägypten neue, geglättete, in ihrer formalen Schönheit einer Hochkultur würdige Werke entstanden waren?

In ihrem Buch »Die Spur der Zyklopen« (1960) hat Sibylle von Cles-Reden die von vielen Forschern geteilte Ansicht vertreten, die Megalithkultur stamme aus Palästina, wo es – vor allem im Jordantal – eine Unmenge typischer Großsteingräber gibt. Palästina ist altes Kulturland, hier haben sich in Jericho, »der ältesten Stadt der Welt«, in der 2. Schicht, die etwa ins 7. oder 8. Jahrtausend v. Chr. gehört und einen erstaunlich fortgeschrittenen Hausbau zeigt, Schädel gefunden, die mit einer Gipsmasse ausgefüllt wie Totenmasken die Züge des Verstorbenen voll erhalten zeigen[31]. Die feinen Gesichter mit den hohen Köpfen wirken nichts weniger als »primitiv«. Laut Cles-Reden gehörten diese Menschen von Jericho einer mittelmeerischen Urrasse an, die allem Anschein nach ebenso wie die größere und derbere Cromagnon-Art dem französisch-spanischen Zentrum der Großwildjäger-Kulturen entstammt, sich aber schon früh nach Süden und zum Mittelmeer wandte. Diese zierliche, extrem langschädlige, dunkelhaarige und ziemlich hellhäutige, durchaus europide Menschenart dürfte die hauptsächliche Trägerin der frühen Mittelmeerkulturen wie etwa der kretischen und auch stark am Aufbau des hamitischen Volkstums Ägyptens beteiligt gewesen sein.

War nun die Megalithkultur an den Küsten des Mittelmeers entstanden, so mußte sie weithin eine Schöpfung dieses frühgereiften Volkes sein. War das denkbar? Konnten die »zyklopischen« Steinsetzungen, deren Erbauer überall in der Erinnerung der Völker als »die Riesen« leben, ausgerechnet von diesen kleinen, zierlichen, anmutigen Menschen stammen, die übrigens ausschließlich mit luftgetrockneten Lehmziegeln bauten (wie es auch die frühen Ägypter taten) und bereits in luxuriös ausgestatteten Häusern mit glatten Steinfußböden und bemalten Wänden wohnten?

Alles in allem macht gerade die Megalithkultur am Mittelmeer den Eindruck einer »fremden, von außen hereingetragenen Lebensform«, die weder zum Land noch zu den Leuten paßt und keinesfalls hier »aus einfachen Anfängen herausgewachsen« ist.

Zweifel erweckte auch der späte Zeitansatz. Herbert Kühn z. B. gibt für die Megalithkultur in Schleswig-Holstein die Zahlen 2000–1400 v. Chr. an. Nun erklären aber fast alle Forscher – auch Cles-Reden –, daß etwa um 2000 v. Chr. die »Schnurkeramiker« oder »Streitaxtleute« nach Schleswig-Holstein vorrückten; sie waren keine Megalithiker, begruben ihre Toten in flachen Einzelgräbern und bereiteten der eigentlichen Megalithzeit in Schleswig-Holstein ein Ende. Wenn dies aber um 2000 geschah, kann die Megalithzeit dort kaum erst um dieselbe Zeit begonnen haben – wann sollten denn die unzähligen Dolmen und Einzelgräber dieser Landschaft errichtet worden sein?

Sibylle von Cles-Reden hat ihr Buch als überzeugte Anhängerin der Süd-Heimat-Theorie geschrieben. Aber als sie auf Seite 203 endlich zu den Großsteingräbern des Nordens gelangt, sieht sie sich Tatsachen gegenüber, die sie sich offenbar nicht recht erklären kann. Sie schreibt: »Die ersten Dolmen Dänemarks ... wurden früher vielfach für die Urbilder der europäischen Großsteingräber gehalten, und auch heute hat diese Theorie ihre Anhänger. Der Gedanke an nordische Seefahrer, die bereits 3000 Jahre vor den Wikingern aus ungefähr dem gleichen Bereich wie diese aufgebrochen wären, um tollkühne Eroberungszüge bis hinab ins Mittelmeer zu unternehmen, hat etwas Faszinierendes. Tatsächlich gibt es auch gewichtige Argumente, die zumindestens für eine unabhängige Entwicklung der ältesten dänischen Dolmen sprechen. Jütland, Schleswig-Holstein und die umliegende Inselwelt erscheinen im Neolithikum und der frühen Bronzezeit als ein Gebiet, in dem sich ungewöhnlich schöpferische Kräfte zusammenballen, deren Wirkungen sich im nordischen Raum weithin bemerkbar machten. Die Entwicklung der Steinkammergräber ging dort von Anfang an eigene Wege, und in der Töpferkunst, der Stein- und später der Metallbearbeitung wurden Leistungen von einmaliger Schönheit und höchster technischer Vollendung hervorgebracht.«

Cles-Reden schreibt diese Entwicklung »Neueinwanderern« zu, die noch in der ersten Hälfte des 3. Jahrtausends ankamen und die man ihrer charakteristischen Trichterbecherware wegen »Becherleute« nennt. In einer späteren (!) Phase dieser Trichterbecher-Kultur sollen ihre Träger dann angefangen haben, Steinkisten aus vielen Blöcken mit einem Überleger zu konstruieren und mit Hügeln zu überdecken. »Bald wuchsen diese kleinen Konstruktionen aber zu stattlichen Stuben ... und schließlich zu imposanten polygonalen Kammern. Die Hügel wuchsen mit ihnen zu Höhen bei Durchmessern von 20 bis 25 Metern. Die Hünenbetten erreichten manchmal erstaunliche Dimensionen mit Längen bis zu 130 Metern.«

Soweit S. von Cles-Reden. Und was heißt das alles denn in Wahrheit? Doch soviel wie: Hier in Dänemark und Schleswig-Holstein – und *nur* hier – haben sich die Megalithgräber aus kleinen Anfängen zu immer größeren Formen entwickelt, hier sind aus »Sarkophagen« für *einen* Toten Sippengräber geworden. Wenn aber zur entsprechenden Zeit an allen Küsten des Ozeans bereits Megalithkulturen blühten und die »Neueinwanderer zur See« aus einer von ihnen kamen, warum haben sie dann – und zwar erst nach einer längeren Zeitspanne der Vorbereitung – eigensinnig darauf bestanden, die ganze Entwicklung noch einmal von vorn anzufangen?

Fragen über Fragen. Was stand einer vernünftigen Lösung im Wege? Vor allem die Zeitfrage. Aber auch da bahnte sich schon zu der Zeit, als Cles-Reden ihr Buch schrieb (1960), ein Wandel an. Man hatte begonnen, mit der sogenannten C-14-Methode zu arbeiten. Mit einer Art Geigerzähler wird da der Kohlenstoff-14-Gehalt in einst lebendigen Stoffen (Holz, Kohle, Pflanzenfasern) gemessen, der sich nach dem »Tode« der betreffenden Materie in bestimmtem Maß ständig verringert. So kann – wenigstens ungefähr – die Zeit festgestellt werden, die seit dem jeweiligen »Tode«

vergangen ist. Hier näherte man sich nun wenigstens der Wahrheit um einige Schritte. Bei Behandlung der Megalithkultur der Bretagne schreibt Sibylle von Cles-Reden: »... Hingegen wurden in den allerletzten Jahren Brandreste von einem Wohnplatz und aus einem unberührten Kuppelgrab der Bretagne untersucht. Die Ergebnisse waren höchst überraschend. Die Jungsteinzeit und die Einwanderung der Erbauer von Tholoi ... hätten danach in der Bretagne bereits gegen Ende des 4. Jahrtausends v. Chr. begonnen, fast tausend Jahre eher, als man dies bisher ausgerechnet hatte. Diese unerwartet hohen Zahlen bringen das gesamte, von den Prähistorikern mühsam aus Kleinfunden, Vergleichen und sonstigen Anhaltspunkten zusammengestellte Puzzle der westeuropäischen Chronologie in Unordnung ... So ist es immerhin möglich, daß man die kurzen Chronologien, die in den letzten Jahrzehnten die ›langen‹ einer älteren Forschung verdrängten, noch einmal revidieren und für das westeuropäische Neolithikum einen wesentlich früheren Beginn und damit eine längere Dauer festsetzen muß.«

Mit den Großsteingräbern des Nord-Ostseegebietes war es nun natürlich das gleiche, auch hier mußte man die Daten »zurückstecken«. Dann aber trat noch eine weitere Meßmethode auf den Plan, die der Vernunft vollends zum Siege verhalf.

Jürgen Spanuth schreibt (1976): »Die Korrektur der bisherigen C-14-Datierungen konnte mit Hilfe der Dendrochronologie oder Baumringdatierung vorgenommen werden ... Charles W. Ferguson, Universität Arizona, konnte nun sehr alte Borstenzapfenkiefern benutzen, um eine fortlaufende absolute Zeitfolge aufzustellen, die um 8200 Jahre zurückreicht (Donald A. Swan 1971, 48). Vergleiche von Holzproben, die mittels beider, der Baumring- und der C-14-Methode, datiert wurden, ergaben im Ergebnis große Unstimmigkeiten. Bis 1500 v. Chr. sind die Differenzen zwischen den Ergebnissen beider Methoden nicht beträchtlich. Jedoch vor dieser Zeit wird der Unterschied zunehmend größer und erreicht bis 2500 v. Chr. eine Größe von mehr als 700 Jahren. ›Diese C-14-Daten sind alle zu jung.‹ (Swan 1971, 50; C. Renfrew 1971, 68).

Der britische Professor für Archäologie, Dr. Colin Renfrew,

hat in einem aufsehenerregenden Aufsatz ›Carbon 14 and the Prehistory of Europe‹ (in Scientific American, Oktober 1971) die Folgen dieser Korrektur der bisherigen C-14-Daten für die europäische Vorgeschichte untersucht. Er stellt fest: ›Die Revision der C-14-Daten hat eine verheerende Wirkung auf die weitverbreitete traditionelle Zeitstellung. Der entscheidende Punkt ist nicht so sehr der, daß die europäischen Daten des 3. Jahrtausends alle mehrere Jahrhunderte älter sind als angenommen, sondern daß die Daten für Ägypten sich nicht ändern. Nun ist es klar, daß die Megalithbauten in der Bretagne früher als 4000 v. Chr. erbaut wurden, also ein Jahrtausend bevor die monumentale Grabarchitektur im östlichen Mittelmeer und 1500 Jahre bevor die Pyramiden erbaut wurden. Der Ursprung der europäischen Begräbnissitten und -monumente darf nicht im Nahen Osten, sondern in Europa selbst gesucht werden‹ (1971, 69f).«[32]

Spanuth schreibt ferner: »Sie (die nordwesteuropäische Megalithkultur) ist also *nicht* eine degenerierte Verkümmerung der ostmittelmeerischen bzw. orientalischen Großsteinbauten (Gordon Childe 1950), sondern eine ältere, primitive Vorstufe der jüngeren, hochentwickelten Grabarchitektur im Vorderen Orient und in Ägypten.«[33] Und später: »Die Ganggräber in der Bretagne werden heute auf etwa 4800 v. Chr. datiert (R. Wernick 1974, 33). Älter aber als die Ganggräber sind ihre primitiveren Vorgänger, die einfachen Dolmen.«[34]

So also hat sich das Fähnchen wieder gedreht, es weht aufs neue von Norden nach Süden, die Anfänge liegen bei den »einfachen Urdolmen« Schleswig-Holsteins und Dänemarks[35].

2. *Die Toten und der Kalender*

Wie steht es nun aber mit dem »Megalith-Gedanken«? Notwendigerweise muß ja auch er aus dem Ursprungsgebiet der Megalithik im europäischen Norden stammen. Worin bestand er? Eine religiöse Grundlage wurde immer angenommen, aber wie war Form und Inhalt dieser Religion?

Mit Otto Huth (1950) wundere ich mich darüber, daß man, um

hier Antwort zu bekommen, fast nie den einfachsten Weg beschritten hat, der sich anbot: Nämlich die *lebenden Megalithkulturen* in Südostasien oder Polynesien zu befragen.

Nur wenige von denen, die über die Megalithkultur schrieben, haben diesen Weg gewählt. Die meisten haben sich auch hier lieber mit Phantasien abgegeben als mit einfachen Realitäten. Eine gute Auskunft gibt ein Artikel von Dr. Heine-Geldern in der Zeitschrift Antropos, der aber schon aus dem Jahre 1928 stammt[36].

Hier wird klar und deutlich festgestellt, was in Ostasien wie in Polynesien Sinn und Zweck der großartigen Steinsetzungen ist: Es handelt sich um Toten- und Ahnenkult.

Der Riesenstein sichert das ewige Leben des Toten, er ist sein Denkmal und zugleich der Tote selbst, der nun steinern in der Landschaft steht und manchmal sogar Opfer von seinen Nachfahren empfängt. Der Stein ist auch der Thron, auf den sich die Seele des Verstorbenen niederläßt – wie der Seelenvogel auf dem Lebenspfahl. Man sieht zwar die Seele nicht, aber man spürt, vor dem Stein stehend, wenn sie da ist und daß nun der Stein in Wahrheit *lebt*[37].

Sicherlich werden die Menhire Europas denselben Zweck und Sinn gehabt haben: das Gedächtnis an Verstorbene wach zu erhalten und sie darzustellen. Volkssagen, die sich um die berühmten Steinalleen bei Carnac in der Bretagne ranken, bestätigen das. In dem Büchlein: »Die Steine von Carnac« (1942, S. 83f.) führt Werner Hülle solche Sagen an. »Wer an einem schönen Sonntag zum erstenmal etwa das Feld von Menec besucht, dem werden die Kinder sicherlich bereitwilligst die *Legende* vom heiligen Cornelius, dem Heiligen der Kirche von Carnac und Schutzpatron aller Horntiere, erzählen. Sie lautet folgendermaßen: Als der hl. Cornelius Papst in Rom war, wurde er von dort durch ein Heer heidnischer Soldaten vertrieben und verfolgt. Von zwei Ochsen begleitet, die sein Gepäck und zeitweise auch ihn selbst trugen, floh er vor den Soldaten nach der Bretagne. Er kam auf einen großen Berg, wo ein kleines Dorf lag. Er sah vor sich das Meer und hinter sich die zur Schlacht aufgestellten Soldaten. Er hielt an und verwandelte das ganze Heer in Steine, die heute noch

5 Megalithischer Monolith in Carnac, Bretagne (aus A. Herrmann, Unsere Ahnen und Atlantis, Berlin 1934)

die Soldaten des hl. Cornelius (bret. sourdadet san Cornely) heißen. Während der Nacht gehen in diesen Steinreihen Wiedergänger um.

Eine andere, in den ›Annalen der Bretagne‹ im Jahre 1899 aufgezeichnete Fassung dieser Legende lautet so: Einstmals reiste der hl. Cornelius auf einem Ochsenkarren durch die Welt und segnete überall die Erde. Indessen wollten heidnische Soldaten ihn töten und verfolgten ihn. Als der hl. Cornelius damals nach Carnac kam, sagte er: Hier will ich haltmachen und bleiben. Darauf verbarg er sich in einer Ochsenhaut und verwandelte die ihn verfolgenden Soldaten in Stein.

Eine andere Sage erzählt schließlich, daß die in Steine verwandelten Soldaten des hl. Cornelius in der Weihnacht um Mitternacht lebendig werden und in die umliegenden Kneipen gehen, um zu trinken. Wer ihnen dabei begegnet, wird umgebracht.

Sehen wir von dem christlichen Gewand dieser Legenden ab«, fährt Hülle fort, »die sicherlich in ihrem Kern aus vorchristlicher Zeit stammen, so bleibt zunächst die Tatsache bemerkenswert, daß diese Steinreihen von *le Menec* mit einem ›Heiligen‹ in Verbindung gebracht werden, der Schutzpatron der Horntiere ist. Im alten Bauernglauben wird überall in der Umgebung von Carnac davon erzählt, daß überall da, wo der hl. Cornelius vorüberzog, die Ernte besonders gut gerate. Nimmt man hinzu, daß auch heute noch zu dem großen ›Pardon‹ des hl. Cornelius in Carnac die Horntiere von weither angetrieben werden, so wird einem klar, daß wir es hier mit einer vorchristlichen Gottheit zu tun haben. Dieser ›Rinder-‹ oder ›Stiergott‹ hat also die Soldaten in Stein verwandelt. Daß es keine feindlichen Soldaten, sondern seine eigenen waren, geht schon aus der volkstümlich-einheimischen Bezeichnung ›die Soldaten des hl. Cornelius‹ hervor. So könnte man zwanglos als *Kern* dieser Sage herausschälen, daß nach dem Volksglauben diese Steine zu Ehren einer göttlichen Macht errichtet wurden, die besonders mit der Rinderzucht und der Fruchtbarkeit der Felder zu tun hatte.«

Selbstverständlich ist diese Gottheit niemand anders als der uralte Himmelsgott, der die Stierhörner als Symbol trägt, so wie seine Gattin die Kuhhörner. Wir sahen ja bereits, daß dieses Götterpaar seit der Eiszeit die Welt regiert und daß mit ihm stets der Gedanke der Fruchtbarkeit von Mensch, Tier und Vegetation verbunden war. Jetzt sind die Menschen Ackerbauern, und die Fruchtbarkeit ihrer Felder, das Wachsen und Gedeihen steht an erster Stelle. Flurumzüge sollen sie fördern: Der Gott zieht im Ochsenwagen umher und segnet die Fluren.

Wir stoßen hier auf den zweiten der »Megalithgedanken«, der in den alten wie in den lebenden Ackerbauerkulturen im Vordergrund steht: dem des Wachstums und der Fruchtbarkeit, die die Götter bewirken können.

Aber dieser Gedanke ist eng, ja unlösbar mit dem anderen verbunden: dem Nachleben der Toten, ihrer Ewigkeit, der Verbundenheit mit ihnen, die aus dem engen Zusammenhang der Sippe erwächst. Daß die Toten die Fruchtbarkeit des Landes fördern, ist ein alter Glaube.

Charakteristisch ist, daß zwischen den Steinen von Menec des Nachts »Wiedergänger«, d.h. die Seelen der Toten, umgehen. Und daß sie zur Weihnachtszeit »lebendig werden« und wie in vielen Gegenden Europas als »Wildes Heer« umziehen und zu essen und zu trinken verlangen und gleichzeitig durch ihre Umzüge die Fruchtbarkeit der Felder bewirken.

Die unzähligen Großsteine von Carnac und der Bretagne überhaupt sind nach allem, was wir von Glauben und Brauch der lebenden Megalithkulturen wissen, ebenfalls Gedenksteine für Tote, die Inkarnation der Abgeschiedenen im Diesseits, die die Verbindung mit den Nachfahren aufrechterhält. »Warum aber gerade Soldaten?« fragt Hülle weiter. Er antwortet: »Natürlich legt die regelmäßige Anordnung der Steine den Gedanken an eine militärische Formation ohne weiteres nahe. Das ist sicher richtig. Aber man könnte sich z. B. vorstellen, daß die Steine für die Gefallenen einer großen Schlacht gesetzt wurden, deren Gedächtnis zugleich dadurch ›für alle Zeiten befestigt‹ werden sollte. Der Gott, der Herr über Leben und Tod ist, hat die Krieger in Steine verwandelt! Es könnte sein, aber es muß nicht so gewesen sein.«

Jedenfalls gehören die Menhire der Bretagne – nicht alle, aber die meisten – zum Totenkult, der in der Megalithzeit eine große Wichtigkeit bekommen hatte. Man hat eingewendet, in den »Alignements« befänden sich nur selten Gräber, und die wenigsten der Steinalleen seien auf solche ausgerichtet. Wir wissen aber nun aus der Befragung der lebenden Megalithkulturen, daß die Steine zumeist als Denkmäler für bedeutende oder doch wohlhabende Tote gesetzt wurden, ohne daß eine Beziehung zu dem tatsächlichen Grab bestand. Das hinderte allerdings nicht, daß auch auf den Grabhügeln Steine als »Seelenthrone« aufgerichtet wurden. (Diese Sitte hat sich bis heute erhalten, man muß nur unsere Friedhöfe ansehen.)

Denn der Tote wohnt nicht nur in oder auf dem Stein, der ihm gesetzt wurde. Er wohnt auch im »Hügel«. Hier gehen mehrere Vorstellungen nebeneinander her, und man darf nicht, wie wir Heutigen es so gern tun, Logik und Ausschließlichkeit verlangen. Im vorgeschichtlichen Denken, dem Denken der »mythischen« Epoche, ist das Miteinander der gegensätzlichsten Vorstellungen möglich. Sie behalten immer etwas von der traumhaften Unbestimmtheit, die eben dem »mythischen« Denken eigen ist. Daran müssen wir uns gewöhnen, sonst werden wir nie erfassen können, was hinter den so vielfältigen und oft widersprüchlichen Überlieferungen eigentlich steckt.

Ein Beispiel für das Ineinander verschiedener Vorstellungen vom Nachleben der Toten aus viel späterer Zeit, das aber ebensogut der Megalithzeit angehören könnte, bildet die schöne Schlußszene des Helgi-Liedes aus der Edda[37a].

Helgi, der Hundingstöter, ist von seinem Schwager Dag »im Fesselhain« durch Odins, des Gottes, Speer gefällt worden. Er ist in Walhall eingezogen, kehrt aber eines Nachts zu seinem Grabhügel zurück, wo sich ihm Sigrun, seine Frau, die Lebende dem Toten, gesellt.

Nun will ich nichts unmöglich nennen,
nicht jetzt noch je! Du junge Fürstin
dem Leblosen liegst du im Arm,
du hehre, im Hügel! Högnis Tochter,
und lebst dennoch, du lichte Maid!

Er kommt einmal (vielleicht ursprünglich dreimal), dann nicht mehr. Die Worte der Magd beschließen das Lied:

Nicht sei so verwegen allein zu wandern
Herrschertochter zum Heim der Toten.
Mächtiger sind um Mitternacht
Der Toten Geister als im Taglicht.

Helgi erscheint also in seinem Grabhügel, ganz real, ein lebender Toter, der die Geliebte im Arm halten kann. Gleichzeitig aber gehört er einem fernen, himmlischen Glanzreich an. Er sagt, niemand solle um die Toten weinen, denn sie tränken noch »trefflichen Trank«, leben also auch dort ganz real.

Einer der wesentlichen »Megalithgedanken« scheint eben der des im Hügel lebenden Toten zu sein. Darum die Beigaben, die immer reicher werden, wie die Zeit fortschreitet, Speise und Trank, Gerätschaften des täglichen Lebens, Waffen, später Möbel, Bett und Stuhl, Wagen, Pferde, dann sogar Frau und Diener (letzteres ist allerdings eine fremde, östliche Sitte, die erst in der Spätzeit im Norden eindringt und von der Stein- und Bronzezeit noch nichts wissen). In den germanischen Sagen ist viel von Begegnungen Lebender mit Toten die Rede, auch von Kämpfen im Hügel wie etwa im Hervör-Lied, wo die Tochter in den Grabhügel des Vaters eindringt und ihm das beigegebene Ahnenschwert entreißt. Und noch in späten Erzählungen sitzen die

Toten im Berg (dem Grabhügel) und zechen. Es ist deutlich, daß die Sitte, den Toten »Steinhäuser« zu bauen und Sippengräber zu errichten, eben aus dieser Vorstellung gewachsen ist. Es ging darum, dem Sippenangehörigen eine unvergängliche Heimstatt zu schaffen, in der er ewig leben konnte, nicht anders als daheim in seinem Hause.

Am eindrücklichsten manifestiert sich dieser Gedanke in Ägypten in den unsagbar reich ausgestatteten Totenhäusern, die mit aller Kunst und List vor Grabräubern geschützt und verborgen werden, um dem Toten sein ewiges Leben im Grabe zu sichern. Auch die Einbalsamierung dient diesem Zweck. Aber gerade hier zeigt sich, daß sich der Vorstellung des im Grab lebenden Toten in typischer Unlogik eine andere verband: der Gedanke des weiten und dunklen, von allerlei Hemmnissen und Prüfungen behinderten Weges, den der Tote zurücklegen muß, um ins Jenseitsland zu gelangen, das düsterer Strafort, dämmriges Schattenreich, blühende Toteninsel oder seliges Glanzgefilde sein kann. In Königsgräbern und Pyramiden wird der Tote nicht nur für das Leben im Grabe, sondern auch für diesen Jenseitsweg ausgestattet: Er bekommt einen Papyrusstreifen auf die Brust gelegt, auf dem seine Rechtfertigung vor den Totenrichtern aufgeschrieben steht, einen Paß fürs Jenseits sozusagen.

Später wird dann – wie in Griechenland und ganz spät auch im Norden – dem Toten eine Münze für den Totenfährmann mitgegeben. In einer Fülle von Sagen aus allen indogermanischen Bereichen und allen Zeiten wird der dunkle Jenseitsweg geschildert. Bei den späten Germanen heißt er »der Helweg«, den die Helden reiten, er führt stets über ein Wasser, das überwunden werden muß (bei den Griechen ist es der Styx), der Totenfährmann setzt die Reisenden über, das Unterweltsreich ist von Wächtern und von dem Totenhunde bewacht. Die Totenrichter, vor denen der Abgeschiedene sich verantworten muß, finden sich wohl zunächst nur in Ägypten. Im indogermanischen Bereich ist es manchmal eine Jenseitsbrücke, die zu brechen droht, sollte der Tote nicht die Wahrheit über sich und seine Taten aussagen.

Die heutigen Megalithiker Südostasiens scheinen die Vorstellung des im Grab lebenden Toten nicht mehr zu kennen. Dort herrscht auch die Leichenverbrennung vor. Es ist die befreite Seele des Toten, die durch das »Seelenloch«, das sich dort wie im Mittelmeerbereich findet, in Vogelgestalt aus dem Großsteingrab entweicht und den Totenweg ins Jenseits geht, von dem man hier wie dort weiß.

Bei dem Stamm der Naga gibt es, wie Heine-Geldern schreibt, Weihefeste, die in Steinkreisen abgehalten werden. Sie dienen einerseits der Rangerhöhung eines Lebenden im Diesseits. Ähnlich wie bei den Einweihungen in die Mysterienkulte Alt-Griechenlands oder anderer orientalischer und europäischer Länder, muß der Adept verschiedene Stufen oder Ränge erreichen, sieben sind es bei den Nagas. Hat er den siebten und letzten Rang erreicht, wird ihm ein Großstein gesetzt und seine Anwartschaft auf das ewige Leben dadurch befestigt. Denn die sieben Ränge entsprechen den sieben Stufen, die die Seele nach ihrem Tode auf dem Jenseitsweg zu überwinden hat, und die Feste im Diesseits dienen dazu, die Gefahren und Mühen, die auf die emporsteigende Seele warten, aufzuheben und dem Toten die endliche Erreichung der ewigen Seligkeit zu sichern. Der Lebende geht also den Totenweg schon im voraus. Wir werden sehen, welch große Bedeutung gerade diese Vorstellung in der Megalithzeit Europas hatte.

Im übrigen werden in Südoastasien auch außerhalb des Totenrituals Steine gesetzt, z. B. beim Abschluß eines wichtigen Vertrages, der für alle Zeiten »festgesetzt« werden soll. Die Steine befestigen alles, was man ihnen anvertraut für die Ewigkeit.

Auch die Schädel erschlagener Feinde werden zu Füßen eines Großsteins niedergelegt: Nun sind diese Feinde für immer tot, und ihr Besieger befestigt die Ewigkeit seines Ruhms.

Der Häuptling nimmt auf steinernem Sitz Platz, wenn er eine Versammlung leitet, so wie in Europa noch bis in späte Zeiten die Könige auf steinernen Sitzen und auf Ahnengräbern inthronisiert wurden oder Gericht hielten. Wie in der griechischen Agora, die ursprünglich auch ein Kreis war, tanzen und ringen die Jünglinge der Südseestämme im Steinrund, das als Versammlungs- und Gerichtsstätte dient. Auch Riten, die die Fruchtbarkeit fördern sollen, werden hier zelebriert.

Merkwürdigerweise kennen die lebenden Megalithkulturen offenbar die Große Mutter, die Erdfrau und Fruchtbarkeitsspenderin, nicht mehr, sie, die doch offensichtlich in den orientalischen und europäischen Megalithkulturen eine so wesentliche Rolle gespielt hat. Sie scheint auf dem räumlich und zeitlich langen Wege verlorengegangen zu sein und ist dort also nicht mit dem Großsteinkult verbunden.

In Europa dagegen konnte einst der Menhir neben seiner Bestimmung als Denkmal und Seelensitz auch – ebenso wie der »Holzmann« und Weltstützer – den Gott darstellen, häufiger noch die Göttin, der die Fruchtbarkeitsriten galten und die von kinderlosen Frauen angerufen wurde, wie bis in die Jetztzeit hinein einige Menhirstatuen in der Bretagne.

Eine wichtige Funktion der Steinalleen und Steinkreise aber muß noch aufgezeigt werden, die besonders die europäische Megalithkultur entscheidend geprägt hat und sich hier sinnvoll mit Totenkult und Fruchtbarkeitsritus verbindet: ihr Dienst im Gestirnkult, der die Zeitmessung, astronomische Berechnungen und Kalenderwesen, kurzum das ganze große Rechenspiel des Jahrkreises einschließt.

Wenn Marie König recht hat, waren schon die Tierbilder der Eiszeitmaler Produkte der Gestirnbeobachtung. Von jeher war es für den Menschen wichtig, den Lauf von Sonne und Mond zu verfolgen und danach die Zeit zu messen und einzuteilen. Doppelt wichtig wurden aber für ihn der gestirnte Himmel und die Berechnung von Tag und Jahr, als der Ackerbau Teil seines Lebens wurde. Säen, Pflanzen, Ernten mußte zur rechten Zeit geschehen. Gewitter, Hagelschlag, Frost, zuviel oder zuwenig Regen, das alles bekam nun eine neue, große Bedeutung für den Bauern. Er schaute mehr denn je nach dem Himmel, rechnete und berechnete.

Spanuth hat wie viele andere Forscher mit Bewunderung von den großen mathematischen und astronomischen Kenntnissen der Megalithiker gesprochen. Er berichtet Einzelheiten und schreibt unter anderem: »Alexander Thom, Professor für Ingenieurwissenschaft in Oxford, hat unlängst die Theorie aufgestellt, daß diese Steinalleen vorgeschichtlichen Himmelsbeobachtern astronomische Kenntnisse lieferten, die erst das 16. nachchristliche Jahrhundert neu gewinnen sollte. Thom hat seine Ansicht mit umfangreichen Vermessungen und Berechnungen untermauert.«[38]

Hauptsächlich bezieht sich Spanuth auf das, wie er schreibt, »überaus lesenswerte Werk von Prof. Dr. Rolf Müller, ›Der Himmel über den Menschen der Steinzeit‹ (1970). R. Müller hat zahlreiche megalithische Anlagen in Deutschland . . . und in der Bretagne untersucht und ist dabei zu Ergebnissen gekommen, die mit jenen von A. Thom in jeder Hinsicht übereinstimmen. In seiner Einführung sagt (er), daß die Megalithiker in ihren gewaltigen Bauten nicht nur ihre religiösen Vorstellungen, sondern ein eigenartiges mathematisch-meßtechnisches und vor allem himmelskundliches Wissen (offenbaren) . . . Untersuchungen amerikanischer und englischer Astronomen haben im letzten Jahrzehnt Quellen erschlossen, die uns sehr aufhorchen lassen müssen, denn aus ihren Arbeiten eröffnet sich uns ein neues Bild von der himmelskundlichen Beobachtungskunst der Steinzeitmenschen, das in geradezu überraschender Weise alle bisherigen Vorstellungen weit übertrifft (1970, 2).

Die Untersuchungen haben gezeigt, daß die Megalithiker hervorragende Astronomen waren, die nicht nur den Lauf der Sonne, des Mondes und mehrerer Fixsterne genau beobachteten und durch Visierlinien festlegten, sondern auch Sonnen- und Mondfinsternisse berechnen und voraussagen konnten. Ebenfalls konnte an Megalithbauten nachgewiesen werden, daß ihre Erbauer ein einheitliches Längenmaß, die ›megalithische Elle‹ von 82,9 cm benutzt haben . . . Außerdem beweisen die vielen megalithischen Bauten, daß ihre Erbauer das ›pythagoreische Dreieck‹, die Kreiszahl Pi und einen 56-Jahre-Zyklus kannten . . . Die Kenntnis dieses 56jährigen (astronomischen) Zyklus und der drei Zyklen von 19 und 19 und 18 Jahren ist in Stonehenge (dem großen, südenglischen Megalithheiligtum) nachgewiesen worden (R. Müller, 1970). Nach den Untersuchungen des amerikanischen Astronomen Dr. G. S. Hawkins waren die 56 Aubrylöcher das Zählwerk einer Rechenmaschine, die es den Priestern gestattete, den Mondweg Jahr für Jahr zu überblicken . . . R. Müller hat auch wahrscheinlich gemacht, daß die 56 Krummstäbe auf einem spitzförmigen Tragstein des großen Ganggrabes ›Table des Marchauds‹ bei Locmariaquer in der Bretagne nach der Anordnung der Stäbe und anderer auf ihm verzeichneter Symbole als Mondkalenderstein angesprochen werden müssen (1970, 70).«[39]

Es ist hier nicht der Ort, auf weitere Einzelheiten einzugehen. Uns interessiert vor allem die Tatsache, daß diese Kenntnisse und Erkenntnisse trotz der praktischen Klarheit, mit der sie angewendet wurden, doch gänzlich im religiösen Raum standen. Mathematik war hier nicht nur Baugrundlage mit praktischem Berechnungswert, sondern auch Zahlenmystik, die Astronomie stand im Dienste des Jahreslaufes, dem sie nicht nur praktische Hilfen vermittelte, sondern den sie auch magisch beeinflussen sollte. Sonne, Mond und Sterne waren nicht nur Himmelskörper, deren Lauf man berechnen konnte, sondern gleichzeitig mythisch geschaute Gottheiten, die Sonne vor allem, die »schimmernde Gottmacht«, wie sie später in der Edda genannt wird, ein göttlicher Held, der »aus seiner Kammer« tritt, um seinen »Weg zu laufen«. Alles ist von Tiefsinn, Symbolik und Geheimnis durchwoben, und die Steinkreise und gewaltigen Steinheiligtümer, wie sie z. B. in England oder in anderer Form auf Malta am Ende der Steinzeit und sogar noch in der Bronzezeit errichtet wurden, sind nicht nur Rechenzentren, sondern Stätten mystischer Kulte, die den Menschen in die geheimnisvolle Tiefe des Seins hinabführen und mit den Toten und dem schaffenden Wachstum der Erde verbinden.

Es ist für den heutigen Menschen schwer zu verstehen, wie sehr das Leben in jenen frühen Zeiten von Religion durchwoben war. Wir spüren etwas davon, wenn wir Ilias oder Odyssee lesen, wo die Götter überall und in jedem Augenblick leibhaft anwesend und wirksam sind. Aber mir scheint, daß dies in der Megalithzeit, die ja ein noch kindhafteres Menschheitsstadium bezeichnet, sogar in noch höherem Maße der Fall gewesen sein muß als in der mykenischen Bronzezeit. Noch staunt man alles an, was man sieht, man versucht die Antriebe zu erkennen, stößt aber überall auf Geheimnis. In der Zahl ist Geheimnis wie im Naturlauf, im Leben wie im Tod. Zum Rätsel des Todes und des Werdens kommt das der Gestirne und ihrer gesetzmäßigen Ordnung, die man erkennt, nach der man sich richtet, die man um sich spürt und die doch, wie es scheint, das Leben auf eine völlig rätselvolle Weise beeinflußt, so daß man die Wirksamkeit von Wesen hinter den Naturkräften erschaut, die, ähnlich dem Menschen und doch anders denkend und fühlend, Lenker und Regierer sind. Aus dieser Situation des Fragens, Entdeckens, des ersten Erkennens und Halbwissens heraus erwächst, das ist deutlich, eine Mysterienreligion, der wir jetzt nachspüren wollen.

3. Osiris und der Machandelboom

Wenn der Norden oder Westen Europas in jener Zeit – zwischen 5000 und 2000 v. Chr. – überhaupt schrieb, so geschah das nur selten und mit Zeichen, die wir nicht lesen können. Sie finden sich gelegentlich an Menhiren oder in Gräbern wie z. B. jene schon erwähnten »Krummstäbe« von Locmariaquer, aber sehr viel Auskunft über den Glauben, der hinter ihnen steht, können sie uns nicht geben.

Wenn wir geschriebene Nachrichten suchen, müssen wir uns an die Völker halten, die damals schon (in dem uns geläufigen Sinne) *schrieben*. Das können in diesem Fall nur die Ägypter sein, denn die mesopotamischen Kulturen stehen ja mehr oder weniger außerhalb des Megalithkreises, um den es hier geht.[40]

Was also läßt sich aus ägyptischen Quellen zum Thema Steinzeitreligion erfahren?

Es wurde schon erwähnt, daß der Einfluß der Megalithik auf die Anfänge der ägyptischen Kultur nicht gering anzuschlagen ist. Auch von den verschiedenen Strömen, aus denen das ägyptische Volkstum erwuchs, war die Rede. Die sogenannten Libyer (sie werden in den ägyptischen Texten erst seit 1227 v. Chr. so genannt und hießen, wie gesagt, vorher Tamahu) scheinen sich zwar in ihren unterägyptischen Stadtstaaten ziemlich für sich gehalten zu haben, aber nach Ausweis der Felsbilder und der ägyptischen Darstellungen haben sie doch auf das Leben im Ägypten der Zeit zwischen 4000 und 2000 v. Chr. eingewirkt. Sie haben in der Frühzeit wohl sogar einige Male die Pharaonen, mit Sicherheit

6 Libyer mit Federkronen, dargestellt im Grabe des Pharaos Sethos I. (aus A. Herrmann, Unsere Ahnen und Atlantis, Berlin 1934)

aber später hier und da deren Gattinnen gestellt. Sie bauten den Ägyptern Papyrusboote (wie auf den in Thor Heyerdahls »Expedition Ra« vor S. 49 gezeigten farbigen Bildern aus sehr alten Gräbern deutlich zu sehen ist: Hellblonde, weißhäutige, europide Männer bauen die Boote, typische Ägypter – sogar der Pharao mit Gattin – benutzen diese), und auch nach ihrer Vertreibung aus Ägypten sind sie doch als Nachbarn der Ägypter für diese nicht nur immer wieder beunruhigende Gegner, sondern auch Besucher der Märkte und Handelspartner.

Es kann kaum ein Zweifel daran bestehen, daß diese »Nordleute« auch die Erbauer der vielen Megalithmonumente waren, die sich nicht nur in Nordafrika vielfach an der Küste hinziehen, sondern sich auch in Palästina, in Kleinasien und weiterhin finden. Spanuth bringt in »Die Philister« (1980; S. 152) interessante Nachrichten über jene hellfarbigen »Riesen«, die in der Bibel Enaks-Kinder oder Pheresiter genannt werden, *vor* den Kananäern, Israeliten und Philistern im später Palästina genannten Land lebten und es in ein »Land, darin Milch und Honig fließt« verwandelt hatten. Sie lebten zu Josuas Zeiten noch in den ausgesprochenen Megalith-Gebieten des Landes, wurden aber von den Hebräern fast gänzlich ausgerottet bis auf wenige, die in Philisterstädten geschützt wurden. Ihre ungewöhnliche Größe wird in der Bibel des öfteren erwähnt. Sie erinnern damit an die »Formorier«, die blonden Riesen, die uralten irischen Berichten zufolge zu Schiff von der nordafrikanischen Küste kamen und eine Zeitlang in Seeräuberweise Irland unsicher machten – man verglich dort später die Wikinger mit ihnen. Auch sie erbauten Megalithgräber.

Noch Cäsar soll gesagt haben, er sei in Nordafrika mehr blonden Menschen begegnet als am Rhein. Es gibt auch heute noch unter den Berbern im Atlasgebirge extrem hellfarbige und großgewachsene Typen, und Thor Heyerdahl fand auf seiner Suche nach Schilfbooten und den Ruinen der uralten Hafen- und Sonnenstadt Lixus an der marokkanischen Küste noch absolut blonde, blauäugige Bewohner abgelegener Fischerdörfer[41]. Zu diesem Volk müssen auch einmal die Guanchen gehört haben, die die Spanier im 15. Jahrhundert als Bewohner der Kanarischen Inseln vorfanden, schöne, tapfere, ritterliche Menschen, die noch kein Metall kannten, mit Steinwaffen kämpften, eine Schrift besaßen und den Himmels- und Weltstützergott verehrten und die nach Jahrhunderte dauerndem Verzweiflungskampf von den Spaniern fast völlig ausgerottet wurden.

In der ägyptischen Religion der Frühzeit nun heben sich deutlich einige der Sonne und der Fruchtbarkeit eng verbundene Göttergestalten von dem Hintergrund der etwas wirren und dunklen, oft tiergestaltigen Götterwelt der ersten Dynastien ab: einmal der Sonnengott Ra oder Rê, und dann das Götterpaar Osiris und Isis mit Horus, dem Sohn.

Ra hatte seine Hauptkultstätte in On in Unterägypten, das die Griechen Heliopolis (Sonnenstadt) nannten und das ursprünglich zum Bereich der »Libyer« gehörte. Dort wurden die beiden Sonnenbarken aufbewahrt, mit denen der Gott – so hieß es – tags über den Himmel und bei Nacht wieder zurück nach Osten durch die Unterwelt fuhr, freudig von den Toten begrüßt, deren Leben seine Nachtfahrt erhellte. In Heliopolis wurde er auch als Besieger »der großen Schlange« gefeiert. Nach Einführung des Sonnenkalenders gewannen sein Kult und seine Priesterschaft beträchtliche Macht, sein Name, der »König« bedeutet, wurde den jeweiligen Namen der Pharaonen hinzugefügt, sowie sie sich schon zuvor – in den ersten Dynastien – »Horus« genannt hatten.

Die Namen Ra (Rê) und Horus können sehr wohl indogermanischer Herkunft sein. Rê könnte zu der indogermanischen Silbe reg oder rej gehören, die wir noch in *regieren* haben, von der der lateinische Rex wie der indische Raja stammen und die im Altnordischen der Edda die Götter als Weltregenten bezeichnet[42].

Horus ist mit der altindogermanischen Silbe ar (*r*), die alles Hohe, Emporstrebende bezeichnet, zusammengestellt worden, wie der Horusfalke als Sonnensymbol dem Adler des Zeus gleicht.

Die zahlreichen, engen Beziehungen zwischen Ägypten und dem europäischen Norden – gleiche Kalenderzeichen an den gleichen Tagen in altägyptischen wie in mittelalterlichen norwegischen und deutschen Bauernkalendern, die Symbole des Horus und der Isis bei den Friesen und vieles andere mehr[43] – sind schon öfter aufgefallen. Aber da für die meisten Forscher das »Licht« von »Osten« kam und kommt, so hat man von ägyptischen Handelsschiffen gesprochen, die außer Waren auch Sagen, Märchen, Zeichen, Vorstellungen und Religionen nach dem Norden gebracht haben sollen, ja, man hat sogar (W. I. Perry 1923) handeltreibende Missionare der »ägyptischen Sonnenreligion« zur Zeit der 5. Dynastie nordwärts reisen lassen, um die Völker der finsteren Mitternacht zum Lichtglauben zu bekehren.

Da Religionen aber kaum je durch einzelne Handelsschiffe verbreitet werden – dazu gehört im allgemeinen schon eine richtige Einwanderung von Menschen, die zahlreich genug sind, sich im fremden Land zu halten und auf dessen Bewohner einzuwirken –, die Ägypter zudem, weit seßhafter als die Nordleute, nie Auswanderer, ja nicht einmal Hochseeschiffer waren – der Handel ging über verschiedene Zwischenstationen und Umladehäfen –, auch ganz bestimmt niemals Missionare ausgeschickt haben, so sind solche Konstruktionen hinfällig.

Was die ägyptische Sonnenreligion angeht, so hat darüber bereits 1891 der Mythenforscher Ernst Krause einiges geschrieben, das ich hier anführen möchte.

Bei seiner Behandlung der weit verbreiteten Sage »von dem bekämpften und erst nach mancherlei Niederlagen siegreichen Sonnengott, der zeitweise in die Gefangenschaft, Abhängigkeit und Dienstbarkeit jener Mächte der Finsternis und Kälte gerät, welche in der Unterwelt hausend gedacht wurden«, wendet sich Krause gegen jene Mythologen, »welche die altägyptische Religion für die älteste halten und sich eingebildet (haben), die älteste Form des weitverbreiteten Dramas vom Sonnenkampfe sei im Mythos von Osiris enthalten. Der Sagenkreis vom syrischen und assyrischen Adonis und Tamuz sei der nächste Abkömmling davon, und wenn er sich dann im griechischen Dionysos wiederholt und bis in den nordischen Odin- und Baldr-Mythus eindringt, so müsse man etwa denken, die Phöniker hätten das geistige Gut der Ägypter und Assyrer erst nach Griechenland und dann bis an die Gestade der nordischen Meere verfrachtet.

Halten wir solchen gänzlich unhaltbaren Annahmen die wirkliche Sachlage gegenüber, so müssen wir zunächst bemerken, daß der Winter, die Zeit des niedrigsten Sonnenstandes, für Ägypten die angenehmste Zeit des Jahres darstellt. Von einem Ersterben der Natur um die Weihnachtszeit ist dort keine Rede, die Sonne lacht in ansehnlicher Höhe vom Himmel nieder, in den Gärten grünt und blüht es . . . Selbst im nördlichen Ägypten währt der kürzeste Tag noch über zehn Stunden, während der längste noch nicht ganz vierzehn Stunden erreicht . . . Der in einem halben Jahr sich vollziehende Unterschied der Tageslänge und Mittagssonnenhöhe ist mithin schon in Kairo und noch viel mehr in Mittelägypten . . . ein so geringfügiger, daß die Völker der mythenbildenden Epoche . . . diesen Unterschied in der Tageslänge kaum wahrgenommen haben dürften. Sie konnten darum auch zu keiner Sage von einer Besiegung und Ermordung des Sonnengottes um die Weihnachtszeit oder von einer winterlichen Gefangenschaft und Dienstbarkeit des Sonnengottes in der Unterwelt gelangen.

Wenden wir nun den Blick nach dem Weihnachtsbilde der

nördlichen Zonen, so finden wir schon in der Breite von Berlin und Hannover die Wirkung der nur wenig am Südhimmel emporkommenden Sonne kaum spürsam. Ihre Kraft scheint erloschen, die ganze Natur erstorben, die Tageslänge auf *sieben* Stunden herabgesunken, während die Finsternis *siebzehn* Stunden beherrscht, und wenn wir nur ein Stückchen weiter nördlich, nur bis zum südlichen Schweden bis Stockholm gehen, so treffen wir dort einen Weihnachtstag von 5½ Stunden Länge, mit dem eine mehr als dreimal so lange Nacht von 18½ Stunden abwechselt . . . So ist denn uns Nordbewohnern noch heute eine Sympathie mit der sinkenden und steigenden Sonne angeboren . . .; denn obwohl wir wissen, daß kein Fürst der Unterwelt die Sonne um Weihnachten in Banden hält . . . atmen wir dennoch erst erleichtert auf, wenn wir wissen, daß endlich die Zeit der tiefsten Erniedrigung des Sonnenbogens überwunden ist . . . Von all diesen Sorgen wußten weder die alten Ägypter noch die Syrer, Assyrer und Inder etwas; sie hatten keine Ursache, den spärlichen Wintersonnenschein zu beklagen noch der wiedererstandenen Sonne ein Julfest zu widmen . . . Feste, wie unser ehemals durch ganz Mittel- und Nordeuropa gefeiertes ›Winter- und Todaustreiben‹, die Maifeste und nun gar das Mittsommerfest entbehren im Süden alles natürlichen Anhalts, da hier die Jahreszeiten ohne schroffe Gegensätze ineinander übergehen«[44].

Nun haben allerdings »jene Mythologen«, die sich einbilden, »die älteste Form des weitverbreiteten Dramas vom Sonnenkampfe sei im Mythus von Osiris enthalten«, nicht ganz so unrecht, wie Krause meinte. Die älteste »Wohnung« des Osiris war in der Delta-Stadt Ded-Busiris, die wie das On des Ra eine Gründung der »Libyer« gewesen war. Der Osiris-Isis-Glaube aber stand in den frühen Zeiten Ägyptens gänzlich im Mittelpunkt allen religiösen Lebens.

Isis ist die echte Erdmutter und Fruchtbarkeitsgöttin, kuhköpfig oder doch mit Kuhhörnern geschmückt, zwischen denen manchmal die Sonnenscheibe erscheint, ebenso wie bei Hathor, der »Tochter« Ras, die als Kuh ihren Vater auf ihren Hörnern gen Himmel hebt. Osiris, der Sohn des Himmels und der Erde, ist sicherlich vom Ursprung her Sonnenheld, Lebens- und Fruchtbarkeitsgott und erst später zum Beherrscher des Totenreiches geworden. Wie Ra ist er Drachentöter. Gelegentlich trägt er wohl als Zeichen seiner alten Sonnenbedeutung eine Strahlenkrone aus Papyrusstengeln. Seine »Legende« erzählt, daß er von seinem Bruder Seth, dem winterlichen Gegenbild des sommerlichen Sonnenhelden, getötet wurde – in anderen Fassungen wird er von einem Eber zerrissen –, daß seine Schwester Isis um ihn weinte, ihn auf allen Wegen suchte und nach ihm fragte, dann seinen Leichnam fand und einbalsamierte. Nach einer Fassung begrub sie ihn unter einem Baum, nach einer anderen schwamm sein Leichnam in einem Kasten den Nil hinab und aufs Meer hinaus, trieb an Land, eine Erikastaude umwuchs ihn, und sie wurde zum Baum, der den Toten gänzlich umschloß. Es wird erzählt, daß dieser Baum später dem Palast eines Königs als *Stützbalken* diente – wir sehen, es ist der Lebensbaum und Weltstützer, der den toten Osiris umschließt und birgt. Seine Seele aber erschien nun als Vogel auf der Spitze des Baumes, während Isis diesen in Gestalt einer Schwalbe klagend umflog. Mit ihren Flügeln »schuf sie großen Wind« und erlöste durch ihre Zauberkünste den Toten, so daß er das Leben wiedergewann, doch, wie es scheint, in einer anderen »jenseitigen« Gestalt, denn er wurde ja nun der König der Unterwelt, des Jenseitsreiches der Toten.

Dem wiedergekehrten Toten einte sich Isis, so wie Sigrun dem toten Helgi »im Arme lag«. Der Vereinigung entsprang dann Horus, der Sonnenknabe, der später Erbe seines Vaters und König von Ägypten wurde und dessen Symboltier der Falke ist. Der auferstandene Osiris aber ging den »Totenweg« als »erster von allen Gestorbenen«[45]. Als Auferstandener ging Osiris ins Totenreich ein – »wie Osiris lebt, so soll er (der Verstorbene) auch leben, wie Osiris nicht umkam, so soll er auch nicht umkommen«, sagt eine altägyptische Totenformel[46]. Als König der Unterwelt und Herr der Wahrheit empfängt nun Osiris die (leibhaftig) vor ihm erscheinenden Toten, umgeben von den 42 Totenrichtern in ihren grauenerregenden Tiermasken. Sie tragen Messer in den Händen und Wahrheitszeichen auf den Köpfen. Osiris nimmt die Rechtfertigung der Toten entgegen, hört, was der Gott der Wissenschaft und des Rechtes Toth, der Schreiber der Unterwelt, zu sagen hat, und spricht dann das Urteil: Darf der Tote frei in den Gefilden der jenseitigen Welt leben oder wird er der grauenvollen Baba, der Totenfresserin, überantwortet?

Diese Vorstellungen zeigen eine höchst erstaunliche Ähnlichkeit mit denen des so viel späteren Christentums. Weniger erstaunlich sind die Parallelen zu Märchen und Mythen des Nordens, die vermutlich ebenso wie der Osiris-Mythos der Megalithreligion entstammen.

Da ist zunächst die ins Auge fallende Verwandtschaft mit der Baldr-Mythe, die in der Edda und in anderen spätgermanischen Aufzeichnungen erscheint. Es ist die in unzähligen Variationen über das ganze Gebiet der ehemaligen Megalithkultur und darüber hinaus verbreitete Mythe vom Tod des lichten Gottes und Sonnenhelden, der die helle Jahreszeit ebenso verkörpert wie die Sonne. Baldr, der Gottessohn, der schönste der Asen, wird von seinem dunklen und hier auch blinden Bruder Hödr getötet, in der Eddafassung mit dem Mistelzweig, einer Waffe, die ungefährlich erscheint, in Hödrs Hand aber zum Werkzeug der Vernichtung wird. Der tote Baldr wird nach damaliger germanischer Sitte verbrannt, mit ihm stirbt seine Gattin Nanna, auch sie eint sich dem Toten. Dann reitet Baldr den Totenweg zur Hel, wo er festlich empfangen wird und königlich lebt. Versuche, ihn von Hel loszubitten, scheitern. Hier ist es nicht die Schwester-Gattin, sondern die Mutter, die weinend umhergeht. Sie bittet alle Lebewesen, Baldr aus dem Totenreich »heraufzuweinen«, aber da ein einziger von allen – der verkleidete Loki – sich versagt, mißlingt auch dies. Baldrs Auferstehung erfolgt erst viel später, nach Ragnarök, dem Untergang der Götter; als das neue Land wieder aus der Flut emporsteigt, da kehrt auch er zurück.

Die Baldr-Mythe erscheint, obwohl sie mehr als dreitausend Jahre später aufgezeichnet wurde, einfacher und altertümlicher als die Osiris-Legende, die eben doch schon dort, wo wir sie fassen können, durch die Hände von Priestern gegangen und mit Deutungen, Symbolen und dem sprichwörtlichen erhobenen Zeigefinger beschwert ist. Auch die Frage nach dem Verhältnis zwischen Leib und Seele beim Tode des Menschen wird in der Edda nicht gestellt. Baldrs Leichnam tritt auf seinem brennenden Schiff die Fahrt ins Jenseits an, gleichzeitig reitet er aber den Weg zur Hel, und warum er dorthin und nicht nach Walhall, ins Glanzgefilde der durch die Waffe umgekommenen Männer reitet, danach fragt niemand.

Die Fragen aber, die hier offen bleiben, löst eine dritte, der Osirismythe sichtlich eng verwandte, aber doch ganz andere Geschichte: Das plattdeutsche Märchen vom Machandelboom (Brüder Grimm Nr. 47). Dies Märchen zeigt, wiewohl *noch* später aufgezeichnet und auf eine naiv modernisierende, wenn auch äußerst dramatische und packende Weise erzählt, die urtümlichste, vollständigste und sinnvollste Fassung der Mythe, wenn auch vom Totenweg und Unterweltskönigtum hier nichts verlautet.

Der Anfang des Märchens zeigt Motive, die in die äußerste Tiefe der Zeiten zurückführen: Die Stiefmutter, die den lichten Sonnenknaben (»weiß wie Schnee, rot wie Blut«) tötet und kocht, dürfte die Erdmutter in ihrem dunkelsten Aspekt als »Baba« der Unterwelt und Töterin des Lebens sein, der Vater, der ihn ißt, erinnert an den winterlichen, seine Kinder verschlingenden Saturn. Die Schwester-Braut, das Marleenchen (ein beliebter Name für die verjüngte Erdmutter und Lebensjungfrau), sammelt die Knöchlein des Bruders, bindet sie in ein »seiden Tuch« und legt sie unter den Machandelbaum – unaufhörlich weinend, wie betont wird (die Tränen der Schwester-Braut sind stets sehr wichtig, sowohl bei Isis wie bei Sigrun wie bei Marleenchen, und in der bruchstückhaften Eddamythe von Freya, die ihren toten Geliebten Ođr oder Odur sucht, sind sie gar aus purem Gold). Die so sorgsam gesammelten Knöchelchen aber bezeugen eine Vorstellung, die nachweislich bis in die Zeit des Neandertalers zurückgeht: Die Auferstehung kann nur dann vollkommen gelingen, wenn alle Knochen des Toten beieinander sind und rituell bestattet wurden. Die Bestattung besteht hier darin, daß die Knochen unter dem Machandelboom niedergelegt werden, so wie auch die Überreste des toten Osiris unter einem Baum liegen. Übrigens hat der Anfang noch einen bezeichnenden Zug: Bei der Suche nach dem (Lebens-)Apfel wird dem Knaben der Kopf abgeschlagen und rollt in die Apfelkiste. Wie bei Osiris Tod ebenfalls eine Kiste eine Rolle spielt, so gab es auch in Ägypten einen Osiris-

Kopf-Kult. Sein Haupt wurde angeblich im Tempel der oberägyptischen Stadt Abydos aufbewahrt, nach anderen Berichten war er ins Wasser geworfen worden und trieb in Byblos an Land; dort wurde alljährlich ein Fest gefeiert, bei dem dieses Haupt, symbolisiert durch eine Papyruskrone, aus dem Wasser gefischt und verehrt wurde[47].

Der Machandelboom (Wacholderbaum) ist im plattdeutschen Märchen der Lebens- und Weltbaum in einer seiner ältesten Gestalten, er wird zu Beginn des Märchens deutlich als Segens- und Fruchtbarkeitsbaum gekennzeichnet, denn ihm verdankt die echte Mutter ihren Sohn. Ihm entsteigt nun auch, aus Nebel und Flammen auffahrend, der Seelenvogel des getöteten Knaben. Sein sich immer wiederholender süßer Gesang durchzieht von nun an den Text und peitscht die Handlung zu unerhörter Spannung auf:

Mein Mutter der mich schlacht,
mein Vater der mich aß,
mein Schwester der Marlenichen
sucht alle meine Benichen,
bind't sie in ein seiden Tuch,
legts unter den Machandelbaum.
Kywitt, kywitt, wat vör'n schöön Vogel bün ik!

Von den Geschenken, die der Vogel durch seinen Gesang erwirbt und auf die Unschuldigen und Schuldigen hinunterwirft, dürfte die Kette wohl ursprünglich nicht für den Vater, sondern für die Schwester-Braut, die ja in Mythen und Märchen stets mit dem goldenen Geschmeide geziert ist, bestimmt sein. Der Schluß, so knapp er gehalten ist, sagt mehr aus als man zunächst denken sollte: Knöchlein und Vogel sind verschwunden, aus dem Baum schlagen Dampf und Flammen, und aus dem sinkenden Feuer tritt der Bruder, nimmt Vater und Schwester bei der Hand »un wören all dre so recht vergnöögt, un güngen in dat Hus by Disch un eeten«. Daß die Familie nach all dem Erlebten – die Stiefmutter ist durch den Mühlstein erschlagen worden – sich einfach »vergnügt« an den Tisch setzt und ißt, wirkt, real genommen, zu unwahrscheinlich, um nicht Teil eines alten, formelhaften Mythenschlusses zu sein.

Der Knabe ist aus dem Feuer wiedererstanden. Es ist offenbar – wie bei Osiris – der jenseitige Leib, in dem er nun erscheint. Die Osirismythe hat an dieser Stelle einen seltsamen, schwer deutbaren Zug: Isis macht ein Kind unsterblich, indem sie es verbrennt.

Das Märchen hat den Zug richtiger bewahrt. Es ist Osiris, der Sonnenheld, der durch die Verbrennung seines Leibes unsterblich wird. Nachdem die Seele in Gestalt eines Vogels den Leib verlassen hat, werden die irdischen Reste dem Feuer übergeben. Aus den Flammen steigt der unsterbliche Leib, in dem nun der Tote im Glanzgefilde der Jenseitswelt oder im Reich der Schatten weiterleben kann.

Die Unsterblichkeit wird eben durch das Feuer gewonnen. Diese Vorstellung wird wohl dem Übergang von der Leichen- zur Feuerbestattung bei vielen alten Völkern zugrunde liegen – man hat oft darüber gerätselt, hier ist die Lösung.

Wir werden weiter unten sehen, daß die meisten Jenseitsreisen im Märchen mit Hochzeit und glanzvollem Hochzeitsmahl enden. Die Erzählerin des Machandelboom-Märchens hat die Hochzeit von Bruder und Schwester natürlich nicht mehr gewagt, auch sind hier ja beide noch Kinder, aber die übergroße Freude am Schluß und das Essen hat sie sich und ihren Hörern doch nicht vorenthalten wollen.

Somit stehen wir bereits im Bereich des Märchens und im Herzstück der Megalithreligion, mit dem wir uns nun weiter befassen wollen.

4. Der Sonnenheld

Der Mythos vom »Sonnenhelden«, der den Verlauf des Jahrkreises darstellt und dessen hohe Feste noch heute bestimmt, ist über den größten Teil der Erde verbreitet, und es kann wohl kein Zweifel daran bestehen, daß diese Verbreitung durch die Megalithkultur geschah und daß er mit dieser zugleich entstand aus einer mythisch-religiösen Schau, die dennoch nichts anderes war als das Ergebnis der astronomischen und bäuerlich jahreslaufbedingten Erfahrungen der Megalithleute. Der Sonnenheld ist verjüngter Himmelsgott, Jahrkreis- und Vegetationsgott und Sonnengott gleichzeitig, einmal mehr das eine, einmal mehr das andere. Sein Schicksal ist durch den Jahreslauf wie durch das (scheinbare) Schicksal der Sonne bestimmt, man kann das nicht trennen, obwohl es immer wieder versucht wurde. Auch die Vielzahl der Varianten, in denen der Mythos verbreitet ist, verwirrt das Bild. Ich möchte versuchen, die wesentlichen Züge dieser dramatischen Geschichte kurz zu skizzieren:

Der Sonnenheld wird als Sohn des Himmelsvaters und einer irdischen Frau (die eigentlich die Erdmutter und Magna Mater ist) geboren, die, verleumdet und angeklagt, vom Gatten verstoßen, das Kind in Einsamkeit und Not »im wilden Wald« und meist in einer Höhle oder Grotte zur Welt bringt. Manchmal kommen dann arme Hirten oder Landleute mit Lichtern und Gaben, um das Kindlein zu feiern. Sonst weiß niemand von seinem Dasein, denn der König des alten Jahres (manchmal des Kindes eigener Vater) oder die Wintergottheit verfolgen und suchen das Kind, weil prophezeit wurde, es werde dem Alten die Herrschaft entwinden. In manchen Fassungen packt die Mutter das Kind in ein Körbchen oder eine Schachtel, um es zu retten, und läßt es einen Fluß hinabtreiben.

In deutschen Sagen und Märchen bleibt das Körbchen an einem Mühlrad hängen, arme Müllersleute finden es und ziehen das Kind auf. Der Sonnenknabe, der des öfteren als »goldhaarig« oder auch als »licht«, »hell«, sogar »weiß« bezeichnet wird (was seine Sonnenbeziehung betont), gibt schon früh Proben seiner ungewöhnlichen Kraft und Reife, benimmt sich manchmal auch recht unbändig, was eben seine frühreife Kraft bezeugen soll. Er wächst in der Verborgenheit, meist im Wald, auf, oftmals wird er auch von einer Hirschkuh oder einer Wölfin gesäugt und aufgezogen und kommt erst später zu Menschen, die sich seiner annehmen. In germanischen wie in indischen und persischen Sagen führt ihn ein im Walde hausender, oft unheimlicher Schmied in sein Handwerk und in die Götterweisheit ein. (Offenbar geschah im germanischen Norden die »Einweihung« der Jünglinge, die bei allen frühen Völkern eine so wesentliche Rolle spielt, durch Schmiede, die als Schaffende und Künstler jenseitige Mächte zu vertreten schienen.) Zuletzt erhält er von dem Schmied Waffen und erschlägt dann – ein Hauptstück der Erzählung, das oft dramatisch gestaltet und in Legenden und Bildern bei europäischen wie außereuropäischen Völkern verewigt wurde – den Drachen oder die große Schlange, Verkörperung der winterlichen Dunkelmächte, ja des Todes selbst, und gewinnt durch diesen Kampf die Erdjungfrau, die der Drache entführt oder der winterliche Gott in Schlaf versenkt hat. Meist schläft sie in einer Burg, umgeben vom sich ringelnden Schwanz des Drachen, einer »Waberlohe«, einer glänzenden Mauer oder Dornenhecke. Mit seinem weißen Lichtpferd überspringt der Held Feuer oder Mauer und küßt die Jungfrau wach. Manchmal hat er mit dem Drachen oder dem Wächter der Burg noch Streit- und sogar Weisheitsgespräche zu führen. Es kommt auch vor, daß der Drache nicht getötet, sondern nur gebändigt und nachher von der Jungfrau am Halsband zum Spott durch die Straßen ihrer Stadt geführt wird. Eine wichtige Rolle beim Drachenkampf spielt das Königspaar, die Eltern der Braut, die den Kampf mit Angst verfolgen und auf Drachentöter- z. B. St. Georgs-Bildern oft in der Ferne, auf der Zinne oder an einem Burgfenster stehend, zu sehen sind. Auch in den nordischen Sigurd-Balladen der Spätzeit fehlt der »König auf hohem Bord«, der nach Held Sigurd ausspäht, nicht.

Die Hochzeit des Sonnenhelden ist der Höhepunkt des Jahreslaufes und des Dramas. Sie ist die Heilige Hochzeit, der Hieros gamos, deren Wichtigkeit unzählige Mythen, Märchen, Sagen sowie Spiele und Volksbräuche bezeugen. Es ist deutlich, daß die Heilige Hochzeit früher symbolisch oder auch real in allen Gegenden Europas als hohes Fest gefeiert wurde. In vorgeschichtlicher Zeit scheint vielfach eine jungfräuliche Priesterin sich im Tempel mit einem Darsteller des Gottes vereinigt zu haben[48]. Daraus entstand im Orient die sakrale Prostitution. Andererseits konnte auch ein reines Symbol diese Hochzeit darstellen. Van Scheltema (Die Kunst der Vorzeit) hat sicher recht, wenn er annimmt, daß die Berühung eines liegenden Steines durch den ersten Sonnenstrahl des Sonnwendtages in Megalithheiligtümern als symbolische Befruchtung der Mutter Erde durch die Sonne betrachtet wurde, also den Vollzug der Heiligen Ehe bedeutete. So wurde der astronomisch beobachtete Vorgang des Sonnenhochstandes zugleich mythisch erlebt. Er wurde zum greifbaren Bild des Tuns und Schicksals menschengestaltiger Gottmächte.

Aus der Vereinigung von Himmel und Erde entsprang seit Urzeiten das Blühen und Grünen des sommerlichen Jahres, Wachstum und Nahrung, Korn und Apfelsegen. Aber die schöne Zeit vergeht, der Sonnenheld wird wieder durch Dunkelmächte verfolgt, geschwächt, verwundet, schließlich gefangen oder getötet, manchmal durch einen Eber, häufiger durch seinen Bruder, der die dunkle Zeit des Jahres verkörpert, wohl auch durch eine tödliche Gottheit, die den Pfeil auf ihn abschießt oder ihn mit dem heiligen Speer durchbohrt. In der Baldr-Sage der Edda ist dieser Töter blind. Im Mittelalter gab es die Sage, Longinus, der »den Herrn« am Kreuz mit der Lanze durchbohrte, sei blind gewesen, und an diesem Lanzenstich sei Christus gestorben.

Die Darstellung des Sonnenheld-Todes erfolgte wohl vielfach auch real, ebenso scheint sein Einzug in die Unterwelt gelegentlich dargestellt worden zu sein. Manchmal erstand er dann wohl in seinem Sohn auf, dem neuen, in der Mittwinternacht geborenen Jahrkinde. Meist aber wurde seine Auferstehung gesondert im steigenden Frühling gefeiert, oft dadurch, daß ein Bild des Gottes aus einem Grabe geholt und aufgerichtet wurde. Oder dieses Bild wurde ins Wasser geworfen, um aus dem lebensträchtigen Element wieder aufzuerstehen, d. h. herausgefischt und im Triumph zum Tempel getragen zu werden. Reste uralter Spiele, die sich innerhalb von christlichen Osterbräuchen erhalten haben, zeigen aber auch, daß die Auferstehung manchmal ganz vordergründig dadurch dargestellt wurde, daß eine Frau oder ein Arzt den »Toten« salbte, verband, pflegte und »gesund« machte[49].

Am Beispiel der Osirismythe und des Machandelboom-Märchens wird deutlich, daß die Sonnenheld-Geschichte in ihren ältesten Fassungen auch noch andere, tiefsinnigere Züge aufwies. Hiermit gelangen wir in einen Bereich, der zwar sehr wohl zu fassen ist, sich aber einer Deutung durch unsere Art zu denken weithin entzieht, und zwar darum, weil hier die naturmythologische Oberfläche der alten Mythenwelt seltsam transparent wird und tiefere Gründe durchschimmern läßt, die für uns nicht mehr recht klarzulegen sind.

Der Tübinger Vorgeschichtsforscher Otto Huth hat 1950 in einem interessanten Aufsatz in der Zeitschrift »Paideuma«, betitelt »Märchen und Megalithreligion«, Beziehungen aufgedeckt, die einiges Licht auf das Wesen der Megalithreligion werfen, ohne allerdings die Rätsel, denen wir hier immer noch gegenüberstehen, ganz zu lösen. Huth nennt das Volksmärchen, wie es sich in der Sammlung der Brüder Grimm darstellt, »eine altertümliche, sakrale Dichtform, die eine prähistorische Kulturperiode widerspiegelt«. Als »letzten Endes religiöses Überlieferungsgut« sei es vom Ursprung her keineswegs Kindermärchen, aber dazu geworden, da das Märchenalter des Kindes entwicklungsgeschichtlich etwa dem Neolithikum (Jungsteinzeit) entspreche.

Natürlich handelt es sich hier nicht um *alle* Märchen; Huth zählt etwa ein Drittel, also 50–60 Nummern der Grimmschen Sammlung zu den »eigentlichen«, also den mythischen Märchen. Schon Grimm hat diese Märchen als eine »Form des Mythos« angesprochen, aber erst die heutige Märchenforschung hat erkannt, daß sie keine »Nachblüte der Göttermythen« darstellen, sondern wesentlich älter (und wohl eher deren Vorform) sind.

Huth nimmt eine Herkunft aus der Megalithkultur an. Daraus folgt, daß die ungeheure Verbreitung des Märchengutes in alle Welt eben durch diese so weit ausgreifende Kultur erfolgt sein muß. Als »Dokument des sakralen Königtums« müsse das Märchen aus einer Zeit stammen, »in der es als wahre Geschichte glaubhaft war«. Das sakrale Königtum aber weist Huth der Zeit und Welt der Megalithkultur zu.

Hierin stimme ich ihm bei. Nicht aber in der Bezeichnung des Raumes, aus dem er Megalithkultur und Märchen herleiten will. Auch Huth zeigt sich in diesem Aufsatz als Anhänger der These von der mittelmeerischen Herkunft der Großsteingräber. Er wendet sich gegen C. W. v. Sydow (Lund), der eine indogermanische Herkunft des Märchens verteidigt hat. Huth hält das Märchen für »vorindogermanisch«, da es im Mittelmeerraum verbreitet gewesen sei, noch ehe Indogermanen dorthin gekommen waren. Das ist natürlich nicht richtig. Wir wissen ja nun, wie früh schon

Nordvölker in Palästina, Ägypten und Nordafrika siedelten. Wenn das Märchen aus der Religion der Megalithiker stammt, muß es mit ihnen aus dem Norden gekommen sein.

Dies gilt um so mehr, als den Kern der mythischen, der nach Huth »eigentlichen« Märchen ja der Sonnenheldmythos bildet. Immer wieder ist es doch die Geschichte des Sonnenjünglings, die hier erzählt wird, wenn auch in einer andersartigen Form und Gestaltung als in den Sagen und Mythen, aus denen sich das oben angeführte »Drama« des Jahrkreis- und Sonnenhelden herauskristallisieren läßt. Die Märchenmotive gehören diesem Drama weithin an, aber hier tritt noch etwas anderes hervor, etwas, das im Mythos schon wieder im Verblassen ist.

Ich zitiere Otto Huth: »Der Inhalt wird beherrscht von der Darstellung der Jenseitsreise (des Sonnenhelden, B. V.) mit dem Ziel der Hochzeit . . . Das Jenseits ist deutlich ein Reich der Toten, der Erwählten, ein Glanzgefilde nach Art der Insel der Seligen. Grausige Züge fehlen nicht, stehen aber nicht im Mittelpunkt. Die Hochzeit des Märchens ist immer Hieros gamos, vollendete Ekstasis, auch dort, wo sie nicht im Totenreich stattfindet, sondern ins Diesseits zurückverlegt wird. Das Königliche kennzeichnet die sakrale Sphäre, die Schönheit ist immer göttliche Schönheit.«

Wir erinnern uns an Osiris und Baldrs Unterweltsweg. Hier im Märchen ist dieser Teil des Mythos oftmals ganz stark in den Vordergrund gerückt. Er wird zum Mittelpunkt und Ziel des Geschehens. Und bezeichnenderweise ist es immer der Lebende, der ins Jenseitsland gelangt. Drachenkampf, Jungfrauenbefreiung, Heilige Hochzeit, die uralten Jahreslaufmotive, die auch im Indoarischen schon »dazugehören« und somit noch vor der Trennung der West- und Ostindogermanen im Göttermythos der Nordvölker ihren Platz hatten, werden hier in eins gesetzt mit dem, was eigentlich erst nach dem Tode des Sonnenhelden geschieht: sie sind Geschehnisse, Stationen, Höhepunkte der Jenseitsfahrt, wie sie im Grunde erst dem Toten zustehen.

Schon dort, wo die Mythe sich vordergründig naturmythologisch und dem Jahrkreis entsprechend deuten läßt, haben wir immer wieder das Gefühl, als stehe noch mehr hinter ihr als

Gestirnbeobachtung und Naturlaufsymbolik. Noch stärker ist dieser Eindruck beim Märchen. Es ist, als seien die hier gestalteten Mythen einmal irgendwann, irgendwo durch die Hände sehr weiser Männer gegangen, die ihnen einen hintergründigen Sinn gegeben hätten, der aber durch unser logisches, die Dinge der äußeren Welt suchendes Denken nicht mehr recht erfaßt werden kann[50]. Mythisches Denken ist kosmisches Denken, es schaut und zeigt die großen Vorgänge von Leben und Natur in Bildern und Erzählungen, sucht sie zu erkennen und zu deuten und in ihr Geheimnis einzudringen, kindhaft, ohne Logik, mit einer Schau, die an Träume erinnert und die keinesfalls Allegorien setzt, sondern Sinnbilder aus den unbewußten Seelenschichten aufsteigen läßt, die den Schauenden wiederum in die tiefsten Gründe des Seins wie der eigenen Seele führen.

Nach Huth stammen die Märchen aus einer neolithischen Mysterienreligion. Der Mittelpunkt jeder Mysterienreligion ist ein Kult, der den Mysten durch eine Reihe von Einweihungen und »Stufen«, durch feierliches und geheimnisvolles Erleben in jene Tiefe zu führen sucht, wo die wahre »Religio« wirksam wird und die unmittelbare Berührung zwischen Diesseits und Jenseits, zwischen Mensch und Gott als erschütternde Realität erlebt wird.

Zu den Riten aller Einweihungen, auch zu den wohl schon seit der Eiszeit üblichen Jünglingsweihen, bei denen der Knabe in die göttlichen Geheimnisse wie die praktischen Bräuche, die Waffenkunst und alles, was für ihn als Mann wichtig ist, eingeführt, geprüft und durch eine mystische Zeremonie zu einem neuen Menschen mit neuem Namen gemacht, also meist symbolisch getötet und auferweckt wird – zu all diesen Riten gehören Spiele, die der Einzuweihende entweder schauend oder selbst mitwirkend erlebt.

Man glaube nicht, daß dem Norden derartige Mysterien fremd gewesen seien. Die Edda z. B. ist voll davon. Mehr als die Hälfte ihrer Lieder weisen sich deutlich als Einweihungsgut aus. »Lernen sollst du . . .«, heißt es immer wieder, Frage- und Antwortspiele zeigen, wie man das Götterwissen dem Adepten übermittelte (ein solches Frage- und Antwortspiel mythisch-mystischen Inhalts ist auch in der Bretagne aus druidischer Überlieferung erhalten). Eine ganze Anzahl von Eddaliedern stellen sich als Reste alter Spiele dar, sie lesen sich wie ein modernes Dramentextbuch und sind sicherlich einst gespielt worden[51]. Dabei sind in manche Spielszenen, an Stellen, wo man sie eigentlich nicht erwartet, Weisheitsreden und -lehren, typisches Einweihungsgut eingeschoben, ein Zeichen, wofür sie gebraucht wurden. Solche Strophen finden sich z. B. in den Liedern, die von Sigurd, dem Drachentöter, handeln. Hieraus ersieht man, daß auch später noch das zentrale Mysterienspiel das »Drama« vom Lebensweg des Sonnenhelden war. (»Siegfried – Sigurd« ist ja, alles in allem, der typische Sonnenheld[52].)

Im Märchen ist der Unterweltsweg, die »Jenseitsreise« des Helden (und gelegentlich auch die der ihn suchenden »Jungfrau«) so sehr hervorgehoben, weil er im Mysterienkult dem des einzuweihenden Mysten entspricht. Ein göttlicher Held oder »Königssohn« war diesen Weg als erster gegangen, nun folgte ihm der Myste nach, indem er ihn – im Spiel, das gleichzeitig tiefstes Erleben war – nachvollzog, bis auch er zur »Glanzhochzeit« gelangte. Als Lebender tauchte er gleich dem Sonnenhelden in das Jenseitsreich ein, in absoluter Identifikation mit dem Gott erlebte er dessen Schicksal und kehrte aus der Tiefe als neuer Mensch, mit neuem, tieferem Wissen ins Diesseits zurück (deutlich zeigt dies z. B. das Märchen vom »Teufel mit den drei goldenen Haaren«[53]).

Otto Huth glaubt nun, eine »merkwürdige Verbindung« zwischen dieser mythischen Märchenwelt und der Gnosis zu erkennen, einer orientalischen Mysterienreligion der Spätzeit, die im Megalithgebiet des Ostjordanlandes entstanden sein soll, und die Huth für eine Spätform der megalithzeitlichen Mysterienreligion hält. Er führt sie auf eine »Urgnosis« zurück, die noch »kosmisch gebunden« war und somit dem neolithischen Denken entsprach.

Den »gnostischen Charakter« vieler Märchen beweist nach Huth eine Reihe von Zügen, die beiden, Märchen wie Gnosis, eigen sind: Dualismus, Schwarz-Weiß-Malerei – es gibt nur gut oder böse, schön oder häßlich, Licht oder Dunkel –, im Mittelpunkt steht die Vorstellung des Stufenkosmos, des Stufenberges oder der mehrgliedrigen Unterwelt. Die Himmelsreise führt die

Stufen hinauf, verschiedene Gewänder, verschiedene Metalle, Kupfer, Silber, Gold, versinnbildlichen die Stufen der Verklärung. Der »Weg« kann auch Helfahrt sein, Sinken und Steigen, Unten und Oben sind eins (»Frau Holle«). Es sind Bilder der »ekstatischen Ausfahrt«, die den Lebenden in die gleichen Gefilde führt wie den Toten. Die Hochzeit im höchsten Glanz bezeichnet das Stadium vollendeter Ekstasis. Nur dem Erwählten gelingt die Jenseitsreise, Vorbedingung ist Freigebigkeit und Hilfsbereitschaft, Mitleid und Güte (man denke hier z. B. an die sehr märchennahe, auf ältesten keltischen Sagen beruhende Peredur-Perceval-Parzival-Sage und die versäumte Mitleids-Frage im Jenseitsreich). Fluß, Brücke, Tor, Dreistufenberg und der dreifache Wall aus drei Metallen oder drei Gestirne sind stets wiederkehrende Attribute der geheimnisreichen Jenseitsburg. »Der Totenberg ist zugleich Toteninsel, liegt im Ringmeer oder ist von drei Ringmeeren umgeben. Auf dem Gipfel befindet sich die Quelle mit dem Lebenswasser.« (An diese Worte werden wir später noch erinnert werden.)

Drei ist die mystische Zahl, auf ihr bauen sich die 9- und die 12-Zahl auf. Die vor allem im Orient als kosmische Zahl erscheinende 7 hält Huth für »sekundär«, d. h. für erst später der ursprünglichen Dreierzahlenmystik eingefügt[54]. Dreistufig ist der Heilige Thronsitz des Königs, der Richtstuhl, der Grabbau wie der »Weltberg«, der Unterbau des Weltstützers. Huth erinnert an die Stufenfeste in der lebenden Megalithkultur Hinterindiens und Indonesiens, die Heine-Geldern beschrieben hat. »Überall im Umkreis der Megalithkultur findet sich die Vorstellung des Stufenkosmos, dessen zentrales Symbol der Stufenberg als Grab, Altar oder Thronsitz ist, aus dieser Vorstellung dürfte sich dann die Stufenpyramide und schließlich die große Pyramide Ägyptens als Königsgrab entwickelt haben. Wir sahen ja schon, mit welcher Intensität Ägypten die Totenreich-Vorstellungen der Megalithik aufgenommen und ausgebaut hat. Hier ist alles dies zu großartigster Darstellung gekommen: Sakrales Königtum, Kalenderwesen, Totenkult, Stufenbau und Jenseitsglauben.«

Die Übereinstimmung der Gedanken der Gnosis mit den Bildern des Märchens sind schlagend. Es ist durchaus glaublich, daß die Gnosis aus den überlieferten und hier gut bewahrten Vorstellungen einer megalithischen Tradition erwachsen konnte, ebenso wie vordem entsprechende Erscheinungen in Ägypten. Es kann auch sein, daß dies in Palästina oder sonst im Orient geschah. Und ebenso wahrscheinlich ist, daß hier eine Wendung des »Kosmischen« ins »Transmundane« (wie Huth es nennt) erfolgte, d. h. daß nun das Naturmythologische der Schau hinter dem Erlebnis der Einzelseele zurücktrat, wobei die Symbolik aber die gleiche blieb: der »Held« der Gnosis ist der »Soter«, der Retter und Heiland, die »jungfräuliche Braut« die »Psyche«, also die menschliche Seele.

Das alles besagt aber noch nicht, daß die Megalithvorstellungen und -mysterien aus dem Orient *stammen* müssen, sondern nur, daß sie irgendwann einmal dorthin gelangt sind und Wurzel gefaßt haben. Und das bezeugen ja auch die Megalithbauten.

Die Sitte, steinerne Häuser für die Toten zu bauen, ihnen Riesensteine als Denkmäler und Seelensitze aufzurichten, in Steinkreisen Feste zu feiern und mittelst Steinsetzungen den Lauf der Gestirne zu berechnen, kam aus dem Nordwesten Europas, soviel ist sicher. Deutlich ist auch, daß zu diesem Siegeszug der Steine der Siegeszug bestimmter Gedanken und Vorstellungen gehören *mußte*, die sich vor allem mit dem Weiterleben der Toten, dem Jahres- und Sonnenlauf und der Klärung der dazugehörigen Fragen und Rätsel befaßten. Und nun beginnen wir auch zu erkennen, daß es sich dabei um eine Religion mit geschlossenen und ebenso sinnvoll wie tiefsinnig geformten Mythen- und Vorstellungskreisen und ausgesprochenem Mysterienkult handelt. Diese Vorstellungskreise und dieser Kult müssen aber einmal an irgendeiner Stelle in einem religiösen Zentrum geformt worden sein, so sehr sie sich später auch verzweigt und umgeformt haben mögen. Und da die Spuren weit zurückführen, muß dies in sehr alter Zeit geschehen sein, eher vor als nach der Erbauung der ersten Megalithgräber.

Wo lag dieses Zentrum? Wenn ich im folgenden eine Antwort wage, so bin ich mir voll bewußt, daß wir bei Erörterung dieser Fragen, trotz unbestreitbarer Tatsachen und durchaus logischer Schlüsse, doch immer noch im Bereich des Rätselhaften bleiben.

Alle Spuren weisen in jenen Raum, der etwa das heutige Schleswig-Holstein, Jütland und die dänischen Inseln umfaßt, das Entstehungsgebiet der Megalithik. Aber kann in einem Raum, in dem nach allgemeiner Auffassung zu der betreffenden Zeit nur arme, primitiv lebende Fischer und halbnomadische Jäger ohne wesentliche Kultur lebten, einer Gegend, die flach, kühl, windig und immer vom Meer bedroht, keine natürlichen Vorzüge aufwies, konnte ausgerechnet hier ein Zentrum entstehen, das bestimmt war, fast alle späteren Kulturen der Welt durch seine Gedanken und Vorstellungen zu befruchten und den Gang der Menschheitsgeschichte zu lenken?

Versuchen wir nun einmal zu erkennen, was sich einige Zeit später in jener »nassen Ecke« auf religiösem Gebiet abgespielt hat.

Drittes Kapitel

Posidéos

Fositesland und Atlantis
Der verjüngte Himmelsgott
Der Gott auf dem Sonnenwagen
Der Schwanengott und sein Geleittier
Der Gott mit der Leier

1. Fositesland und Atlantis

In der Deutschen Bucht hinter dem Felsmassiv von Helgoland, das früher sehr viel größer war als jetzt, lag in der Bronzezeit eine Insel, die einen Durchmesser von etwa 18 km hatte und nur durch den Flußlauf der Hever von der damals weiter nach Westen vorgeschobenen Küste des jetzigen Schleswig-Holstein getrennt war. Ungefähr in der Mitte der fast runden Insel erhob sich ein niedriger Hügel, sonst war sie eben, aber ringsum von Dünen und einem Deich eingefaßt, hatte mehrere Häfen, und der Marschboden der Ebene, die den Hügel umgab, war seines hohen Kalkgehaltes wegen ungewöhnlich fruchtbar.

In der großen Naturkatastrophe, die – wahrscheinlich an einem Frühlingstag des Jahres 1226 v. Chr. – weltweit gewaltige Schäden anrichtete, fiel die Insel dem Meer zum Opfer, das sie gänzlich überschwemmte. Die Wasser drangen auch weit bis zum Geestrücken ins Festland ein, rissen große Stücke des Küstengebietes weg und veränderten durch aufgeworfene Strandwälle den Lauf der dort ins Meer mündenden Flüsse, vor allem den der Eider. Erst nach hundert oder mehr Jahren, in der sogenannten eisenzeitlichen Regression der Nordsee, die deren Spiegel senkte, tauchten Teile der einstigen Insel wieder auf und hoben sich über das schlammige Wattengebiet, das die versunkene Insel bezeichnete, empor. Die größte der so entstandenen kleineren Inseln und Halligen, die sich unmittelbar an die Helgoländer Felsen anschloß, aber nicht mehr so weit nach Osten reichte wie ihre Vorgängerin, war immerhin noch fast 12 km lang und etwa 8 km breit. Sie hat bis ins christliche Mittelalter hinein bestanden, verlor aber zuletzt wieder mehr und mehr Land an die See, die in schweren Sturmfluten Stück um Stück zurückholte, bis nach der großen »Manndränke« des Jahres 1362 n. Chr. nur noch wenig mehr als das heutige Helgoland übrigblieb.

Diese wiederaufgetauchte Insel wird in mittelalterlichen Heiligengeschichten *Fositesland* genannt, manchmal auch Farria, Heiligland oder Utland. Ihre Heiligkeit wird stets hervorgehoben. Auf ihr standen noch im 7. Jahrhundert n. Chr. mindestens vier heidnische Tempel, von denen das Heiligtum des friesischen Licht- und Rechtsgottes Fosite weithin berühmt und mit kostbaren Goldschätzen ausgestattet war.

Außer den Heiligtümern gab es auf Fositesland noch mehrere Burgen, Dörfer und Gehöfte. Alkuin, der führende Gelehrte am Hof Karls des Großen, hat um 800 n. Chr. in seiner Vita des Friesenmissionars Willibrord die Insel beschrieben, ebenso später (um 1070) Adam von Bremen. Beide rühmten ihre Fruchtbarkeit, vor allem das gute Weideland, und sprachen von der Verehrung, die die Heilige Insel bei allen Seefahrern, besonders auch bei den Seeräubern, genoß, die dort nichts wegzunehmen wagten. Auch sagt Alkuin, daß man aus der Heiligen Quelle dort nur schweigend Wasser schöpfen dürfe.

Noch bis in unsere Zeit hinein erzählten die Helgoländer Fischer von dem saftigen Gras und dem honigsüßen Klee dieser Insel und sagten, am »Steingrund«, jenem Hügel, der einst eine königliche Burg und einen Tempel getragen haben soll, jetzt aber etwa 12 m unter dem Wasserspiegel liegt, sei eine »goldene Stadt« versunken.

Die Fischer konnten im vorigen Jahrhundert noch die Stellen angeben, an denen einst Häuser gestanden hatten. 1570 waren bei Ebbe noch die Ruinen von »sieben Kirchen« oder jedenfalls größeren Gebäuden zu erkennen.

Das gute Gedächtnis der Fischer machte sich in der Mitte des 17. Jahrhunderts der bedeutende Husumer Kartograph Johannes Meyer zunutze. Er war von König Christian IV. von Dänemark, der Schleswig-Holstein im Westfälischen Frieden zugesprochen bekommen hatte, beauftragt worden, die ganze Küste samt allen Wattengebieten zu vermessen. Er forschte und vermaß jahrelang und fertigte einige Karten an, die auch heute noch als äußerst genau gelten können. Jürgen Spanuth zitiert Caspar Danckwerth, der die Vermessungskarten in seine »Neue Landesbeschreibung der beiden Herzogtümer Schleswig und Holstein 1652« aufgenommen hat: »Soviel endlich die Land-Carten des alten Nord-Frieslandes anreichet, zeuget der Königliche Mathematicus Johannes Meyer, daß er fleißig den Tiefen nachgefahren und alte glaubwürdige Männer jederzeit zu Gefehrten mit sich genommen, welche ihm die Örter, wo die Kirchen und Dörfer belegen, ja die ganze Gegend gezeigt haben, wonach er dann die Karten formiert und in Grund gelegt habe.«[55]

Auf diese Weise hat Johannes Meyer auch eine Karte gezeichnet, die das alte »Helgelandt« darstellt und die Jahreszahl 1649 trägt[56]. Sie zeigt die »Heilige Insel«, wie sie sich etwa im Jahre 800 n. Chr. dargestellt haben mag, in dunklerer Färbung ist das um 1300 noch vorhandene, viel kleinere Gebiet eingezeichnet, hell dann wieder das Helgoland der Zeit Johannes Meyers, das kaum größer war als das heutige und außer den Felsen nur noch einige Dünen und Sandstreifen umfaßte.

Das umfangreichere Gebiet von 800 aber zeigt etliche Kirchen, Kapellen und Siedlungen, ein Kloster, Schlösser, vor allem das »Castellum regium« auf dem »Steingrund«-Hügel, Bäche, fünf Häfen, vier heidnische Tempel, den Fosites, der hier »Templum Fostae bzw. Phesetes« heißt, dann einen »Templ. Vestae«, einen »Templ. Jovis« und einen »Templ. Martis«. Jedem Tempelort ist die Jahreszahl der Zerstörung des betreffenden Heiligtums beigeschrieben[57].

Als erster Missionar landete der spätere Bischof von Sens Wulfram auf einer Missionsfahrt 690 auf Fositesland. Dort residierte zeitweise der Friesenkönig Radbod. Die Geschichte des Wulfram spricht von »vielen tausend Heiden«, die offenbar wegen der Anwesenheit des Königs auf der Insel versammelt waren, und die Wulfram einen Winter lang zu bekehren versuchte – wie es scheint ohne Erfolg. Kurz vor seiner Abfahrt langte, durch einen Sturm auf die Insel verschlagen, der Missionar Willibrord an, der von einer Fahrt zu den Dänen kam. Willibrord ging schärfer vor als Wulfram, er ließ durch seine Gefährten die heiligen Tiere des Gottes, die bei dessen Quelle lebten, schlachten. (Hierbei dürfte es sich, wie Spanuth vermutet, um die heiligen Schwäne des Gottes handeln[58], möglicherweise aber auch um die heiligen Stiere und Rinder, nach denen die Insel in manchen Urkunden – auch in einer Friedrich Barbarossas – den Namen Farria insula, Stierinsel, trug.) Daraufhin stellte König Radbod den Missionar und seine Gefährten vor Gericht, doch da das Todeslos auf einen seiner Gefährten (Wigbert) fiel, konnte Willibrord abziehen und nach Trajectum (Utrecht) zurückkehren, wo er später Bischof wurde. Zwischen 780 und 785 ist dann einem anderen Missionar, dem heiligen Luidger, später Bischof von Mimigardisfordensis (Münster), der endgültige Bekehrungserfolg gelungen. Er taufte die Einwohner der Insel, zerstörte alle Heiligtümer und baute christliche Kirchen.

Später setzte dann der Erzbischof Adalbert von Bremen einen bekehrten Seeräuber, Eilbert von Fümen, als Bischof auf der Insel ein. Er wohnte dort und gründete ein Kloster, das auf der Karte Johannes Meyers als »Eilberti Closter« eingezeichnet ist[58a].

Im Jahre 1240 – nach den großen Sturmfluten – gab es auf der Insel nur noch drei Kirchen und das besagte Kloster. Sie wird in Chroniken auch Utland oder Atland genannt (»Utland, so weiland bis an Helgoland gereichet«). König Waldemar II. († 1241) hatte dort ein »Hus« und »pflegte mit dem Heere hinüberzugehen«. Nach 1362 aber wird die »Insula« in den Abgabenbüchern nicht mehr erwähnt, von da an erinnerten nur mehr die Felsen von Helgoland und eine Zeitlang noch die Ruinen im Watt an die Heilige Insel des Rechtsgottes.

Das alles kann man ausführlicher in den Büchern Jürgen Spanuths nachlesen. Ich habe seine Angaben zusammengefaßt hier wiedergegeben, weil diese kleine Insel am Ende der Welt und jener Gott, dem sie geweiht war, einmal von höchster Bedeutung für Religion und Leben vieler Völker gewesen sein dürften.

So berühmt die Heiligtümer der Frieseninsel noch in christlicher Zeit gewesen sein mögen, Fosite war jetzt doch kaum mehr als eben der oberste Gott und Wahrer des Rechtes der Friesenstämme, die anderen Germanenvölker wußten offenbar nur wenig von ihm.

In der Edda erscheint er im Kreise der Asengötter, doch als eine verblaßte Gestalt, von der es nicht viel zu sagen gibt, mit leicht verändertem Namen übrigens. Es ist sogar bezweifelt worden, daß der »Forseti« der Edda mit dem »Fosite« oder »Phosete«

der Friesen identisch sei. Aber die meisten Forscher halten die Identität für gesichert[59].

Forseti wird als ein Sohn des Baldr und der Nanna betrachtet, was besagt, daß die beiden Lichtgötter irgendwann einmal identisch waren oder doch als eng verbunden gesehen wurden.

Spanuth zitiert in »Die Atlanter« einen Edda-Vers: »Glastheim (Bernsteinheim) heißt ein Saal, von Gold sind die Pforten und von Silber das Saaldach. Dort thront Forseti und stillt allen Streit (Grimnismal, Thule II 82). In der Gylfagynning heißt es von Forsetis Bernsteinsaal: ›Dort sind die Wände, Pfosten und Pfeiler aus rotem Gold und das Dach aus Silber. Das ist die beste Gerichtsstätte bei Göttern und Menschen.‹ (Gylfa. 17/32).«[60]

Das läßt an den Tempel von »unerhörter Pracht« denken, den die Missionare auf Fositesland fanden und zerstörten. Doch sieht man auch, wie wenig die Edda noch von diesem halbvergessenen Gott aussagen kann.

Ein wenig mehr wissen die Friesen. Da ist die Sage »von der Findung des Rechts« und den zwölf friesischen Asegen (Rechtsprechern), die in einem Schiff, das Steuer, Ruder und Taue verloren hat, auf dem stürmischen Meer treiben. Sie rufen in ihrer Not nach dem »Dreizehnten«, daß er ihnen beistehe. Und er kommt. Über die Wellen hinschreitend, erscheint er – »niemand wußte, wer er war« –, setzt sich ins Heck des Schiffes und steuert es mit der goldenen Axt, die er über der Schulter getragen hat, sicher zum »Heiligen Land«. Dort wirft er seine Axt, »da entsprang dem Boden eine Quelle, deswegen heißt das dort zu Axenshove (hove = fries. Tempel). Und zu Eswai kamen sie ans Land und saßen um die Quelle«. So zitiert Spanuth nach v. Richthofen (1882). Spanuth fährt fort: »So war auch Fosite Axt- und Beilgott, Lehrer des Rechts und oberster Gerichtsherr, Retter aus Seenot und Erwecker von Quellen wie Poseidon.«[61].

Fosite hat hier nicht nur die gleichen Funktionen wie der Meerbeherrscher der Griechen, er ist Poseidon, »dem Gott ›aus der Urheimat des Nordens‹ nicht nur dem Wesen, sondern auch dem Namen nach urverwandt« (Spanuth).

Der Name Fosite muß vor der ersten germanischen Lautverschiebung Poside gelautet haben, mit angehängter männlicher

Nachsilbe Posidéos. Im Griechischen wurde daraus Posidaon bzw. Poseidon. Die Dorer, die ja mit der Großen Wanderung nach Griechenland kamen, sagten Potidē bzw. Potidās, die griechischen Jonier Posidē. Es handelt sich dabei zweifellos um zwei alte indogermanische Worte: Poti (Posi) gibt es in fast allen indogermanischen Sprachen, das Wort heißt »Herr« (im Sinne von »der Macht hat«) und de (dej, da, di) kennen wir als die Silbe, die »Gott« im Sinne von »leuchtender Taghimmel« bedeutet. Der Sprachforscher P. Kretschmer hat den Namen des griechischen Poseidon, ausgehend von der dorischen Wortform Potidās als »Gatte der Erde« gedeutet – Poti = Herr ist in manchen Sprachen, vor allem im Griechischen, auch gleichbedeutend mit »Gatte«, also Potidās = Herr (Gatte) der De(a). Die Forschung ist ihm da weithin gefolgt[62]. Ich meine aber, daß die Bedeutung Gatte doch sekundär sein dürfte, und lese einfach Poti = Herr und deos = Gott, also Posi (Poti)deos = Herr-Gott.

Die antiken Schriftsteller der Jahrhunderte um Christi Geburt erwähnen gelegentlich die Heilige Insel des »Poseidon« im Nordmeer. So zitiert der Historiker Proclus, der den Atlantisbericht Platons kommentiert hat, einen älteren griechischen Schriftsteller Marcellus: »Die Bewohner dieser Inseln hatten die von ihren Vorfahren übernommene Erinnerung an Atlantis bewahrt, eine große Insel, die einstmals in dieser Gegend vorhanden gewesen sei und im Laufe vieler Jahrhunderte über alle Inseln des äußeren Meeres (also des ›Okeanos‹, den wir heute Atlantischen Ozean nennen. B.V.) geherrscht habe und dem Poseidon gewidmet gewesen sei. Diese Insel Atlantis sei vom Meer überflutet und zerstört worden. Wo sie einst lag, befinden sich jetzt sieben kleinere und drei größere Inseln, von denen die größte auch dem Poseidon geweiht ist, während auf den anderen Inseln der Kult der Persephone herrscht.« Spanuth zitiert diese Sätze und setzt hinzu: »Marcellus beruft sich auf die ›ältesten Geschichtsschreiber‹, die diese Nachricht überliefert hätten. Diese Nachricht ist also älter als die, die Platon uns überliefert hat.«[63]

Atlantis! Hier begegnen wir nun also dem berühmten Namen, der soviel Rätselraten verursacht hat wie kaum je einer sonst. Ich bin, wie gesagt, der Meinung, daß Jürgen Spanuth das alte Rätsel gelöst hat, und daß seine Beweisführung so zwingend ist, daß sie uns erlaubt, den Atlantisbericht Platos als wichtige Urkunde für unser Thema zu benutzen.

Gleichwertig aber steht neben ihm ein anderer Bericht, der sogar noch aus dem »mykenischen« Zeitalter Griechenlands stammt und die Welt der nordeuropäischen Bronzezeit so zeigt, wie sie in der Epoche ihrer Hochblüte etwa um 1270 v. Chr. aussah. Es ist die sogenannte »Phaiakie« aus Homers »Odyssee«. Etliche Forscher haben längst vor Spanuth die schlagende Übereinstimmung dieser Erzählung von Odysseus' Besuch auf der Seefahrerinsel mit der Beschreibung des Atlantisberichts erkannt. Diese Insel, die auch Poseidon geweiht ist und die nicht im Mittelmeer liegen kann, weil es dort keine Segelstrecke gibt, wie Odysseus sie zurücklegt, heißt allerdings nicht Atlantis, sondern Scheria, und ihre Bewohner werden Phäaken genannt. Aber wenn auch die Namen verändert wurden, die Verhältnisse sind bis in alle Einzelheiten dieselben. Es ist heute klar, daß sich in den homerischen Epen, in der »Odyssee« wie in der »Ilias«, Partien erhalten haben, die bereits in der griechischen Bronzezeit nicht lange nach dem Trojanischen Krieg (also etwa in der Mitte des 13. Jahrhunderts v. Chr.) geformt wurden und sich fast wörtlich – wohl von Sänger zu Sänger weitergegeben – bis in jene Zeit erhielten, in der die Epen ihre endgültige (schriftliche) Fassung erhielten. So liegt auch der »Phaiakie« eine durchaus wörtlich zu nehmende Beschreibung der Phäakeninsel und ihrer Bewohner zugrunde[64].

Diese beiden Berichte aus der Zeit vor den Katastrophen sind in ihrer Exaktheit unübertroffene Quellen. Die übrigen antiken Nachrichten über die geheimnisvolle Bernsteininsel im Nordmeer sind zwar zahlreich, aber verschwommener, sagenhafter in ihren Angaben, und vor allem in der Geographie herrscht meist einige Verwirrung.

Das ist aber auch beim Atlantisbericht und der Odyssee der Fall. Es ist festzustellen, daß es kaum einen griechischen Bericht gibt, der geographische Verhältnisse richtig darstellt. Erst die Römer begannen dann, einige Ordnung in die verworrenen Vorstellungen, die die Mittelmeeranwohner vor allem von den Ländern nördlich der Alpen hatten, zu bringen. Diese Unwissenheit erklärt sich daraus, daß die in der Bronzezeit so regen Verbindungen von Volk zu Volk überall durch die furchtbaren Verheerungen, die Erdbeben, Vulkanausbrüche und Überschwemmungen angerichtet hatten, fast oder ganz zerstört waren und nur spärlich wieder angeknüpft wurden. Überall schrumpfte das Weltbild zusammen.

Die Bronzezeit mit ihrem günstigen, milden Klima war die große Zeit der Schiffahrt wie der Völkerverbindungen gewesen. Jene Länder, die einst in der Megalithzeit vom Norden aus besiedelt worden waren, standen noch in enger Beziehung zueinander, und wenn Griechenland auch wohl nicht zu der »atlantischen Völkerkoalition« gehörte, so waren die Beziehungen doch lebhaft: In den Sagen besuchen die Helden aus der Ägäis die Könige des Nordens, bei den Schachtgräbern von Mykene hat der Inhalt von dreien von ihnen gezeigt, daß hier Fürstinnen aus dem Bereich der nordischen Bronzezeitkultur beigesetzt waren. Die schwarzen, hochseetüchtigen und überaus schnellen Schiffe der Phäaken-Atlanter waren den Achaiern wohlbekannt. Nach den Katastrophen aber lähmte die bittere Armut Handel und Verkehr im Süden wie im Norden. Jahrhundertelang kam kein Bernstein mehr von der Nordsee in die Mittelmeerländer, die alten Seefahrertraditionen wurden überhaupt nur noch von jenen mehr und mehr (vor allem sprachlich) semitisierten Nordmeerleuten aufrechterhalten, die sich an der palästinensischen Küste angesiedelt hatten und die die Griechen Phoinikes nannten.

Nur sehr zögernd bahnten sich wieder Beziehungen zum Norden an. Die Heiligtümer Delos und Delphi standen wohl einige Jahrhunderte lang in Verbindung mit der Bernsteininsel im »Hyperboreerlande«, aber auch diese Fäden scheinen nach einiger Zeit wieder abgerissen zu sein. Erst um 350 v. Chr. hat der griechische Kaufmann und Forscher Pytheas von Massilien (Marseille) eine erste Forschungsreise in den Norden gewagt und aus eigener Anschauung über die Länder und Meere des Nordens berichtet. Leider ist sein Werk verlorengegangen, und wir kennen nur Zitate daraus, die spätere Schriftsteller ihren Schriften einfügten. So benutzt Diodor Pytheas' Angaben und erzählt von einer Insel im Wattenmeer jenseits des Keltenlandes, die »gegen den Ozean zu« liege, Basileia heiße und wo der Wogenschlag reichlich den Bernstein anschwemme, der sonst nirgends auf der Welt vorkomme.

Und Plinius beruft sich auf dieselbe Quelle, er nennt die Insel Abalus, erwähnt auch den Bernstein und fügt hinzu: »Die Einwohner der Insel gebrauchen ihn statt Holz zum Feuern und verkaufen ihn an die benachbarten Teutonen. Ihm (Pytheas) glaubte auch Timaeus, nannte aber diese Insel Basileia.«[65]

Eine ganze Reihe von Namen finden sich also für diese Bernsteininsel: Basileia, die Königliche, nennt sie auch der Atlantisbericht Platos, während Homer nur Scheria kennt. Dann heißt sie (bei Apollonios von Rhodos) die »heilige Insel Elektris« (von Elektron = Bernstein), es wird von den Elektriden gesprochen und von der Königsinsel Helixoia. Abalus (später Avallon oder Avalun) wird sie auch genannt – Apfelinsel. Die Bezeichnung Heilige Insel oder Heiliges Land, die später zu dem Namen geworden ist, den heute noch ihr letzter Überrest trägt, geht durch alle Zeiten.

Der Name Atlantis kommt außer in Platos Bericht nur in wenigen alten Quellen vor. Und doch scheint es so, als habe sich auch an ihn eine Erinnerung bis in unsere Zeit hinein erhalten. Wir hörten schon, daß die Restinsel vor Eiderstädt, deren Karte Johannes Meyer zeichnete, außer Fositesland, Ferria und Heiligland auch gelegentlich Atland oder Utland genannt wurde. Noch heute bezeichnen (laut Spanuth) die Leute an der Küste das Watten- und Halligengebiet, das vor Eiderstädt liegt, mit dem Namen Utland. Es liegt nahe, bei der Silbe ut an »außen«, »draußen« zu denken. Das Außenland, so ist das Wort auch gedeutet worden. Aber Spanuth ist überzeugt davon, daß es sich eigentlich um eine Erinnerung an Atlantis handle. Da die Form Atland offenbar die ältere ist, mag das wohl stimmen, zumal sich gerade an dieses Utland die sagenhafte Erinnerung an versunkenes Land, versunkene Paläste, Tempel und Burgen heftet.

Auch der Gott, dem die Heilige Insel geweiht war, tritt sowohl in antiken wie mittelalterlichen Berichten unter verschiedenen Namen auf. Fosite (Phosete, Fosta, Forseti) gehört den nachchristlichen Quellen an. Die griechischen Schriftsteller aber nennen den Gott der Bernsteininsel Poseidon, und – in späterer Zeit – Apollon!

2. *Der verjüngte Himmelsgott*

In der Mitte des 13. Jahrhunderts v. Chr. verwandelte sich die immer noch fruchtbare Wärmezeit zunehmend in eine Zeit der Trockenheit, Dürre und Hitze. In ganz Europa wurden die Seen klein, die Bäche und Flüsse versiegten, die Felder vertrockneten. Mit der einsetzenden Hungersnot zerbrach der »goldene« Friede, der bis dahin in dem von keinem auswärtigen Feind behelligten Nordeuropa geherrscht hatte. Die Völker wurden unruhig und drängten nach Süden, wo sie fruchtbare Gegenden zu finden hofften. Wieder begannen die großen Landnahmefahrten, wie sie offenbar in früheren Jahrtausenden für den Norden charakteristisch gewesen waren (und auch später wieder werden würden).

Es kam zu dem Kriegszug der »atlantischen« d. h. der nord- und westeuropäischen Völkerschaften gegen das Mittelmeergebiet, von dem der Atlantisbericht erzählt. Der verblüffend gut organisierte Vorstoß scheint von Anfang an in erster Linie gegen Ägypten gerichtet gewesen zu sein. Möglicherweise entwickelte sich das Ganze aus einem Beistandsersuchen der Libyer in Nordafrika. Diese hatten besonders unter der Trockenheit zu leiden, noch fruchtbare Gebiete Nordafrikas sind damals zu Wüsten geworden. Sie drängten nach Ägypten, das sie ja in früheren Zeiten einmal bewohnt hatten. Im Gegensatz zu allen anderen Ländern erfreute sich Ägypten noch einer üppigen Fruchtbarkeit. Das Nilland, nicht von Regenfällen abhängig, hatte zu jener Zeit besonders »hohe Nile«, die Gletscher in Innerafrika schmolzen ab, und so führte der Nil Wasser in Fülle. Ein erstes Eindringen der Libyer wurde um 1230 v. Chr. von Pharao Merenptah abgeschlagen. Schon damals scheinen Nordleute auf Seiten der Libyer mitgekämpft zu haben[66]. Gleichzeitig dürfte auch ein Vorstoß aus dem ägäischen Raum gegen Ägypten erfolgt sein.

Dann kam der große Zug der Nordleute. Der erste Angriff hat

sich offenbar gegen Griechenland gerichtet, die Völkerscharen mögen auf dem alten Südostweg die Elbe hinauf, die Donau und den Vardar hinab gezogen sein. Sie drangen in Griechenland ein, wurden aber von Athen, das sich an die Spitze eines Bundes der Achaiischen Staaten gestellt hatte, zurückgeschlagen. Dies Ereignis ist der eigentliche Mittelpunkt des Atlantisberichtes, der Grund, weswegen er überhaupt erzählt wurde, denn es ging dem ägyptischen Priester zu Sais ja darum, dem athenischen Staatsmann Solon eine in Griechenland vergessene »Heldentat« seiner Vaterstadt Athen zu berichten[67].

Die Scharen der »Atlanter« zogen sich zunächst wieder zurück, wohin wissen wir nicht. Vielleicht in die ungarische Donauebene, wo die Nordleute Niederlassungen hatten. Irgendwo jedenfalls überlebten mindestens große Teile ihrer Völker die Katastrophe, die jetzt über die Welt hereinbrach. In Island wie im Mittelmeergebiet brachen die Vulkane aus, Erdbeben zerstörten die Städte, Feuer fiel vom Himmel, die Gewässer – z.B. der Nil – führten »giftiges« Wasser, und gewaltige Meereswogen überschwemmten die Küstengebiete. Viele zeitgenössische Berichte sprachen von einem Kometen, der sich damals zeigte. Spanuth nimmt an, es habe sich um den Halleyschen Kometen gehandelt, der ungefähr alle 76 Jahre wiederkehrt. Es ist immerhin möglich, daß die Erde 1226 den Schweif nahe dem Kopf des Kometen passiert hat.

Die Katastrophe kostete Unmengen an Menschenleben. Trotzdem erscheinen nicht sehr lange nach der Verwüstung die Heere der »Atlanter« am Mittelmeer. Ihre typischen Hinterlassenschaften finden sich meist unmittelbar über den Schutt- und Aschenschichten. »Ein Feuer war vor ihnen her bereitet«, sagt der Regierungsbericht Ramses III. Vermutlich haben nun auch die meisten Überlebenden der norddeutschen und skandinavischen Gebiete, die nicht unterm Meer lagen, ihre verwüstete Heimat verlassen (auch im Norden findet man die Spuren ausgedehnter Wald- und Moorbrände aus jener Zeit) und sind zu ihren vorausgezogenen Landsleuten gestoßen. Jedenfalls wissen wir sowohl durch die Funde wie durch ägyptische Texte, daß die »Nordmeervölker« das durch die Zerstörungen wehrlose Kleinasien durchzogen und in Syrien ihr Lager aufschlugen. 1195 v. Chr. erfolgte dann der

Angriff auf Ägypten. An ein und demselben Tag wird das Nilland von drei Seiten angegriffen: Von Westen durch die Libyer, von Osten durch das Hauptheer der Nordleute, und gleichzeitig fährt die Flotte der Atlanter in die Nilmündung ein. Aber Ramses III., ein überaus tüchtiger Herrscher, der den Katastrophenschäden bereits energisch zu Leibe gegangen war, ist auf der Hut. Er hat die Generalmobilmachung angeordnet, Truppen von weither, auch Negervölker, sardische Söldner und andere Hilfstruppen zusammengezogen. Die Libyer wurden von einem Feldherrn zurückgeschlagen, seine Elitetruppen führte Ramses selbst. »Sie waren wie Löwen, die auf dem Gebirge brüllen«, sagt er in seinem Regierungsbericht. »Ihre Gespanne bebten am ganzen Leibe, bereit die Feinde zu vernichten.«[68]

Es kam zu einer großen Schlacht, in der Ramses Sieger blieb. Viele Nordleute fielen oder gerieten in Gefangenschaft. Die Flotte aber, die mit ruderlosen Segelschiffen ins Delta eingefahren war, wurde vom umschlagenden Wind behindert und, manövrierunfähig geworden, von den raschen Ruderschiffen der Ägypter umzingelt und vernichtet. Auf den Wandbildern des Tempels von Medinet Habu, die Ramses III. Taten darstellen, sieht man, wie die Boote mittels Haken und Tauen zum Kentern gebracht, wie die nur mit Nahkampfwaffen ausgestatteten, auf den Schiffen eng zusammengedrängten Nordmeerkrieger durch die Pfeile und Speere der Ägypter abgeschossen werden. Es war eine schlimme Niederlage. Die Reste der atlantischen Völkerschaften zogen sich nach den Mittelmeerinseln und hauptsächlich an die kananäische Küste zurück, wo sie entweder in Trümmern liegende Städte besiedelten oder neue Niederlassungen gründeten und Häfen bauten. Unbehelligt durch die Ägypter, die mit ihren eigenen Verlusten zu tun hatten, siedelten sie nun dort, im Süden die Philister (Palister?), nach denen das Land Palästina genannt wurde, im Norden die Sakar, die sich verhältnismäßig bald mit den ansässigen Semiten vermischten und zu den seetüchtigen Phöniziern wurden.

Der Sturm der sogenannten Nord- und Seevölker ist eine der Vorgeschichte längst bekannte Tatsache, da die ägyptischen Quellen hier so reich fließen. Man wüßte auch, daß die Angreifer

7 Ausschnitte aus dem Relief von der See- und Landschlacht zwischen den Nordvölkern = Atlantern und den Ägyptern (aus J. Spanuth, Atlantis, Tübingen 1965)

Indogermanen und die Philister ihr Hauptstamm waren. Aber ihre Herkunft blieb unklar. Man ließ sie aus der Ägäis kommen oder – samt ihren Schwanenkopfschiffen – aus dem Balkan oder aus Ungarn, wo es kein Meer für »Seevölker« gibt, andere nannten sie Illyrier, J. W. Hauer dachte sich ihre Heimat in Mitteldeutschland. Höher hinauf nach Norden wagte keiner zu blicken, in jene Gebiete, aus denen doch später bei ungefähr gleichen Verkehrsbedingungen die Kimbern und Teutonen und dann alle die germanischen Stämme der »Völkerwanderung« nach Süden kamen. Es ist Spanuths Verdienst, erkannt zu haben, daß diese Krieger von Medinet Habu Waffen tragen, die eindeutig der nordeuropäischen Bronzezeitkultur zugehören, vor allem jene »gemeingermanischen Griffzungenschwerter«, die sich in Dänemark und Schleswig-Holstein in wahren Mengen gefunden haben und die durch ganz Europa die Wanderwege der Nordvölker bezeichnen.

Auch Zypern ist damals von Nordvölkerkriegern besetzt worden. Sie waren Dänen, die »Denen von den Inseln«, wie sie in den Texten Ramses III. heißen. Ihre Hinterlassenschaften hat der französische Archäologe Claude Schaeffer nach dem Zweiten Weltkrieg ausgegraben. Spanuth zitiert einen Bericht aus der »Times« vom 21. 3. 1950, in dem von der Ausgrabung der »wohl ältesten Kultstätte des Gottes Apollo« in Enkomi, Zypern, durch Cl. Schaeffer und von den »hochinteressanten Philisterfunden« dort die Rede ist[69].

1963 hat Schaeffer dann – ebenfalls bei Enkomi – mehrere Statuetten gefunden, »die zweifellos Götter darstellen. Sie waren massiv aus Bronze, die eine stellte einen bärtigen Krieger mit Hörnerhelm, Speer und Rundschild dar. Eine andere Götterstatue, deren Fundlage«, wie Schaeffer 1965 schreibt, »eine sichere Datierung in die Zeit der Seevölkerbesetzung Zyperns erlaubt ... stammt aus einem Versteckfund ... Es handelt sich ... um ein kleines Heiligtum, in dem zahlreiche Tieropfer, darunter mehrere Wildarten, dargebracht worden sind. Dort war die 52 cm hohe, massiv bronzene Götterstatue ... vor dem Verlassen der Stadt durch Einwohner in aufrechter Stellung sorgfältig vergraben worden, um sie in Sicherheit zu bringen und eine Entweihung zu

8 Gott von Enkomi (aus J. Spanuth, Die Atlanter, Tübingen 1976)

8a Himmelsgott aus Dänemark (aus G. Schwantes, Vorgeschichte von Schleswig-Holstein, Neumünster 1939)

verhindern . . . Der junge, barfüßige Gott von athletischem Körperbau, der nur mit einem kurzen Lendenschurz mit breitem Gürtel bekleidet ist, trägt eine konische, mit zwei großen Stierhörnern versehene Pelzkappe« (Cl. Schaeffer 1965, S. 67)[70].

Der Gott trägt weiterhin auch noch einen Halsring, sein Oberkörper ist breit und athletisch ausgearbeitet, die Taille schmal, die Beine kräftig. Der Gürtel bildet eine Art Wulst, der Lendenschurz wirkt wie ein ganz kurzes Röckchen, das unten mit Fransen verziert ist. Der linke Arm ist abgewinkelt, die Hand liegt ungefähr auf dem Herzen, am rechten Arm ist die Hand abgebrochen, sie hat vermutlich eine Waffe gehalten.

Was zunächst erstaunt, ist der Realismus der Darstellung. Die Statuette wirkt wie ein Vorläufer der viel späteren griechischen Götterstatuen. Mit der schlanken Taille und den breiten Schultern erinnert sie an die sogenannten archaischen Statuen des 8. u. 7. Jahrhunderts v. Chr. Nur zeigt das Gesicht nicht die schmalen Augen und das rätselhafte Lächeln der archaischen Götterbilder. Es ist wie der Körper kräftig geformt, die Augen quellen etwas vor.

Was die Kopfbedeckung betrifft, so wird sie von Spanuth wie von Schaeffer für eine Kappe gehalten. Spanuth schreibt: »Sie (die Statuette) trägt eine Kopfbedeckung mit zahlreichen Knoten, eine Art Krimmerbesatz, aus der zwei Stierhörner hervorragen ... Kopfbedeckungen mit zahlreichen Knoten kennen wir bisher nur aus dem europäischen Norden. G. Schwantes nennt sie ›ein überaus charakteristisches Trachtenstück‹ (1953, 27). Mehrere gut erhaltene Stücke befinden sich im Nationalmuseum in Kopenhagen.«[71]

Im gleichen Museum sind auch zwei schön geformte Bronzehelme mit geschwungenen Hörnern zu sehen, die ebenfalls wie mit vielen Knoten besetzt erscheinen und offenbar eine Nachahmung jener Filzkappen in Bronze sind. Zwei sehr große, aufgesetzte Knoten scheinen Augen darzustellen, sie sind von Brauen überwölbt – die Helme wirken also wie Gesichter. Möglicherweise wurden sie nicht im Kampf, sondern bei kultischen Darstellungen verwendet.

Nun kennen wir aber noch eine Statuette, die ebenfalls einen jungen Mann darstellt, der dem von Enkomi außerordentlich ähnlich, wenn auch etwas weniger realistisch gestaltet ist. Sie wurde im vorigen Jahrhundert in Dänemark gefunden, Gustav Schwantes hat sie in seiner »Vorgeschichte von Schleswig-Hol-

9 Bronzezeitliche Waffen (Nationalmuseum Kopenhagen)

stein« (1939/522) abgebildet. Der junge Mann kniet auf einem Bronzeplättchen, das von einem durchlochten Ständer getragen wird. Der konisch zulaufende Hörnerhelm wirkt ebenfalls mützenartig, die Hörner sind kunstvoll geschwungen und gleichen genau denen an den Bronzehelmen im Kopenhagener Museum. Im übrigen trägt auch der junge Däne einen Halsring und einen Gürtel mit Lendenschurz als einzige Bekleidung. Der linke Arm ist wie bei der Statuette von Enkomi rund abgebogen, so daß die Hand unter der Brust liegt. Der rechte Arm ist auch hier abgebrochen, Schwantes schreibt, daß einer alten Nachricht zufolge die rechte Hand ein Beil gehalten habe. Die Ausarbeitung des Oberkörpers entspricht ebenso wie das Gesicht, die runden, etwas vorquellenden Augen und die abstehenden Ohren. Es ist klar, daß es sich bei beiden Bronzestatuetten um die Darstellung des gleichen Gottes in gleicher Ausrüstung handelt. Wahrscheinlich hat der Gott von Enkomi in der rechten Hand ebenfalls ein Beil getragen.

Die Zusammengehörigkeit der beiden Statuetten bildet den schönsten Beweis dafür, daß es wirklich Dänen waren, die am Ende des dreizehnten Jahrhunderts in Zypern einwanderten. Den knieenden Gott aus Dänemark für ein Einfuhrstück aus dem Mittelmeerraum zu halten – woran früher offenbar gedacht wurde – verbietet die Tatsache, daß sich etliche Bronzefigürchen des gleichen Stils, auch Hörnerhelmträger, im Norden, vor allem in Schonen und Seeland gefunden haben. Man kann hier die Entwicklung dieser kleinen Bildwerke verfolgen, auf Zypern sind sie ganz neu und gehören ja der Schicht der einwandernden »Nord- und Seevölker« an. Sind am Ende die beiden Götterfiguren aus der gleichen Werkstatt hervorgegangen? Hat entweder der Künstler seine Landsleute auf dem großen Zug nach Süden begleitet – man brauchte Schmiede bei der Heerfahrt –, oder ist die Statuette von Enkomi bereits in Seeland angefertigt und als Heiligtum mitgenommen worden?

Schwantes hält den Knieenden für den »Himmelsgott« und hat damit sicher recht. Schon der Stierhörnerhelm spricht dafür. Wir wissen ja, daß der indogermanische Himmelsgott oftmals in Stiergestalt auftrat, und daß ihm Stieropfer dargebracht wurden, auch auf der Heiligen Insel, denn davon sprechen sowohl der Bericht Platos wie die Odyssee. Hier gelten sie dem Poseidon (Poside), und noch in später Zeit grasten Fosites heilige Stiere auf Ferria, der Stierinsel.

Der junge Gott, den die Dänen nach Zypern brachten, ist offenbar kein anderer als Posidéos-Poseidon. Er tritt hier als der verjüngte Himmelsgott auf.

Himmelsgott von Ursprung her, hat er noch dessen Funktionen und Abzeichen. Aber er ist jung. Der väterliche Deos der Indogermanen wird zumeist bärtig, würdig auf seinem Himmelsthron sitzend, dargestellt. Der junge Gott aus Dänemark ist bartlos, er steht oder kniet. Er führt den Namen »Herr«, nicht aber den eines »Vaters«. Er ist offenbar der »Sohn«, wie ja so viele junge Hypostasen des alten Gottes als dessen »Söhne« auftreten.

Auch das Beil (oder die Axt), das der Gott hier vermutlich in der Hand gehalten hat, gehört dem Himmelsgott zu. Es ist die uralte Blitzwaffe, die erst später durch Hammer, Donnerkeil oder Dreizack ersetzt wurde, Symbol der Zeugungskraft, mit der der Gott die Erde befruchtet. Noch in der Spätzeit trägt Fosite die goldene Axt über der Schulter, er steuert mit ihr das Schiff der zwölf Asegen durch die Wellen, und der Axtwurf weckt die Heilige Quelle, an deren Rand das Recht gelehrt und verkündet wird.

Dem Axt- oder Beilgott hat Spanuth in »Die Atlanter«[72] ein ganzes Kapitel gewidmet. Er zeigt das hohe Alter des Beilkultes auf und sagt: »Sicher wurde in der Megalithzeit die Gottheit, der das Beil heilig war, in besonderer Weise verehrt . . . Schwantes datiert das Alter der ersten Beile im Norden in das 7. Jahrtausend v. Chr., eine Datierung, die nach den Untersuchungen C. Renfrews wohl mindestens um ein Jahrtausend hinaufgesetzt werden muß. Wenn man bedenkt, daß die ältesten Funde von Beilen in der Bretagne und in England aus dem 4. oder 3. Jahrtausend v. Chr. stammen, dann wird man wohl Schwantes zustimmen müssen, der die Heimat der Megalithkultur, in der das Beil die Hauptwaffe war, und den Kult des Beilgottes im Norden Europas (Dänemark, Schleswig-Holstein) vermutet.

Aus den Megalithgräbern wie aus Siedlungen und von Opfer-

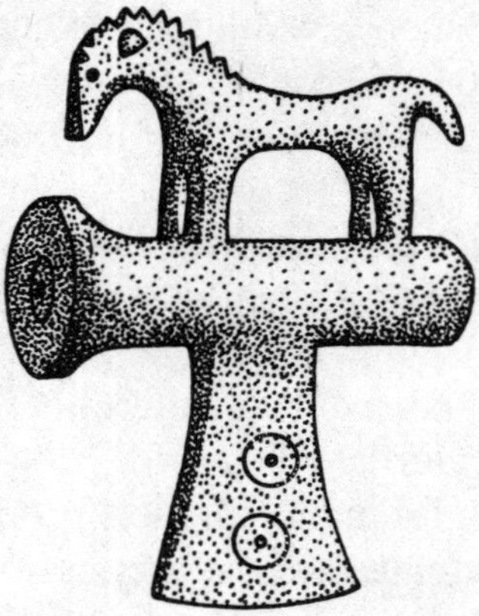

10 Axt mit Pferd aus der älteren Hallstattzeit (Germanisches Nationalmuseum, Nürnberg)

plätzen der Megalithzeit stammen zahlreiche Funde von Beilen, die mit der Schneide nach oben sorgfältig aufgestellt und oftmals mit Steinen festgesteckt sind. Sie werden als Opfer an den Beilgott gedeutet und waren manchmal aus seltenem und wertvollem Material. So fand man z.B. in einem Opferfund von Hördum in Ty fünf große Schaftlochäxte aus Bernstein (Broenstedt 1960 I, 330). An anderen Stellen fand man Beile aus dem anfänglich sicherlich kostbaren Kupfer, die zusammen mit Kupferspiralen oder kupfernen Schmuckplatten wahrscheinlich als Opfergabe vergraben worden waren . . . Sicherlich waren auch die vielen Miniaturbeile aus Bernstein oder Ton, die an Halsketten getragen wurden, Symbole des Beilgottes.«

Wir sahen schon zuvor, wie weit die Verehrung des beilschwingenden Himmelsgottes zurückgeht und wie lange sie anhielt. Vielleicht war sogar jener Tempel »Axenshove« auf Fositesland noch mit Axtsymbolen aus Bernstein geschmückt?

Spanuth führt auch die Axtdarstellungen in dem bronzezeitlichen Grab von Kivik in Südschweden an. Es handelt sich um zwei aufrecht stehende Beile oder Kultäxte, »die mit der Schneide auf eine Spitzsäule hin ausgerichtet sind. Offenbar soll eine enge Verbindung zwischen der Spitzsäule und den Beilen ausgedrückt werden. Dieselbe Verbindung zeigen die vielen Beilopfer, die am Fuße oder unter solchen Säulen gefunden wurden. Auch die Abbildungen von Beilen auf vielen Spitzsäulen oder Menhiren deuten diese Verbindung an.«[73]

Und später: »Diese Funde . . . legen die Vermutung nahe, daß die Gottheit, der das Beil heilig war, auch der Gott der Säule gewesen ist. Im Atlantisbericht wird überliefert, daß die Säule aus Bernstein, auf der die Gesetze Poseidons standen, im Mittelpunkt

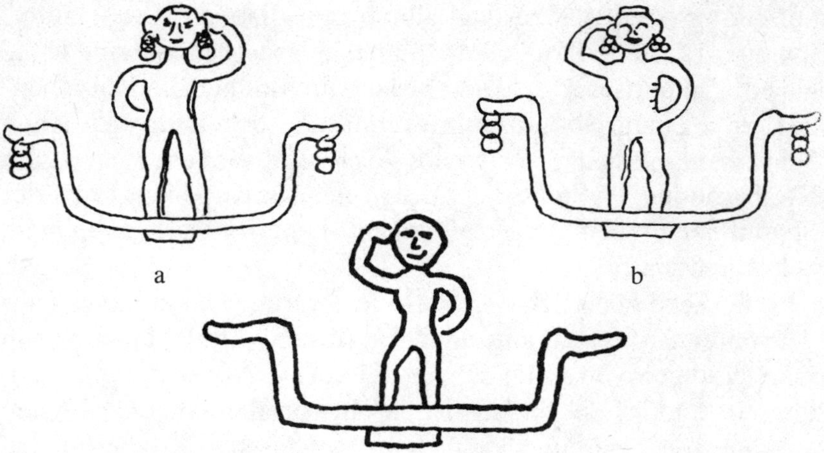

a b

c

11 Der hyperboreische Apoll im Schwanenschiff:
11a Felszeichnung Mecklenburg
11b Steiermark
11c Nekropole von Suessela (Italien) (aus J. Spanuth, Atlantis, Tübingen 1965)

des Heiligtums des Poseidon errichtet worden war. Offenbar galt hier Poseidon als Gott der Säule und des Beiles. Dazu paßt gut, daß auch in Griechenland in ältester Zeit Poseidon an Säulen verehrt wurde oder daß er das Beil oder die Doppelaxt trug (Schweitzer 1922, 93ff.).«[74]

So ist es also deutlich, daß auch Poside-Poseidon die Funktionen und Eigenschaften des Himmelsgottes geerbt hat, und daß er Beil- oder Axtgott war und dies Abzeichen vermutlich auch in Dänemark und Enkomi in der rechten Hand hielt.

Sehr charakteristisch, aber auch gleichzeitig rätselhaft erscheint die Haltung des linken Armes beider Statuetten. Der Arm ist so abgewinkelt, daß er einen Bogen bildet. Dies dürfte eine rituelle Haltung gewesen sein. Bei Darstellungen, die aus dem nordeuropäischen Raum stammen, erscheint sie immer aufs neue und kennzeichnet offenbar durch alle Zeiten hindurch ein- und denselben Gott.

Spanuth bildet in »Atlantis« einige primitiv gefertigte Götterfigürchen ab, die in Ländern gefunden wurden, die die Nordleute auf der »großen Wanderung« durchzogen haben (Mecklenburg, Steiermark, Italien), und die Grabbeigaben waren. Sie sind völlig gleich: Ein bartloser, schlanker Mann mit dreifachem Ohrgehänge steht in einem Boot, das am Vorder- und Achtersteven je einen Schwanenkopf zeigt; der rechte Arm ist in rundem Bogen zum Kopf erhoben, der linke biegt sich in gleicher Rundung zur Hüfte. Spanuth nennt den Dargestellten den »hyperboreischen Apoll im Schwanenschiff«[75].

Sicherlich ließen sich noch weitere derartige Darstellungen aus der späten Bronzezeit auffinden. Im frühen Mittelalter sind dann Darstellungen von »Männchen«, die diese Armhaltung zeigen, überaus häufig. Sie finden sich, wohl von den langobardischen Steinmetzen verbreitet, vielfach an romanischen Kirchen. Erich Jung bringt in »Germanische Götter und Helden in christlicher Zeit« (1939) etliche Beispiele. Besonders aufschlußreich erscheint das Foto (S. 349) einer Rotdornhecke von einem Sattelhof in Westfalen, die von aus dem Gezweig herausgeschnittenen brauchtümlichen Figuren gekrönt ist: Da steht unter anderem auch ein schlanker Jüngling, dessen erhobene rechte Hand ein Schwert hält, während der linke Arm genau auf die beschriebene Weise abgewinkelt ist: die Waffe hat also im Lauf der Jahrtausende gewechselt, die Haltung ist dieselbe geblieben.

Was diese Armhaltung aussagen soll, bleibt allerdings noch im Dunkel. Man hat versucht, sie als Darstellung eines Sinnzeichens zu deuten. Häufig kommt auch – bei weiblichen und bei männlichen Figuren – das Abwinkeln beider Arme vor, so daß diese einen Kreis bilden, durch den dann der Körper als Senkrechte führt. Solche Gestalten – in Strichmännchenart ausgeführt – könnten die germanische Jahrrune darstellen, und so ist auch die Haltung, bei der der eine Arm erhoben, der andere gesenkt ist, auf den auf- und absteigenden Jahrlauf gedeutet worden. Der Jüngling mit der Waffe in der Rechten und dem gesenkten, abgewinkelten linken Arm könnte somit als »Jahrgott« gekennzeichnet sein. Aber das alles sind nur Vermutungen.

Auch die Beziehung zur himmeltragenden Weltsäule und zum Recht hat der Poside des Nordens vom Himmelsgott geerbt. Stets schafft, vertritt und schützt ja der »alte heilige Vater« das Recht, gerade beim griechischen Zeus ist das klar ersichtlich. In der römischen Provinzialkunst thront Zeus-Jupiter – manchmal im Kampf mit Giganten – hoch auf einer Gerichtssäule. Später stehen die sogenannten Rolandsäulen als Gerichtszeichen an den Stätten, auf denen Recht gesprochen wird. Sie stellen in Wahrheit keineswegs den bei Ronçeval gefallenen Paladin Karls des Großen dar, sondern den Gott des Rechtes selber, dem man aber in christlicher Zeit keinen Götternamen mehr geben durfte.

Was Apollo betrifft, so war schließlich auch er als Erbe der gleichen Tradition Rechtsgott und sogar Träger des Hörnerhelms. Denn in Wahrheit ist er ja nichts anderes als der nach Süden getragene Poside. Die Dorer, einer der führenden Stämme der Nordmeervölker, haben ihrem Hauptgott bei ihrer Einwanderung in Griechenland dort die große Geltung verschafft, die er von da ab als »hellenischer Gott« besaß.

Die erste Welle nordischer Einwanderer brachte um 1900 v. Chr. ihren Gott Posidéos in die Ägäis. Dort wurde er zum Poseidon und mehr und mehr auf seine Funktionen als »Erderschütterer« und »Meerbeherrscher« beschränkt. Die große Wanderung trug dann die gleiche Göttergestalt wieder in den Süden, doch wurde sie nun unter einem neuen Namen verehrt, der vielleicht ursprünglich ein Beiname des Poside gewesen war.

Die Namensform Apellos oder Apellon findet sich im Dorischen und läuft noch lange neben der Form Apollo-Apollon her. Apellos ist laut Spanuth der Herr der Apella, des umzäunten Gerichtsfeldes[76].

Wie die Philister und somit auch die Dänen auf Zypern ihren jungen Gott mit dem Stierhelm genannt haben, wissen wir nicht. Die Bibel nennt ihn »Dagon« – »Fischgott«, vermutlich weil ein Delphin sein Begleiter war. In späterer Zeit wird »Baal«, der »Herr« der semitisierten Nordvölker an der kananäischen Küste, von den antiken Schriftstellern häufig Apollo genannt, ein Name, der ihm sicherlich auch zukam. Die modernen Gelehrten, wie z.B. Claude Schaeffer, machen es den Griechen nach. Spanuth schreibt, daß »einer der führenden zyprischen Archäologen, P. Dikais« den Gott mit dem Hörnerhelm von Enkomi »mit dem Apollon Kereatas identifiziert« habe. »Ihm (d.h. dem Apollon

Kereatas) zu Ehren wurde (in Griechenland) das große Fest der ›Karneen‹, abgehalten. ›Karnos‹ oder ›Karneos‹ bedeutet ›Hörnerträger‹. Auch Vassos Karagheorgis schlägt in seinem Buch ›Zypern‹ (1968, 54) diese Identifikation des Hörnergottes von Enkomi mit dem Apollon Kareatas vor.«[77] Dieser »gehörnte Apoll« hatte noch später einen berühmten Tempel auf Zypern und wurde dort noch lange Zeit hindurch verehrt.

3. Der Gott auf dem Sonnenwagen

In Platos Dialog »Kritias« heißt es (113b): »Wie im Vorigen von der von den Göttern angestellten Verlosung erzählt wurde, daß sie unter sich die ganze Erde in bald größere, bald kleinere Lose verteilten und sich Tempel erbauen und Opfer bringen ließen: So bevölkerte Poseidon, dem jene Insel Atlantis als Los zufiel, dieselbe mit seinen eigenen Nachkommen, die er mit einem sterblichen Weibe zeugte; auf einem folgendermaßen beschaffenen Ort der Insel: Vom Meer nach der Mitte der Insel lag eine Ebene, die schöner und fruchtbarer als irgendeine andere gewesen sein soll. In dieser Ebene wiederum lag in der Mitte ein allseits niedriger Hügel. Auf diesem wohnte einer von den dort am Anfang aus der Erde entwachsenen Männern mit Namen Euenor, welcher die Leukippe zur Frau hatte. Beide erzeugten eine einzige Tochter, Kleito. Als das Mädchen in das Alter der Mannbarkeit kam, starb ihre Mutter und auch der Vater. Poseidon aber, von Liebe zu ihr ergriffen, vermählte sich mit ihr und umgab den Hügel, auf dem sie wohnte, ihn abglättend, mit einer starken Schutzwehr. Abwechselnd nämlich fügte er kleinere und größere Ringe von Meerwasser umeinander, und zwar zwei von Erde, drei mit Meerwasser von der Mitte der Insel aus wie mit einem Zirkel abgemessen, überall gleich weit voneinander entfernt, so daß der Hügel für Menschen unzugänglich wurde, denn Schiffe und Schiffahrt gab es damals noch nicht. Ihm selbst aber als einem Gott war es ein leichtes, die Insel mit allem Nötigen auszustatten, indem er zwei Wasserquellen aus der Erde heraufführte, deren eine kalt, die andere warm der Erde entsprang, auch ließ er mannigfaltige und reichliche Nahrungsmittel aller Art der Erde entsprießen. An Kindern zeugte er fünfmal Zwillingssöhne, er zog sie auf und teilte die ganze Insel Atlantis in 10 Teile (hier liegt offenbar ein Irrtum vor, es kann nicht die kleine Königsinsel, sondern es muß das ganze Gebiet der atlantischen Völkerschaften gemeint sein, die späteren Ausführungen über die Söhne des Poseidon und ihre Reiche zeigen das. B. V.). Dem Erstgeborenen des ältesten Zwillingspaares sprach er den mütterlichen Wohnsitz zu mit dem rings herum liegenden Teile, dem größten und besten, und machte ihn zum König über die anderen, die anderen aber auch zu Herrschern, denn jedem gab er die Herrschaft über viele Menschen und vieles Land. Auch Namen legte er ihnen bei, und zwar dem Ältesten und Könige, von dem ja auch die ganze Insel und das Meer, welches das Atlantische heißt, ihren Namen erhielten, weil der Name des ersten der damaligen Könige Atlas lautete.«[78]

Auf den Bildern von Medinet Habu sieht man, wie ägyptische Schreiber mit ihren Täfelchen gefangene Nordmeerkrieger, die vor sie geführt werden, verhören und ihre Aussagen niederschreiben. Spanuth vermutet, daß auf diese Weise die Angaben über Atlantis in die ägyptischen Schriften gekommen seien. Wenn man den Atlantisbericht liest, hat man immer wieder den Eindruck, daß nur sehr kundige Männer mit Überblick diese Nachrichten übermittelt haben können. (Irrtümer, vor allem auf geographischem Gebiet, dürften auf das Konto der Nacherzähler kommen, denen die persönliche Anschauung fehlte.)

So stellt der oben zitierte Bericht wahrscheinlich so etwas wie einen offiziellen Staatsmythos dar, wie er von den obersten Stellen des Atlas-Reiches ausgegeben wurde, um in der Hauptsache den Anspruch des Atlasgeschlechtes auf die Oberherrschaft religiös zu verankern und die Zusammengehörigkeit aller Nachkommen der Poside-Zwillinge zu betonen. Das Volk wird die Legende von Posides Liebe, Werbung und Ehe farbiger erzählt haben[79], da die Märchen und Mythen der Megalithreligion noch überall lebendig waren (sie sind es ja sogar noch heute, wieviel mehr müssen sie es damals gewesen sein). Auch erfahren wir hier nichts von Tod, Jenseitsfahrt und Auferstehung des Gottes, die offenbar im Staatskult keine allzu große Rolle mehr spielten.

Eine Stelle (Kritias 116 d,e) aber verdient besondere Beachtung. Hier wird bei der Beschreibung des Poseidon-Tempels im Mittelpunkt des Hügelheiligtums und seines mit Gold und Silber und Oreichalkos (Bernstein) geschmückten Inneren eine Groß-Statue des Poseidon beschrieben. »Auch stellten sie goldene Bildsäulen darin (im Tempel) auf, und zwar den Gott selbst auf einem Wagen stehend als Lenker von sechs geflügelten Rossen und in solcher Größe, daß er mit dem Scheitel die Decke berührte. Rings herum aber hundert Nereiden auf Delphinen, denn soviel gab es ihrer nach dem Glauben der damaligen Menschen.«

Sehen wir einmal für jetzt von der Frage ab, ob solche goldenen Großplastiken damals im Norden möglich waren. Jedenfalls zeigt diese Erzählung, daß Poside-Poseidon in der Bronzezeit des Nordens als Lenker des Sonnenwagens gesehen und offenbar auch dargestellt wurde.

Die Vorstellung selbst gehört, wie schon gesagt, der Megalithzeit an. Der Tag- und Nachtfahrt des ägyptischen Ra wurde schon gedacht. Er fährt in einer Zeit und Welt, die den Pferdewagen noch nicht kannte, mit der Tagbarke über den blauen See des Himmels und kehrt mit der Nachtbarke durch die Unterwelt heim. Der Sonnenheld des bronzezeitlichen Nordens dagegen fährt bereits mit Pferden und einem leichten Wagen über die Wölbung des Himmels empor. Die sechs geflügelten Rosse der Poseidonstatue auf Atlantis stellen vielleicht eine Übertreibung dar, im allgemeinen sind es zwei (manchmal geflügelte) Sonnenpferde, mit denen der Gott sich frühmorgens aufschwingt. Sie sind sehr oft abgebildet worden – im Norden wie in Griechenland und Rom, und noch in der Edda wird von ihnen erzählt: Da heißen sie Alwakr und Alswinn. Sie sind als feurige weiße Renner mit leuchtenden Mähnen zu denken. Auch später noch spielten bei den Germanen die weißen Götterpferde eine wichtige Rolle, sie wurden in eigenen Gestüten bei den Heiligtümern gezüchtet, sie zogen bei Götterfesten die Kultwagen oder dienten heiligen Personen wie z. B. den Königen als Reittiere. Weiß galt von früh an als die Farbe des Lichtes, vor allem des überirdischen, jenseitigen Glanzlichtes[80].

Posides Sonnenpferde erscheinen vielfach (neben den Schwänen des Gottes) in der Kleinkunst der nordeuropäischen Bronzezeit. Man sieht sie überall: Da ist z. B. der berühmte kleine Sonnenwagen von Trundholm, den heute jeder abbildet, der über die Bronzezeit oder auch nur über europäische Vorgeschichte schreibt. Das Pferd steht hier auf dem vierrädrigen Wagengestell und scheint die Sonnenscheibe zu ziehen, die – wenn auch halb

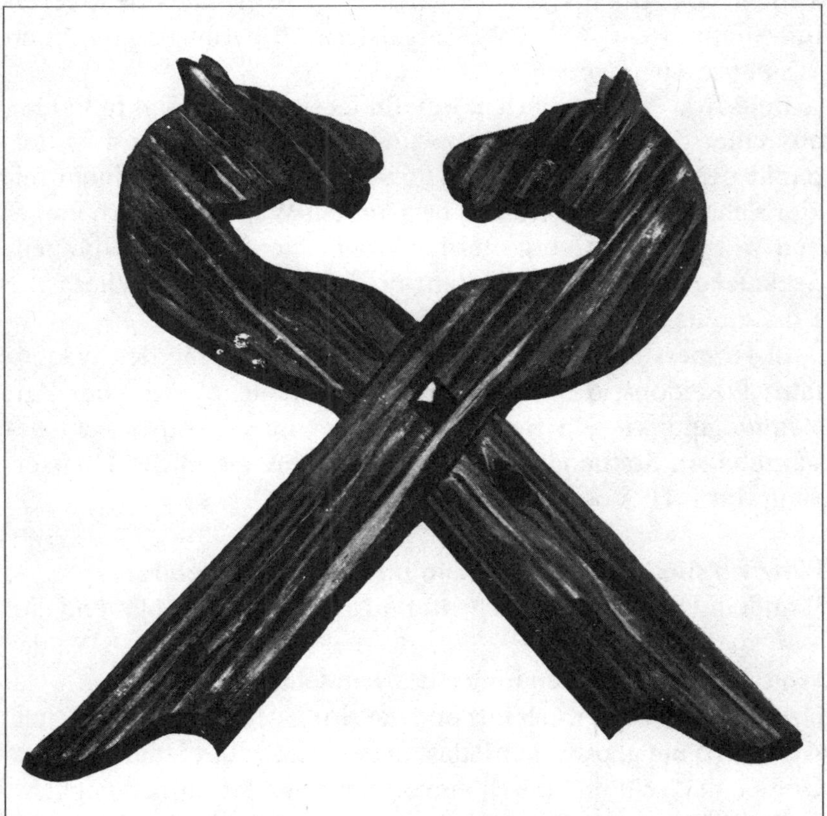

12 Giebelzeichen eines Bauernhauses aus der Lüneburger Heide (Zeichnung von R. Gutmann)

zerbrochen – noch immer ihre wunderbare Ziselierung zeigt. Nach dem zweiten Sonnenpferd sucht man hier allerdings vergeblich. (J. W. Hauer hat vermutet, daß das ziehende Pferd »in Seitenansicht zwei Pferde darstellen soll«[81]. Da die Sonnenscheibe nur einseitig verziert ist, hat der Wagen wohl tatsächlich irgendwo gestanden, wo man ihn nur in Seitenansicht sah.)

An allen möglichen Gerätschaften und Gefäßen brachte man die beiden Pferdeköpfe an, die auch bis in unsere Zeit hinein an den Giebeln niederdeutscher Bauernhäuser zu sehen sind.

Die Tagfahrt des Gottes führt aber nicht immer über die Wölbung des Himmels. Wie offenbar auch auf jener Darstellung im Tempel von Atlantis, dachte man ihn sich gerne über die Meeresflut hinbrausend, von Wassergeistern, Meerungeheuern und Wassertieren umgeben.

Im Bardo-Museum in Tunis befindet sich ein Mosaikfußboden aus einer römischen Provinzstadt Nordafrikas, der im Mittelpunkt den jugendlichen Poseidon-Neptun zeigt, auf einem mit vier sich bäumenden Rossen bespannten Wagen stehend, umgeben von sechzig Meergöttern, die auf Seepferden, Delphinen, Seekatzen und Seekühen reiten, ein Zeichen, wie lange diese alte Vorstellung noch bildschaffend nachgewirkt hat[82].

In Homers »Ilias« findet sich eine Beschreibung der Wagenfahrt Poseidons, die wahrscheinlich noch aus mykenischer Zeit stammt und wie ein Begleittext zu der im Atlantisbericht beschriebenen Statuengruppe wirkt. Ich führe sie in der Übersetzung von J. H. Voss[83] an:

Plötzlich stieg er herab von dem zackigen Felsengebirge,
Wandelnd mit hurtigem Schritt; und es bebten die Höhn und die Wälder
Weit den unsterblichen Füßen des wandelnden Poseidaon.
Dreimal schwang er sich fort und das dritte Mal stand er am Ziele
Aigai: Wo ein gepries'ner Palast in den Tiefen des Sundes
Golden und schimmerreich ihm erbaut war, stets unvergänglich.
Schnell, wie er ankam, schirrt er ins Joch erzhufige Rosse,
Stürmenden Flugs, umwallt von goldener Mähne die Schultern.
Selber in Gold umhüllt er den Leib und faßte die Geißel,

Schön aus Golde gewirkt, und trat in den Sessel des Wagens,
Lenkte dann über die Flut: Die Ungeheuer des Abgrunds
Hüpften hervor aus den Klüften, den mächtigen Herrscher erkennend,
Freudig trennt auseinander die Woge sich und wie geflügelt
Eilten sie, ohne daß unten die eherne Axe genetzt ward;
Und ihn trugen im Sprung zu der Danaer Schiffen die Rosse.
Eine geräumige Grott' ist tief in den Schlünden des Sundes
Zwischen Tenedos' Höhn und der rauchumstarrten Imbros:
Dorthin stellte die Rosse der Erderschüttrer Poseidon,
Abgespannt vom Geschirr, und reicht ambrosische Nahrung
Ihnen zur Kost; und die Füß' umschlang er mit goldenen Fesseln,
Unlösbar, unzerbrechlich, daß fest auf der Stelle sie harrten,
Bis ihr Herrscher gekehrt; dann ging er ins Heer der Achaier.

Was hier Poseidon vor Antritt und nach Beendigung seiner Fahrt zum Schiffslager der Achaier tut, geschieht sonst im Mythos am Anfang und Ende seiner Sonnenfahrt. Der Palast auf dem Grunde des Meeres, in dem der Gott von seiner Fahrt ausruht, mit Delphinen spielt, die Rosse ausspannt und füttert, so daß auch sie ausruhen und auf den Wiesen der Unterwelt bzw. der Unterwasserwelt sich tummeln können, dieser »unvergängliche« Palast steht einmal im Osten, einmal im Westen. Für die Bewohner von Küsten und Inseln sowohl in Schleswig-Holstein wie in Griechenland schien die Sonne morgens aus dem Meer aufzusteigen und abends im Westen wieder im Meer zu versinken. Der Sonnengott geht einmal zu den Aitiopen, um seine Rosse anzuschirren, dann wieder taucht er im Westen bei den Hesperiden in die Flut. Der Palast, der hier in der Ilias in den Tiefen des ägäischen Sundes steht, wird »golden und schimmerreich« genannt. Später, in Sagen des Nordens, ist häufig von einem »gläsernen« Palast oder Tempel auf dem Grunde des Meeres die Rede. Hier handelt es sich offenbar um einen Bernsteinpalast, denn »Glas« ist das germanische Wort für Bernstein und meint den »Glanz« des fossilen Harzes. (Also sieht es so aus, als sei die Geschichte vom Bernsteinpalast des wagenfahrenden Gottes auf dem Meeresgrund schon erzählt worden, noch ehe sich – nach den

Katastrophen – die Sagen von der versunkenen »goldenen Stadt«, den Tempeln und Burgen auf dem Steingrund um Helgoland sammelten.)

Das bronzezeitliche Kivik-Grab in Südschweden, in dessen Innenplatten allerlei Kultszenen eingraviert sind, zeigt unter anderem auch einen großen Mann, der auf einem leichten zweirädrigen Wagen mit zwei Pferden fährt. Darunter sieht man einen Fisch, vielleicht einen Delphin, und nochmals zwei Pferde, die, einander zugekehrt, fröhlich zu springen scheinen. Spanuth[84] hält diese Darstellung für ein Bild des »nordischen Poseidon«, ja sogar für eine vereinfachte Abbildung der im Atlantisbericht beschriebenen Großplastik im Tempel der Insel. Dies letztere erscheint mir fraglich. Wohl aber halte ich es für möglich, daß die beiden frei springenden Pferde, wie Spanuth meint, die bei Nacht ledigen, auf der Unterweltswiese spielenden Sonnenrosse darstellen sollen. Auf alle Fälle können Fisch und Pferde wohl keinen Zweifel daran lassen, daß hier der Sonnenwagenfahrer Poside abgebildet ist.

Wie Ra kehrt auch dieser Gott zu Schiff nach Osten zurück. Man dachte sich die Erde als eine leicht gewölbte Scheibe, die Nachtfahrt konnte somit nicht rund um die Kugel gehen, sondern führte durch die Tiefen des Meeres (bzw. des Unterweltsmeeres) oder auch über die Wellen hin. Zunächst scheinen große Fische, vor allem Delphine, den Sonnennachen gezogen zu haben, später waren es Schwäne, die dem Gott diesen Dienst leisteten. Darüber wird das nächste Kapitel ausführlich berichten.

Diese einprägsamen Bilder des meerfahrenden Gottes, die natürlich schon mit der ersten Einwandererwelle nach Griechenland kamen, haben sicher dazu beigetragen, daß im Süden Poseidon zum Meergott wurde. Dazu kommt, daß er als der Hauptgott der hochseegewohnten Nordleute von vornherein Schützer der Seefahrt und Retter aus Sturmesnot war – noch spät steuerte ja Fosite die zwölf Asegen durch den Sturm ans sichere Land. So ist er in zweifacher Weise mit der Seefahrt verbunden.

Dem Poseidon Griechenlands hängen überhaupt noch viele Wesenszüge und Sagen an, die auf den nordischen Poside und sogar auf den Sonnenhelden der Megalithreligion zurückweisen.

13 Zwei Steine aus dem Grab von Kivik (aus G. Schwantes, Vorgeschichte von Schleswig-Holstein, Neumünster 1939)

14 Sonnengott auf einer griechischen Vase (aus G. Schwantes, Vorgeschichte von Schleswig-Holstein, Neumünster 1939)

Er ist z. B. der Sohn der Erdgöttin Rhea und des alten Himmelsgottes Kronos, nach dem die Nordsee in der Antike auch Kronosmeer hieß. Als Kind wurde Poseidon zwischen Nymphen oder zwischen Lämmern verborgen, da sein Vater ihn verschlingen wollte (man erinnert sich dabei an den Knaben im Machandelboom-Märchen). Er wird in einem Körbchen dem Meer übergeben. Schmiede erziehen ihn, und er zeugt im Wald mit der Jungfrau Halia sechs wilde Söhne (Schwäne?) und eine Tochter. Er ist auch Vegetationsgott, Herr der Fruchtbarkeit, der Erdtiefe und – wie Osiris, Rhadamanthis und Apoll – Herr der Toten, zu denen er hinabsteigt, dazu Heilgott und Ahnherr von Königen. Er weckt Quellen, baut Mauern, Ringwälle, Burgen. Seine Gattin ist die Erde, und als Opfer bringt man ihm Stiere dar.

Hier müssen wir aber nun auch noch eine Parallelgestalt des nordeuropäischen Sonnenwagenfahrers betrachten: den Sonnengott der Griechen, Helios. Auch er treibt seine Rosse, von Strahlenglanz umgeben, über den Himmel, auch er besitzt einen goldenen Palast am Rand des Okeanos, trägt einen glänzenden Schuppenpanzer, sucht abends das Land der Hesperiden auf, wo die nächtlichen Weideplätze der Rosse sind, wäscht sich und die Pferde, bedient von Nereïden und Horen, und füttert die Sonnenrosse mit Unsterblichkeitskraut, das auf der Insel der Seligen wächst.

Er gleicht aber nicht nur Poside-Poseidon, sondern ist auch Apollo so nahe verwandt, daß er mehrfach mit ihm identifiziert wurde. Spanuth schreibt in »Atlantis«: »In einer Tragödie des Äschylos wird berichtet, daß Orpheus den Sonnengott Helios als größten aller Götter verehrt und ihm den Namen Apollon gegeben habe ... Nach Ukert ist der Name des Bernsteins ›elektron‹ von dem Beinamen des Helios, ›Helektor‹, abgeleitet ... Der Bernsteinweg, der durch Westfalen an den Rhein führte, trug und trägt stellenweise noch heute den Namen ›Helweg‹ ... Offenbar steckt in allen diesen Namen die alte indogermanische Bezeichnung für die Sonne ›hel‹«[85] (mit der auch unsere Worte »hell« und »heilig« gleichermaßen zusammenhängen. B. V.).

Helios hat wie Apoll und Poside Beziehung zum Recht, als das »allerschauende Auge« wird er als Zeuge angerufen. Wie Poseidon ist er Gatte der Erde (Ge), auf Kreta erschien er in Stiergestalt und empfing Stieropfer, in Griechenland wurden ihm weiße Schafe, weiße Eber und weiße Pferde dargebracht. Man veranstaltete ihm zu Ehren gymnastische Spiele, seine heiligen Stätten lagen auf Höhen, und man stieg hinauf, um den ersten Sonnenstrahl zu begrüßen.

Auch Helios ist der Sohn des Himmelsgottes, seine Schwester ist Selene, die Mondgöttin, ebenso wie Artemis Apollos Schwester ist, und gelegentlich galt – ein altertümlicher, aber bezeichnender Zug – diese Schwester zugleich als seine Gattin – die Vereinigung geschah bei Neumond. In anderen Überlieferungen heißt seine Frau auch Klymena, Tochter des Okeanos, was an Kleito erinnert, sie ist die Mutter des Phaëton, dessen Sturz mit dem Sonnenwagen die Erde entzündete, und den seine Schwestern, die Heliaden, am Eridanos (Eider) mit Bernsteintränen beweinen. Er trägt die Strahlenkrone, und seine Kinder und Enkel sind an ihren strahlenden Augen zu erkennen. Wie Apoll ist er der Bogenschütze, der mit seinen Pfeilen versehren kann, zugleich aber auch Heilgott und Arzt.

Man sieht deutlich, wie sehr sich die drei Gestalten Poseidon, Helios und Apollo gleichen, und daß sie alle auf eine einzige Gottheit zurückgehen müssen. Apollo ist der jüngste Zweig dieses Stammes, und mit ihm kam die reifste Ausbildung der alten Göttergestalt nach dem Süden. Spanuth schreibt über die Verwandtschaft zwischen Poseidon und Apollo: »Apoll ist eine Hypostase des Poseidon, eine Neuverkörperung alter Wesenszüge dieses alten Gottes der Megalithiker. Apoll übernimmt die Rolle des Lichtgottes, des Rechtsgottes, des Bringers des Frühlings, des Herrn der Quellen. Als ›delphinios‹ übernimmt er das einst dem Poseidon heilige Tier, den Delphin. Aber immer noch wußten die Dorer um die ursprüngliche Einheit beider Göttergestalten und verehrten sie gleichzeitig an den gleichen Altären.«

»Sehr wahrscheinlich wurde Apoll im Norden noch gar nicht als neue, selbständige Gottheit empfunden, sondern weiter unter dem Namen Poside verehrt«, erklärt Spanuth weiter und schließt diesen Abschnitt wie folgt: »Es ist also keineswegs verwunderlich, wenn in den griechischen Überlieferungen Apollon von Poseidon unterschieden wurde, in der alten gemeinsamen Heimat beider Götter aber noch nicht.«[86]

Daß diese megalith-bronzezeitliche Gottheit, aus der die drei griechischen Götter stammen, ein Lichtgott war, ist deutlich. Auf Rasiermessern und Felsbildern des Nordens sieht man ihn von der Glorie umstrahlt, einigemale trägt er, im Schwanenschiff fahrend, die Strahlenkrone, die auch Helios bezeichnet.

Zwar hat die Statuette von Enkomi den Hörnerhelm des Himmelsgottes, und auch auf den Bildern von Medinet Habu sieht man Hörnerhelmträger. Die große Mehrheit der kämpfenden oder gefangenen Nordmeerleute aber schmückt die Strahlenkrone, die die (absolut gleich gekleideten) Krieger sicher zur Ehre ihres Gottes tragen.

Die Frage, woraus die sogenannte »Philisterkrone« eigentlich bestand, ist häufig erörtert worden. Um Federkronen kann es sich nicht handeln. Die Libyer erscheinen auf den ägyptischen Bildern oft mit Federn auf den Köpfen, die Nordleute aber nie. Wahrscheinlicher klingt schon die Vermutung, es handle sich um Kronen aus Schilfblättern bzw. Schilfrohr. Tatsächlich kommt die

15 Atlantischer Krieger mit Strahlenkrone, Medinet Habu (aus J. Spanuth, Die Atlanter, Tübingen 1976)

Krone aus Papyrus oder Schilf in den alten Mittelmeerkulturen öfter vor. Osiris und Isis tragen sie, und griechische Mädchen und Jünglinge tanzen im Tempel mit Schilfkronen geschmückt.

Spanuth hat in seinen späteren Büchern auch die Schilfkronentheorie abgelehnt. Er dachte zunächst daran, daß die eigenen Haare der Krieger, durch die feinen Löcher eines Netzes gesteckt und so zum kronenartigen Emporstehen gebracht worden seien, kam dann aber wieder von dieser Vermutung ab, da menschliches Haar zu weich für eine solche »Frisur« sei. Nun hat Gerhard Herm in seinem Buch »Die Kelten« darauf hingewiesen, daß die späteren Kelten laut Diodorus von Sizilien ihr blondes Haar mit Kalkwasser nicht nur weiter aufhellten, sondern auch fest und »schwer wie Pferdemähnen« machten und es von der Stirn aufwärts kämmten, so daß es emporstand, was sie in der Schlacht größer und schreckenerregender machte und sie »wie Waldteufel« aussehen ließ. Herm vermutet, daß »die gewaltige Bürstenfrisur der Krieger auf den Wänden des Ammontempels von Medinet Habu ebenso aus emporgekämmten, mit Gipswasser gehärteten, durch ein Netz gehaltenen Haaren bestand«[87]. Somit hätten dann die Kelten, die ja mindestens teilweise Nachfahren der »Atlanter« waren, diese Haartracht für den Kampf beibehalten.

Spanuth dagegen meint jetzt, daß es sich um Kronen aus Pferdehaar gehandelt habe, gefertigt aus aufrechtstehenden Büscheln des hellen Mähnenhaares der kleinen, zähen, nordeuropäischen »Stehhaarpferde«, die die Nordleute nach dem Süden brachten (wo man sie zunächst für Maultiere hielt). Wenn man die Medinet-Habu-Darstellungen betrachtet, kann man nicht leugnen, daß die Spanuth'sche Theorie auch in dieser Beziehung einiges für sich hat.

Wie dem auch sein möge, wichtig ist für unsere Betrachtung, daß der Großteil der Krieger die »Philisterkrone« trägt. Man geht wohl nicht fehl, wenn man annimmt, daß es sich hier um das Abzeichen eines Kriegerbundes handelt, wie sie bei allen frühen Völkern existierten[88]. Die Strahlenkrone sollte wohl anzeigen, daß die Männer des Bundes sich dem Lichtgott geweiht hatten. Wir wissen, wie stark die Religion in früheren Zeiten gerade die kriegerischen Formen bestimmte: Feldzeichen mit göttlichen Geleittieren, das heilige Feuer, sogar Götterbilder wurden mit auf den Feldzug genommen. In der Ilias sehen wir Poseidon, ein Schwert schwingend, den angreifenden Achaiern vorausschreiten. Die Götter waren im Kampf anwesend, und der einzelne Krieger wurde zum Gottgeweihten, ja in mystischer Einheit zum Gott selber, wenn er die kennzeichnende Tracht des Gottes trug.

Es bleibt noch die Frage, inwieweit der Gott als »die Sonne« selbst gesehen wurde.

Daß der Sonnenheld der Megalithreligion im Mittelmeerraum schon von frühester Zeit an immer wieder als »der Sonnen*gott*«, die personifizierte Sonne auftrat, ist deutlich. Man denke an Ra, an Aton, den der »Ketzerkönig« Amenophis IV. Echnaton als seinen »Vater« betrachtete und dem er die schönsten Sonnenhymnen weihte. Und später erscheint er in den Psalmen der Bibel aus »seiner Kammer« tretend, »seinen Weg zu laufen wie ein Held«. Das ist die Sonne persönlich.

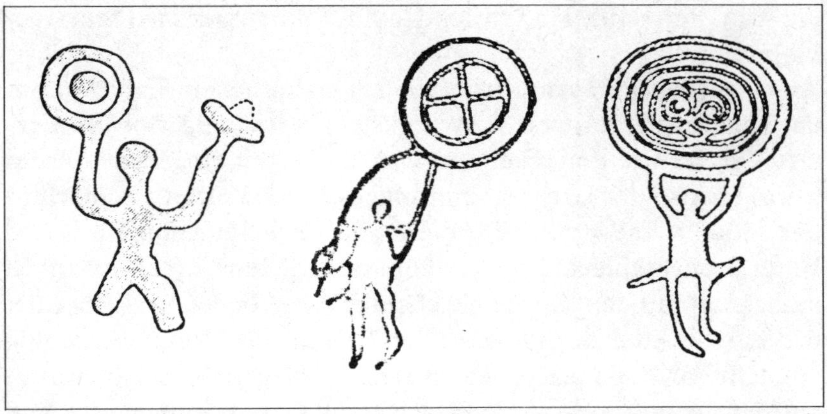

16 Sonnenscheibenträger, Felsbilder aus Norwegen, Bohuslän und Ostgotland (aus G. Schwantes, Vorgeschichte von Schleswig-Holstein, Neumünster 1939)

Etwas anders war es bei den Nordvölkern. Wie es scheint, stellte sich der östliche Teil der Indogermanen in sehr früher Zeit die Sonne als weibliche Gottheit vor[89]. In der indoarischen Mythenwelt erscheint eine Sonnenjungfrau (Surja), deren Spuren sich durch den ganzen Osten bis nach Nordeuropa verfolgen lassen, die auch in der Edda auftaucht und die vielleicht sogar noch für unsere deutsche (weibliche) Sonne verantwortlich sein könnte.

Diese Vorstellung ist im Westen aber bald gänzlich durch die Sonnenheldvorstellung verdrängt worden. Der fruchtbarkeitstragende Jahrgott, der den Sommer verkörpert und den Winter in die Unterwelt zwingt, ist zugleich auch das Sonnenlicht, das, wiedergeboren aus dem Dunkel auferstehend, die Mächte der Kälte und Finsternis besiegt, die Erde zu neuem Leben erweckt und im Herbst wieder der Schwäche und dem Tod verfällt.

So ist der Mythos aus dem Norden, dem er naturgemäß zugehört, mit der Megalithkultur nach Süden gewandert. Und dennoch blieben offenbar gerade im Norden Erinnerungen an andere Vorstellungen lebendig. Während auf der Heiligen Insel Poside mit der Strahlenkrone (wie Helios, der Sonnengott) erscheint, stellen ihn die Dänen noch um 1200 v. Chr. mit allen Insignien des Himmelsgottes, mit Hörnerhelm und Blitzaxt, dar, und in Ägypten kämpfen 1195 Hörnerhelm- und Sonnenkronen-Träger gemeinsam.

Die urältesten Himmelsgötter aus eiszeitlichem Erbe waren, das hat Ernst Krause (1891) klargestellt, stirnäugig. Sowohl Uranos-Varuna wie der litauische Aukßtis haben ein Auge auf der Stirn, ebenso der Urriese Ymir und die alten Göttergeschlechter der Titanen und Zyklopen, die zu den unheimlichen Reif- und Bergriesengeschlechtern wurden. Sogar Zeus erscheint noch manchmal mit dem Stirnauge. Dieses Auge bedeutet die Sonne, wie der Schädel des Gottes oder Riesen das Himmelsgewölbe vorstellt. Aukßtis besitzt außer dem Stirnauge noch ein zweites auf dem Hinterkopf, bei Nacht schließt er das Sonnenauge und öffnet das Mondauge.

Hier wurde also die Sonne noch nicht als menschengestaltige Gottheit gesehen, und selbst Surja scheint einer späteren Phase anzugehören. Es ist aber deutlich, daß sich im Norden Europas eine Neigung erhalten hat, die Sonne als Gestirn zu verehren. In der Edda gibt es keinen Sonnengott. Die Sonne wird »skinanda gođ« genannt, »scheinende bzw. schimmernde Gottmacht« (gođ ist hier ein Neutrum). Auch wird von dem Schild gesprochen, der vor der Sonne steht; die Sonne, die der Fenriswolf verfolgt und verschlingt, ist kein Gott, sondern ein Gestirn, und die Sonnenheldzüge Freyrs und Baldrs werden eher verschleiert als betont.

Die Funde aus dem nordeuropäischen Kreis der Bronzezeit haben zu der irrtümlichen Meinung geführt, man habe es hier mit einer reinen Gestirnverehrung ohne menschengestaltige Göttervorstellung zu tun, da alle die Sonnenscheiben und -zeichen die Sonne zweifelsfrei als Gestirn abbilden. Und dennoch wissen wir jetzt ebenso zweifelsfrei, daß es da einen jungen Gott mit Strahlenkrone gab, der den ganzen religiösen Bereich des Nordens beherrschte und der mit dem Sonnenwagen über den Himmel und dem Sonnenschiff übers Meer fahrend gedacht wurde.

Er ist kein Gestirn, und doch sind die Sonne und er nicht voneinander zu trennen. Auf allen Bildern, die wir haben, steht er im Wagen oder sitzt im Boot, oder aber die Sonnenscheibe fährt statt seiner und ohne ihn in der Schwanenbarke. Sie ist sein Symbol, das ist deutlich.

Daß Poside-Poseidon Sonnenheld und bruchlos aus der Megalithreligion herausgewachsen war, ist ebenfalls klar genug. Der Staatsmythos des Atlantisberichtes verschiebt zwar ein wenig die Akzente. Aus Euenor, dem ersten Menschen oder gar Urriesen, ist hier bereits ein normaler Sterblicher mit Gattin und Tochter geworden; Kleito, die Erdjungfrau, wird nicht von ihrem Vater, vom Wintergott oder den Reifriesen hinter Mauer und Wall eingeschlossen und vom Sonnenhelden befreit, dem sie dann Zwillinge gebiert – hier schließt ihr Gatte selbst sie ein, und das Zwillingspaar hat sich verfünffacht, um die göttliche Abkunft aller zehn atlantischen Könige zu beweisen. Der alte Mythos schimmert nur noch durch.

Sicherlich war Poside auch Drachentöter wie Apollo und alle Sonnenhelden, Überwinder des Dunkels und Bringer des Frühlings und des Lichtes. Und er war sicher manchmal »selber die Sonne«, wie das uralte Lied »Christ lag in Todesbanden« es von Christus sagt. Die Bilder und Gedanken schwimmen wieder einmal ineinander, die Himmelsgott-Traditionen mischen sich mit den Sonnengott-Vorstellungen, einmal treten die einen stärker hervor, einmal die anderen.

Und warum? Darum, weil sie eben nichts anderes als Bilder waren. Poside war ein Gott, eine lichte helfende Macht, deren Dasein man empfand und in wechselnden Bildern erlebte. Er war somit weit mehr als nur ein Gestirn, das real am Himmel steht. Aber dieses konnte sein Symbol sein und ihn vertreten.

Es ist deutlich: In der Friedenszeit des »Goldenen Zeitalters«, von dem uns die Funde wie die Berichte erzählen und das wir »Bronzezeit« nennen, war die goldene Sonnenscheibe ebenso ein Symbol des jungen Himmelsgottes, wie dieser, Vater und Sohn zugleich, alle hilfreichen Eigenschaften des Licht- wie des Rechts- und Heilgottes in sich vereinigte.

4. Der Schwanengott und sein Geleittier

In den Mythen und Berichten der Griechen, die das Bernsteinland des Nordens schildern, spielen die Singschwäne eine bedeutende Rolle. Da zitiert z. B. Älian (2. Jahrh. n. Chr.) den alten Schriftsteller Hekataios: »Wenn die Söhne des Boreas (des Nordwindes) zur gewohnten Zeit den hergebrachten Opferdienst verrichten, kommen aus den bei ihnen sogenannten Rhipäischen Gebirgen ganze Wolken von Schwänen herabgeflogen, und nachdem sie um den Tempel herumgeflogen sind und ihn durch ihren Flug gleichsam gereinigt haben, lassen sie sich in der Umgebung des durch Größe und Schönheit höchst ausgezeichneten Tempels nieder. Wenn nun die Sänger mit ihrem Liede den Gott begrüßen und auch die Zitherschläger eine harmonische Melodie zu dem Chore anschlagen, dann singen auch die Schwäne einstimmig mit und nie hört man von ihnen irgend einen Mißton; sondern als wenn ihnen von dem Chorleiter der Grundton angegeben wäre, singen sie mit den einheimischen Kunstsängern im Einklang die heiligen Weisen. Wenn dann der Hymnus vollendet ist, entfernen sich die erwähnten geflügelten Choristen, nachdem sie dem Gotte bei der ihm gebührenden Ehrenbezeigung gedient, andere erfreut und zugleich angehört haben.«[90]

Das geheimnisvolle Land »hinter dem Nordwind«, von dem die antiken Schriftsteller des letzten Jahrtausends v. Chr. (und später) so viel zu berichten wissen[91], liegt am wilden Okeanos, dort, wo der Eridanos, der »Fluß von Morgen« ins Meer mündet. Die Fluten dieses Stromes schwemmen das Elektron, den Bernstein, an den Strand der Heiligen Insel Elektris. Euripides läßt seinen Chor sich »nach Eridanos' Ufern« sehnen, »wo Helios' Töchter um Phaëton klagen (der in die Mündung des Eridanos gestürzt sein soll) und in die purpurne Flut des Flusses das Gold ihrer Tränen, des Bernsteins glänzenden Schimmer träufeln«. Apollonios von Rhodos aber sagt, daß »bei den Kelten die Sage gehe, daß diese Bernsteintränen, geschwemmt in die Wirbel des Eridanos, dem Sohne der Leto Phoibos Apollo entstammen, wie er

17 Sonne im Schwanenschiff:
17a Siem, Amt Olborg, Dänemark 17b Rossin, Kreis Anklam
17c Granzin, Kreis Parchim 17d Prenzlawitz, Kreis Graudenz
17e Corneto, Italien (aus J. Spanuth, Atlantis, Tübingen 1965)

unzählige vergossen, als er zum heiligen Volk der Hyperboreer gelangte«.

Älian überliefert weiter: »Die Hyperboreerinsel liegt im nördlichen Ozean, sie wird von den Griechen auch Schwaneninsel genannt, weil zur Zeit der Feste Apollons unzählige Scharen von Schwänen das Heiligtum umschweben. Auch kreisen die Schwäne siebenmal singend um die Insel, worauf Apollon sieben Saiten auf seine Lyra spannt, weil die Schwäne siebenmal sangen.«[92]

Daß die heilige Insel der Hyperboreer mit der Basileia der Atlanter und der Eridanos mit der Eider gleichzusetzen ist – »der 9. Polarkreis (52–57 Grad nördlicher Breite) geht durch das Hyperboreerland«, sagt Plinius –, daran kann kein Zweifel bestehen.

Auch die Schwäne bezeugen es. Der Singschwan wird als Polartier bezeichnet, da er nur in hohen Breiten brütet und einzig für eine kurze Zeit im Jahr nach Süden fliegt. Sein »Gesang« soll ein dunkles Tönen ähnlich fernem Geläut oder dem Klang eines tiefen Blasinstrumentes sein. Freilich singt der Schwan nicht, wie behauptet wurde, wenn er stirbt, sondern während des Fluges. Daß die Singschwäne heute noch – wie vor Tausenden von Jahren

– Ende Februar, Anfang März den Eridanos bzw. die Eider bevölkern, ehe sie zu ihren Brutplätzen im hohen Norden zurückkehren, bezeugt Spanuth; er bringt in »Die Philister« (Seite 132) ein Foto, das die Schwäne in dichten Scharen auf der Eider zeigt.

Zu dieser Zeit der Schwanenrückkehr werden auch jene Feste auf der »Schwaneninsel« gefeiert worden sein, von denen die griechischen Schriftsteller erzählen. Aber freilich haftet diesen Berichten über das Hyperboreerland und über all das Singen und Musizieren, das da angeblich stattfinden soll –« die meisten Einwohner sind Zitherspieler«, schreibt Hekataios – etwas Sagenhaftes an, sie wirken wie Erinnerungen an ein Traumland, in dem alle Menschen fromm und gut sind und selbst die Schwäne »gleichsam als wären sie Chorknaben« Hymnen singen.

Nach Erich Jung ist die Hyperboreersage eine uralte Stammsage der Dorer, »die die zutreffende geschichtliche Erinnerung an die nordeuropäische Herkunft und die Einwanderung der herrschenden Schichten in Hellas und Rom bewahrt«[93].

Dazu kann man stellen, was Ernst Krause sagt: »Bekanntlich hält sich auf Delos seit Urzeiten die schon von dem vorhomerischen Sänger Olenos und anderen bezeugte Sage, ein nordisches blondes Volk sei von einer im nordischen Meere gelegenen Insel gekommen und habe den Apollodienst auf Delos gestiftet. Noch aus späteren Zeiten erzählt Herodot von Gesandtschaften, welche die Hyperboreer und ›blonden Arimaspen‹, das älteste Volk auf der Erde, wie sie Kallimachos nennt, an ihren auf Delos angesiedelten Gott gesandt hätten.«[94]

Ebenso wie Delphi, das zuvor ein kleines Orakelheiligtum der Erdmutter gewesen war, und in das nun Apollo delphinios, der junge Gott mit dem Delphin, einzog, ist auch Delos sehr früh von den Dorern zum Heiligtum ihres Gottes (der nun nicht mehr Poside, sondern Apellos hieß) ausgebaut worden. Auch Delos war eine Insel, und man übertrug Sagen und Vorstellungen, die einst zu der Insel hinter dem Nordwind gehört hatten, jetzt auf das Heiligtum im Süden. Daß Delphi und Delos in enger und regelmäßiger Beziehung zu dem wiederaufgetauchten Heiligtum im Norden standen, ist vielfach – vor allem auch durch Schriften von Apollopriestern selber – bezeugt.

Zwei hyperboreische Jungfrauen, Opis und Arge, sollen mit Apollo und seiner Schwester Artemis nach Delos gekommen sein. Auf ihrem Grab opferten die griechischen Mädchen vor ihrer Verheiratung eine Haarlocke, indem sie sie um eine Spindel wickelten. Das Grab der Hyperboreerinnen ist heute noch – nach etwa drei Jahrtausenden – im Tempel zu Delos zu sehen.

Offenbar erschienen zu den großen Festen Apollons regelmäßig Gesandtschaften aus dem Norden. Meist waren es zwei Tempeljungfrauen, die von fünf Jünglingen geleitet wurden, Hyperoche und Laodike werden genannt und die »selige Magd« Hekaërge. Oft ging es ihnen wie Opis und Arge: Es gefiel ihnen so gut im Süden, daß sie dort blieben, dem Tempel dienten und auch dort starben. Priester und Weise scheinen ebenfalls aus dem Hyperboreerland nach Delphi und Delos gekommen zu sein. Schon der alte Olen, der erste Priester und Sänger des Phoibos Apollon, war ein Hyperboreer. Die Gesandtschaften brachten stets ein Ährenbündel als besondere Gabe mit, später, als den Hyperboreern der Weg zu weit und gefährlich wurde, schickten sie die Ährengabe von Land zu Land, bis sie glücklich nach Delos kam.

Eine Sage, hinter der vielleicht ein realer Brauch stand, ist die Erzählung von der Fahrt des Apollo zu »dem heiligen Volk der Hyperboreer«. Ich zitiere wieder den Hekataios (6. Jahrhundert v. Chr.), wie Diodor ihn wiedergibt:

»Jenseits des Keltenlandes liegt eine Insel im Ozean... Auf dieser Insel soll Leto geboren sein (wir erinnern uns an die Kleito des Atlantisberichts, B. V.), weshalb dann auch Apollon, der Sohn der Leto, vor allen anderen Göttern dort am meisten verehrt wird. Die Einwohner sind gleichsam als Priester des Apollon zu betrachten, weil dieser Gott jahraus, jahrein, Tag für Tag, von ihnen mit Lobgesang gepriesen und ausnehmend verehrt wird. Auch ein herrlicher Hain des Apollon ist dort auf jener Insel und ein berühmtes Heiligtum, das mit vielen Weihgeschenken geschmückt und im Schema der Sphären (sphairoide to schemati) erbaut war... Auch seien einige Hellenen in das Land gekommen und hätten daselbst kostbare Weihgeschenke zurückgelassen mit hellenischen Aufschriften. Desgleichen sei auch vor alter Zeit ein Hyperboreer mit Namen Abaris nach Hellas gekommen und habe die Freundschaft und Verwandtschaft mit den Deliern erneuert ... Immer nach 19 Jahren soll der Gott die Insel besuchen, in welchem Zeitraum die Gestirne immer wieder in dieselbe Stellung zurückkehren, weshalb denn auch bei den Hellenen ein 19jähriger Zeitraum ›das Jahr des Meton‹ genannt wird.«[95]

Dieses »Jahr des Meton« hieß so, weil der griechische Astronom Meton (um 432 v. Chr.) den entsprechenden Zyklus errechnet hatte. Allerdings beträgt der Zeitraum, in dem die Mondphasen wieder mit der gleichen Stellung der Sonne zusammenfallen, eigentlich nur 18,61 Jahre, und so mußte man zu zwei Zyklen von 19 Jahren noch einen von 18 Jahren hinzufügen, um das von den Griechen sogenannte »Große Jahr« von 56 Jahren zu erhalten. Dieses »Große Jahr« wurde durch ganz besonders hohe Feste, die Apollon galten, gefeiert. Aber wie es scheint, besuchte der Gott bereits alle 19 Jahre »seine« Insel[96].

Sicherlich wurden diese Feste des Gottesbesuches auch schon in der Bronzezeit gefeiert. Später aber, als die Apollon-Heiligtümer in Griechenland bestanden, besuchte, so berichtet die Überlieferung, Apollo im »Großen Jahr« die Hyperboreerinsel und blieb dort bis zum nächsten Frühling, wo er dann, auf einem Schwanenwagen oder von Schwänen getragen, zu den ihn sehnlichst erwartenden Hellenen zurückkehrte. »... Und wenn er dann mit dem einziehenden Frühjahr von dort zurückkommt«, sagt Aristophanes, »grüßt ihn der Ruf der Schwäne am Hebros.«

Himerios erzählt: »Apoll kommt zu den Hyperboreern auf einem mit Schwänen bespannten Schiffswagen, und zwar vom Meere her. Er weilt dann ein ganzes Jahr bei den Hyperboreern und kündet ihnen das Recht. In der Zwischenzeit riefen ihn die Delpher mit Paionen und Liedern. Dann, als die Zeit gekommen war, erschien er wieder auf seinem Schiffswagen in Delphi. Der Frühling kam ins Land, die Vögel sangen, und die Freude der Gläubigen war groß. Auch die heilige Quelle Kastalia, die beim Heiligtum des Apollo in Delphi entspringt, begann mit silbernem Wasser zu fließen.«[97]

Nach E. Krause wurde der vom Hyperboreerland heimkehrende Apoll auf Delos mit einem »Labyrinthtanz« begrüßt[98].

Spanuth bringt in »Atlantis« einige Bilder des vom Hyperbo-

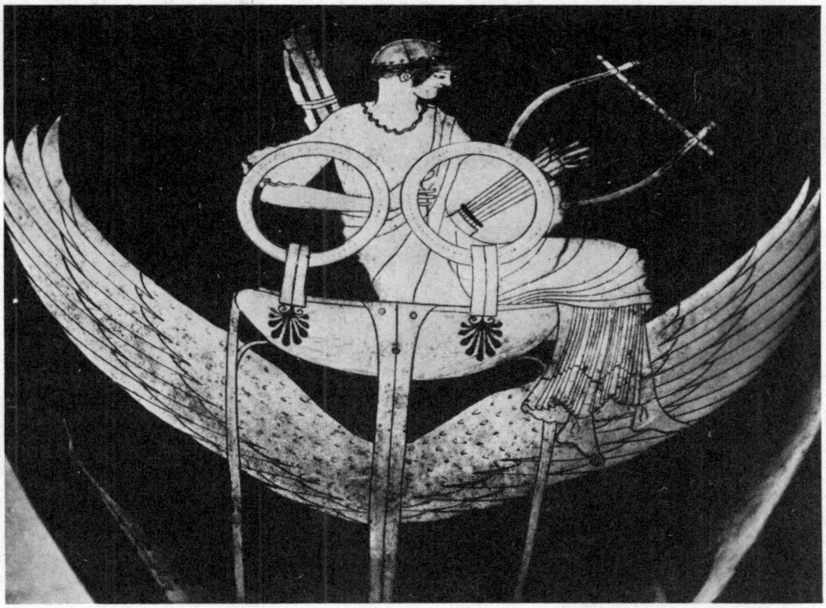

18 Apoll auf einer Vase (aus J. Spanuth, Atlantis, Tübingen 1965)

reerlande heimkehrenden Apoll. Auf einer Amphora von der Insel Melos aus dem 7. Jahrhundert v. Chr. fährt der Gott, mit der Stirnbinde geschmückt, die Leier in der Hand, stehend auf einem Wagen, den ein geflügeltes Pferd zieht. Hinter ihm stehen zwei weibliche Wesen in merkwürdig modern anmutender Kleidung, es sollen die beiden hyperboreeischen Jungfrauen Opis und Arge sein, und Artemis begrüßt ihren Bruder, indem sie ihm ein Hirschlein zuführt. Interessant sind die vielfältigen Sonnen- und Lebensbaumzeichen, die den Raum zwischen den Figuren ausfüllen, und dann vor allem ein Fries von steif daherwatschelnden Schwänen[99].

Sehr viel gekonnter wirkt eine Darstellung auf einer Vase des 5. Jahrh. v. Chr. (Bild oben). Hier sitzt Apoll, die Kithara spielend, auf einem Dreifuß, der von mächtigen Schwanenflügeln durch die Lüfte getragen wird[100].

Da nun alle diese Nachrichten und Bilder vom Schwanengott Apoll und seinen Besuchen auf der Heiligen Insel aus Griechenland und aus der Zeit *nach* den Katastrophen stammen, könnte man sich fragen, ob sie überhaupt geeignet sind, Licht auf religiöse Zustände und Bräuche der Bronzezeit zu werfen. Hier helfen Bodenfunde zu einer Antwort.

Bei Dupljaja in der Nähe von Belgrad wurde ein tönerner Schwanenwagen gefunden, in dem ein Mann im Prachtgewand steht. Das kleine Bildwerk gehört zu einer Gruppe von Tonstatuetten und -idolen, die stark stilisiert und nach Volkskunstart reich mit Symbolen bemalt sind. Sie wurden im jugoslawisch-ungarischen Raum gefunden und sollen aus der Urnenfelderkultur, also aus der Zeit kurz nach der großen Wanderung, stammen[101].

Nun weist Spanuth überzeugend nach, daß nach der Mitte des 13. Jahrhunderts v. Chr. eine Einwanderung von Nordleuten aus dem Kreis der nordischen Bronzezeitkultur in den betreffenden Raum erfolgt ist. Die dortige Bevölkerung wurde verdrängt, ein neuer Stil erscheint, der nur aus dem Norden kommen konnte. Es war wohl so, daß die Auswandererwellen, deren letztes Ziel Ägypten war, stets eine Zeitlang in diesen Donaugebieten rasteten, dort feste Siedlungen besaßen und, weiterziehend, auch größere Volksteile zurückließen. Aus deren Kultur dürften die genannten Tonstatuetten stammen. Die Beziehungen zur nordischen Bronzezeitkultur sind absolut deutlich, sämtliche Symbole und Schmuckmotive auf den Idolen gehören dorthin. Der Mann auf dem Schwanenwagen z. B. trägt einen Halsschmuck, wie er an zwei Orten in Schleswig-Holstein und Dänemark in genau gleicher Form gefunden wurde.

Die nur leicht stilisierten, schön ausgeführten Schwäne sitzen auf dem Wagen, es sind ihrer drei, zwei vorne rechts und links des großen Vorderrades, einer weiter zurück an der Stelle, wo der Wagenkasten beginnt. Der Wagen hat drei Speichenräder, der Kasten ist mit Sonnensymbolen geschmückt. Das Gesicht des stehenden Mannes ist primitiv stilisiert, es sieht fast aus, als trüge es eine Tiermaske, die Arme bilden zwei Halbkreise, die Hände liegen – hier also beide – unter der Brust, die ein Spiralenschmuck ziert, der sich auch auf dem Rücken fortsetzt. Das lange, nach unten ausgestellte Gewand ist reich verziert.

Spanuth, der die Abbildung des »Schwanenwagens von Dupl-

19 Tonstatuette von Kličevac (aus J. Spanuth, Atlantis, Tübingen 1965)

19a Schwanenwagen von Dupljaja (Narodni-Museum, Belgrad)

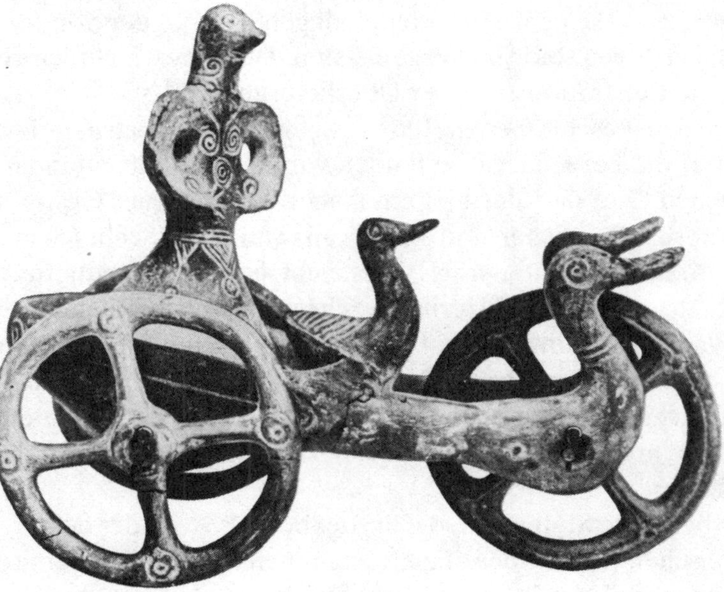

jaja« in allen seinen Büchern zeigt, zitiert dazu Sprockhoff (1954/70): »Dieser Nachweis eines unmittelbaren Zusammenhanges zwischen dem nordwest-balkanischen Wagen von Dupljaja mit der Vorstellung vom griechischen Apoll läßt sich noch weiter vertiefen ... Er (Apoll) fährt offenbar in seine alte Heimat, wenn er zu den Hyperboreern reist, zum Ausgangspunkt der Bewegung, die ihn nach Griechenland gebracht hat, zu einer Art Befehlsappell, um sich ständig in der alten Zentrale auf dem laufenden zu halten ... Entscheidende Bedeutung kommt in vorliegendem Zusammenhang nun aber der Beschreibung des Wagens zu, den Apoll bei seinen Reisen benutzt. Es heißt da: Als Apoll geboren war, stattete Zeus ihn mit goldener Binde und Leier aus (schmückte ihn), gab ihm dazu einen Wagen zu fahren, Schwäne waren der Wagen, und schickte ihn nach Delphi. Eine treffendere Beschreibung des Wagens von Dupljaja scheint nicht möglich. Sie bedarf kaum einer weiteren Interpretation. Die Schwäne – auf dem Vorderrad – ziehen den Wagen, aber gleichzeitig sind sie selbst der Wagen (Kasten), und der Gott Apollo – der Mann im Priesterrock – fährt den Wagen, stehend in den Schwänen, und das ganze geschieht unter dem heiligen Symbol der Sonne, dem vierspeichigen Rade im Wagenkasten. Der urgeschichtliche Fund ist eine Illustration zu dieser Überlieferung.«[102]

Zu dem beschriebenen Bildwerk gehört auch noch eine Tonstatuette, die bei Kličevac gefunden wurde. Sie stellt offenbar den gleichen Gott dar, der hier ein langes dunkelblaues Gewand mit Mustern und Zeichen und einem ganz ähnlichen Schmuck wie der Mann von Dupljaja trägt. Vielleicht hat diese Statuette auch einmal auf einem – hölzernen – Schwanenwagen gestanden[103]?

Was hat es nun mit der Fahrt des Gottes auf sich? Dürfen wir annehmen, daß hinter der Sage auch hier eine Realität stand? Der Besuch eines delphischen Priesters etwa, eines Stellvertreters des Gottes im »Großen Jahr« auf der Heiligen Insel am nördlichen Okeanos?

Aber diese Statuetten, die Sprockhoff als Abbilder des »hyperboreischen Apoll« identifiziert, stammen aus der Zeit der großen Wanderung oder kurz nachher. Das heißt, daß sie älter sind als die griechische Sage von Apolls Fahrt von Delphi ins Hyperboreerland und seiner Rückkehr von dort. Ehe Apoll in Delphi wohnte und ehe die Basileia im Norden wieder aus dem Meer getaucht und das Heiligtum dort neu erbaut worden war, kann die hier zugrundeliegende Kommunikation der Heiligtümer nicht stattgefunden haben. Somit kann der Schwanenwagenfahrer kaum schon den griechischen Apoll darstellen, den die Dorer erst einmal in ihren Gebieten, in die sie um 1100 v. Chr. einwanderten, installieren mußten. Es handelt sich hier also um den Schwanengott jener Nordleute, die in der zweiten Hälfte des 13. Jahrhunderts in Ungarn und Jugoslawien einwanderten und dort als Vorhut der großen Wanderung siedelten, um den aus der Heimat mitgebrachten Gott, der dort im Norden vermutlich schon seit langer Zeit im Schwanenwagen oder -schiff gefahren war. So sagt auch Spanuth mit Recht: »In der Zeit, in der die Nordvölker auf ihrem Weg nach dem Südosten für einige Zeit in der ungarischen Tiefebene haltmachten, haben sie dort dem Sonnengott ihrer Heimat Tonstatuetten angefertigt.«[104] Die Erinnerung an eine Darstellung, vielleicht sogar an einen heiligen Brauch aus der alten Heimat dürfte hier Pate gestanden haben.

»Apoll kommt zu den Hyperboreern auf einem mit Schwänen bespannten *Schiffs*wagen, und zwar vom Meer her. Er weilt dann ein ganzes Jahr bei den Hyperboreern und kündet ihnen das Recht.« Hier ist zwar der delphische Apoll gemeint, aber spricht da nicht noch eine Überlieferung aus früherer Zeit mit? Wieso kam der Gott »vom Meer her«? Warum wird das betont? Da doch seit den Katastrophen offenbar niemand mehr zu Schiff von Griechenland nach dem Norden fuhr und auch die Ährengabe später von Land zu Land reiste, wie die Gesandtschaften zuvor? Und wenn die Überlieferung aus der Bronzezeit stammen sollte – woher kam damals der Schwanengott zu seinem Volk? Wir wissen es nicht. Aber ich halte es für möglich, daß man sich eine Einkehr »vom Meer her« nicht nur vorstellte, sondern daß wir im Wagen von Dupljaja die Abbildung einer echten brauchtümlichen Darstellung vor uns haben, eines Brauchs, bei dem ein »Vertreter« des Gottes leibhaftig im blauen Prachtgewand, vielleicht maskiert, zu Schiff ankam und auf einem mit künstlich gefertigten Schwänen besetzten Wagen durchs Land fuhr und »das Recht kündete«. (Das ist so unwahrscheinlich nicht, wie es klingt. Daß es noch im 11. Jahrhundert n. Chr. in Schweden eine solche Umfahrt eines Darstellers des Gottes Freyr gab, der monatelang auf einem Wagen, begleitet von einer Priesterin, die seine göttliche Gattin verkörperte, im Land umherfuhr, die Ortschaften und Gehöfte besuchte und sich feiern ließ, bezeugt die kurz nach der Bekehrungszeit in Island aufgeschriebene Schelmengeschichte von Ögmund Dytt und Gunnar Helming[105].)

Daß der Schwan als heiliges Tier des Gottes in der nordischen Bronzezeit Verehrung genoß, wird durch die große Menge der Schwanenbilder bewiesen, die aus jener Epoche stammen. Einer der ältesten Funde dieser Art ist der Kesselwagen von Skalderup auf Seeland, der in die Periode III der älteren Bronzezeit, also ins 15. Jahrhundert v. Chr., gesetzt wird und auf dessen Wagengestänge vier kleine bronzene Schwäne sitzen. Seit dieser Zeit erscheinen Schwäne auf allen möglichen Gegenständen, auf Schwertern, Rundschilden, Schmuckstücken, an den Enden von Halsringen und von Rasiermessern, auf den Klingen dieser Messer, auf Krughenkeln und Fibeln. Ein besonders beliebter Darstellungsgegenstand ist das Schwanenschiff. Die schwedischen Felsbilder zeigen »ganze Flotten« von Schwanenkopfbooten, allerdings läßt sich nicht immer erkennen, ob es sich wirklich um Schwanenköpfe handelt, hier scheinen auch Drachen und Pferde vorzukommen.

Daß also nicht nur der Gott im Schwanenschiff fuhr, sondern auch die Nordleute selber, das kann man auf den Bildern von Medinet Habu sehen, dargestellt mit der den Ägyptern eigenen Genauigkeit. Alle Boote der Angreifer zeigen am Vorder- und Achtersteven den Schwan. Es handelt sich wohl um bemalte, geschnitzte Stevenköpfe, wie auch die um etwa 2000 Jahre späteren Wikingerboote sie aufwiesen[106].

Daß sich der Schwan mit seinem glänzend weißen Gefieder

---

20 Kesselwagen von Acholshausen bei Würzburg (aus A. E. Hepp, Licht von Mitternacht, Tübingen 1979)

20a Kesselwagen von Skallerup, Dänemark (aus »Germanien« 1939)

zum Geleittier des Lichtgottes eignete, ist einleuchtend. Aber es muß hinter der Verehrung des Singschwans und seiner Allgegenwart in Kunst und Kult der Nordvölker doch noch etwas mehr stecken. Um hier ein wenig klarer zu sehen, muß man einen Blick auf die zahlreichen Schwanensagen und -märchen werfen, die im Mittelalter und der Romantik aufgezeichnet wurden[107].

Schon eine oberflächliche Betrachtung läßt erkennen, daß bei diesen Volksmärchen und -sagen stets das Verwandlungsmotiv im Vordergrund steht. Menschen werden in Schwäne verwandelt und Schwäne in Menschen, und selbst der Schwan, der den Nachen des Schwanritters zieht, ist eigentlich sein verwandelter Bruder oder Schwager.

Wie Apollo und alle Sonnengötter und -helden war der Herr der Heiligen Insel sicherlich auch ein Herr der Toten. Der Lichtgott fährt ins Totenreich nieder, wo er eine Weile lebt und die Dunkelheit erhellt, bis er wieder zur Oberwelt zurückkehrt.

In der Sage ist der Schwan häufig Geleiter ins Totenreich, wie er auch dessen Bote ist, ähnlich darin dem ebenso leuchtend weißen Hirsch (oder der Hinde) mit den Goldhörnern, der in unzähligen Sagen und Märchen den Helden ins Jenseitsland lockt. Spanuth trifft wohl das Richtige, wenn er schreibt: »Wenn im Kessel von Skalerup die verbrannten Gebeine eines Häuptlings lagen und die Reste anderer Kesselwagen oder der Kesselwagen von Pekatel in Grabhügeln gefunden wurden, dann kann man vermuten, daß die Schwäne auf den Kesselwagen und auf Grabgefäßen die Entrückung der Verstorbenen ins Land der Seligen andeuten sollen.«[108]

Vielleicht wurden auch die Singschwäne, die alljährlich die Heilige Insel und den Eridanos aufsuchten, als »Verwandelte« betrachtet. Die griechische Sage von dem Ligyerkönig Kyknos (Schwan), den Apoll in einen Schwan verwandelte und der, um seinen Verwandten Phaëton klagend, auf dem Eridanos schwimmt, ist allerdings nur das Bruchstück eines älteren Mythos und gibt wenig Auskunft.

Besser steht es mit den »Schwanritter«-Sagen, die im Mittelalter sehr beliebt und in vielen Fassungen verbreitet waren. Laut Ninck ist ihr Hauptverbreitungsgebiet das der Friesen und der

Franken, also jener Völkerschaften, die noch bis zur Bekehrungszeit unter dem Einfluß des Friesengottes Fosite standen, dessen heilige Schwäne erst die Missionare töteten. Bei Housesteade, dem alten Borcevicium am Hadrianswall in Holland, ist, wie Krause[109] anführt (nach J. Hoffory, 1889), ein Altar römischer Herstellung gefunden worden, den »germanische Bürger dem Mars Thingus«, also dem friesischen Rechts- und Thinggott gestiftet hatten. Der Gott ist mit Helm, Speer, Schild und Rüstung dargestellt, begleitet von einem Schwan und umschwebt von zwei Genien, die Irminsulzeichen in den Händen halten.

Die Lohengrinsage spielt in Brabant oder in Kleve, wo es jetzt noch eine »Schwanenburg« gibt, und ist die Stammsage der Herren von Kleve. Trotz der verhältnismäßig jungen Fassung, in der sie uns vorliegt, weisen viele Züge auf ihre sehr alte Herkunft hin.

Da ist die unschuldig angeklagte Frau, die auch in keinem Schwanenmärchen fehlt, der geheimnisvolle Held, der wie der Gott der Hyperboreersage »vom Meer her« als »schimmernd« Gepanzerter im Schwanenboot ankommt, den Rechtsfall durch Zweikampf zu entscheiden und somit das Recht zu schützen. Er kommt in Wahrheit (wie der Gott) aus dem Jenseitsland, und wie viele »Jenseitige« darf er seinen Namen nicht preisgeben, da die Sterblichen sonst Macht über ihn bekommen würden (es ist ein uralter Glaube, daß die »Jenseitigen« sich zeigen oder auch dem Anrufer gehorchen müssen, wenn man sie bei ihrem Namen nennt[110]). Der Schwanritter muß, von seiner Frau um den Namen befragt, in das Jenseitsland, aus dem er kam, zurückkehren. Doch hinterläßt er, und auch das ist ein wesentlicher Zug aller Schwanrittersagen, Söhne (meist Zwillinge), und das Geschlecht, um das es sich hier handelt, kann seine Herkunft auf den »Jenseitigen«, den Gott, zurückführen. Auch hier aber ist der Schwan, der, ihm dienend, den Nachen zieht, der verwandelte Bruder der fälschlich Angeklagten.

Ohne Zweifel ist es der Rechtsgott, der da erscheint, und wer weiß, ob nicht auch die Sage auf jenen vermuteten brauchtümlichen Besuch eines Gottesdarstellers auf der bronzezeitlichen Insel zurückgeht. Die Entscheidung durch Zweikampf war bis tief ins Mittelalter hinein legitimes Rechtsmittel. Sie war in jedem

Fall Gottesurteil. Der für die Wahrheit Kämpfende vertrat das Recht, und so seltsam es uns heute klingen mag, in Zeiten, da die Kämpfenden noch voll und ganz in ihrem Glauben standen, war ein solcher Kampf durchaus ein Mittel echter Wahrheitsfindung. Der Schuldige stand vor seinem Gott, er fühlte sich ihm ausgeliefert, ihm, dessen leuchtendes Auge alles sah und alles »an den Tag brachte«, und dieses Wissen, sein Ge-Wissen, lähmte seine Kraft, so daß er unterliegen mußte. Sobald allerdings Zweifel an der absoluten Wirksamkeit der göttlichen Macht auftraten, verlor dies Rechtsmittel seine Legitimität[111].

Auch die Verbindung der Schwanrittersage mit der von Perceval und dem Heiligen Gral ist, wenn auch sicher nicht sehr alt, doch logisch. Die Gralsveste zeigt alle Merkmale der Jenseitsburg, Perceval-Parzival ist als Lohengrins Vater der Glanzkönig des Jenseitslandes. Die von Ursprung her keltische Parzival-Sage, wie Wolfram von Eschenbach sie gefaßt hat, und in die die verschiedensten Ströme der jahrtausendealten Megalithmystik eingeflossen sind, enthält das Eindringen in die Jenseitsburg mit dem Ziel der »höchsten Ekstasis« gleich dreimal. Kein Wunder, daß ihm eine Fortsetzung angehängt wurde, die Erinnerungen an ein der Megalithreligion direkt entsprungenes bronzezeitliches Mysterium enthält.

In einer der verbreitetsten Fassungen der Schwanrittersage heißt der Ritter Helias, was erstaunlich an Helios anklingt und seinen offenbar noch bekannten Sonnengottcharakter betont.

Hier erzählt die angeklagte »Herzogin« einen Traum: »Es träumte mir, daß ich vor Gericht mit dem Grafen dingte und ward verurteilt, verbrannt zu werden. Und wie ich schon an den Flammen stand, flog über meinem Haupt ein Schwan und brachte Wasser zum Löschen des Feuers. Aus dem Wasser stieg ein Fisch. Vor dem fürchteten sich alle, so daß sie bebten; darum hoffe ich, daß uns dieser Ritter vom Tode erlösen wird.«[112] Als Schwan und Fisch erscheint hier also der fremde Ritter, und auch diese letztere Erscheinungsform teilt er mit Poside-Poseidon, Apollo delphinos und Dagon. Nach seinem Sieg im Zweikampf erhält der Ritter die Tochter der Herzogin, auch sie stellt nach sieben Jahren die verhängnisvolle Frage, und der Schwan führt den Ritter davon –

»und niemand weiß, wohin er zurückgekehrt ist«. Auf ihn führte übrigens die Familie Gottfried von Boullions ihren Ursprung zurück.

Auch die Schwanen*märchen,* die fast immer in Verbindung mit der Schwanrittersage stehen und deren Vorspiel bilden, sind zumeist Stammsagen. Von den dänischen Skjöldungen und den Welfen bis zu den deutschstämmigen Scaligern in Verona berufen sich die bedeutenden germanischen Geschlechter auf sie. Hier findet ein König oder Ritter auf der Jagd im tiefen Wald eine Wasser- oder Waldfrau, die ihm als seine Gemahlin auf sein Schloß folgt, dann aber, meist durch die böse Schwiegermutter verleumdet, vor Gericht verklagt wird. Sie hat Mehrlinge geboren, sechs, sieben oder gar zwölf Kinder, Söhne, nur ein Mädchen dabei[113]. Die Kinder sollen getötet werden, doch bleiben sie am Leben, und zwar mit der Fähigkeit, sich in Schwäne zu verwandeln. Mittel der Verwandlung ist stets eine goldene Kette. Wenn die Ketten auf Anstiften der Bösen gestohlen werden, so ist eine Rückverwandlung nicht mehr möglich, die Knaben – nie das Mädchen – müssen Schwäne bleiben. Die Mutter, angeklagt, sie habe junge Hunde geboren oder auch ihre Kinder gefressen, verfällt der Verfehmung und Strafe. In anderen Fassungen ist es die Schwester der »Schwäne« selbst, die dem König als Gemahlin folgt. Die Bedingung, an die sich die Erlösung ihrer Schwanenbrüder knüpft, ist stets: sie darf nicht sprechen oder lachen und muß für alle Brüder – manchmal aus Sternblumen – Hemden fertigen. Ihres Schweigens wegen als Hexe angeklagt, besteigt sie den Holzstoß, doch im letzten Augenblick brausen die Schwäne heran, sie kann ihnen die Hemden oder Ketten überwerfen, und sie sind erlöst. Nur dem Jüngsten ist ein Schwanenflügel geblieben, da sein Hemdchen nicht ganz fertig geworden war. Oder es war ein Glied an der goldenen Kette zerbrochen, so kann der jüngste Bruder nicht zurückverwandelt werden. Dieser Zug findet sich sehr oft: Einer der Brüder bleibt Schwan, er ist es dann, der dem Schwanritter dient, seinen Nachen – stets an goldener Kette – ins ferne Land zieht[114].

In einem flandrischen Lied aus der Zeit um 1200 n. Chr. lautet die dem Märchen angefügte Fortsetzung (in Nincks Fassung) so:

»Alle (entzauberten Brüder) wählen sich ihr ferneres Ziel selber, dem fünften allein ist vorbestimmt, was er tun soll, und ein Engel – es ist offenbar seine Mutter – verkündet dem König, der Schwanenritter solle sich im Schwanenboot zu einem Volk jenseits des Meeres aufmachen. Er folgt dem Auftrag, läßt sich den Schild mit dem Schwanenwappen (weißer Vogel im goldenen Feld), Schwert, Speer und goldene Kette geben, verbündet sich mit dem Bruder Schwan, der nicht rückverwandelt werden konnte, und läßt sich, im Boote liegend, von diesem an der goldenen Kette ziehen. Fünf Tage fährt er flußabwärts, 60 Tage lang auf dem Meer und landet endlich in Nimwegen, wo der Kaiser zum Pfingstfest mit seinen Rittern großen Landtag hält.«

Der Zug, daß der Ritter schlafend im Boot übers Meer fährt, ist häufig anzutreffen. Meist hat der Schlafende den Kopf auf seinen Schild gebettet, manchmal auf ein Ährenbündel. Hier schimmern die alten Vorstellungen vom Fruchtbarkeits- und Sonnengott durch, der bei Nacht übers Meer zum Sonnenaufgangspunkt zurückschifft, oder aus der Unterwelt neu erscheinend die Symbole der Fruchtbarkeit mit sich bringt[114a].

Die Geschichte von der verleumdeten Waldfrau zeigt einige Verwandtschaft mit griechischen Überlieferungen, die aber in der Form, in der sie auf uns kamen, nur mehr ziemlich verwirrte Erinnerungen an den bronzezeitlichen Mythos des Nordens sein dürften. Wir hören sowohl von Leto wie von Leda, daß sie (deren Namen von der Kleito des Atlantisberichtes abstammen) vom Haß einer bösen Göttin verfolgt große Leiden auf sich nehmen mußten und endlich auf einer Insel dem Geliebten (bei Leda ist es sogar der Schwanengott) Zwillinge gebären. Die Mehrlingsgeburt spielt offenbar eine zentrale Rolle: Zwillinge, Siebenlinge, Zwölflinge – im Atlantisbericht sind es fünf Zwillingspaare, die alle Königreiche erben. Im Märchen kommt dann das Verwandlungs- oder Entrückungsmotiv hinzu, wodurch klar zutage tritt, daß das Märchen in seiner Grundform viel älter ist als der »atlantische Staatsmythos«.

Die Sage von den Schwanenjungfrauen, die vor allem in der späteren germanischen Überlieferung einen breiten Raum einnimmt, braucht hier nur gestreift zu werden, da sie uns später bei Besprechung des Brauchtums noch beschäftigen wird.

Spanuth erwähnt nordfriesische Sagen von »Meerjungfrauen, die in einem gläsernen Palast auf dem Meeresgrund wohnen, sich in Schwäne verwandeln können und junge Fischer betören«[115]. Daß Meerjungfrauen zu Schwänen werden können, liegt nahe. Aber auch die fliegende, nicht nur die schwimmende Schar der Schwäne ist als ein Zug weißgefiederter Jungfrauen gesehen worden.

Das Märchen von den verwandelten Schwanenbrüdern hat sein Gegenstück in der Geschichte von den Jungfrauen, die, im Waldsee badend, durch lauschende Männer ihrer Schwanengewänder beraubt werden und dadurch in die Gewalt der Sterblichen gelangen (das gleiche wird auch gelegentlich von der Nixe, die dann zur Mutter der Schwanenknaben wird, erzählt). So ist es bei Wieland, dem Schmied, und seinen Brüdern. Doch die Schwanenjungfrau ist und bleibt eine »Jenseitige«, sie muß den Mann verlassen und in ihre Heimat zurückkehren – nach neun Jahren zumeist oder auch, wenn sie ihr Schwanengefieder wieder erlangt; hierin gleicht sie dem Schwanritter. Daß diese Sage so uralt ist wie die andere, zeigt ihre weite Verbreitung (es gibt sie sogar in Japan).

Auch die Walküren sind Schwanenjungfrauen. In der germanischen Götter- und Heldensage ist Schwanenjungfrau und Walküre fast immer eins. Auf Schwanenflügeln schwebt die Schlachtenjungfrau über dem Helden, greift in den Kampf ein, nimmt sich des Gefallenen und Sterbenden an und trägt ihn mit sich in das Glanzgefilde des himmlischen Walhall, wo der Walvater ihn empfängt und wo wiederum Walküren ihm das Methorn reichen. Deutlicher als in irgendeinem anderen Mythos ist hier der Entrückungscharakter des Schwanenwesens dargestellt. Die Schwanenjungfrauen, die ja auch starke Beziehung zu den Schicksalsfrauen haben, sind Dienende des Gottes und hier geradezu den geflügelten Entrückungsdämonen der Etrusker, den Genien der griechisch-römischen Antike und den jüdisch-christlichen Engeln verwandt, die ja alle Flügelwesen, Götterboten und Geleiter der Seelen ins Jenseitsreich sind.

Man darf nicht annehmen, daß die isländisch-germanische

Überlieferung jung sei, weil sie erst im Mittelalter aufgezeichnet wurde. Sie reicht mit vielen Einzelzügen noch weit hinter die Bronzezeit zurück und wurzelt vielfach in der alten indogermanischen Vorstellungswelt aus der Zeit vor der Trennung der Ostindogermanen von ihren westlichen Verwandten[116]. Auch Züge der Megalithreligion sind in sie eingegangen. Und so können wir hier am besten erkennen, was der Singschwan in mythologischer Sicht ursprünglich bedeutet hat: Dem Wasser wie der Luft verhaftet, leuchtendes Sonnentier, singender, rufender Diener des entrükkenden Gottes, war er Führer der Toten wie der lebendig (ekstatisch) Entrückten. Als geheimnisvoll Verwandelter konnte er selbst verwandeln, war aber auch imstande, als Dienender des Gottes und in seinem Auftrag ins Erdenleben zurückzukehren. So ist er zum auserwählten Begleiter und Bruder des Gottes selbst geworden, Zugtier auf nächtlicher Sonnenfahrt, Verkünder des nahenden Frühlings und das Heiligtum des lyraspielenden Gottes umkreisender Sänger – Vorstellungen, die durch Erscheinungsbild, Stimme und Gewohnheiten des nordischen Singschwans noch auf besondere Weise angeregt und unterstützt wurden.

4. Der Gott mit der Leier

Apollo ist unzählige Male mit der Leier im Arm abgebildet worden, sie gehört untrennbar zu ihm: Sein Vater Zeus schenkte sie ihm zum Fest seiner Geburt zusammen mit der goldenen Stirnbinde und dem Schwanenwagen.

Der Gott, den die Dorer in die Ägäis, die Philister an die kananäische Küste brachten, war sowohl hier wie dort der Gott mit der Leier. Dafür gibt es viele bildliche Zeugnisse. Somit wird er dasselbe auch schon auf seiner Heiligen Bernsteininsel gewesen sein.

Saiteninstrumente der Bronzezeit sind bisher nicht gefunden worden. Aber die Zeugnisse der griechischen Schriftsteller dürften genügen. Sie sprechen von der Leier und von der Kythara, der Zither, ja, sie machen in schöner Übertreibung das Zitherspiel zur Hauptbeschäftigung der »frommen Hyperboreer«. Wenn man ihnen glauben will, so müßte ein unendliches Spielen und Hymnensingen im Heiligtum der Basileia geherrscht haben. Es wird einiges Wahre daran sein.

Die neun Musen, die in späterer Zeit stets das Gefolge des Gottes bilden, beschirmen auch den Tanz, die verschiedenen Zweige der Dichtkunst, das Schauspiel und die Kunst, den Weg der Sterne zu verfolgen und zu deuten. So machen sie den Gott zum Beschirmer der Künste schlechthin.

Die bildende Kunst allerdings scheint weder Apoll noch Poside in seinen Schutz genommen zu haben.

Die Völkerschaften des Nordens haben nie die große Begabung für die bildende Kunst gezeigt, die die Mittelmeeranwohner von jeher auszeichnete. Erst in der Vereinigung mit diesen kamen auch sie zu großen Leistungen auf diesem Gebiet. Eine Ausnahme macht hier, wie schon gesagt, bis zu einem gewissen Grad die nordeuropäische Bronzezeit. Hier erreicht ja die Schmiedekunst – vor allem in Dänemark mit einem Zentrum auf der Königsinsel Seeland – eine erstaunliche Höhe, und größere Leistungen, deren Zeugnisse verloren sind, lassen sich vermuten. Verloren sind auch die Werke der Schnitzkunst, die sicher ebenfalls Bedeutendes hervorgebracht hat, denn sie war immer die besondere Stärke der Bewohner des Nordens, die in Holz zu bauen und zu gestalten gewohnt waren. Hier fehlt uns für die Bronzezeit ein so großer und gut erhaltener Fund wie der, den das »Oseberg«-Schiff mit Inhalt für die Wikingerzeit darstellt. Schnitzwerke von solch erschütternder Dämonie wie dort dürfen wir allerdings für die der Harmonie zugewandte Bronzezeit nicht erwarten, wohl aber die gleiche künstlerische Höhenlage.

Die Schmiedekunst hatte vermutlich ihren eigenen Gott. In Griechenland war es dann der hinkende Hephaistos, der diese Funktion hatte. Seine Verwandtschaft mit den Schmieden der germanischen Sage weist wiederum auf den nordeuropäischen Raum zurück[117]. Wieland dem Schmied, entspricht Daidalos, der auch im Norden gewirkt haben soll. Im Atlantisbericht und in der Phaiakie wird Hephaistos als Schöpfer atlantisch-phäakischer Bildwerke, vor allem der großen Poseidon-Darstellung im Tempel der Basileia und der goldenen und silbernen Hunde vor dem

21 Geschnitzter Kopf eines Löwen und eines Ungeheuers (Oseberg, Schweden)

Königspalast genannt. Hier ist zweifellos nach antikem Brauch der griechische Name für einen atlantischen eingesetzt worden. In der Edda findet sich der weise Schmied Mimir, eine rätselvolle, vielschichtige Gestalt, deren urindogermanisches Alter von Hauer schlüssig erwiesen wurde, und der offenbar einst in der Mythologie des Nordens eine bedeutende Rolle als Weisheitskünder, Erfinder der Runen, Weltbaumgottheit und Erzieher und Einweihender des Sonnenhelden (z. B. Siegfrieds) spielte[118]. Der Name geht – nach Hauer – auf ein urindogermanisches »mimi« zurück. Möglich, daß der bronzezeitliche atlantische »Hephaistos« einen entsprechenden Namen trug[119].

Poside-Apolls Hauptgebiet dagegen war sicherlich die Musik, doch hat er wohl auch die mit dieser eng verbundene Dichtkunst beschirmt. Daß die Nordleute der »Goldenen Zeit« gedichtet haben, daran kann wohl kein Zweifel bestehen. In den Quellen ist von Götter- und Heldenliedern die Rede. Bei allen indogermanischen Völkern pflegten die Sänger solche Gesänge vorzutragen, selbst die Guanchen der Kanarischen Inseln, die bei ihrer »Entdeckung« im 15. Jahrhundert n. Chr. noch ein rein megalithzeitliches Volk waren, wurden von den Spaniern wegen ihrer kunstvollen Gesänge gerühmt. Auch das Erzählen von Geschichten, Schwänken und Späßen und das Aufgeben und Raten von Rätseln ist indogermanischer Brauch seit ältesten Zeiten.

Die eigentliche Dichtung aber war Lied und wurde entweder gesungen oder im Sprechgesang vorgetragen. Vermutlich unterschied man bereits Volks- und Kunstgesang. In der Odyssee stimmt die phäakische Königstochter Nausikaa beim Ballspiel der Mädchen am Flußufer ein Lied an, beim Festmahl in der Königshalle des Phäakenherrschers singt der blinde Sänger Demodokos zur Singharfe und ebenso zum Kulttanz der Jünglinge in der Agora.

Der Kunstgesang war immer mit Instrumentalmusik verbunden. Die Singharfe, die Lyra, die Kithara waren die Begleitinstrumente. Die Pflege des Kunstgesanges aber setzt Sängerschulen voraus, die natürlich auch Musikschulen waren, in denen das Instrumentalspiel gelehrt wurde[120].

Chöre, Hymnengesang, von Liedern und Saitenspiel begleitete

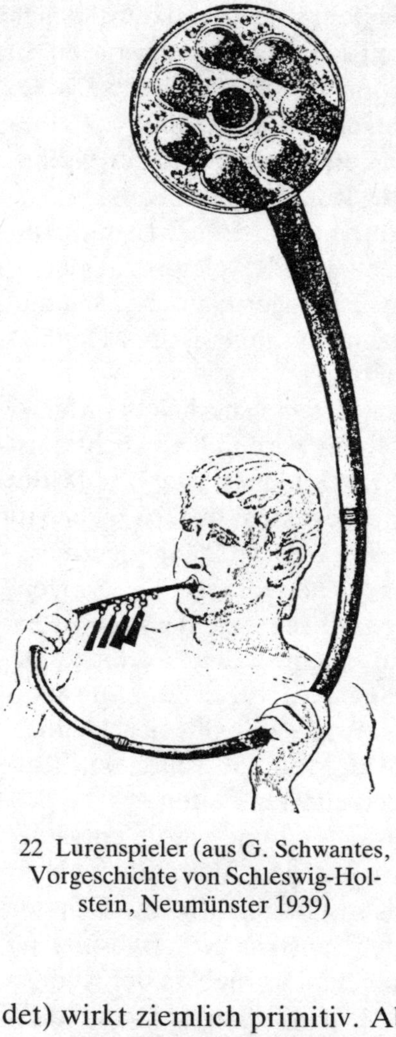

22 Lurenspieler (aus G. Schwantes, Vorgeschichte von Schleswig-Holstein, Neumünster 1939)

Tänze im Heiligtum sind sicher bezeugt. Sowohl vor wie nach der Katastrophenzeit galten sie dem leierspielenden Gott, dessen den Gesang befeuernde und beseelende Erscheinung man leibhaftig zu sehen meinte.

»Phoibos Apollon, dich preist der Schwan mit rauschenden Flügeln, dich preist die helle Leier im Arm der Sänger zu Beginn und Ende mit holdem Liede ...« Diese Verse aus Homers Götterhymnen, die auch dem »hyperboreischen Apoll« gelten könnten, zitiert Spanuth. Er fährt fort: »Bemerkt sei in diesem Zusammenhang, daß im Tempel des Dagon in Asdod (Palästina), zusammen mit zahlreicher ›Philisterware‹, eine Steingutfigur eines Leierspielers gefunden wurde, übrigens die älteste Darstellung eines Leierspielers in Palästina.«[121] Die Figur (die Spanuth abbildet) wirkt ziemlich primitiv. Aber sie erinnert stilistisch doch so sehr an die bronzezeitlichen Menschendarstellungen des Nordens, daß an der Herkunft von Stil und Inhalt des kleinen Bildwerkes kein Zweifel bestehen kann. Und so dürfen wir auch diesen singenden Leierspieler als indirekten Zeugen für den Gesang zur Leier in der nördlichen Heimat der Philister werten, ebenso die zyprischen Darstellungen auf der dortigen frühen Keramik, die unter anderem den leierspielenden Apoll im Tanz mit den »Musen« zeigen[122].

Die starke Empfänglichkeit für Klänge und Töne führte bei den alten Völkern (ganz anders als bei uns, die wir durch allzuviel Lärm und »Musikberieselung« abgestumpft sind) dazu, daß man auch überall in der Natur Musik zu hören meinte, Meeresbrausen, »das silberne Rieseln des Quells«, Vogelstimmen – alles wurde zu Gesang.

Uralt ist die Meinung, daß auch die am Himmel wandelnden Gestirne sängen. Hauer[123]) führt die Tacitus-Stelle aus der »Germania« an, in der der römische Schriftsteller sagt, daß »jenseits der Swionen (also der Schweden, B. V.) das letzte Leuchten der untergehenden Sonne bis zu ihrem Aufgang andaure, und zwar so hell, daß die Sterne erbleichen. »Weiter wird erzählt«, sagt Tacitus, »daß man das Tönen der aufgehenden Sonne höre und die Gestalten der Sonnenrosse sowie die Strahlen von ihrem Haupte sehe«.

Hauer stellt zu diesem Zitat das Gedicht von Hölderlin »Sonnenuntergang«, das ich hier ebenfalls anführen möchte, weil es besser als irgend ein altes Zitat die Empfindungen und Gedanken schildert, die der Mensch des 2. Jahrtausends v. Chr. beim Anblick der untergehenden Sonne gehabt haben kann und wahrscheinlich gehabt hat:

Wo bist du? Trunken dämmert die Seele mir
Von aller deiner Wonne, denn eben ist's,
Daß ich gelauscht, wie, goldener Töne
Voll, der entzückende Sonnenjüngling
Sein Abendlied auf himmlischer Leier spielt.
Es tönten rings die Wälder und Hügel nach,
Doch fern ist er zu frommen Völkern,
Die ihn noch ehren, hinweg gegangen.

Daß die Singschwäne in ganzen Schwärmen noch heute laut trompetend im Vorfrühling abends aufs Watt hinausfliegen, als wollten sie die untergehende Sonne begleiten, erzählt Spanuth. Der Schwanengesang scheint einen tiefen Eindruck auf die Bewohner des »Hyperboreerlandes« am Okeanos gemacht zu haben. In etwa verwandt dürfte ihm der Klang der Luren sein, der vermutlich die gleiche starke Wirkung auf die mit Klängen noch nicht übersättigten Menschen der Bronzezeit gehabt hat.

Die Luren gehören zum Erstaunlichsten, was die damaligen Schmiede geschaffen haben. Einen so dünnwandigen, innen glatten Bronzeguß herzustellen, ist heute, wie gesagt, nicht mehr möglich. Die schön geschwungenen langen Hörner mit den bukkelverzierten Schalltrichtern bilden ein Mittelding zwischen Altposaune und Waldhorn und haben den weichen, vollen Posaunenklang, der zugleich feierlich und erregend wirkt. Sie sind sicherlich im Kult gebraucht worden.

Die dreiundfünfzig Exemplare, die wir kennen, sind ausschließlich im Bereich der nordeuropäischen Bronzezeitkultur gefunden worden, also nicht, wie so viele andere Schöpfungen dieser Kultur auf den Wanderwegen der Nordleute durch ganz Europa. Das möchte ich für ein Zeichen dafür halten, daß diese Instrumente nicht mit auf den großen Kriegszug genommen wurden, also keinesfalls als Signalinstrumente für den Heeresgebrauch dienten. Dafür hatte man andere, einfachere Hörner, die wohl zunächst den Stierhörnern nachgebildet waren. Auch das wunderbar verzierte Horn von Wismar, das aus den Anfängen der Bronzezeit stammt, zeigt diese Form.

Vielleicht waren die Luren Eigentum größerer Heiligtümer und durften nicht von diesen entfernt werden. Sie wurden paarweise (auch zu vieren und sechsen) gefunden. Ein guter Spieler kann auf ihnen 7–22 Töne durch drei Oktaven erklingen lassen. Freilich, die Musik, die vor etwa 3300 Jahren auf diesen schönen Blasinstrumenten gespielt wurde, ist gänzlich verklungen. Es läßt sich nur schwer erraten, welcher Art sie gewesen sein mag. Vage Vermutungen gründen sich auf die Tatsache, daß vor unserem Dur und Moll und noch vor den sogenannten »Kirchentonarten« in Europa die Pentatonik, die Musik der Fünftonreihe, herrschte. Es ist die Reihe der großen Tonschritte, die Halbtöne fehlen. Dadurch entstehen Melodien von eigentümlich schwebender Unbestimmtheit und urtümlichem Zauber, die dennoch durch ihre Einfachheit kraftvoll wirken; Melodien wie jene, von der Storm (in »Immensee«) sagt, sie sei so rätselhaft, daß man kaum glauben könne, Menschen hätten sie erdacht. In der Bretagne, Wales, Lothringen, Norwegen und Island hat man noch pentatonische Volkslieder aufgezeichnet, auch die Jodler und Kuhreigen-Melodien der Bergländer sollen ursprünglich pentatonisch gewesen sein, und tatsächlich war wohl die Pentatonik die Grundlage nicht nur der abendländischen Musik, sondern der aller Völker, die einmal indogermanisch bestimmt waren. Vielleicht spielten also die Luren der Bronzezeit Fünf-Ton-Musik. Es könnte natürlich auch sein, daß die Bronzezeitkultur, die ja in so manchen anderen Dingen schon den Kreis des Urtümlichen überschritten hatte, auch hier bereits weitergegangen und zu Melodien komplizierterer Art gelangt war.

Hier stellt sich auch die Frage nach der Mehrstimmigkeit. Daß die Luren stets in mehreren Exemplaren und jeweils streng auf den gleichen Ton gestimmt (was übrigens ein exaktes Wissen vom Wesen der Tonschwingungen voraussetzt) gefunden wurden, legt die Annahme nahe, daß sie zwei- oder noch mehr-stimmig geblasen wurden. (Viele bronzezeitliche Bilder, vor allem die schwedischen Felszeichnungen zeigen immer zwei, vier oder mehr Lurenbläser nebeneinander.) Der Altmeister der deutschen Vorgeschichte Kossinna, Neckel, Pastor, Stumpfl und manche anderen haben sich für die Herkunft der Mehrstimmigkeit aus dem Norden Europas und die Pflege mehrstimmigen Spiels und Gesanges bereits in der Bronzezeit ausgesprochen[124].

Im ganzen Mittelmeerraum, in Griechenland und später in der christlichen Kirche Europas wurde bis ins Mittelalter hinein einstimmig gesungen und musiziert. Allerdings kann ich mir nicht denken, daß die Begleitung des Gesanges durch Saiten- und andere Instrumente wie vor allem das gleichzeitige Spiel von Lärminstrumenten wie Trommeln, Rasseln, Schellen usw., deren Anwendung im Kult ja uralt ist, nicht von selbst eine Art wilde, kunstlose Mehrstimmigkeit ergeben haben sollte. Überdies gibt es aber mehrere Hinweise auf eine frühe Mehrstimmigkeit in Skandinavien.

1185 n. Chr. schreibt der englische Geistliche Geraldus Cambrensis, daß in Nordengland die Leute im vielstimmigen Singen so geübt seien, daß schon die Kinder so sängen – »ich glaube, sie bekamen diese Kunst zuerst, ebenso wie ihre Sprache von den Dänen und Norwegern«[125]. Dazu ist noch anzufügen, daß der älteste in Europa aufgeschriebene Kanon, das Kuckuckslied

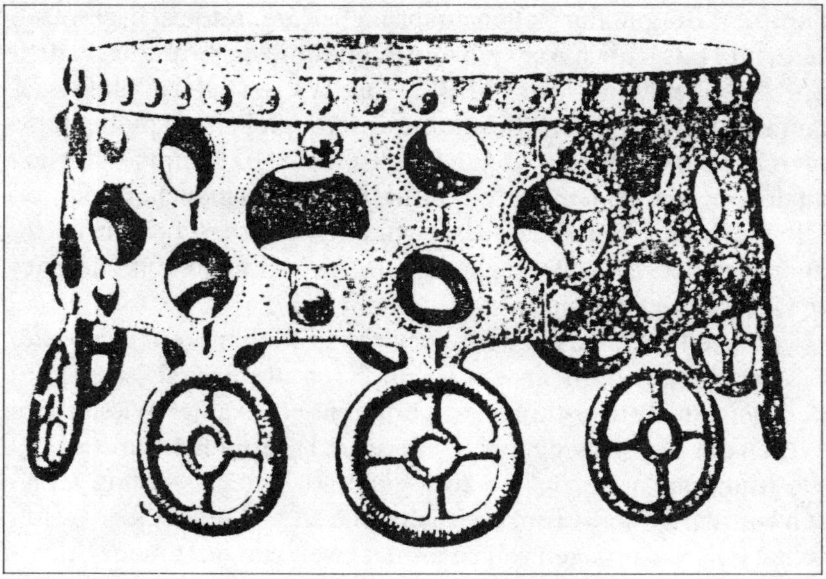

23 Bronzetrommel von Schonen (aus G. Schwantes, Vorgeschichte von Schleswig-Holstein, Neumünster 1939)

»Sommer ist ins Land gekommen«, aus England stammt und mit seinen vier Hauptstimmen und den zwei ebenfalls im Kanon geführten Nebenstimmen ein so kompliziertes und vollkommenes Werk der Kanonkunst darstellt, daß man eine lange Übung auf diesem Gebiet voraussetzen muß.

Außerdem ist festgestellt worden, daß auf Island das Singen in Quinten, Quarten oder Oktaven bis in die vorchristliche Zeit zurückgeht und zunächst von der Kirche als »heidnisch« verdammt, schließlich aber als »Organum« doch zugelassen wurde[126].

Da also im heidnischen Kult der germanischen Zeit offenbar die Mehrstimmigkeit gepflegt wurde, so ist es nicht ausgeschlossen, daß hier eine Kontinuität von der Bronzezeit her bestand.

Trommeln, von denen Funde vorliegen, wurden sicher ebenfalls im Kult gebraucht. Sie mögen als Taktinstrumente den Rhythmus der Tänze angegeben und die tänzerisch-religiöse Ekstase gesteigert haben, ebenso Bronzeglocken, Rasseln und andere Lärminstrumente.

Über den Tanz und das darstellende Spiel, die der junge Gott zweifellos auch in seinen Schutz genommen hatte – als Anführer des Reigens erscheint er auf griechischen und zyprischen Darstellungen –, soll später gesprochen werden.

Auch die Wissenschaften dürften in den bronzezeitlichen Heiligtümern und besonders dem auf der Basileia eine Heimstatt gehabt haben, vor allem anderen die Sternkunde, die seit der Megalithzeit – vielleicht sogar schon früher – als Grundlage der Kalenderberechnung und der Gestirn-Ortung der Bauten eng mit dem Jahrgott verbunden und ein sehr wesentlicher Teil von Kult und Religion war. Wir sahen bereits, wie Sonne, Mond und Sterne als göttliche Wunder und Verkörperung ewiger Ordnungen in Mythos und Kult der Megalithzeit bestimmend wirkten. Das setzte sich in der Bronzezeit fort, wenn hier nun auch noch andere Wissenschaften in den Vordergrund traten, wie z.B. die Heilkunst. Der von den Dorern nach Griechenland gebrachte Apellos-Apollon trug den Beinamen »iatros« – Arzt, bis im 5. Jahrhundert v. Chr. sein »Sohn« Asklepios diese Funktion übernahm[127]. Wie in anderen Megalithtempeln wurden sicher auch auf der Bernsteininsel Krankenheilungen vorgenommen, und es wird nicht an Wunderheilungen, wie später in Lourdes und anderen heiligen Stätten, gefehlt haben.

Poside-Fosites Rolle als Rechtsgott wurde schon besprochen. Als Orakel-Gott erscheint er in Delphi; daß vermutlich auch im Norden weissagende Jungfrauen in seinem Dienst standen, davon soll ein späteres Kapitel mehr sagen.

So tritt dieser Gott der Heiligen Insel uns aus den Quellen entgegen als eine überaus vielseitige Gestalt, als junger Himmelsgott, Sonnenheld und Schwanenritter, als Lyra-Spieler und Tänzer und als Heiler und Helfer, der dann ein neues Recht in die ägäische Welt zu bringen vermochte, das Ausgleich und Verstehen auch in die harte Gesetzlichkeit urtümlichen Rachedenkens hineintrug[128].

Viertes Kapitel

Weitere Götter

Kleito, Mutter und Jungfrau
Uranos, Kronos, Atlas
Die göttlichen Zwillinge

1. Kleito, Mutter und Jungfrau

Der Glaube der nordeuropäischen Bronzezeitmenschen war kein Monotheismus. Aber nach allem, was sich erschließen läßt, stand die leuchtende Gestalt Posides so sehr im Mittelpunkt von Mythos und Kult, daß etwa vorhandene weitere Götter nur wie blasse Schemen wirken.

Eine Ausnahme macht da nur die Frau an seiner Seite, die ihm in den Mythen und Berichten einmal Mutter, dann wieder Geliebte und Gattin, dann wieder Schwester ist.

Adama van Scheltema sagt, daß sogar fast die gesamte Götterschar der Eddamythologie noch ihre Abstammung von einem zeugenden Himmels- oder Sonnengott und einer empfangenden und gebärenden Erdgöttin erkennen lasse[129]. In der griechischen Mythologie ist es nicht anders. Wir sprachen schon davon, daß der Polytheismus der Indogermanenvölker weithin aus dieser Wurzel erwachsen ist. So gehören unlösbar zum Sohn die Eltern, zum Gott die Göttin.

Von der wichtigen Stellung, die die Erdmutter (Magna mater oder Terra mater) in der gesamten religiösen Schau seit der Eiszeit eingenommen hat, war schon die Rede[130].

Auf Atlantis (Basileia) nun hieß sie Kleito. So nennt der Atlantisbericht die Gattin »Poseidons«. Daß diese Kleito die Terra mater ist, hat Spanuth in seinen Büchern klar herausgestellt. Sie ist auch die »Jungfrau« des Megalithmythos, gefangen auf dem Glas-, d. h. Bernsteinberg, umgeben von einem Rund von Wällen und Wasserringen, geliebt vom Sonnenhelden, dem sie Zwillinge bzw. fünf Zwillingspaare gebiert.

War es im allgemeinen entweder der Vater als winterliche Macht oder ein Reifriese, oder auch ein Drache, der die Jungfrau gefangenhielt, so hat im Atlantisbericht der Gott selbst die Wallburg erbaut, die die Wohnung Kleitos umgibt, er hat sie unzugänglich gemacht – »denn Schiffe und Schiffahrt gab es damals noch nicht«. Daraus muß man schließen, daß hier der Gott selbst Kleito gefangenhält. Was dabei wichtig erscheint, ist eben nur die Tatsache, daß der Burgenbaumeister, als der Poseidon sich häufig betätigt, selbst diese erstaunliche »Wallburg« auf der Heiligen Insel erbaut hat, und dann natürlich die Zurückführung des Geschlechtes der atlantischen Könige auf den Gott.

Der Volksmythos wußte es sicherlich anders. Der Antlantisbericht bringt den Namen von Kleitos Vater *Euenor* und nennt ihn »einen der dort am Anfang aus der Erde entwachsenen Männer«. Nun läßt sich aber diese knappe Angabe durch einiges, was in Homers Phaiakie zu lesen ist, ergänzen.

Hier (Ody. 7/55f.) heißt die Urmutter des Königsgeschlechtes Periböa und wird »die schönste unter den Weibern« genannt. Sie ist die Tochter Eurymedons – »dieser beherrschte vordem die ungeheuren Giganten, aber er stürzte sich selbst und sein frevelndes Volk ins Verderben. Seine Tochter bezwang der Gott (Poseidon), und aus ihrer Gemeinschaft wuchs Nausithoos auf, der edle Phäakenbeherrscher«.

Die Giganten sind, wie schon erwähnt, ein Göttergeschlecht des Anfangs, stirnäugige Riesen, chaotisch wilde Mächte, die später von den olympischen Göttern bekämpft und besiegt werden. Hier besteht eine Beziehung zu Thors Kämpfen gegen die Riesen wie zu Herakles' Gigantenkämpfen. Wenn der Vater von Poseidons Braut also ein Beherrscher der Giganten war, so ist er von riesischer Art, vermutlich ein Reif- oder Bergriese wie jene Ungeheuren, in deren Gewalt in der Megalithsage sich die »Jungfrau« befindet und noch Freya im Eddamythos gerät oder geraten soll.

Die Erwähnung jenes Giganten im 7. Gesang der Odyssee wirft außerdem auch etwas Licht auf die Stelle im sechsten Gesang (4–10), wo erzählt wird, daß einst jener edle Nausithoos, der hier offenbar an die Stelle von Atlas gesetzt wurde, die Phäaken aus der Gewalt der Kyklopen, in deren Nähe sie gewohnt hatten, weggeführt habe. Die Kyklopen sind ebenso stirnäugige Urriesen wie die Giganten und wohl eigentlich mit diesen identisch. Hier wird also auf alte Mythen über urzeitliche Riesenkämpfe der Atlanter-Phäaken angespielt.

Jene Periböa-Kleito aber war eine Riesentochter ebenso wie viele andere Erdjungfrauen der späteren germanischen Sage (z. B. Skadi oder Gerd). So wird es wohl eigentlich auch ihr Vater gewesen sein, der nach der Sage die Burg auf der Insel erbaute und seine Tochter darin gefangenhielt[131]. Und die bekannte Sage vom Riesenbaumeister, die sowohl von Asgard wie von Troja und vielen anderen Burgen erzählt wurde, ist wahrscheinlich schon vor der Bronzezeit auch von der Ringburg auf der Heiligen Insel Basileia berichtet worden.

Die Namen sind in der Odyssee gräzisiert. Aber es läßt sich doch einiges aus ihnen entnehmen. Im Atlantisbericht ist der Poseidontempel von einer »goldenen Umhegung«, griech. peribolos, umschlungen, den Spanuth als »goldene Kette« deutet[132]. Periböa ist also die »Umhegte«, genau wie die Gerd des Skirmirliedes in der Edda, die auch Erdjungfrau und Riesentochter ist und für die Freyr in Liebe entbrennt. Es ist der gleiche Name und die gleiche Geschichte (von Freyr als einer Hypostase Posides wird später zu reden sein). Eine gewisse Ähnlichkeit zwischen den Namen Euenor und Eurymedon fällt ebenfalls auf. Sie bestärkt meine Vermutung, daß Euenor ebenfalls zu den wenigen Namen des Atlantisberichtes gehört, die der doppelten Übersetzung ins Ägyptische und vom Ägyptischen ins Griechische entgangen sind, daß er eigentlich Eumenor lauten sollte und zu jenem Mannus-Menes-Minos-Menor gehört, der überall, wo die Nordleute einmal hingekommen sind, den ersten Menschen oder König bezeichnet. Eumenor-Euenor war der erste »erdentsprossene« Mensch, Eurymedon der Urriese, aus dem Eis erwachsen, Vater der Erde, die dann durch die Umarmung des Himmelsgottes zu Leben und Fruchtbarkeit erweckt wurde.

Auch der Name Kleito ist nicht griechisch. In »Die Atlanter« zitiert Spanuth die briefliche Mitteilung des Germanisten H. Gehrts: »Sowohl laut-geschichtlich als auch bedeutungsmäßig hängt dieser Name (Kleito) zusammen mit einer Reihe von Namen, die ausgerechnet in den altertümlichen und helgoländer Zugehörigkeit ohnehin verdächtigen Helgi-Liedern vorkommen. Hlétbjorg = Kleitoburg = Ruhmburg. In der ›kürzeren Seherinnenrede‹ (Edda) kommt sogar eine Göttin Hlédis vor, und das wäre unmittelbar die Ruhm-Dis.«[133] Ich möchte dazu noch den alten Namen des dänischen Königssitzes Leire stellen, der früher Hléthra oder Hleidra, altdänisch Lethra lautete und Zentralheiligtum und Königsburg in einem war.

In Griechenland ist dann, wie schon gesagt, aus Kleito (Hléto) Leto geworden bzw. Leda. Die Leda-Sage ist, das zeigt sich deutlich, unmittelbar aus dem Kleito-Mythos erwachsen, es ist ja der Himmelsgott in Schwanengestalt, also der in sein Geleittier verwandelte Schwanengott, der sie befruchtet, und sie gebiert auf einer Insel männliche Zwillinge. Sicher gehörten zum ursprünglichen Kleito-Mythos auch alle die Leiden der verstoßenen und verleumdeten Erdfrau, das Aufwachsen der Kinder im wilden Wald usw.

Auch Leto gebiert, verfolgt, Zwillinge auf der Insel Delos, es heißt aber von ihr, daß sie selbst auf der heiligen Hyperboreerinsel geboren sei. Ihre Kinder sind Knabe und Mädchen, sie ist die Mutter des Apoll und der Artemis und als solche von den griechischen Dichtern gefeiert. Hier haben wir nicht nur wieder die so typische Verschiebung der Generationen, sondern auch das Ineinanderfließen zweier verschiedener Mythenströme, das ebenfalls sehr charakteristisch für das »mythische Zeitalter« ist. Auf der einen Seite ist da der Mythos von der Erdfrau, die dem himmlischen Gatten Söhne gebiert, die Stammväter großer Geschlechter werden, auf der anderen die Jungfrau, deren Himmelskinder Sonne und Mond sind, wobei der Knabe als Sonnenheld schon im zartesten Alter den Drachen oder die gewaltige Schlange tötet (hierher gehört ein reizendes Bild auf einem etruskischen Spiegel, auf dem Apollo und Artemis als Kleinkinder gemeinsam den Pythondrachen angreifen).

Da diese Zwillingskinder verschiedenen Geschlechts eigentlich wieder nichts anderes sind als Sonnenheld bzw. Himmelsgott und Erdjungfrau (die schon seit den Zeiten, da der Mond für den Kalender mehr Bedeutung hatte als die Sonne, Beziehung zum Mond hat und immer auch Mondfrau war), so sind sie auch ein Liebespaar und zumeist selbst Kinder aus einer Geschwisterehe, wie z. B. Freyr und Freya, die der Ehe ihres Vaters Njördr und

24 Apoll und Artemis greifen als Kleinkinder den pythischen Drachen an (aus E. Krause, Tuiskoland, Glogau 1891)

seiner Schwester entsprossen sind. Und da die jungen Götter eigentlich nie etwas anderes sind als ihre Eltern, wird auch das Liebesverhältnis der Frau zum Gatten unversehens zum Mutter-Sohn-Verhältnis und umgekehrt. Wir sehen es bei Kleito, die im Norden die Geliebte und Gattin des Posi-de-Poseidon ist und im Süden die Mutter Apolls, des in die Ägäis getragenen Poside. Und Kleito wird auch im Norden manchmal als Mutter und manchmal als Schwester Posides gesehen worden sein und – wie Artemis – nicht nur Beziehung zum Mond, sondern auch zum Wasser, zum Wald und zu den Tieren des Waldes gehabt haben (in den Märchen und Sagen ist die »Jungfrau« ja oftmals Waldnymphe und hat – wie Artemis – ein Hirschlein oder eine Hinde als Geleittier, mit dem sie auch die Gestalt tauschen kann).

Der Himmelsgott bleibt er selbst, auch im Sohn ist er immer Sohn und Vater zugleich, wie die Erdfrau immer Jungfrau und Gebärerin, Geliebte und Mutter zugleich ist. Dieses Ineinander der Vorstellungen dauert bis ins Christentum hinein an. Fr. H. Hamkens führt in seinem überaus kenntnisreichen Buch »Der Externstein«[134] bei der Besprechung des mittelalterlichen Felsenreliefs am Externstein und der dort angebrachten dreifachen Erscheinungsform Christi – als Gekreuzigter, als Gottvater und als Kind – Zeilen aus der »goldenen Schmiede« des Konrad von Würzburg, einer mystischen Mariendichtung des 13. Jahrhunderts, an:

> Also bistu gesetzet
> mit ihm an den bruot-stuol . . .

25 »Kreuzabnahme«, Relief vom Externstein (aus F. H. Hamkens, Der Externstein, Tübingen 1971)

Christes Muoter reine
und darzu sin gemahl.

Deshalb nämlich:

weil Gott bi dir wollt jungen
und sich erjüngen wollte sit
fröwe in deiner Tugent walde.

Hamkens fügt hinzu: »Die im Heidentum weit verbreitete Vorstellung vom Himmelsgotte, der sein eigener Vorfahr und Nachkomme ist, erscheint damit in der kirchlichen Mythologie« und zitiert noch weitere Lieder (1510) »durch uns so ward er junge wohl bei der reinen Magd« und andere gleichen Inhalts. Durch die Jungfrau, die Gottesmutter ward – »der Vatter ist ihr Kinde« –, hat der wiedergeborene Gott sich selbst verjüngt. Und der verjüngte Gott feiert die Heilige Hochzeit mit der »Jungfrau«, um sich nun wiederum zu verjüngen.

Daß diese Heilige Ehe zwischen dem Sonnenhelden und der »umhegten Ruhmgöttin« auch und gerade auf Atlantis-Basileia eine bedeutende Rolle spielte, erhellt bereits aus dem oben Gesagten. Dafür sprechen auch neben dem Wenigen, was Atlantisbericht und Odyssee aussagen, etliche Märchen und Lieder.

Das Skirmirlied der Edda wurde schon angezogen. Freyr, der von der Himmelshöhe aus Gerd, die Tochter des Riesenbeherrschers in ihrem Hag (die »Umhegte«) erspäht hat, verfällt vor Liebe zu ihr in Schwermut. Seine besorgten Eltern Njördr und Skadi (die auch riesischen Geschlechtes ist) wenden sich an Freyrs Freund und Diener Skirmir (Hans v. Wolzogen[135] deutet ihn als den Sonnenstrahl). In Rede und Gegenrede entwickelt sich die Handlung. Skirmir fragt Freyr nach seinem Kummer, und der gesteht seine Liebe. »Die Maid ist mir lieber als noch je ein Mädchen einem Jüngling war . . .«[136] Skirmir erbittet und erhält das Roß, das durch die Waberlohe dringen kann, die wie bei so vielen ähnlichen Erzählungen die Jungfrau umhegt. Er macht sich auf den Weg und spricht zu dem Roß:

Finster ist's draußen: zur Fahrt nenn' ich's Zeit
über feuchtes Felsgebirg,
über der Riesen Reich,

uns beiden gelingt's		oder uns beide packt
Gymir der grimmstarke.

(Gymir dürfte Gerds Vater, sein Name eine Nebenform von Ymir, dem Urriesen, sein.)

Es gelingt ihnen. Skirmir erreicht das Riesenheim und redet – auch das ist obligat – mit dem Wächter, der ihn fragt: »Bist zum Tod du bestimmt? Oder starbst du schon?« Es ist also wieder das Jenseitsreich, in das der »Sonnenstrahl« hier eindringt. Er überspringt den Feuerwall, Gerd hört in der Halle das Getöse und läßt ihn hereinkommen. Er bringt seine Werbung vor und bietet Gerd elf goldene Äpfel und dann den Ring Draupnir, von dem jede neunte Nacht acht weitere Ringe abträufeln[137]. Sie lehnt ab, er bedroht, ja verflucht sie mit furchtbaren Flüchen, bis sie nachgibt. Nach neun Nächten will sie Freyr in »Barri«, dem »Hag der Heimlichkeit«, ihre Gunst schenken. Skirmir kehrt zu Freyr zurück und bringt ihm die gute Botschaft. Freyrs Sehnsuchtsruf beschließt das Lied:

Lang ist die Nacht,		lang sind zwei;
wie erdulde ich drei?
Minder meint ich		den Monat oft lang
als des Harrens Halbnacht.

Es ist dies eins der reizvollsten Werbungsspiele, das uns überliefert ist. Daß es auf einem Mythos der Bronzezeit basiert, in dem Poside und Kleito-Periböa die Darsteller sind, ist deutlich.

Ebenso klar ist, daß andere Sagen, die Hamkens in seinen Abschnitten über die Heilige Ehe[138] zitiert, noch weiter – auf Megalithgebräuche – zurückführen. Da Hamkens von dem »Turmraum«, der oben auf dem Externstein gelegenen Kapelle mit dem »Sonnenloch« handelt, zieht auch er Adama van Scheltemas These vom »Kultspiel« der Heiligen Hochzeit an, bei dem der erste Sonnenstrahl am Morgen der Sonnwende oder der Tag- und Nachtgleiche einen bestimmten Punkt auf einem Stein trifft, wodurch die Vereinigung von Sonne und Erde symbolisiert erscheint. Hamkens bringt Märchen, die sichtlich in engster Beziehung dazu stehen. Da ich Spanuths Vermutung teile, daß Mythos und Bräuche der Heiligen Insel stark von alten megalithischen Vorstellungen geprägt waren und die Basileia – wie Stonehenge –

auch eine Stätte der Gestirnbeobachtung und des Gestirnkults gewesen sein dürfte, so führe ich einige dieser Märchen und Sagen ebenfalls hier an.

Besonders aufschlußreich ist das französische Märchen von »Perceforest«, das unserem »Dornröschen« nahesteht. »Da fällt die Königstochter in einen Zauberschlaf, den eine der Schicksalsfrauen ihr schon bei ihrer Geburt angewünscht hat. Der Vater läßt die Schlafende auf ein Schloß tragen, in dessen Turm ihr ein reichgeschmücktes Lager bereitet ist. Dieser Turm hat nur ein einziges, nach Osten blickendes Fenster, alle anderen Zugänge außer einem unterirdischen sind vermauert; denn der Vater hegte den Glauben, daß die Götter kommen würden, die hochgebettete Schläferin zu heilen, und da er ein besonderes Vertrauen zum Sonnengotte hatte, brachte er das nach Osten blickende Fenster an. Ein Ritter kam zu dem Turme, wurde von einem Vogel hineingetragen, verband sich mit ihr, verließ sie aber wieder, weil er sie nicht erwecken konnte. Aber nach neun Monaten gebar die Schlafende und wurde nun von dem Kinde ins Leben zurückgerufen. – Das Turmgemach mit dem nach Osten blickenden Fenster, die damit verbundene Hoffnung auf den Sonnengott und schließlich der durch das Fenster eindringende Freier (eben der Sonnengott, B. V.) – das ist Zug um Zug die Heilige Ehe, wie van Scheltema sie ausführlich schilderte.«[139]

An anderer Stelle sagt Hamkens: ». . . Der Perceforest datiert um 1220, und hundert Jahre vorher, in dem Speculum ecclesiae des Honorus von Autun, führt Christus zur Osterzeit seine erlöste Braut aus dem finstern Turme und vermählt sich mit ihr im ›Gemache der ewigen Sonne‹ (in thalamo aeterni Solis). In einem sizilianischen Märchen wird eine Königstochter im fensterlosen Turme schwanger, weil durch ein Loch in der Mauer ein Sonnenstrahl auf sie fällt. Es gibt auch Bilder der Verkündigung, auf denen ein Lichtstrahl von Gott-Vater ausgeht und das Kind in den Schoß der Jungfrau trägt, oder auf denen das Kindlein mit den Sonnenstrahlen durchs Fenster, gelegentlich sogar durch ein Rundfenster fliegt, auf die Jungfrau zu, der ein Engel eben die Botschaft verkündet.« Seinen Ausführungen über das Perceforest-Märchen fügt Hamkens hinzu: »Hier wäre wohl der Ort anzuführen, was Eduard Norden ausspricht: ›Kein Gedanke also daran, daß das Hochzeitsmotiv tändelndem Spiele diene; vielmehr gehörte es offensichtlich zum hieratischen Bestande solcher Vorstellungsreihen, daß dem Soter (dem Sonnenhelden als Retter und Heiland, B. V.) beim Antritt des Weltregiments ein hieròs gámos die Weihe gibt.‹«

Zu »Perceforest« wäre noch – als sehr nahe verwandt – jene Version aus der altnordischen Wölsungen-Sage zu stellen, in der Sigurd zu der in einem Turmgemach am Webstuhl sitzenden Brunhild durchs Fenster eindringt. (Auch bei Siegfried-Sigurd ist es ja so, daß die Heilige Hochzeit mit der Jungfrau Brünhild eng mit dem Drachenkampf verbunden erscheint und am Anfang seiner Laufbahn steht – »beim Antritt des Weltregiments« – d. h. dort, wo er aus seiner Verborgenheit tritt.)

Wir sehen also: Wenn im Atlantisbericht wie in der Phaiakie sich Poseidon mit der von Wällen, Wasserringen und goldglänzenden Umhegungen (anstelle der Waberlohe) umschlossenen Erdjungfrau und Riesentochter verbindet, so steht dahinter der uralte Gedanke der Heiligen Ehe zwischen Himmel und Erde. Daß diese Vorstellungen sich auch im Kult spiegelten, scheint mir sehr wahrscheinlich, obwohl die griechischen Berichte nichts davon erzählen.

Spanuth verbindet mit dem Erdmutter-Kult auf Atlantis noch einen ganz andersartigen Bericht, den des Tacitus[140], der erzählt, daß die Völkerschaften am Ozean im Norden die Nerthus, »das ist die Mutter Erde (Terram Matram) verehrten und glauben, sie komme zu den Völkern gefahren«. Auf einer Insel im Ozean befinde sich ein heiliger Hain, darin ein mit Tüchern verhüllter Wagen. Nur der Priester der Göttin merke, wenn diese im Innern des Wagens zugegen sei, und geleite sie dann in dem von Kühen gezogenen Wagen unter vielen Ehrfurchtsbezeugungen. Dann gibt es frohe Tage, und festlich geschmückt sind alle Stätten, die die Göttin der Ehre ihres Besuchs und ihres Aufenthalts würdigt. Die Waffen ruhen, verschlossen ist alles Eisen. Der Friede dauert so lange, bis der Priester die Göttin ins Heiligtum zurückgeleitet. »Dann werden der Wagen und die Tücher und, wenn man es glauben will, das göttliche Wesen selber in einem geheimen See abgewaschen. Dabei helfen Sklaven mit, die unmittelbar danach der See verschlingt. Daher das geheime Grauen und die heilige Ungewißheit darüber, was das wohl sei, was nur dem Tode Geweihte schauen dürfen.«

Es ist viel über diesen Bericht geschrieben worden. Man hat vermutet, daß es sich bei dieser »Nerthus« um die weibliche Entsprechung bzw. Gattin des aus der Edda bekannten Vanengottes Njördr handle. In der Tat könnte der Name Njördis oder Nördis für ein römisches Ohr schon wie Nerthus geklungen haben. Njördr wurde als »der nordische Poseidon« bezeichnet. Er lebt in »Noatun«, dem »Schiffsgarten«, ist aber auch Fruchtbarkeitsgott, ehemaliger Himmelsgott und Gatte der Riesentochter Skadi (die mit Nerthus identisch sein dürfte)[141].

Schon zur ägyptischen Isis gehörte das Schiffszeichen und die Schiffswagenumfahrt, und bis ins nachchristliche Mittelalter hinein haben wir Nachrichten über Bräuche, bei denen eine Fruchtbarkeitsgöttin (ebenso wie der »hyperboreische Apoll«) auf einem Schiffswagen fuhr, d.h. Wagen und Schiff waren gekoppelt, einmal stand der Wagen auf dem Schiff, dann wieder das Schiff auf dem Wagen, und die Festlichkeiten, die dieser Schiffswagengöttin zu Ehren z.B. in Flandern und am Niederrhein veranstaltet wurden, gleichen sehr denen, die Tacitus beschreibt.

Besonders eifrig ist nach dem Schauplatz des geheimnisvollen Nerthus-Kultes gesucht worden. Rügen mit seinem Herthasee galt lange dafür, auch andere Inseln, z.B. Seeland, wurden genannt. Aber da Tacitus von einer »Insel im Ozean« spricht und die Ostsee in der Antike nicht zum Okeanos gerechnet wurde, kommt wohl nur eine Insel an der friesischen Westküste in Frage. Spanuth meint, die Nerthusinsel müsse mit der »Basileia« identisch sein, da dort der Kult der »Magna mater« zu Hause gewesen sei[142].

Daß die Erdmutter hier gemeinsam mit ihrem Gatten verehrt wurde, zeigt der Atlantisbericht. Aber wir müssen doch bedenken, daß die Nerthus-Geschichte nicht in der Bronzezeit, sondern zu Tacitus' Lebzeiten im 1. Jahrh. n. Chr. spielt. Gewiß kann sich das von Tacitus genannte Heiligtum der Göttin damals auf der wiederaufgetauchten heiligen Bernsteininsel befunden haben, unbedingt sicher scheint mir das aber nicht. Daß Johann Meyer, der Verfertiger der ersten Karte von Helgoland-Fositesland, nur einen Vesta-Tempel aufführt, aber keinen der Juno oder Diana geweihten (er folgte den römischen Autoren darin, daß er statt der germanischen Götternamen lateinische einsetzte), besagt nicht viel. Wer weiß, ob die Erinnerungen der Fischer in diesen Dingen so sehr genau waren, und schließlich kann Meyer auch die Vesta für eine Erdgöttin gehalten haben. Aber ebensowenig besagt es etwas, wenn Spanuth als Beweis anführt, daß der Priester den von Kühen gezogenen Wagen nur übers Watt zum Festland habe geleiten können, und es sich darum um eine Insel gehandelt haben müsse, die im Wattenmeer lag. Sicher ging die Umfahrt der Göttin auch zum Festland und zu den dort wohnenden Stämmen, aber die Schiffe der Küstenbewohner waren zweifellos groß und tragfähig genug, um einen Kultwagen und ein paar Kühe zu befördern.

Der Bericht des Marcellus wurde schon zitiert, in dem von den sieben kleinen und drei großen Inseln die Rede ist, die im letzten Jahrtausend vor Christi Geburt in der Gegend des ehemaligen Atlantis bestanden haben sollen. Dort wird gesagt, daß die größte dieser Inseln dem Poseidon (also Poside-Fosite) geweiht war, auf den übrigen aber der Kult der Persephone geherrscht habe. Persephone ist als Unterweltsherrin und Göttin der alljährlich wiederkehrenden Vegetation und Fruchtbarkeit auch Erdjungfrau (ihr Mythos hat sich im Norden in den Wassermann- und Schiffmann-Liedern oder -Spielen erhalten). So ist es wahrscheinlich, daß der genannte Kult auf jenen Inseln ein Erdmutterkult war.

Ob nun das Heiligtum der »Nerthus« sich auf Fositesland oder auf einer jener anderen Inseln befunden hat, ist heute nicht mehr festzustellen, die Veränderungen, die – vor allem durch die vielen Sturmfluten – in der ost- und nordfriesischen Inselwelt vor sich gegangen sind, machen das unmöglich.

Der Bericht des Marcellus aber, ebenso wie die Nerthus-Geschichte des Tacitus zeigen jedenfalls, eine wie hervorragende Rolle auch noch in der Zeit nach den Katastrophen die Terra mater, die einst Kleito hieß, in jenen Gegenden gespielt hat, die ihr junger Gemahl so lange beherrschte.

2. Uranos, Kronos, Atlas

Obwohl Poside viele Züge des indogermanischen Himmelsgottes geerbt hat, ist er doch immer der *junge* Gott, er schwingt zwar noch das Blitzbeil, aber trotzdem gehen ihm die eigentlichen Gewittergott-Züge ab, wie sie z. B. später für den germanischen Gott Thor so charakteristisch sind. Alles spricht dafür, daß Poside (wie Apoll) wohl eine Hypostase des Himmelsgottes war, aber als eine eigene Gestalt neben dem »ewigen Vater«, als »Sohn« (so wie Freyr), gesehen wurde.

Darum ist es wahrscheinlich, daß sich außer ihm, wenn auch verblaßt, das Bild des »Vaters« in irgendeiner Weise hielt, und daß auch dieser im Bereich der nordeuropäischen Bronzezeitkultur verehrt wurde.

Die Karte von Johannes Meyer zeigt im Norden der frühmittelalterlichen Insel einen Tempel des »Jovis«, der angeblich 692 n. Chr. zerstört wurde. Das wäre also, wenn wir diese Angaben überhaupt ernst nehmen wollen, ein gesondertes, von Fosites Bezirk unabhängiges Heiligtum des Himmelsgottes. Man könnte natürlich auch an einen dem Thor (Donnar) geweihten Hain denken, da wir uns hier ja in »germanischer« Zeit befinden.

Aber wie schon bemerkt, sehr viel beweist diese Karte überhaupt nicht. Dagegen wissen die Nachrichten der klassischen Griechen da einiges zu sagen: Diodor von Sizilien z. B. setzt den uralten Himmelsgott Uranos, der in der griechischen wie der indoarischen Kosmogonie (hier als Varuna) der erste Gott und Vater aller Dinge ist, in direkte Beziehung zu den Atlantern. Freilich ist er hier, wie das den Göttern in den Spätzeiten oft geschieht, vermenschlicht, ein erster früher König und Kulturbringer der Vorzeit. Diodor schreibt in seiner »Weltgeschichte«: »Die Atlanter, welche an den Gestaden des Okeanos fruchtbare Landschaften bewohnen, zeichnen sich gar sehr durch Frömmigkeit gegen die Götter aus, ebenso auch durch Freundlichkeit gegen Fremde; sie behaupten auch, daß bei ihnen die Götter geboren seien. Und mit dem, was hierüber bei ihnen erzählt wird, stimmt auch der treffliche Dichter der Hellenen, Homer, überein, der die Hera sagen läßt:

›Denn ich geh zu den äußersten Enden der fruchtbaren Erde,
Daß ich den Vater Okeanos schau, und Thetis, die Mutter.
Die mich in ihrem Palast erzogen und hüteten beide.‹
(Okeanos und Thetis werden zu den Giganten gerechnet und gelten als Kinder des Uranos. Die Erdfrau und Göttermutter – hier Hera – bezeichnet sich also als Tochter der Meerriesen »am äußersten Ende der Erde«. B. V.) Sie (die Atlanter) erzählen, daß Uranos als der erste König bei ihnen geherrscht und die zerstreut wohnenden Menschen in den Schutz einer umwallten Stadt zusammengezogen habe. Und die ihm untertänig waren, habe er der Gesetzlosigkeit und dem tierähnlichen Leben entwöhnt, indem er die Benutzung und Zubereitung der Feldfrüchte erfand und auch noch andere nützliche Erfindungen machte. Auch habe er die Herrschaft über die größten Teile der bewohnten Erde gewonnen, zumal über die Länder gegen West und Nord. Die Gestirne habe er sorgfältig beobachtet und vieles vorausgesagt, was am Himmel geschehen werde, und habe die Völker das Jahr beobachten gelehrt nach den Bewegungen der Sonne und die Monate nach der des Mondes, sowie auch die verschiedenen Jahreszeiten. Die Menge aber, unbekannt mit der ewigen Ordnung der Gestirne und voll Staunen über die richtig eingetroffenen Weissagungen, habe geglaubt, daß, wer solche Dinge lehre, göttlicher Natur sein müsse, und habe ihm, nachdem er von den Menschen geschieden war, seiner Wohltaten und seiner Gestirnkunde wegen unsterbliche Verehrung zuteil werden lassen und seinen Namen auf den Himmelsbau übertragen, teils, weil er solche Kenntnisse gezeigt mit dem Auf- und Untergang der Gestirne und den sonstigen Erscheinungen im Weltall, teils um seine Wohltaten durch die Größe der ihm erwiesenen Ehre noch zu überbieten, indem sie ihn für alle Ewigkeit für den König des Weltalls erklärten.«[143]

Spanuth, der diese Stelle zitiert, fügt hinzu, daß Uranos, der nach der griechischen Mythologie mit der Gaia den Poseidon gezeugt habe, der wiederum bei Plato Vater des Atlas sei, hier als Urahn der Atlanter auftrete und daß es im Grunde der gleiche Mythos sei, der von ihm wie von Poseidon und Atlas erzählt werde[144].

Nun zeigt der obige Bericht aber doch das deutliche Bewußtsein, daß dieser Uranos am Anfang alles Kulturwerdens stand, was sicher der Wirklichkeit entspricht, wenn wir bedenken, daß ihn bereits die Ostindogermanen als obersten Gott mit in den Osten nahmen und bis Indien trugen.

Wie Euhemeros, bei dem Uranos auch nur ein am Okeanos geborener König alter Zeit ist[145], behandelt auch Diodor hier den Urgott als Menschen und Kulturheros, den nur die unwissende Menge zum Gott gemacht haben soll. Aber trotzdem schimmern Erinnerungen aus der frühen Megalithzeit durch seinen Bericht. Die großen Erfindungen des Feldbaus, der Jahreseinteilung, der Sternkunde – man sieht, die Atlanter späterer Zeit schrieben sie dem ältesten Himmelsgott zu, den sie vielleicht noch immer Uranos nannten. Diodor sagt: »Sie erzählen . . .« Das sagen die antiken Autoren dann, wenn direkte Nachrichten vorliegen. Es mögen Nachrichten aus mykenischer Zeit sein, sie zeigen jedenfalls, daß damals auf Atlantis noch ein anderer älterer Himmelsgott außer Poside-Poseidon verehrt wurde, den man aber mehr als Kulturbringer denn als Sonnenhelden betrachtete.

Bei den Griechen ist Uranos sowohl Sohn als auch Gatte der Gaia, der Erde. Einerseits gebiert ihn die aus dem Chaos hervorgegangene Gaia ohne Gatten »als den ihr Gleichen, damit er sie rings bedecke und für die Götter ein sicherer Wohnsitz sei«. In anderen Mythen ist Aither, der Äther, sein Vater, Uranos und Gaia sind Geschwister, »Kinder der Nacht«. Auf alle Fälle ist er Gatte der Erdmutter und Ahnherr aller Götter und Menschen. Die Gaia gebiert ihm das Geschlecht der Titanen, die stirnäugig sind wie er. Sie lehnen sich gegen ihn auf, er kämpft mit den Söhnen und verbannt sie in die Unterwelt oder an die Enden der Erde. Aber Gaia, erzürnt darüber, stachelt den Giganten Kronos auf, so daß er seinen Vater mit einer Sichel entmannt, das heißt wohl soviel wie: Dem alten Himmelsgott wird die Schöpferkraft genommen, jüngere Götter treten jetzt die Weltherrschaft an.

Hier treffen wir wieder auf die Atlanter. Der Mythos hat den seltsamen Zug, daß die Phäaken – die ja in der Odyssee an Stelle der Atlanter stehen – aus dem Blute des entmannten Uranos entstanden seien. Man meint, die sichelförmige Gestalt ihrer

Insel habe Anlaß zu dieser Vorstellung gegeben. Nun, sichelförmig war die Basileia, die doch nachweislich mit Scheria identisch war, bestimmt nicht. Der Name Scheria muß aus anderer Ursache stammen, wenn er nicht wieder einmal auf einem Hörfehler beruht. Aber vielleicht klingt auch aus diesem sonderbaren Mythos eine Erinnerung der Nordleute heraus, vielleicht hat man einst bei ihnen erzählt, die Atlanter seien eine spezielle Schöpfung des Himmelsgottes, Blut von seinem Blute, seine ersten Kinder und Nachfahren.

Sehr bedeutungsvoll ist die Aussage Diodors, Uranos habe – in diesem Fall als König der Atlanter – die Herrschaft über einen großen Teil der bewohnten Erde, vor allem über die Gebiete im Westen und Norden, gewonnen. Das ist genau das, was der Atlantisbericht auch sagt, und spielt auf die große Ausbreitung der Nordvölker an, die entlang den Küsten des Okeanos bis Spanien und Nordafrika Reiche gründeten. Auch dies geschah in der Megalithzeit, auch hier sind echte Erinnerungen festgehalten worden, und auch hier hieß der oberste König, Ahnherr und Gott noch Uranos.

Ob es später eine Zeit gab, in der er Kronos hieß, ist uns bis jetzt verborgen. Daß aber Kronos, der Sohn des Uranos und seine erste »Hypostase«, auch in Verbindung zum Norden stand, bezeugt ein Wort Homers, der sagt, daß Japetos und Kronos ihre Sitze am äußersten Ende der Erde und des Meeres hatten[146]. Kronos, diese dunkle, rätselhafte Gestalt, ist ebenso von unklarem, aber sichtlich altem Mythenwerk umgeben wie Uranos. Er hat das gleiche Schicksal wie sein Vater, auch er wird von seinem Sohn Zeus entthront und entmannt, und der verbannt auch ihn an die Enden der Welt.

Nach Plutarch, der den Poseidonios zitiert, sitzt er schlafend auf einer Insel im Nordmeer, das nach ihm Kronosmeer genannt wird. Es heißt auch, die »Säulen des Herakles« (darunter wurden die »Nordsäulen« auf der »Insel unter dem Polarstern« verstanden) seien die Grenzsteine seines Reiches. Er ist der Totenherrscher, König auf der Insel der Seligen. Oftmals wird er in Libyen angesiedelt. Die Römer setzten ihn mit ihrem Saturn gleich, er steht als Stern am Himmel, wurde später auch zum Vertreter des

Begriffs der Zeit, und es hieß, er fresse seine Kinder. Den Zeus hatte er allerdings nur fressen *wollen,* da ihm bei dessen Geburt geweissagt wurde, der Sohn werde ihn vom Thron stoßen, doch er aß statt des Kindes aus Versehen einen Stein, und so blieb Zeus verschont.

Ein wirrer Reigen von Mythen und Anspielungen! Deutlich ist, daß Kronos die Züge eines Wintergottes trägt – neben seinem Himmelsgottcharakter. Deshalb ist er manchmal mit Odin-Wodan verglichen worden.

Verjagt von der Erde, sitzt er verborgen und schlafend auf der Nordinsel, bis er eines Tages wieder erwachen und hervortreten kann, während inzwischen der junge Sommergott, das Blitzbeil schwingend, den Thron besteigt. Das ist der ohne Zweifel aus der Megalithkultur stammende Sommer- und Wintermythos. Kronos ist düster und kalt, sein Reich die Toteninsel. Sollte diese Insel wirklich Atlantis-Basileia sein – und es sieht so aus, als wäre sie's – so könnten diese Geschichten aus der Zeit stammen, in der die Insel unter den Wellen der Nordsee begraben lag. Damals konzentrierten sich wohl alle die Toteninselsagen, die zuvor schon an den Küsten des Okeanos spukten, auf das untergegangene Heilige Land. Nun saßen dort Totengötter in ihren Bernsteinpalästen und schliefen bis zur Auferstehung, und die schwanengleichen Meermädchen klagten um sie. Dort saß also wohl auch Kronos, der einstige Himmelsgott, und wartete. Ob er mit der auftauchenden Insel wieder auferstanden ist, wissen wir nicht.

Als dritter der »Titanen« und »alten Himmelsgötter« tritt nun noch Atlas auf, der Urvater vieler Geschlechter und Weltsäulengott. Von den Griechen ist er etwas zurückgestellt worden, in Wahrheit dürfte er aber eine der ältesten Gestalten der westindogermanischen Mythologie sein – es war davon ja schon in Kapitel I die Rede.

Daß Atlas eng mit den Atlantern verbunden war, davon zeugt schon allein die Namensgleichheit. Atlantis und Atlas gehören sprachlich zusammen, das hat noch niemand bestritten.

Der Name hat viele Deutungen erfahren. Ich möchte ihn von dem aus den Anfängen des Sprechens stammenden Lallwort Ata ableiten, das Vater bedeutet und in etlichen Sprachen, auch im

Germanischen, in seiner alten Form erhalten blieb und erst im Laufe der Entwicklung durch einen Vorlaut zu Uata, Vata, Pata erweitert wurde. Atlas wäre dann der Urvater, wie ja die meisten Himmelsgötter »Väter« sind.

Die späten Germanen scheinen immer noch eine Erinnerung an einen Gott Atla oder Atal besessen zu haben, er wird in der »kürzeren Seherinnenrede« der Edda erwähnt und hat dort Beziehung zum Meer, das auch »Atals oder Atlis Pfad« genannt wird[147].

Auf der anderen Seite haben die Griechen den Atlas offenbar auch ER genannt, womit eine sprachliche Verbindung zu dem germanischen Himmels- und Weltstützergott Er, Yr, Ir bzw. Ermen, Irmin gegeben ist, nach dem die Irminsäulen heißen.

Die »Weltsäule«, hervorgegangen aus dem »Weltenbaum«, »Stützbalken des Himmels« und »Ruheplatz der Sonne«, auch »drehbare Weltachse unter dem Polarstern«, ist sehr oft mit dem Himmelsgott verbunden worden (siehe Kap. I) und steht nun in engster Beziehung zu Atlas, der sie trägt und hält, manchmal auch sie selbst ist.

Übrigens ist Atlas bei den späteren Griechen Titan, gehört also dem ältesten Götter- und Riesengeschlecht an. Er ist ein Sohn des Titanen Japetos (Djaus pitar, Jupiter), also wiederum eines Himmelsgottes. Manchmal wird er auch als Sohn des Uranos oder des Aither bezeichnet. Außerdem ist er der Ahnherr unzähliger Herrschergeschlechter. Eine besondere Rolle spielen seine Töchter, die meist als Gruppe auftreten. Wir begegnen ihnen als den »Atlantiden«, als »Pleiaden« sind sie an den Sternenhimmel versetzt worden.

Im Atlantisbericht ist Atlas ein Sohn des Poseidon. Der atlantische »Staatsmythos« macht ihn zum ältesten von Poseidons Zwillingssöhnen, dem die Herrschaft über das Atlasreich und zugleich die Oberherrschaft über alle die von atlantischen Königen gegründeten Reiche übertragen wurde. Er muß also sicherlich als Welt- und Himmelsstützer eine bedeutende Rolle im religiösen Leben der Nordleute in jenen Zeiten gespielt haben, als die Auswandererwellen der Megalithiker unter anderem auch die fernen Küsten von Nordafrika erreichten, wo sich – bis zu den

Kanarern – der Weltstützerkult an beherrschender Stelle findet. Und hier sind nun zum erstenmal außer Säulen auch Felshöhen und Gebirge als Himmelsstützer betrachtet worden, wovon heute noch der Name des Atlasgebirges Zeugnis ablegt (Herodot erzählt ja auch von dortigen Völkerschaften, die sich Atlanter oder Atlantier nennen, was zu einigen Verwechslungen mit ihren Stammverwandten aus dem Atlantisbericht geführt hat).

Als Gottheit der Megalithiker war Atlas folgerichtig auch Kulturbringer, ebenso wie Uranos (mit dem er wohl öfter verschmilzt) vor allem Lehrer der Mathematik, der Sternkunde, auch der Musik. Er galt als »Erfinder der Schiffsbaukunst und der wissenschaftlichen Nautik«. Homer sagt von Atlas: »Der Allerforschende, welcher alle Tiefen des Meeres kennt und allein die ragenden Säulen, die Himmel und Erde zusammenhalten, hochhält.« Diodor berichtet, daß Atlas viele Mühe und Fleiß auf die Kenntnis der Gestirne verwendet und mit großem Scharfsinn herausgefunden habe, daß der Himmelsbau eine Kugel sei. An einer anderen Stelle sagt Diodor: »Atlas, der Mensch, der erste König der Atlanter, hat die Bewegung der himmlischen Gestirne erfaßt und den Menschen offenbart. Deshalb entstand die Sage, daß er den Himmel auf seinen Schultern trüge.«[148]

Das ist nun freilich ein Irrtum. Atlas, der Urvater, hat den Himmel getragen, längst ehe er nach gut euhemeristischer Methode (ebenso wie im Atlasbericht) zum ersten König und Sternkundigen wurde. Alle die Künste und Wissenschaften, die jene Autoren ihm (wie Uranos) zuschreiben, haben sich sehr wahrscheinlich vom Reich des Atlas aus – vielleicht sogar vom Zentrum des »Megalithgedankens«, der Heiligen Insel, ausgehend – in den Ländern, die diese Kultur erreichte, ausgebreitet. Und vielleicht ist tatsächlich auf dieser Heiligen Insel zum erstenmal der Vatername Atlas mit der dort errichteten Weltsäule verbunden worden, die dann so weit berühmt wurde. Denn schon lange haben die Völker des Südens gewußt, daß es der hohe Norden war, wo die Säule oder auch die Säu*len* des Atlas standen. (Im Atlantisbericht handelt es sich um *eine* Säule, ebenso manchmal in den Zitaten der griechischen Dichter. Wann und wo die Säule verdoppelt wurde und der Begriff »Die Säul*en* des Nordens« aufkam, ist nicht bekannt.)

Schon in altägyptischen Texten findet sich laut Spanuth[149] die Wendung: »Die Säulen des Himmels, die im Norden stehen«, und Ramses III. spricht von den Nordmeervölkern, die »von den Säulen des Himmels kommen«.

Vergil bezeichnet den Norden so: »Dort, wo der Träger des Himmels, Atlas, wendet die Achse, geheftet an leuchtende Sterne«[150], und nach Hesiod »trägt Atlas, des Japetos' Sohn, an den Grenzen der Erde, nahe bei den helltönenden Hesperiden stehend, den weiten Himmel mit dem Haupt und unermüdlichen Händen... Vor den Wohnungen der Nacht trägt der Sohn des Japetos den weiten Himmel, da wo die Nacht und der Tag nahe zusammenkommen und, die große eherne Schwelle überschreitend, miteinander reden«.

Atlas hält in den antiken Dichtungen den Himmel mit den emporgehobenen Händen oder trägt ihn auf den Schultern oder dem Rücken. Er dreht und wendet ihn oder steht still und läßt sich von den Sternen umkreisen. Er ist selbst die Stützsäule, die Weltachse, über der der Polarstern steht, oder aber er stützt nur – z.B. bei Aischylos – die Säule mit seinen Schultern. Meist tut er das nicht freiwillig, es ist eine Aufgabe, die Zeus ihm auferlegt hat als Strafe für seine Überhebung als Titan.

Und da gibt es dann auch die Geschichte, wie Herakles, der Held, den Himmel hielt. Er hatte den Auftrag, die goldenen Äpfel aus dem Garten der Hesperiden zu holen, ließ dies aber den Atlas tun und stemmte so lange an dessen Stelle die mächtigen Schultern und den Kopf unter die gewaltige Last. Atlas schläferte den Drachen, der den Apfelbaum bewachte, ein, tötete ihn, pflückte drei der goldenen Äpfel und kam mit ihnen zu Herakles zurück. Aber nun hatten seine Schultern verspürt, wie es war, frei und ohne Gewicht sich zu regen, und so legte er die Äpfel vor Herakles ins Gras und weigerte sich, die Last wieder auf sich zu nehmen. Da griff Herakles zur List und sagte, er wolle den Himmel wohl weiter halten, müsse sich aber ein Tuch als Wulst auf den Kopf binden, damit ihm das Gewicht des Himmels nicht das Gehirn eindrücke. Atlas fiel auf diese plumpe Vorspiegelung

26 Herakles und Atlas auf einem attischen Tongefäß (aus A. Herrmann, Unsere Ahnen und Atlantis, Berlin 1934)

herein und nahm den Himmel wieder auf – für einen Augenblick, wie er dachte. Herakles aber sammelte zufrieden die goldenen Äpfel vom Boden auf und zog seines Weges.

Das Mythologie-Lexikon von Pauly-Wissowa schreibt diese Geschichte dem »Humor der dorischen Eroberer« zu. Vielleicht ist sie – in etwas anderer Form – bereits im Norden erzählt worden. Jedenfalls wurde sie in Griechenland sehr beliebt und ist oftmals, vor allem auf Vasenbildern, dargestellt worden.

So wurde denn die Weltsäule auch »Säule des Herakles« genannt, und da es, wie gesagt, oftmals zwei Säulen waren, die »Himmel und Erde auseinanderhielten«, so wurden »die Säulen des Herakles« ein stehender Begriff.

Natürlich kann die Verbindung des Herakles mit der Nordsäule auch noch andere Gründe gehabt haben. Es ist nicht sehr wahrscheinlich, daß allein die oben erzählte Geschichte den Anlaß gab, ihn unter die Weltstützer einzureihen.

Man hat – und zwar schon zur Zeit der römischen Schriftsteller – eine Verwandtschaft zwischen Herakles und dem germanischen Gott Thor sehen wollen. Doch sehr groß scheint mir diese nicht zu sein. Sicher ist aber, daß die Alten Herakles in Beziehung zum Norden setzten, obwohl er den Sagen der klassischen Zeit zufolge seine Taten zumeist im Bereich des Mittelmeers vollbracht haben soll. Dann wieder befreit er aber den Prometheus vom Felsen des Kaukasus, fesselt den Nereus am Eridanosstrom, holt die Äpfel der Hesperiden beim himmeltragenden Atlas, befindet sich aber gleich darauf wieder in Griechenland, wo ihm die Peloponnes als Eigentum zugesprochen wird. Und dennoch – immer wieder begegnen wir der Tatsache, daß die aus dem Norden Gekommenen »Herakliden« genannt, also als Söhne des Herakles betrachtet werden. Auf der »Phäakeninsel« soll Herakles mit Melite, der Najade, (laut Apollonios von Rhodos) den »starken Hyllos« gezeugt haben, der dann »phäakisches Volk um sich sammelnd« das »Kronosmeer« verließ, nach Süden fuhr, die Peloponnes als sein Vatererbe zu erobern suchte und (laut Herakliden-Sage) im Zweikampf mit dem König von Tegea getötet wurde. Dieser Hyllos, Vorfahr der dorischen Königsgeschlechter, ist zweifellos eine historische Gestalt, aber wie er dazu kam, als »Heraklide« bezeichnet zu werden, bleibt eine offene Frage. Einfach weil er aus dem Norden kam und sich dort die »Säulen des Herakles« befanden?

Was diese Säulen betrifft: In der klassischen Zeit war es Sitte geworden, vor Heraklestempeln zwei geschmückte Säulen aufzustellen. Die berühmten »Säulen des Herakles« am Ausgang des Mittelmeers waren keineswegs die beiden Felsen »Abila und Kalpe« (Gibraltar), sondern die von Menschenhand aufgestellten Säulen vor dem Heraklestempel in Gades, was ausdrücklich mehrmals von antiken Schriftstellern festgestellt worden ist. Außerdem betont Apollodor aus Athen, »daß Atlas dem Herakles *nicht* jene Säulen im Westen, sondern die Säulen im Norden, bei den Hyperboreern, zum Halten gegeben habe«[151].

Auch Tacitus spricht von den Säulen des Herakles im Wattenmeer (im Gebiet der Klein- und Groß-Friesen) im Zusammenhang mit der mißglückten Flottenexpedition des Drusus Germanicus in der Nordsee: ». . . und es hat sich die Kunde verbreitet, daß dort noch heute die Säulen des Herakles vorhanden seien, mag nun wirklich Herakles das Meer dort besucht haben, oder mag es daher kommen, daß wir uns gewöhnt haben, alles Großartige auf Erden mit seinen Heldentaten in Verbindung zu bringen. Auch Drusus Germanicus besaß verwegenen Mut, aber der Ozean sträubte sich dagegen, daß man zu gleicher Zeit in ihn und in Herakles' Geheimnis eindringe. Später hat niemand mehr den Versuch gewagt, und es schien frömmer und ehrfurchtsvoller, an Taten der Götter zu glauben, als ein Wissen davon zu gewinnen.«[152]

Von jenen Säulen mit ihrer realen Gestalt wird später noch zu reden sein. Für jetzt ging es vor allem darum, festzustellen: auch Atlas, der Weltstützer, spielte eine Rolle in Mythos und Kult der nordischen Bronzezeit, allerdings, wie es scheint, mehr in seiner Epiphanie als Weltsäule wie als menschengestaltiger Gott; nur als weiser, vielgelehrter und lehrender Urkönig und ältester Zwillingssohn Posides hatte er eine Stelle im Staatsmythos.

3. Die göttlichen Zwillinge

In seiner »Vorgeschichte von Schleswig-Holstein« hebt Gustav Schwantes[153] die Tatsache hervor, daß bei den Funden der nordeuropäischen Bronzezeitkultur in auffallender Weise die »Zweizahl« vorherrscht. Vor allem Pferde und Schwäne, aber auch Sonnenräder, Äxte, Schiffe und ebenso die Luren treten oft verdoppelt auf. Schwantes bringt das mit dem Zwillingskult in Verbindung, der im ganzen indogermanischen Bereich nachweisbar ist, und offenbar in der Bronzezeit des Nordens besonders hervortritt.

Auf dem Rasiermesser von Voel sehen wir zwei Gestalten mit Strahlenkronen in einem Schiff. Auch auf Felsbildern erscheinen die Zwillinge, ebenso als Bronzefigürchen, hier mit Helmen[154].

Die indogermanischen »Zwillinge« sind Lichtgötter, jung, ritterlich und hilfreich, die wahren Nothelfer. Sie finden sich schon im indoarischen Götterkreis und heißen dort Nāsatyas oder Aśvins. Bei den späteren Germanen lautet der Name Alcis. Tacitus beschreibt ihren Kult in einem heiligen Hain der Nahanarvalen (vermutlich in Schlesien). Auch bei den Letten und den Kelten

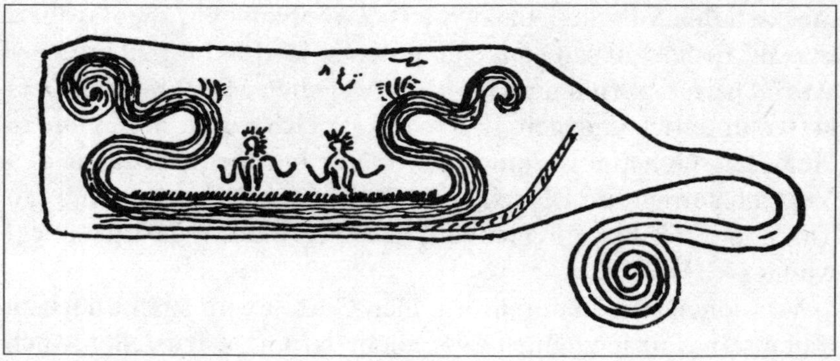

27 Zwillinge im Boot auf dem Rasiermesser von Voel (aus J. Spanuth, Atlantis, Tübingen 1965)

finden sie sich. In Griechenland schließlich hießen sie Dioskuren, Kastor und Polydeukes, bei den Römern wurde letzterer dann Pollux genannt.

Der Kult der »göttlichen Zwillinge« war bei den Dorern und vor allem bei den dorischen Spartanern besonders beliebt. Hier waren die Dioskuren Haupt- und Staatsgötter, die Spartaner-Könige, die ja in direkter Linie von dem »Herakliden« Hyllos abstammten, fühlten sich als ihre Vertreter, hier erwuchs, wie an manchen anderen Orten – auch gelegentlich bei den Germanen –, die Sitte des Doppelkönigtums aus dem Zwillingskult.

Nach Wesen, Funktion und Aufgabe bleiben sich die beiden hilfreichen Jünglinge überall und immer gleich, nur daß sie in Indien noch Wagenfahrer sind. Aber immer haben sie schneeweiße Pferde und sind sofort zur Stelle, wenn irgend jemand ihrer bedarf. Wer in Not gerät, ruft sie an, Frauen vor allem, denn ihnen helfen sie, ritterlich wie sie sind, am liebsten, aber auch Kranke – die Brüder sind auch Ärzte – und Gefangene können ihrer Hilfe sicher sein. Die Schiffer auf See beschwören sie in Sturmesnot und opfern ihnen weiße Schweine, wie man überhaupt nur weiße Tiere für sie schlachtet.

Die Anfänge dieser Vorstellung liegen im Dunkel. Sie reicht jedenfalls sehr weit zurück. Deutungen gibt es genug, z. B. hat man das göttliche Bruderpaar als Abend- und Morgenstern sehen wollen. Aber dagegen ist mit Recht eingewendet worden, daß die Zwillinge immer als Einheit auftreten, nie getrennt. Abend- und Morgenstern aber stehen niemals gleichzeitig am Himmel, es ist darum nicht wahrscheinlich, daß die Beobachtung gerade dieses Sterns (der Venus) den Anlaß für die Vorstellung vom hilfreichen Brüderpaar gebildet hat.

Hauer schreibt über die Aśvins-Alcis: »Wahrscheinlich ist die geheime Scheu, die der primitive Mensch Zwillingen gegenüber empfindet, der Glaube an deren besondere Kräfte mit einem Lichtglauben ... verschmolzen worden.«[155]

Die Dioskuren-Alcis sind immer und überall eng mit ihren weißen Lichtrossen verwachsen. Gelegentlich verwandeln auch sie sich – wie Götter so oft tun – in ihre Geleittiere und erscheinen dann als zwei dahinjagende Pferde. Darum sollen sie nach der Meinung mancher Forscher zuerst als Pferde verehrt worden sein. Die beiden Sonnenrosse, mit denen der Gott über den Himmel fährt, tragen manchmal die gleichen Namen wie die beiden göttlichen Zwillinge. Sie stehen dann deutlich an deren Stelle. Sollte hier der Ursprung mindestens des Dioskurenglaubens liegen und die beiden Sonnenpferde sich verselbständigt und vermenschlicht bzw. vergöttlicht haben? Und sollte dieser Glaube sich dann mit einer anderen noch älteren Vorstellung vermischt haben, dem Mehrlingsmotiv der Märchen?

Daß das Zwillingsmotiv weit in die Megalithkultur und zeitlich noch tiefer hinabreicht, ist klar. Wir erinnern uns daran, daß Mehrlinge auch in den Schwanenmärchen eine wesentliche Rolle spielen, und an die dort erkennbare Beziehung zum Poside-Kleito-Mythos. Häufig begegnen uns in Märchen und Mythen Zwillinge, sie werden später zu sagenhaften Königen – bis hin zu Romulus und Remus – und wie die Mehrlinge des Märchens Stammväter führender Geschlechter oder Städtegründer. Wie der Sonnenheld werden sie im Elend geboren und wachsen in der Verborgenheit auf, werden durch Hinde oder Wolf gesäugt, haben die Fähigkeit, sich in Tiere zu verwandeln, und anderes mehr. Hier muß man sich fragen, ob nicht eine Beziehung zum Sonnenheld-Drama besteht, zumal die griechischen Dioskuren Kinder des Zeus, die »hilfreichen Brüder« überhaupt stets Söhne des

Himmelsgottes sind wie jener. Aber warum die Verdopplung? Der Jahrgott in zweifacher Gestalt, Sommer- und Winterhälfte? Hier besteht der gleiche Einwand wie bei der Deutung als Morgen- und Abendstern: Alle Zwillingsmythen zeigen, daß *beide* Brüder auf der Lichtseite stehen und unzertrennlich sind. Sie verdrängen und töten einander nicht, sondern sind immer einig und beide »gut«. Übrigens halten die Zwillinge der Märchen und Sagen stets ebenso zusammen, und auch für die fünf atlantischen Zwillingspaare, um nun auf sie zu kommen, ist der Zusammenhalt die wichtigste Aufgabe, die ihr Vater »Poseidon« als ewiges Gesetz auf die Weltsäule geschrieben hat.

Jedenfalls ist der Einfluß, den das göttliche Brüderpaar auf die Bronzezeitkultur des Nordens und auf ihren Mythos gehabt hat, durchaus deutlich. In Griechenland sind die Dioskuren nicht immer Söhne des Zeus, sondern auch Poseidon wird als ihr Vater genannt. Als ihre Mutter gilt Leda, die sie auf einsamer Insel geboren hat, sie sind Brüder der Helena und wie diese aus dem göttlichen Schwanenei geschlüpft. Hier nun ist die Beziehung zu Poside und Kleito und deren Zwillingssöhnen mit Händen zu greifen, wenn auch immer noch ein bedeutender Unterschied zwischen den beiden hilfreichen Jünglingen und den zehn Königen des Staatsmythos besteht.

Es bleibt als Resultat die Vermutung, daß die »göttlichen Brüder« im bronzezeitlichen Norden die gleiche Rolle spielten wie in Indien und Griechenland, als Nothelfer und lichte Reitergestalten, die herbeieilten, wenn man sie in der Not anrief, daß sie vom Volk geliebt und durch den atlantischen »Staatsmythos« verfünffacht und zu frühen Königen und Ahnherren aller atlantischen Herrscher umgedeutet wurden, wobei ein anderer, uralter Zwillingsmythos Pate stand. (Über die Beziehung der »Zwillinge« zum Feuerkult soll später gesprochen werden.)

Fünftes Kapitel

Kult und Brauch

Die Heilige Insel zur Zeit des Odysseus
Das Heiligtum
Die Weltsäule
Die weißen Jungfrauen
Tänze, Spiele, Darstellungen

1. Die Heilige Insel zur Zeit des Odysseus

Sicher hat es in einem so dicht bevölkerten und blühenden Land, wie es das »Atlasreich« des Nordens im 13. Jahrh. v. Chr. war, viele Heiligtümer gegeben, Tempel, Thingplätze megalithischer Art und Herkunft, Haine, Quellen usw. Vielleicht waren sie (ebenso wie später im germanischen Bereich) im allgemeinen in Privatbesitz, vielfach gestiftet von Großbauern, Adligen oder Fürsten, die auf ihrem Land Heiligtümer errichteten. Diese Stifter oder Angehörigen ihrer Familien verrichteten dann auch den Tempeldienst und vollzogen die Opfer.

Das oberste Heiligtum aber auf der Insel in der Mündung der Ströme Eridanos-Eider, Hever, Albis-Elbe und Weser, die zentrale Kultstätte des Posidéos, Gerichtsplatz, Versammlungsstätte der atlantischen Könige und der dem Gott huldigenden Sänger und Kytharaspieler, gehörte sicherlich dem obersten König und Herrscher aus dem Geschlecht des Atlas. Das geht schon aus der Verwendung des Namens »Basileia« hervor, auch wird in allen Beschreibungen aus alter wie aus späterer Zeit, die enge Verbindung von Königsburg und Heiligtum hervorgehoben, Daß dieser König hier auch amtierender Priester war, erfahren wir aus dem Atlantisbericht und noch deutlicher aus der Odyssee.

Bei der Genauigkeit der Quellen ist eine bis in Einzelheiten gehende Beschreibung des Heiligtums, seiner Umgebung und Lage möglich. Als Quellen kommen auch hier in erster Linie Atlantisbericht und Phaiakie in Frage, und bei beiden steht offensichtlich am Anfang ein Augenzeuge. Freilich ist der Atlantisbericht durch eine zweimalige Übersetzung und das Gedächtnis von fünf aufeinanderfolgenden Berichterstattern gegangen, und so haben sich bei ihm mehr als bei der Phaiakie Irrtümer, Verwechslungen und Übertreibungen eingeschlichen. Die Phaiakie dagegen stammt offensichtlich aus unmittelbarer, frischer und unbeeinflußter Anschauung, wahrscheinlich aus dem Bericht eines Reisenden, dem der Sänger und Dichter seine Angaben direkt entnehmen konnte, wobei allerdings einiges Märchenhafte mit eingeflossen ist, das wohl stets zu solchen Reiseerzählungen gehörte.

Zu diesen beiden wesentlichsten Quellen kommen dann die frühmittelalterlichen Berichte über die Insel Fositesland, endlich als späteste Zeugnisse die Karte von Johannes Meyer von 1649 und die Feststellungen der Taucher, die während und nach dem Zweiten Weltkrieg versucht haben, den »Steingrund« bei Helgoland zu erkunden.

Aber das ist nicht alles. Noch eine andere Quelle gibt es, die zwar mit großer Vorsicht gebraucht werden muß, aber doch einiges beisteuern kann. Spanuth ist der Meinung, daß in der »Edda«, und hier vor allem in der schon genannten »Völuspà«, dem »Spruch der Seherin«, wichtige Erinnerungen an die bronzezeitlichen Verhältnisse und vor allem – in die Zukunft projiziert – an die Katastrophenzeit um 1220 v. Chr. enthalten sind, und folgert, daß gerade die Götterburg »Asgard«, die einmal auch »holmr«, d.h. Insel genannt wird, in Wahrheit mit der Heiligen Insel des Poside-Poseidon identisch sei. Da in der Tat hier Übereinstimmungen bestehen und auch alle Namen und Ortsbezeichnugnen der »Völuspà« nach Schleswig-Holstein weisen, kann man Spanuth auch in dieser Sache nicht ganz unrecht geben. Ohne Zweifel stecken in einigen Edda-Liedern und in Snorris Angaben dazu Erinnerungen an die »goldene Zeit« des Nordens wie auch an noch ältere Megalithmythen, die auf eben jener geheimnisvollen Götterburg spielen. Doch ist das alles sehr stark mythisiert, so daß sich nur wenig Brauchbares für das Thema »Kult auf der Basileia« herauskristallisieren läßt. Immerhin – auch hier findet der Suchende einige Spuren.

Was die Lage des Heiligtums betrifft, so bezeichnet es der Atlantisbericht als Mittelpunkt einer überaus fruchtbaren Ebene, die, auf einer Insel gelegen, rings von Anhöhen und einem Deich umgeben ist. Außerdem scheint sie auch ein Graben oder Kanal umrundet zu haben, von dem aus Wasser auf die Felder geleitet wurde; die darauf bezügliche Stelle des Atlantisberichts ist aber unklar, da hier verschiedenes miteinander vermengt wurde.

Im Atlantisbericht werden drei Außenhäfen erwähnt. (Die Karte von Johannes Meyer zeigt für die kleinere Restinsel der späten Zeit sogar sechs Häfen: Nordhaven, Westerhaven, Vrseilhaven(?), Hilligenhaven, Osterhaven, Frisenhaven.) Besonders eingehend beschreibt Plato den großen Ausfuhrhafen. Es ist von zahlreichen Gebäuden (»Wohnungen«) die Rede, von vielen Schiffen und Kaufleuten, »die von allen Orten dort zusammenströmten und durch ihr massenhaftes Auftreten bei Tage und bei Nacht Geschrei, Getümmel und Lärm manigfacher Art verursachten« – was bei dem starken Handelsverkehr und der bedeutenden Seefahrt der Bronzezeit und bei den reichen Bernstein- und Kupfervorkommen gerade auf der Insel nicht erstaunlich ist.

Von diesem großen Hafen aus führte ein Kanal in gerader Linie vom Meer bis zum Königshügel, der 9,2 Kilometer entfernt lag. »Sie ermöglichten so die Schiffahrt vom Meer bis zu einem Hafen (beim Königshügel), indem sie den Damm (also den Deich) in einer Breite durchbrachen, die den größten Schiffen Einfahrt gewährte« (Krit. 115 d). Der Kanal leitete Meerwasser in die drei »nassen Ringe«, die den Burghügel umgaben.

Jene Wasser- und Erdringe, die einst Poseidon um den Hügel gezogen haben soll, sind als das spezielle Merkmal der »Atlantis« viel besprochen worden. Laut Atlantisbericht bildeten sie konzentrische Kreise. Für die Breite dieser Erd- und Wasserringe werden allerdings Zahlen angegeben, die unwahrscheinlich und übertrieben klingen. Die Erdringe waren deichartig erhöht und mit Pfostenwänden verstärkt, über den Zufahrtskanal führten jeweils Brücken, unter denen die Schiffe durchfahren konnten, hier befanden sich auch Tore und Türme – Spanuth denkt an Schleusenanlagen und Siele.

Der Burghügel selbst war mit einem aus Steinen geschichteten Wall umgeben. Hier sagt der Atlantisbericht nun etwas, was auch ziemlich unwahrscheinlich klingt: »Den ganzen Umfang der den äußeren Ring umgebenden Mauer faßten sie mit Oreichalkos ein, den sie in Öl auftrugen, die inneren umkleideten sie mit geschmolzenem Zinn und die Mauer um die Burg mit Oreichalkos, welcher einen feurigen Glanz hatte.«

Der Reichtum der Atlanter wird immer wieder gerühmt. Aber große Ringmauern, die mit »Oreichalkos« und Zinn überzogen waren? Die Beschreibung läßt unwillkürlich an jene Märchen denken, in denen der Held in eine dreifache Welt aufsteigt, bzw. eine dreifache Mauer bezwingt, eine von Erz, eine von Silber, eine von Gold oder ähnlich. Es handelt sich hier um Megalithmärchen und natürlich um die Jenseitsfahrt des Sonnenhelden. Kann es sein, daß diese Märchen durch die dreifache Umhegung der Atlantisburg angeregt wurden, oder daß umgekehrt die Atlanter versucht haben, hier auf ihrer Heiligen Insel die Jenseitsburg darzustellen und die Erzählungen über die wunderbare Burg sich wiederum in Märchen und Mythos auswirkten?

Auf jeden Fall: Die kreisrunde Anlage auf Basileia – Spanuth nennt sie eine »Trojaburg« – stammte aus der Megalithzeit. Sie wird im Atlantisbericht als sehr alt bezeichnet, ein Gott hat sie gebaut. Konzentrische Kreise sind ein Charakteristikum megalithischer Kultanlagen; Spanuth weist z. B. auf die großen Steinkreisheiligtümer in Südengland hin, die von Einwanderern aus Jütland am Ende der Steinzeit und in der Bronzezeit errichtet oder doch ausgebaut wurden. Er hält die Anlage auf Basileia für älter und für das Vorbild solcher »Rundtempel«, zumal sich an sie die echt megalithische Sage von der Heiligen Hochzeit des Gottes mit der Erdjungfrau, der Zwillingsgeburt usw. knüpft[156].

Hier muß noch etwas über den »Oreichalkos« des Atlantisberichts gesagt werden. Spanuth hat da zweifellos auch das Richtige getroffen, es kann sich hier um nichts anderes als um Bernstein handeln. Alles, was bei Plato über den »Oreichalkos« gesagt wird, trifft nur auf »das Gold des Nordens« zu, das bis zur römischen Kaiserzeit einzig von der Küste Schleswig-Holsteins aus nach Süden verfrachtet wurde. Aus dem, was der ägyptische Priester dem Solon über diesen »Stoff« sagt, »der bei den damaligen Menschen neben Gold am höchsten geschätzt wurde«, geht klar hervor, daß weder er noch Solon wußten, um was für einen »Stoff« es sich handelte, daß »Oreichalkos« für sie nur ein Wort war, mit dem niemand mehr etwas anfangen konnte, und das darum unübersetzt in den Atlantisbericht kam. Es ist somit ein Wort aus der indogermanischen Sprache der Nordeuropäer, die dem Griechischen ähnlich, aber nicht gleich war und im Atlantisbericht stets vom Griechischen abgesetzt und als »Landessprache« bezeichnet wird. Darum ist es auch falsch, »Oreichalkos« mit dem griechischen Wort »Bergerz« zu übersetzen. Bergerz kann man nicht »in Öl« auf Wände und Mauern »auftragen«, wohl aber Bernstein, den man in Öl kochen und in Bernsteinlack umwandeln kann, da er ja ein Harz und kein Erz ist. Dagegen erklärt der sehr späte Suidas, ein Reallexikonverf. aus dem 10. Jahrh. n. Chr. »Oreichalkos« noch ganz unbefangen mit »electrum«, also Bernstein[157].

Spanuth erklärt, »chalkos« sei im Griechischen ein Lehnwort und bedeute »vom Himmel stammend«[158]. Der erste Teil des Wortes hat sichtlich mit »Gold« zu tun (lateinisch aurum, Vulgärlat. or), die Silbe stammt meines Erachtens von *aur* ab, was Glanz oder Goldglanz bedeutet. Außer im Lateinischen kommt dies aur auch im Altnordischen vor. In der Edda z. B. erscheint es mehrfach, hier aurr geschrieben. Das Wort bezeichnet da »ein glänzendes Naß, das aus dem Weltall herabströmt«[159]. Die Esche Yggdrasil ist von aurr benetzt, und in der »Lokasenna« steht Heimdall, der alte Weltstützergott der Edda, »seit der Urzeit mit aurrbeträuftem Buckel« im Weltall. Heimdalls, des »schiefstehenden Stabes« (Weltachse) Aussehen wird verschiedentlich mit »Gold« verglichen. Aurr ist in der Edda goldener oder auch weißer vom Himmel herabträufelnder Glanz[160].

Oreichalkos bedeutet also »Goldglanz, der vom Himmel stammt«, und das entspricht genau dem Mythos von den »Tränen des Sonnengottes«, die in den Eridanos tropfen und zu Bernstein werden.

Die große Wichtigkeit, die im Atlantisbericht dem Oreichalkos beigelegt wird, kann also nicht verwundern. Dieser »Stoff« war ja in der Bronzezeit für den Norden von größter Bedeutung. Er wurde offenbar vor allem auf der Heiligen Insel »aus dem Boden gegraben« und fand sich dort in so reichen Lagen, wie sie noch heute gelegentlich auf der nahen Halbinsel Eiderstätt durch den Bagger aufgedeckt werden.

Der Reichtum an Bernstein muß damals enorm gewesen sein. Das »Gold des Nordens« wurde in Mengen ausgeführt und begründete den Wohlstand des Atlasreiches. Wenn erzählt wird, Einwohner der Insel hätten sogar mit »Elektron« geheizt, so wird man annehmen dürfen, daß sie Bernstein des aromatischen Geruches wegen verbrannt haben. Vor allem im Tempel mag er als Weihrauchspender benutzt worden sein. Man besaß offenbar so viel davon, daß man Wände, Säulen und Mauern damit ausschmücken oder mit Bernsteinlack überstreichen konnte. Da später das Wort Oreichalkos vergessen und im Norden durch »Glas« ersetzt wurde, entstanden die Sagen von gläsernen Bergen, Tempeln, Sälen und Palästen. Es sind immer Bernstein-Säle und -tempel, die da ursprünglich gemeint sind. An einer Stelle der Edda, im Fjölswinnsmàl, dem Lied vom Sonnenhelden Svipdagr, erscheinen sogar beide Worte für den »Glanzstoff« nebeneinander: »Aur glasir«[161].

Es besteht also immerhin die Möglichkeit, daß einige Wälle oder Holzwände der Atlantis-Burg tatsächlich mit »Oreichalkos« überzogen waren. Wenn in Sagen und Märchen von einer »goldenen« oder doch glänzenden Umwallung die Rede ist, so hat möglicherweise wirklich der Bernsteinglanz dieser Ausschmükkung hierzu den Anlaß gegeben. (Vielleicht leitet sich davon sogar die berühmte »Waberlohe«, die der Sonnenheld überspringen mußte, ab. Oder aber die Bernsteinmauer sollte diese Glanzlohe des Mythos darstellen, wer will das sagen?)

Auf den beiden Erdringen, die die Burg umrundeten, sollen sich Sportanlagen für die gymnastischen Übungen der Männer »wie für Übungen mit Rossegespannen« befunden haben, zudem auf dem größten Ring eine Rennbahn »für den Wettlauf der Rosse«, »ein Stadium (183 m) breit und der Länge nach sich um den ganzen Umkreis erstreckend«. Man denkt dabei an die Rennbahn bei Stonehenge und an die Wichtigkeit, die Pferde- und Wagenrennen überhaupt im religiösen Kult vieler Völker, vor allem bei Totenspielen hatten – sie waren ja auch der Anfang der Olympischen Spiele. Das Rennen im Kreis mag mit der Darstellung des Sonnenlaufs zu tun und neben der sportlichen auch eine magische Bedeutung besessen haben.

Um die Sportanlage her befanden sich Wohnungen für Leibwächter und Gefolgsleute, den zuverlässigeren war auf dem kleineren und näher an der Burg gelegenen Erdring die Wacht übertragen: »Denen hingegen, die an Treue sich vor allem anderen hervorgetan hatten, waren ihre Wohnungen auf der Burg selbst in der unmittelbaren Nähe des Königs angewiesen« (Krit. 117).

Soweit der Atlantisbericht. Noch farbiger wird das Bild, wenn wir Odysseus über die Phäakeninsel folgen.

Nachdem der »herrliche Dulder« mit seinem selbstgebauten Floß an dem der Insel vorgelagerten Felsmassiv, dem heutigen Helgoland, Schiffbruch erlitten hat, gelingt es ihm die Südostspitze der Insel zu umschwimmen. Dort wird er durch die Flut in einen Fluß hineingetragen, ein Vorgang, den spätere antike Schriftsteller bezweifelten, denn sie meintenı »es sei unmöglich, daß ein Fluß seinem Lauf entgegenfließe«. Sie, die Mittelmeeranwohner, wußten eben nicht mehr, wie stark sich Ebbe und Flut an den Küsten der Nordsee auswirken, während Homers Berichterstatter darüber durchaus noch im Bilde war[162].

Bei dem Fluß kann es sich nur um die Hever gehandelt haben, die damals, von Norden nach Süden fließend, vermutlich das Ostufer der Insel vom Festland trennte.

Odysseus erreicht also das Inselufer, erklettert eine Düne, verkriecht sich dann im Gebüsch und sinkt in einen Schlaf, aus dem ihn erst das Geschrei ballspielender Mädchen weckt. Sie haben ihre Wäsche im Fluß, der nun wieder Süßwasser führt, gespült und dann – so nahe sind sie der See – am Meeresstrand zum Trocknen ausgebreitet.

Nun kommt es zu der Begegnung zwischen Odysseus und Nausikaa, der Königstochter. Später folgt er dann Nausikaas Wagen, den sie zur heimatlichen Burg zurückkutschiert. Der Weg führt durch fruchtbare Felder. Bei sinkender Sonne gelangen sie in die Nähe der »Stadt«. Dort liegt ein Pappelhain mit einer Quelle und einem Heiligtum, das – angeblich – Odysseus' Schutzgöttin Athene geweiht ist. Dort bleibt er und betet, dann wandert er vollends zur »Stadt«. Er begegnet einem Mädchen, das er nach dem Weg fragt und von dem er geführt wird. Staunend sieht er die Häfen – wohl die am »äußeren Wasserring« –, die Durchfahrten, die

»gleichgeschnäbelten Schiffe« und die Wälle »lang und hoch, mit Pfählen umringt, ein Wunder zu schauen«. Sie erreichen die Burg, und das Mädchen zeigt Odysseus die »Wohnung« des Königs Alkinoos.

Hier taucht nun die Frage auf, was es wohl mit der »Stadt« auf sich hat, von der hier wie auch im Atlantisbericht die Rede ist. Bis vor kurzem war man der Meinung, es habe vor dem christlichen Mittelalter im Norden überhaupt keine Städte gegeben. Inzwischen haben, wie Spanuth betont[163], neueste Ausgrabungen gezeigt, daß bereits in der Jungsteinzeit große, umwallte, stadtähnliche Siedlungen in Schleswig-Holstein und Dänemark vorhanden waren. Dennoch kann es sich hier auf der Heiligen Insel nicht um das gehandelt haben, was wir eine Stadt nennen. Daß um die Häfen her sich Wohnungen, Warenschuppen usw. ansammelten, ist wahrscheinlich, ebenso daß hinterm Deich und in der Ebene Fischerhäuser und Bauernhöfe oder kleine Siedlungen aufwuchsen. Von den Gebäuden auf den Erdringen um die Burg war schon die Rede. Aber der Burghügel selbst bot mit seinen – laut Atlantisbericht – 920 m Durchmesser nicht Fläche genug für eine »Stadt«. Wenn die »Stadt« auf der Insel Basileia im Atlantisbericht »Metropolis« (Mutterstadt) genannt wird, so ist damit sicher keine »Metropole« gemeint, sondern eben die Stätte, wo Kleito, die Erdmutter, geboren wurde bzw. selbst die göttlichen Zwillinge gebar.

Der Atlantisbericht zählt auf, was alles sich hier hinter der steinernen Mauer befand: das Heiligtum Poseidons, das, laut Homer, ein großes, mit Steinen eingefaßtes und gepflastertes Rund war (der Übersetzer der Odyssee nennt es »Marktplatz«), der Tempel, die beiden Quellteiche, die Badehäuser und Pferdeschwemmen und vielleicht auch ein Stiergehege, denn es heißt, daß sich »im heiligen Bezirk die der Gottheit geweihten Stiere herumtrieben«. Zu all dem kam dann noch der Königshof, der außer der großen Halle sicher eine Vielzahl von Gebäuden umfaßte, die Wohnungen der Söhne und Töchter des Königs und anderer Verwandter, der erprobten Gefolgsleute und Wächter, Gästehäuser, Stallungen, Koch-, Back-, Brauhaus, Wohnungen der Bediensteten, Vorratsspeicher – alles das, was es später auf den germanischen Königshöfen auch gab, einschließlich jener Gebäude, die wir heute Clo-Häuser nennen würden, und die bei den doch recht zivilisierten Atlantern sicher nicht fehlten. Im Ganzen bildete der »Hof« sicherlich ein Gewirr von Baulichkeiten, durch das hindurchzufinden Odysseus schon einer Führerin bedurfte.

Eine genauere Beschreibung der königlichen »Wohnung« gibt der Atlantisbericht nicht. Er sagt nur: »Die königliche Burg aber errichteten sie gleich zu Anfang an dem Wohnsitz des Gottes und ihrer Vorfahren, und so empfing sie denn der eine vom anderen, jeder in der weiteren Ausschmückung seine Vorfahren nach Kräften übertreffend, bis sie denn diesem ihrem Wohnsitz durch die Größe und Schönheit ihrer Werke ein Aussehen verliehen hatten, das Staunen erregte« (Krit. 115). Und später: ». . . der Königspalast war auf gleiche Weise ebensowohl der Größe des Reiches wie auch der Ausschmückung der Heiligtümer angemessen« (Krit. 117).

Homer äußert sich nicht weniger begeistert, gibt aber eine ausführliche Beschreibung (Od. 7/84–94):

Gleich dem Strahle der Sonn' und gleich dem Schimmer des Mondes
Blinkte des edelgesinnten Alkinoos prächtige Wohnung.
Eherne Wände liefen an jeglicher Seite des Hauses
Tief hinein von der Schwelle, gekrönt mit blauem Gesimse.
Eine goldene Pforte verschloß die innere Wohnung,
Silberne Pfosten, gepflanzt auf ihrer ehernen Schwelle,
Tragen den silbernen Kranz; der Ring der Pforte war golden.
Jegliche Seit' umstanden die gold'nen und silbernen Hunde,
Welche Hephaistos selber mit hohem Verstande gebildet,
Um des edelgesinnten Alkinoos Wohnung zu hüten;
Drohend standen sie dort, unsterblich und nimmer veraltend.

Die Beschreibung ist wohl, wie alle derartigen poetischen Berichte der Griechen, leicht übertrieben. Jedenfalls erfahren wir, daß die Königshalle sehr prächtig ausgeschmückt war mit geschmiedeten Hunden als Wächtern, goldener Tür und einer Vorhalle, in der übrigens später, offenbar als besondere Ehrung, das

28 Germanische Königshalle (Rekonstruktion; aus W. Schultz, Altgermanische Kultur, München 1934)

Bett des Odysseus aufgeschlagen wird. Da die Vorhalle wohl nach außen offen war, ist ein Schlafen dort nur in einem warmen Land möglich, aber Schleswig-Holstein war damals ein warmes Land, was man nicht vergessen darf.

Das Innere des »Palastes« entspricht durchaus dem späterer germanischer Hallen. An den Wänden entlang befanden sich die Sitze für die Gefolgsleute (belegt mit gestickten Decken), beim Mahl bekam dann jeder seinen eigenen kleinen Tisch (wie es immer im Norden Sitte war). Daß allerdings »goldene Jünglinge auf schöngebauten Altären« standen, um mit brennenden Fakkeln den Gästen »beim nächtlichen Schmause« zu leuchten, wirkt ein bißchen märchenhaft unwahrscheinlich. In den späteren germanischen Königshallen gab es jedenfalls nichts dergleichen. Aber – wer weiß, was die gold- und kunstreichen Atlanter nicht zu leisten vermochten? »Nichts aus Golde den Göttern fehlte ...« heißt es im Rückblick auf diese Zeit in der Edda.

Jedenfalls entspricht die übrige Einrichtung der Halle späteren

Gepflogenheiten. Das Feuer brennt auch bei Tage auf einem Herd, der sich zwischen den Pfeilern befindet, die das Dach der Halle stützen. Dort ist der Hochsitz des Königs, und neben ihm sitzt die Königin »drehend die zierliche Spindel mit purpurfarbener Wolle, an die Säule gelehnt und hinter ihr sitzen die Jungfraun« (Od. 6/305–307).

Beim Gastmahl, an dem die Gefolgsleute und »Fürsten«, offenbar die Berater des Königs, teilnehmen, werden silberne Schalen zum Händewaschen gereicht, es wird Wein aus goldenen Gefäßen getrunken und zu den warmen Gerichten Brot gegessen. Mädchen bedienen. Die Becher werden »nach rechts hin« gereicht, und man spendet den Göttern ein Trankopfer[164].

Wichtig ist, daß der blinde Sänger Demodokos während des Mahls zur Singharfe Heldenlieder vorträgt. Er sitzt ebenfalls an der Firstsäule des Hauses, bekommt einen Tisch, Brotkorb und Weinbecher, später schickt ihm Odysseus das beste Stück Fleisch von seinem eigenen Teller, was den Alten höchlich erfreut.

Als dann alle Trinkgenossen zu den gymnastischen Spielen auf den »Markt« gehen, wird er vom Herold auch dorthin geleitet. Dieser »Markt« liegt offenbar ganz nahe beim Königspalast, denn als Demodokos zum Tanz der Jünglinge singen soll, wird rasch seine Harfe aus dem Palast geholt, der Herold ist sofort wieder da. Es ist anzunehmen, daß es sich bei diesem »Markt« um die Agora handelt, von der gesagt wurde (Od. 6/266–67), daß sie den Poseidontempel einschließe (daß dort Gerätschaften für die Schiffe aufbewahrt oder verkauft werden, ist allerdings wenig wahrscheinlich). Der andere »Markt«, lies Versammlungsplatz, auf den am Morgen der König die Versammlung der »Fürsten und Pfleger« – es ist auch einmal von »Ältesten« die Rede – einberuft, dürfte weiter ab, vielleicht auf einem der Erdringe, liegen, »denn er war bei den Schiffen erbaut«.

Übrigens läßt die Tatsache, daß Alkinoos selbst wegen einer so nebensächlichen Angelegenheit, wie es die Beherbergung und Heimsendung eines Fremden doch ist, eine Ratsversammlung einberufen muß, auf recht demokratische Verhältnisse im damaligen Norden schließen[165]. Andererseits wird Alkinoos immer »die heilige Macht« genannt. Das mag eine der griechischen Dichterformeln ohne reale Bedeutung sein, ebensogut aber ein Überrest des Brauchtums aus der Epoche sakralen Königtums, wie wir dergleichen ja auch in spätgermanischer Zeit reichlich finden. Die Mischung von überlebenden Anschauungen und Bräuchen des sakralen Königtums einerseits und demokratischen Regierungsformen andererseits ist offenbar von jeher typisch für den Norden gewesen, sie hat sich ja auch bis heute in den nordeuropäischen Ländern erhalten, am ausgeprägtesten in England[166].

In unmittelbarer Nähe sowohl des Königspalastes »nahe der Pforte« wie des Heiligtums lag auch der Garten bzw. der Heilige Hain »Poseidons«. Atlantisbericht wie Odyssee beschreiben ihn erstaunlich gleich, nur daß die Odyssee dort eine Menge von Südfrüchten ansiedelt, die es auf der Nordseeinsel – trotz des Klimaoptimums – kaum je gegeben haben dürfte. Aber auch die Äpfel, die ja in so vielen Berichten und Sagen, die sich mit der Heiligen Insel befassen, eine Rolle spielen (z.B. in der Sage von Atlas und den Hesperiden) und um deretwillen die Insel auch »Abalus«, später »Avallon« – Apfelinsel hieß, werden angeführt, ferner Blumen, Kräuter und Gemüsepflanzen, und in beiden Berichten wird gleichermaßen die »Schönheit und der wunderbar hohe Wuchs« der Bäume gepriesen (»dank der Güte des Bodens«, sagt der Atlantisbericht, Krit. 117). Beide Berichte sprechen auch von den zwei Quellen (der Atlantisbericht sagt: eine warme und eine kalte), von denen mindestens eine im Garten entsprang, und deren Wasser sich zwischen den Pflanzungen hindurchschlängelte und – das hat nur Plato – die verschiedenen Badehäuser und Bassins des Königshofes mit Wasser versorgte. Daß die andere weitergeleitet und auch den »Bürgern« zugänglich gemacht wurde, sagen beide Berichte.

Eine der Quellen, vermutlich die warme, ist offenbar nach dem Untergang und Wiederauftauchen der Insel nicht mehr ans Tageslicht gekommen; später wird nur von einer Quelle im Heiligtum gesprochen, die Fosite mit seiner Axt aus dem Boden geweckt haben soll, entsprechend dem Atlantisbericht, der das Hervorbrechen der beiden Quellen Poseidon zuschreibt. Der Hain des Gottes hat auch nach den Katastrophen wieder bestanden, und der schöne Baumbestand wird auch später gerühmt, erst in Adams v. Bremen Bericht von 1070 n. Chr. wird sie als »baumlos« bezeichnet, offenbar haben da die schweren Sturmfluten des Mittelalters und vielleicht auch die eifrigen Missionare ihr Werk getan. Johannes Meyer zeichnet auf seiner Karte noch Baumgebiete ein, auch einen ziemlich umfangreichen »Hilligenwald«, also einen Heiligen Hain.

2. Das Heiligtum

Das Heiligtum selbst bestand aus eben der erwähnten Agora und dem Tempel. Die Agora war rund wie der Hügel überhaupt, dessen Mittelpunkt sie bildete, offenbar nochmals von einer Mauer umgeben und gepflastert. Ein solches vorgeschichtliches Pflaster aus sichtlich von Menschenhand verlegten Flintsteinen ist mitsamt den Resten eines Steinwalles durch Taucher 1953 auf dem »Steingrund«, jener Bodenerhebung, die einstmals Burg und Tempel getragen haben könnte, gefunden worden. Spanuth bringt Zeichnungen davon[167]. Auch einige bronzezeitliche Hügelgräber, z. B. eines auf dem Oberland von Helgoland und mehrere auf Sylt, weisen in ihrem Inneren ein ebensolches Pflaster auf. Die Flintsteine stammen aus Dänemark, aus einem vorgeschichtlichen Bergwerk bei Älborg am Limfjord, das im 2. Jahrtausend v. Chr. in Betrieb war und dann aufgegeben wurde. Die Steine sind also 400 km über Land und Meer zur Heiligen Insel transportiert worden[168].

In seinem Artikel über »Die Megalithen Südostasiens« hat Dr. Robert Heine-Geldern die Übereinstimmung zwischen der griechischen Agora und den als Kultplätze dienenden Steinkreisen der lebenden Megalithkulturen Ostasiens hervorgehoben. Heine-Geldern wendet sich gegen die Bezeichnung »Markt« für die griechische Agora. Mindestens in der frühgriechischen Zeit diente die Agora ebenso wie der Kultring der heutigen Megalithiker ausschließlich kultischen Zwecken: Versammlungen, Gerichtssitzungen, gymnastischen Spielen und Jünglingstänzen, die aber dort (in Südostasien) alle im Kult verankert waren bzw. noch sind. Auch die griechische Agora war ein Steinkreis mit – meist polierten – Steinsitzen für die Versammelten, mit Thron für den Herrscher und Altarstein oder Kultsäule[169].

So also dürfen wir uns den ummauerten Platz vor dem Poside-Tempel vorstellen, ein geweihtes Rund mit Steinsitzen (Spanuth meint, daß hier ebenso wie in Stonehenge fünf Tryglithensteine als Hochsitzpfeiler für die atlantischen Könige gestanden hätten). In der Mitte, die zugleich die Mitte des Burghügels und die Mitte der Insel war, erhob sich die Weltsäule (über die später noch ausführlicher zu reden sein wird). Da laut Atlantisbericht die Gesetze auf ihr geschrieben standen, war sie auch Gerichtssäule, und wir dürfen annehmen, daß Gerichtssitzungen hier stattfanden. Daß in der Agora gymnastische Spiele, Wettkämpfe und Tänze kultischer Art veranstaltet wurden, zeigt die Odyssee, und von den hier dargebrachten Stieropfern sprechen beide Berichte.

Die Steine, die dieses Heilige Rund umgaben, umschlossen, wie es scheint, auch den Tempel und möglicherweise dessen Nebengebäude, z. B. das Schatzhaus des Gottes. Ich halte es auch für wahrscheinlich, daß sich hier der Teich der zweiten Quelle befand. Im »Asgard« der Edda entspringen außer den Strömen Hwergelmirs noch zwei Quellen mit entsprechenden Teichen an den »Wurzeln« des Weltbaumes: Mimirs Born und der Brunnen der Urd. Letzterer liegt ganz nahe beim Weltbaum unter dessen Zweigen, und es schwimmen zwei Schwäne auf ihm. Hier drängt sich der Gedanke an die heiligen Schwäne auf, die noch im 8. Jahrh. n. Chr. im Heiligtum auf Fositesland gehalten und von den christlichen Missionaren getötet wurden. Sicher schwammen die Schwäne des Gottes auch schon früher in der hohen Zeit des Schwanengottkultes im heiligen Quellbecken. Spanuth[170] schreibt hierzu: »Merkwürdig ist auch, daß nach einer alten delischen Überlieferung im Hyperboreerland auf der Heiligen Insel in der heiligen Quelle dem Apollon geweihte Schwäne gehalten wurden. Aus diesem Grund hatten die Delier auf der dem Apollon geweihten Insel Delos einen künstlichen Teich angelegt, der von weither mit Wasser versorgt wurde. In diesem Teich, der bei den Ausgrabungen wiedergefunden worden ist, wurden nach hyperboreischem Vorbild Schwäne zu Ehren Apollons gehalten.«[171]

Der Tempel selbst wird in der Odyssee nur erwähnt, im Atlantisbericht aber genau beschrieben.

Die Frage, ob die Nordleute überhaupt Tempel hatten, braucht hier wohl nicht mehr ausführlich erörtert zu werden. Natürlich gab es im Norden genau wie bei den anderen Indogermanenvölkern zu allen Zeiten dem Kult gewidmete, geschlossene und überdachte Gebäude. Die Angaben des Tacitus über diesen Punkt[172] beruhen entweder auf Unkenntnis oder auf dem Wunsch, eine von einem Gewährsmann gemachte spezielle Angabe zu verallgemeinern und mit edlem Tiefsinn auszudeuten. Vermutlich standen bei den Germanen der taciteischen Zeit die Heiligen Haine, die es auch immer gegeben hat, kultisch stark im Vordergrund. Man sprach vom »Hain«, »Hag« oder »Hof« und erwähnte gar nicht, daß zu diesem Hain natürlich auch Gebäude gehörten. Jedes größere Heiligtum besaß Schätze, Feldzeichen und dergleichen, Dinge, die im geschlossenen Raum aufbewahrt werden mußten. Auch das ewige Feuer, das zu jedem bedeutenderen Heiligtum gehörte und das nur zur Jahreswende gelöscht wurde, konnte – selbst zur Zeit des Klimaoptimums, geschweige denn in den späteren kalten und regenreichen Zeiten – nicht im Freien erhalten werden. Es brauchte ein Feuerhaus, in dem sein Herd stand.

Die Beschreibungen germanischer Tempel aus der frühmittelalterlichen Zeit zeigen fast immer die gleiche Anordnung: Der rechteckige Bau war kostbar geschmückt, auf einem Herd in der Mitte brannte das Heilige Feuer, dahinter befand sich eine kleine altarähnliche Mauer, auf der Weihgaben und der »Eidring« des Priesters lagen, hinter dieser erhoben sich zumeist die oft sehr großen Götterstatuen. Sie waren aus Holz, in der Art der christlichen Heiligenfiguren bemalt und teilweise vergoldet und stellten jene Götter dar, denen der Tempel vorwiegend geweiht war.

Sehr viel anders dürften die Tempel in der bedeutend reicheren Bronzezeit im allgemeinen auch nicht ausgesehen haben. Daß der Tempel des Poside und der Kleito auf der Basileia, dem Zentralheiligtum des Atlasreiches, ja des ganzen Bereichs der atlantischen »Konföderation«, mit besonderer Kunst erbaut und ungewöhnlich reich ausgestattet war, ist höchst wahrscheinlich.

Der Atlantisbericht sagt über ihn: »In der Mitte befand sich ein der Kleito und dem Poseidon geweihter, dem öffentlichen Verkehr entzogener Tempel, eingefaßt mit einer goldenen Umhegung, wo sie am Anfang das Geschlecht der zehn Königssöhne gezeugt und hervorgebracht hatten. Dorthin brachte man auch alljährlich aus allen zehn Gebieten einem jeden dieser Nachkommen die Opfergaben. Der Tempel des Poseidon hatte eine Länge von einem Stadion, eine Breite von drei Plethren und eine für das Auge entsprechende Höhe; er hatte ein barbarisches Aussehen. Den ganzen Tempel überzogen sie von außen mit Silber, mit Ausnahme der Akroteren (Spitzen), diese aber mit Gold. Was aber das Innere betrifft, so konnte man die elfenbeinerne Decke ganz mit Gold, Silber und Oreichalkos geschmückt sehen, alles andere aber an Mauern, Säulen und Fußboden überzogen sie mit Oreichalkos. Auch stellten sie goldene Bildsäulen darin auf ...« (Es folgt die Beschreibung der Statue Poseidons auf dem Wagen, die bereits oben zitiert wurde.)

Der Tempel war also ein sehr großer Rechteckbau, die angege-

29 Speicherhaus »Stabur« am Bolkesjö in Telemark, Norwegen (Zeichnung nach Tiedemann)

benen Maße wirken allerdings übertrieben (183 m lang, 92,5 m breit). Es ist auch nicht wahrscheinlich, daß die Außenseite gänzlich mit Silber »überzogen« war, immerhin mag sie mit Silber ausgeschmückt gewesen sein. Ob die mit Gold überzogenen »Akroteren« nicht in Wahrheit vergoldete Schindeln waren? Bei späteren germanischen Tempeln hört man öfter von goldenen Dächern, d.h. von Dächern, die mit vergoldeten Schindeln gedeckt waren (z.B. bei dem großen Tempel in Uppsala, den noch Adam v. Bremen um 1080 n. Chr. beschrieb).

Aber was ist's mit dem »barbarischen Aussehen«? Zunächst: Der Tempel dürfte ein Holzbau gewesen sein, was allein schon dem griechischen Betrachter fremdartig erscheinen mußte. Einen Steinbau im südlichen Sinn hat der Norden ja nie gekannt. Die Megalithiker türmten wohl gewaltige Steinblöcke zu Wällen, Einhegungsmauern, Gräbern und allenfalls Fundamenten auf, die Häuser aber waren aus Holz oder Lehmgeflecht errichtet und mit Ried oder Stroh gedeckt. In der Bronzezeit wird es nicht anders gewesen sein. Der Atlantisbericht spricht von Bauten, die mit farbigen Steinen »geschmückt« waren – zur Zierde –, sie waren aber sicher nicht gänzlich aus Stein errichtete Bauten.

Spanuth hat neuerdings[173] auf die Beschreibung des Tempels Salomonis in mehreren Büchern und Kapiteln der Bibel hingewiesen. Da die Hebräer vom Holzbau nichts verstanden, die Philister und ihre mit ihnen eingewanderten Verwandten, die Sakar, aber große und schöne Holztempel errichteten, lieh sich Salomo vom Fürsten der Sakar in Tyrus einen Baumeister aus, der sich auf den traditionellen Holzbau der Nordmeervölker verstand, dazu bestellte er das Holz vom Libanon. Der Tempel war ein großer Langhausbau mit einem Hauptraum und einem von diesem getrennten Allerheiligsten, mit einer Vorhalle und drei übereinanderliegenden Umgängen, die jeweils ein Stück vorkragten, so daß der Bau oben bedeutend breiter war als unten. Diese Umgänge dürften in den oberen Stockwerken wohl offen und ähnlich wie die Galerien an Schwarzwald- oder Schweizerhäusern mit geschnitzten Balustraden versehen gewesen sein. Spanuth vergleicht diesen Bau mit den norwegischen Speicherbauten, »Stabur« genannt, die die gleiche Bauweise zeigen. Der Tempel

Salomos stand auf einem Steinfundament, das heute noch gezeigt wird. Ein Stück vor der Vorhalle erhoben sich zwei geschmückte, freistehende Säulen, auch im Innern stützten Firstsäulen das Dach. Der Baumeister hatte figürlichen Schmuck angebracht, z. B. einen »Sonnenwagen« mit Pferden und Bilder eines Gottes, der mit dem griechischen Apollo verglichen wurde. Einer der Nachfolger Salomos ließ dann diese Bilder als »heidnisch« wieder aus dem Tempel entfernen und verbrennen.

Dreihundert Jahre sind keine lange Zeit. Es ist durchaus wahrscheinlich, daß bei den Nordmeervölkern in Palästina eine Bautradition bestand, die in der Tempelbaukunst der alten Heimat wurzelte, und daß das Vorbild für den Tempel Salomos letzten Endes der Poside-Tempel auf der Insel Basileia war. Sah er dem »Stabur« ähnlich, dessen Bild Spanuth seinem Aufsatz in der Zeitschrift »Deutschland in Geschichte und Gegenwart« beigegeben hat, so wäre das »barbarische Aussehen« für unser Auge von großem Reiz gewesen.

Vom Inneren des Tempels auf der Heiligen Insel wird gesagt, daß die Decke aus »Elfenbein« bestand und mit Gold, Silber und Oreichalkos verziert war. Er hatte also keinen offenen Dachstuhl. An »Elfenbein« aus Walroßzähnen und fossilem Mammutbein fehlte es im Norden nicht, es war auch später dort ein Hauptausfuhrartikel. Daß Wände, Säulen und Fußboden mit Bernstein eingelegt bzw. mit Bernsteinlack überzogen waren, ist glaubhaft. Wenn man bedenkt, wie reich mit Gold und Silber und sogar mit Edelsteinen die späteren germanischen Tempel, von denen wir Beschreibungen haben, ausgestattet waren und daß noch in den Heiligenberichten des 8. Jahrhunderts n. Chr. das Heiligtum Fosites als ein »Tempel von unerhörter Pracht« beschrieben wird und von großen Schätzen die Rede ist, die die Missionare im Heiligtum fanden, so erscheinen die Worte des Atlantisberichtes hier nicht allzu übertrieben.

Daß der so beschriebene Tempel nicht in die Megalithzeit zurückreichen kann, ist deutlich. Aber der Atlantisbericht spricht gleichzeitig auch von dem Raum, in dem »am Anfang« das Götterpaar die Zwillingssöhne »zeugte und hervorbrachte«. Vielleicht war hier ein sehr altes Gelaß megalithischer Herkunft erhalten geblieben, das von dem großen Tempelbau umfaßt wurde und sein »Allerheiligstes« bildete oder ihm angebaut war.

»Die goldene Umhegung«, die den Tempel einfaßte, den »peribolos«, möchte Spanuth als eine goldene Kette deuten, die um das »Allerheiligste« gelegt war. Er schreibt, daß auch um das höchste Heiligtum der Schweden in Uppsala eine solche Kette geschlungen war[174]. Hier denkt man an die uralten Kinderspiele, die einst kultische Reigen waren und die von der »goldenen Kette« singen, die »um das Haus« geht, aus dem »eine schöne Jungfrau« herausschaut. Daß dieses weitverbreitete Lied von der »goldenen Kette« zu den Werbungsspielen gehört, die einst die »Heilige Hochzeit« der Götter einleiteten, ist mehrfach festgestellt worden[175]. Ohne Zweifel gehört der goldene »Peribolos« zu einem Heiligtum von der Bedeutung des Zentraltempels des Posideos und der Kleito und ist so wenig ein Gebilde der Phantasie wie der Bernsteinsaal im Innern des Tempels.

Einen Herd für das heilige Feuer dürfte der Tempel auch enthalten haben und dann jenes Standbild des »Poseidon«, von dem schon die Rede war, samt anderen »Bildsäulen« aus Gold. Sogar um den Tempel herum sollen noch zahlreiche goldene Bildsäulen und Weihgeschenke gestanden haben. Auch Spanuth spricht hier von »Übertreibung«. Aber etwas wird wohl doch an der Sache sein. Das Standbild, dessen Scheitel die Decke berührte, von hundert Nereïden, die auf Delphinen ritten, umgeben? Phantasie oder Wirklichkeit?

Was wir einwandfrei wissen, ist nur, daß die Schmiede des Nordens, vor allem die dänischen, imstande waren, kleine Bronzestatuetten von großer Ausdruckskraft zu schaffen. Es ist deutlich, daß die Schmiedekunst damals auf einem hohen Niveau stand. Gold und Silber sind begehrte Metalle. Groß-Statuen werden auch nicht in Gräber mitgegeben. Daß sich hier nichts erhalten hat, kann kaum erstaunen. Auch von den großen Bildwerken aus Gold im alten Griechenland und Rom, von denen wir aus der Literatur wissen, ist nichts auf die Nachwelt gekommen. Und diese Kunst ist, soweit sie im Norden ausgeübt wurde, mit den Schmieden zur Katastrophenzeit nach Süden gewandert – der Gott von Enkomi auf Zypern bezeugt es. Der kleine Bevölkerungsrest, der nach dem großen Unheil und dem Klimasturz im Gebiet des alten Atlasreiches übrig blieb, war verarmt und hatte keine Möglichkeit mehr, goldene Bilder, ob groß oder klein, zu schaffen.

Ebenso wie die Kunst, das Eisen zu schmieden, die man am Ende der Bronzezeit im Norden bereits verstand[176], mit den Schmieden nach den Mittelmeerküsten wanderte und viele Jahrhunderte lang im Norden nicht mehr ausgeübt wurde, so verschwand auch die Fähigkeit, metallene Bilder zu schaffen, aus der nördlichen Welt, und zwar gleich für etwa 2500 Jahre. Die Germanen späterer Zeit waren gute Holzschnitzer. Die Missionarsberichte sprechen von der Pracht des Inselheiligtums, von Schätzen und »geschmückten Säulen«, aber wenn der Friesengott Fosite überhaupt im Bild in seinem Tempel saß, so war dieses aus Holz (und leicht zu verbrennen). Und sollte wirklich einst gegen Ende des 13. Jahrhunderts v. Chr. sein Bild in strahlendem Gold, riesengroß auf einem Wagen, im Tempelbau gestanden haben – auch dieses mag verbrannt, zerschmolzen sein, in dem Feuer, das damals, wie die Völuspà sagt, vom Himmel fiel: »Lohe umtost den Lebensnährer; hohe Hitze steigt himmelan.« Da kann die Nachwelt keine Funde mehr und somit auch keine Sicherheit in den besprochenen Fragen erwarten.

3. Die Weltsäule

Den eigentlichen Mittelpunkt des Heiligtums wie der Insel aber bildete nicht der Tempel des Götterpaares, sondern die Weltsäule, der Himmelstützer. Die berühmte, in so vielen Berichten schon seit ältesten Zeiten von Ägyptern, Assyrern, Hethitern, später von Griechen und Römern genannte »Nordsäule, die unter dem Polarstern steht und den Himmel hält«, erhob sich vermutlich in der Mitte der atlantischen Agora auf einem dreistufigen Unterbau, der den »Weltberg« symbolisierte.

Daß sie sich innerhalb des Tempelbaus befand, ist nach allem, was der Atlantisbericht über sie sagt, unwahrscheinlich. Dort mögen Firstsäulen, die das Dach trugen, später ebenfalls die

30 Niedergebogene und aufgerichtete Irminsul (Zeichnung in F. Seitz, Die Irminsul im Relief der Externsteine, Pähl 1956)

»Asen«, die göttlichen Welt- und Himmelsstützer im übertragenen Sinn, symbolisiert haben. Die eigentliche Weltsäule muß unter freiem Himmel gestanden haben, ebenso wie die späteren Säulen des Herakles und die noch späteren Irminsäulen. Aber ebensowenig dürfte sie auf dem Dach des Tempels gestanden haben[177]. Dieses war sicher nicht flach, sondern nach guter, alter nordischer Sitte ein First- oder Walmdach (gedeckt mit goldenen Schindeln?) und nicht ersteigbar.

Da das Stieropfer anläßlich des Königthings oben auf der Säule vollzogen wurde (Atlantisbericht), muß diese – mindestens in atlantischer Zeit – zu ersteigen und nicht allzu hoch gewesen sein. Später – nach den Katastrophen – dürfte die neu errichtete Weltsäule ebenso wie die sächsische Irminsul eine »beträchtliche Höhe« gehabt haben. Im zweiten Jahrh. v. Chr. schreibt Scymnus, daß die »Nordsäule (stele boreios) ihre Spitze hoch über das Meer« erhebe[178].

Über die Gestalt der Säule kann es heute keinen Zweifel mehr geben. Sie ist sich offenbar durch die Jahrtausende hindurch so ziemlich gleich geblieben. Die beste und genaueste Darstellung findet sich nach wie vor auf dem Kreuzabnahmebild aus dem 12. Jahrh. n. Chr. am Externsteinfelsen bei Horn in Westfalen. Der Streit um das »Gebilde«, das wie ein sich biegender Baum dem Mann, der Jesus vom Kreuz nimmt, als Ständer dient, dürfte jetzt doch wohl endgültig entschieden sein, nachdem vor allem durch den Bildhauer Ferdinand Seitz, aber auch durch viele andere Forscher ein geradezu erdrückendes Beweismaterial zugunsten der »Irminsul« gesammelt worden ist[179]. Das »Gebilde«, das, aufgerichtet, einen mit Zacken oder Sprossen versehenen Stamm (auf dem Externsteinbild eckig, sonst meist rund) zeigt mit zwei armartig ausgestreckten Zweigen, deren Enden nach innen oder außen in Spiralen gedreht sind und an eingerollte Farnblätter erinnern, diese Baumsäule findet sich in unendlicher Vielfalt als Segens-, Herrschafts-, Gerichts- und Himmelsgottzeichen über die halbe Welt verbreitet, schließlich hat es sich zur heraldischen Lilie ausgewachsen und ziert Königsmäntel, Zepter, Wappenschilde usw. Der Mittelpunkt zwischen den beiden Armen galt als »Ruhplatz der Sonne« (Sophokles), und auf vielen Darstellungen ruht hier wirklich der Sonnenball. Häufiger noch findet sich an dieser Stelle der Polarstern, der als »Weltnagel« (die Germanen nannten ihn darum Nagelstern) aufgefaßt und abgebildet wurde. Aus dieser Keilspitze ist später die staubgefäßartige Spitze der »Lilie« geworden.

Bei der Atlantis-Säule waren die ausgebreiteten »Arme« offenbar so groß und breit, daß man auf ihnen stehend einen Stier schlachten konnte. Diese »Arme« waren es, die symbolisch den Himmel trugen, die ausgestreckten Arme des Atlas, wie die Griechen sagten.

Daß diese Weltsäule eigentlich einen stilisierten Baum darstellt, ist einleuchtend. Nach meiner Meinung ist das Symbol der »Säule«, das als »Pfahl« so weite Verbreitung – vor allem bei den östlichen Völkerschaften – gefunden hat, ursprünglich aus dem »Weltbaum« hervorgegangen, der sich in Brauch und Darstellung auch – bis heute – immer wieder durchgesetzt hat. Die Weltstützersäule auf der Heiligen Insel »jenseits des Nordwindes« mag schon früh in der Megalithzeit die stilisierte Säulenform bekommen haben, sie ist trotzdem immer wieder als Baum betrachtet worden. Hier geben die Edden klare Auskunft. Inmitten der von flammendem Wall umgebenen Götterburg steht dort die Weltesche, überrieselt vom Aurr, dem flüssigen Goldglanz, der aus dem Weltall strömt, und bei der Quelle an ihrer Wurzel versammeln sich die zwölf Götter zu Thing und Gericht wie die zehn Könige des Atlantisberichtes zu Füßen der Bernsteinsäule des Rechts. Die Übereinstimmung ist hier so auffällig, daß an einem Zusammenhang nicht gezweifelt werden kann. Aber es war ein Baum, der in den Edda-Liedern mit seinen Zweigen das Weltall füllte und zugleich den als Riesenschädel gesehenen Himmel stützte. Dies muß ursprünglich sein. Denn die Edda-Vorstellung übertrifft in ihrer Vollständigkeit und Großartigkeit weit alle anderen entsprechenden mythischen Aussagen, auch die der Indoarier und der Iranier.

Die »Irminsul« der Sachsen war wie die Säule auf Basileia ein stilisierter Baum. Sie bestand aus Holz, ein gewaltig großer Baumstamm ragte nach Aussage der fränkischen Chronik, erhöht stehend, gen Himmel. Auch die atlantische Säule kann aus Holz gewesen sein. »Aus Oreichalkos«, sagt zwar der Atlantisbericht. Es ist immerhin möglich, daß man diese Säule ganz aus Bernstein gefertigt hatte, wahrscheinlicher aber, daß auch sie ein dicker Baumstamm (vielleicht viereckig zurechtgehauen) und mit Bernsteinlack übergossen war.

In den Oreichalkos waren Zeichen gegraben. Der Atlantisbericht sagt: »Die Herrschaft und Gemeinschaft unter ihnen (den atlantischen Königen) wurde aufrechterhalten nach den Anordnungen des Poseidon, wie sie ihnen das Gesetz und die Inschriften überlieferten, die von den Urvätern auf einer Säule aus Oreichalkos eingegraben waren; sie stand in der Mitte der Insel im Heiligtum des Poseidon« (Krit. 119c).

Der Weltbaum und die Weltsäule war auch Erhalter des Maßes und der Ordnung. In der Völuspá heißt die Weltesche »miotviđr« – Maßbaum. Spanuth zitiert hier Hauer (1940/345): »Mit dem Stützbalken verband sich die Idee des strengen Maßes und damit der Ordnung.« ... »Im Symbol der Weltsäule kommt also der Glaube an den festen Bestand des Weltalls zum Ausdruck, in dem Maß und strenge Ordnung herrschen und das treu von einem ewigen Stützbalken gestützt wird.« Die Römer nannten die »Nordsäulen« auch »metae«, was ebenfalls Maß-Säulen heißt. Sicher diente die »Maß-Säule« auch zum Messen des Gestirnumlaufs, aber gleichzeitig verkündete sie auch den Nachfahren des Gottes das Maß, die Ordnung der Welt und das Gesetz ihres göttlichen Vaters. Aus den weiteren Abschnitten des Berichtes ergibt sich, daß diese »Gesetze des Vaters« sich hauptsächlich auf die Einigkeit unter den Königen bezogen und ihnen vorschrieben, wie sie herrschen, urteilen und strafen durften. »Auf der Säule befand sich außer den Gesetzen auch noch eine Eidesformel, die schwere Verwünschungen über die Ungehorsamen herabrief« (Krit. 119/120).

Diese Aussage des Atlantisberichtes setzt voraus, daß die Atlanter eine Schrift besaßen, in der sie diese Gesetze in den Oreichalkos der Säule eingraben konnten. Es kann auch in dieser Beziehung heute keinen Zweifel mehr geben[180]. Die Nordleute der Bronzezeit besaßen eine Buchstabenschrift, die sich im Norden als »Runen« erhielt und deren Zeichen eben deswegen »Buchstaben« genannt werden, weil sie in der späteren Zeit ausschließlich in Holzstäbchen geschnitten und zum Losorakel verwendet wurden[181].

Die Zeichen wurden vermutlich auch in der Bronzezeit nur im Kult gebraucht, erst als die Nordvölker sie mit der »Großen Wanderung« nach Süden gebracht hatten, wo profane Schreibschriften existierten, wurden sie dort nach deren Vorbild auch zum eigentlichen »Schreiben« verwendet. Aus ihr entstanden die griechische und die »phönizisch« genannte Philisterschrift und dann im Verlauf der Geschichte zahlreiche weitere Schriften bis hin zu dem »Alphabet«, das wir selbst benützen.

Aus den frühmittelalterlichen »Runenliedern« und ihren Kommentaren wissen wir, daß jedes Zeichen einen Namen trug, dessen Anfangsbuchstabe seinen Lautwert bezeichnete[182]. Ursprünglich mögen die Zeichen nur jeweils eine Sache, einen Begriff oder Gedanken vertreten haben und gebraucht worden sein, um ihn darzustellen. Noch in später Zeit bezeichnete z.B. die Speerspitze ↑ den Gott Tyr = Himmels- und Kriegsgott und zugleich auch den Begriff Tod. Möglicherweise setzte sich die »Inschrift« auf der Oreichalkos-Säule aus solchen Sinnzeichen zusammen, die vom »Eingeweihten« verstanden und richtig gedeutet werden konnten. Wir kennen noch ein entsprechendes Beispiel aus dem frühen Griechenland: In Delphi stand auf einer Spitzsäule der Buchstabe E. Vielleicht bedeutete er den Namen des Gottes ER, der mit Atlas und Irmin identisch war, mit Sicherheit aber auch den Begriff »Recht«. Auf dieses E wurden im Rechtsbrauch Eide geschworen[183].

Noch ein zweites Mal wird im Atlantisbericht Schrift erwähnt: »Das Urteil aber, welches sie gefällt hatten (die Könige), schrieben sie, sobald es Tag ward, auf eine goldene Tafel, die sie als Gedenktafel aufstellten« (Krit. 120). Ich könnte mir denken, daß in diese Tafeln in der gleichen Weise Sinnzeichen gegraben wurden, die das Urteil in gedrängter Form wiedergaben. Interessant ist, daß auch die Edda von »goldenen Tafeln« spricht: Als nach Ragnarök, dem »Untergang der Götter«, das »Land« aus der Flut getaucht ist und die Söhne der alten Götter sich wieder auf dem »Idafeld« versammeln, wo »einst Asgard gewesen war«, fanden sie im Grase wieder die goldenen Tafeln, »die vor Urzeiten ihr eigen waren«. Es ist, als zeige sich hier eine echte Erinnerung an jene goldenen Urteilstafeln und das Wiederfinden von einigen von ihnen nach dem Auftauchen des Heiligen Hügels aus Flut und Schlamm und der damit verbundenen Erneuerung des Rechtes[184].

Das Königsthing, das mit so erstaulicher Ausführlichkeit im Atlantisbericht beschrieben wird, ist eng mit dem Kult der Weltsäule verbunden. Die Einrichtung stammte sicher aus sehr alter Zeit und diente der inneren Einheit jenes in der Megalithzeit gegründeten Staatenbundes, dem der größte Teil der von Norden aus besiedelten Gebiete bis Spanien und Nordafrika angehörte.

Die Zusammenkunft der zehn Könige fand abwechselnd bald jedes fünfte, bald jedes sechste Jahr statt, »um die ungerade Zahl nicht vor der geraden zu bevorzugen« (man spürt noch in diesem wunderlichen Zusatz die megalithzeitliche Freude, mit dem Geheimnis der Zahl ein Spiel zu treiben).

Die Könige »berieten hier in persönlicher Berührung über die gemeinsamen Angelegenheiten, untersuchten ferner, ob sich einer von ihnen einer Übertretung schuldig gemacht hätte, und saßen darüber zu Gericht«. Bevor sie das Urteil fällten, fingen sie – »die Zehn allein, ohne Eisengerät, nur mit Holzknüppeln und Stricken« – einen der »geweihten Stiere, die sich im heiligen Bezirk herumtrieben. Denjenigen von den Stieren, den sie fingen, schafften sie auf die Höhe der Säule hinauf und schlachteten ihn auf der Höhe derselben, so daß das Blut auf die Inschrift hinunterfloß« (Krit. 119). Hier haben wir das, was später in germanischer Zeit auf Island »Rötung des Pfahles« genannt wurde. Zugrunde liegt der Gedanke, daß die Weltsäule von Zeit zu Zeit mit Opferblut überströmt werden müsse, um am Leben zu bleiben und nicht schwach zu werden, so daß sie und mit ihr der Himmel nicht einstürze. Ein sehr urtümlicher Gedanke, der aber in der Bronzezeit (und später) noch voll lebendig war. Wir hören, daß noch im Norwegen und Island der Bekehrungszeit im germanischen Tempel Menschen, Götterbilder und Wände mit dem Blut der Opfertiere bespritzt wurden, um die Lebenskraft und -dauer von Menschen und Dingen zu erhöhen.

Aber auch die Atlanter der Bronzezeit, die, wie es in der Phaiakie heißt, »besonders warme Bäder liebten«, die außer schön gefertigten Rasiermessern auch noch Lederetuis mit Toilettegegenständen aller Art ins Grab mitbekamen, liebten die Reinlichkeit. So wird im Atlantisbericht ausdrücklich gesagt, daß die Säule nach der Zeremonie »ringsherum gereinigt« wurde. Fleisch und Knochen des Tiers wurden dem Opferfeuer übergeben. »Einen Klumpen geronnenen Blutes für jeden (König) warfen sie in einen dafür vorbereiteten« (wohl mit Wein gefüllten) Mischkessel. »Hierauf schöpften sie mit goldenen Trinkschalen aus dem Mischkessel und schwuren, von ihren Schalen ins Feuer spendend, sie würden nach den Gesetzen auf der Säule richten und Strafe verhängen, wenn einer von ihnen sich einer Übertretung schuldig gemacht hätte. Was aber die Zukunft anbelangt, so würde keiner sich absichtlich einer Übertretung schuldig machen und weder selbst anders als gesetzmäßig herrschen noch einem Herrscher gehorchen, der sich in seinen Anordnungen nicht nach

31 Goldene Trinkschalen von Unterglanheim a. d. 10. Jahrhundert v. Chr. (Römisches Museum, Augsburg)

den Gesetzen des Vaters richte. Nachdem jeder von ihnen dies für sich selbst und seine Nachkommen gelobt hatte, trank er und weihte die Schale in das Heiligtum des Gottes. Dann gönnten sie sich Zeit für das Mahl und für die anderen Bedürfnisse. Sobald aber die Dunkelheit hereinbrach und das Opferfeuer erloschen war, legten sie ein dunkelblaues Gewand von wunderbarer Schönheit an und so, bei der Glut der Eidesopfer am Boden sitzend und alles Feuer um das Heiligtum herum auslöschend, ließen sie nächtlicherweile dem Rechte als Richter und Gerichtete seinen Lauf.«

Man spürt aus diesem Bericht, der in der antiken Literatur nicht seinesgleichen hat, die Ergriffenheit des Berichterstatters durch die Feierlichkeit und das Geheimnis dieser Gerichtssitzung heraus. Alles ist von tiefer Bedeutung, nicht nur das Bluttrinken aus der Goldschale, das Spenden ins Feuer und der bindende Schwur, auch die herabgesunkene Glut des Eidesfeuers, die nächtliche Stunde und die Tatsache, daß die Könige nach alter, primitiver Sitte auf dem Boden sitzen. Besonders fällt das »dunkelblaue Gewand von wunderbarer Schönheit« auf – andere Übersetzungen haben »Mantel«: Diese Gewänder, die nur in dieser einen Nacht getragen und dann dem Tempel übergeben wurden – zusammen mit der Trinkschale und der goldenen Tafel, auf der der Richtspruch stand –, scheinen anzuzeigen, daß die zehn Könige in dieser Nacht die Götter vertraten bzw. ihnen gleich waren. Den nachtblauen Sternenmantel, der das Firmament darstellt, tragen die Götter, wenn sie sich den Sterblichen zeigen. Wir erinnern uns an das dunkelblaue Gewand der Apollo-Statuette von Klićevac, Odin trägt den blauen Mantel und später Maria, die Gottesmutter und Jungfrau. Im Thorsberger Moor in Schleswig-Holstein ist ein wunderbar gewebter Mantel in mehreren Schattierungen von Blau aus späterer Zeit gefunden worden, der einen Eindruck von der vorgeschichtlichen Webekunst gibt[185].

Das Fest des Königsthings unter der Weltsäule ist sicher im Atlantisbericht so ausführlich geschildert worden, weil es der Mittelpunkt des religiösen wie politischen Lebens im Atlasreich war. Wir wissen, daß der ursprüngliche Sinn des Stieropfers die Wiederholung der Opferung des Himmelsgottes bzw. seines Selbstopfers in und für die Welt bildete, denn der Stier war das Tier, das ihn vertrat. Im Atlasreich der Bronzezeit muß dieser tiefere Sinn noch bekannt und den Teilnehmern an der Zeremonie bewußt gewesen sein: Die Welt erhält sich nur durch die von Zeit zu Zeit wiederholte Hinopferung des Gottes. Wenn die Könige von dem Blut des Geopferten tranken, so vereinigten sie sich mit ihm in einer Unio mystica, und die Kraft und umfassende Weisheit des Allgewaltigen gingen in sie ein.

Im übrigen aber dürften die bei niedrigeren Festen den Göttern dargebrachten Tieropfer hier wie bei allen indogermanischen Völkern einen den ursprünglichen Sinn allmählich verdrängenden Zweck gehabt haben: die »Regierenden« gnädig zu stimmen und zu sättigen. Man gab dem Gott Speise, wie man ihn durch das Spenden des Weins ins Feuer tränkte.

Dabei taucht nun auch die Frage nach Menschenopfern auf. Auch hier stand ja im Anfang der Gedanke der Stellvertretung. Der zu Opfernde vertrat den Gott und wurde in mystischer Einheit nicht nur an Stelle des Gottes, sondern *als der Gott selbst* geopfert, um der Welt zu dienen. Dieser Gedanke trat gerade im mystischen Kult auch später immer wieder in den Vordergrund. Aber im allgemeinen setzte sich auch hier das flachere Zweckdenken durch: Der Gott verlangte das Höchste, das ihm gegeben werden konnte, das menschliche Leben, und man gab es ihm um des Heils aller willen.

Den so zivilisierten und kulturell fortgeschrittenen Völkern der Bronzezeit war die Sitte des Menschenopfers keineswegs fremd. Die Ilias, das Hauptwerk des 13. Jahrh. v. Chr., kennt das Jungfrauenopfer, um guten Segelwind zu bekommen oder den Göttern für den Sieg zu danken, und Achill opfert seinem gefallenen Freund Patroklos eine ganze Schar Gefangener. Wie es in dieser Beziehung damals im Norden stand, wissen wir nicht. Es gibt da nur sehr wenige Spuren, die auf Menschenopfer im Kult hinweisen. Diese treten erst später, im Gefolge der Odinsreligion, deutlich in den Vordergrund. (Tacitus z.B. erklärt betont, daß die Germanen *nur* dem Merkur, also dem Wodan-Odin Menschenopfer, den anderen Göttern Tieropfer dargebracht hätten.) Vielleicht verlangte der leuchtende Herr der singenden Schwäne, der zweifellos – wie später Freyr – auch ein Hüter des Friedens war, keine menschlichen Opfer?

Allerdings gibt es da eine Spur, die sogar ganz direkt zu Poside und der Heiligen Insel führt. Eine Helgoländer Sage erzählt, in heidnischer Zeit seien von einem der Felsen Menschen als Opfer in die See gestürzt worden, und das gleiche sagt auch die Bekehrungsgeschichte. Und entsprechend berichten Pomponius Mela und Plinius (nach Angaben des Hekatäus), daß sich die Hyperboreer von einem bestimmten Felsen kopfüber ins Meer warfen, um sich *freiwillig* dem »Apoll« zu opfern[186]. Wichtig erscheint in diesem Zusammenhang die Nachricht der Spanier, daß sich bei den Guanchen der Kanarischen Inseln bei der Einsetzung eines neuen Königs ein Jüngling von einem bestimmten Felsen stürzte, um das Unheil, das der Regierungszeit des Königs etwa drohen mochte, mit in die Tiefe zu nehmen[187]. Wie schon erwähnt, war, was die Spanier auf den Kanarischen Inseln vorfanden (nach Otto Huth) »ein stehengebliebener Rest der westeuropäisch-nordischen Megalithkultur«. Die Bräuche der Kanarer entsprachen denen der megalithzeitlichen Nordleute, und so sind Rückschlüsse hier durchaus möglich. Vielleicht sprangen also auch in der Megalith- und Bronzezeit Jünglinge als *freiwillige* Opfer von einem der Helgoländer Felsen bei Anlässen, die das Wohl und Wehe der Gesamtheit betrafen.

Zurück zur Weltsäule. Nachdem die große Flut- und Brandkatastrophe sie wie das ganze Heiligtum verschlungen hatte, ist von einem Königsthing zu ihren Füßen nie mehr die Rede. Die Götter, die sich laut Völuspà wieder auf dem Idafeld versammeln, sind allzu mythischer Natur, um hier als Zeugen aufzutreten. Die atlantische Gemeinschaft war ohne allen Zweifel zerbrochen, der Norden fast entvölkert; die Ausgewanderten, in den Schlachten gegen Ramses III. dezimiert, hatten sich in Gruppen hier und dort an den Küsten des Mittelmeers und in anderen Gegenden angesiedelt, auch alle die Völkerschaften, die einst zum »Bund« gehört hatten, waren schwer angeschlagen. Wer hätte da bei dem allgemein verschlechterten Klima, bei Sturm, Regen und Nebel nach dem fernen Norden schiffen und nach einer Insel suchen mögen, von der erzählt wurde, daß sie im unwegsamen und unschiffbaren Schlammeer versunken sei?

Trotzdem – Teile der Insel tauchten wieder auf, das Heiligtum wurde neu errichtet, denn die Erinnerungen waren noch da. Jetzt reist Apoll von Delphi aus zum nördlichen Heiligtum, Hyperboreerinnen kommen nach Delos, mit ihnen die Nachrichten. Auch die Nordsäule ist wieder erstanden, das weiß man in Griechenland: Atlas steht im Norden und hält den Himmel mit seinen Händen.

Euripides schreibt gegen Ende des 5. Jahrh. v. Chr. ein wunderschönes Chorlied, in dem alle Sagen über das ferne, geheimnisvolle Nordland noch einmal aufleben:

Könnt ich, ein leicht beschwingter Vogel,
Der befiederten Schar
Schwebendem Zug folgen!
Schweben über der Adria
wogende Meeresbahnen,
zu des Eridanos' Ufern,

Wo der trauernden Schwester Schar
Weinend um Phaëton,
In die purpurnen Fluten des Flusses
Träufelt das Gold ihrer Tränen,
Des Bernsteins Glanz!
Dich, Hesperiden-Gefilde,
    sucht mein Flug.
Land des Gesangs und der goldenen Äpfel,
    Wo der Gebieter des purpurnen Meeres
    Den Schiffern die Weiterfahrt wehrt,
Wo an heiliger Grenze der Welt
    Brausen die Wogen,
Wo Atlas den weiten Himmel hält –
Da steht der Palast, wo der König der Götter
    Die Hochzeit begangen,
Wo die reiche, die heilige Flut
    Des Quells aus nährendem Erdschoß
Den Göttern ewigen Segen spendet[188].

Aber es sind nicht nur Sagen, die über das Land der »frommen Hyperboreer« erzählt werden. Pytheas von Massilien hat um 350 v. Chr. das Hyperboreerland und die Heilige Insel Basileia oder Abalus selbst besucht, und auch er hat von der Nordsäule gesprochen, er ist es, der gesagt hat, »daß sich ihre Spitze hoch über das Meer erhebt«, er hat sie also wohl selbst aufragen sehen.

Den Römern später ist das nicht gelungen. Wohl sprachen sie immer wieder von den Säulen im Nordland, die jetzt in der Mehrzahl und mit Herakles verbunden erscheinen. Die Aussage des Tacitus wurde schon zitiert. Jene Flottenexpedition des Drusus Germanicus, von der dort die Rede ist, hatte unter anderem offenbar auch das Ziel, das Geheimnis um die sagenhaften Himmelsstützersäulen zu klären. Aber es erhob sich ein furchtbarer Sturm, die Schiffe der römischen Flotte gingen teils unter oder zerschellten an den Klippen von Helgoland, andere blieben im Schlamm des Wattenmeeres stecken oder wurden nach der Küste zurückgetrieben. Ein Großteil des römischen Heeres kam um. Von einem der Überlebenden, dem Reiteroffizier Albinovanus Pedo, ist ein Gedicht erhalten, in dem er davon spricht, daß es nicht gelungen sei, bis zu den »Maßsäulen (metas) an der äußersten Küste der Erde« vorzudringen.

Aber die Götter rufen: Zurück!
Die Weltengrenze zu schaun ist
Menschenaugen verwehrt.
Was stören unsere Ruder fremde Meere, die heiligen Gewässer, der Götter stille Sitze[189]?

Zum letzten Mal werden die »herrlich geschmückten Säulen« in der Vita des christlichen Missionars Wulfram erwähnt. Er und seine Nachfolger trugen keine Scheu, die »heiligen Gewässer« zu stören und »der Götter stille Sitze« zu vernichten. Ihnen sind wohl auch die Weltsäulen zum Opfer gefallen, ehe dann einige Jahrhunderte später das Meer endgültig den Hügel, auf dem sie gestanden hatten, verschlang.

4. Die weißen Jungfrauen

Wenn die zehn atlantischen Könige bei der verlöschenden Glut des »Eidfeuers« saßen und Recht sprachen, so wurden, wie es Kritias 120 heißt, rund um das Heiligtum alle Feuer gelöscht. Wahrscheinlich geschah das auf der ganzen Insel oder sogar im ganzen Reich. Es handelt sich hier ohne Zweifel um den Brauch des »Neufeuers«, auch »Notfeuer« (von Niuwan, Huiota = reiben)[190] genannt, der noch bis in unsere Zeit hinein weit durch Europa verbreitet war.

Meist wurde das alte Feuer zum Jahresende, also zur Wintersonnenwende, gelöscht, um dann durch Reiben mit zwei Hölzern wieder neu entfacht zu werden. Doch auch zur Sommersonnenwende, an Ostern, manchmal an Pfingsten, gab es in vielen Gegenden »Neu- und Reibe-Feuer«. Die katholische Kirche hat den vorchristlichen Brauch übernommen und bis vor kurzem vielerorts als »Osterfeuer« fortgeführt.

War das Neufeuer ein Gemeinde- oder Stammesfeuer, so holten sich alle Bauern, die zuvor ihre Herdfeuer gelöscht hatten, den neuen Brand vom großen, flammenden Stoß. Es hieß, das alte Feuer sei, da es den Menschen gedient hatte, müde und unrein geworden, ein junges und reines Feuer müsse nun auf der Herdstatt erstehen. Bei Viehseuchen entfachte man Notfeuer und trieb die Herden durch den Rauch.

Der Brauch ist wie alle Feuerbräuche uralt. In Irland, wo die Staats- und Königsfeuer eine beherrschende Rolle spielten, läßt er sich bis in die Steinzeit zurückverfolgen[191].

Daß das Feuer gerade an den Sonnenwenden erneuert wurde, zeigt, daß man es mit der Neugeburt des Sonnenfeuers in Verbindung brachte. Der Sonnenheld wurde in der Wintersonnwendnacht geboren und ebenso sein heiliges Sonnenfeuer. »Das Feuer war das heiligste Element der Indogermanen und galt als die Substanz der Götter. Die Erscheinungen der Götter sind nach indogermanischem Glauben durch einen leuchtenden Strahlenschein ausgezeichnet. Den Rang des Menschen bestimmt sein Anteil am göttlichen Feuer.«[192]

Ebenso ist der Neufeuerbrauch seit ältester Zeit mit dem Zwillingsglauben verbunden. Schon im Indien der Veden entzündeten die Aświns, die indoarischen Dioskuren, das neue Feuer. Ich zitiere wieder Otto Huth: »Da das Notfeuer in mehreren deutschen Landschaften von Zwillingen durch Holzreiben erzeugt werden mußte, ergibt sich, daß auch das heilige Feuer, mit dem man im Mittwinter die Herde erneuerte, von Zwillingen bereitet werden mußte.«

Bei vielen Völkern herrschte diese Sitte. Laut Spanuth mußten auch bei den Spartanern die Zwillingskönige »das heilige Feuer der Urzeit« reiben, das immer brennend erhalten und sogar in einem Zelt mit in den Krieg genommen wurde[193]. Zum Entzünden des Feuers dienten manchmal große Bohrgestelle. Ein Stab wurde rasch gedreht, bis aus dem beigegebenen Zunder Funken aufsprangen. Auf den bereits erwähnten Platten des Kivihgrabes in Südschweden, das aus der älteren Bronzezeit stammt, sieht man zwei junge Männer sich mit solch einem großen Feuerbohrer abmühen, während zwei andere auf Luren blasen. Wir dürfen also annehmen, daß auch die atlantischen Könige, die ja als Zwillingspaare galten bzw. die göttlichen Zwillingssöhne Posides darstellten, nach der Gerichtssitzung selbst das neue Feuer erbohrten, wie sie auch den Opferstier selbst und allein zu fangen hatten.

Der Gebrauch des Feuers kennzeichnet die Schwelle vom tierischen zum menschlichen Leben. Diese heilige Macht, die ebenso helfen wie zerstören kann, zu behüten, war wohl von jeher Aufgabe der Frau. Und daraus – vielleicht – ergab sich ein Brauch, der höchstwahrscheinlich auch auf der Heiligen Insel geübt wurde, ja möglicherweise von ihr stammte: das Feuerhüteamt der neun »weißen Jungfrauen«.

Bei verschiedenen indogermanischen Völkern läßt sich eine Herd- und Feuergöttin feststellen. Die Ostindogermanen zwar, vor allem die Inder und Iranier, haben einen männlichen Feuergott (Agni), und männliche Priester hüten das Staats- oder Tempelfeuer. Bei den Latinern Italiens dagegen stand der Kult der Herdgöttin stark im Vordergrund, sie hieß hier Vesta, in Griechenland Hestia. Beide Göttinnen waren Jungfrauen. In Latium stand eine jungfräuliche Oberpriesterin dem Kult der Göttin und einer Schwesternschaft, den Vestalinnen, vor, deren Aufgabe es war, das ewige Staatsfeuer zu hüten.

In Griechenland finden sich nur Spuren dieses Brauchs, in reiner Form erscheint er bezeichnenderweise einzig in Sparta, wo eine jungfräuliche Priesterin den Titel »Hestia der Stadt oder des Staates« trug[194], also die Göttin darstellte.

Bei den Kelten hieß die Herdgöttin Brigit oder auch Sul (Sonne). Wie Vesta war sie nicht nur die Göttin des Feuers, sondern auch der warmen Quellen, ihr gehörte die Heilkunde und die Schmiedekunst, die Gelehrsamkeit und das Sehertum. Ewige Feuer waren in ihren Tempeln entzündet, und Jungfrauen hüteten es. Das Christentum ließ Brigit zur Heiligen werden, nun übernahmen deren »Nonnen« den Feuerhütedienst. »Frazer hält es für das Wahrscheinlichste, daß die neunzehn Nonnen, die in Kildare in Irland das heilige Feuer der St. Brigit bewachten, an Stelle eines keltischen Vestalinnenordens traten. Auf der bretonischen Insel Quessant (Jona) erwähnt Pomponius Mela (3,48) jungfräuliche Priesterinnen. Es seien neun an der Zahl mit Namen Gallisenae, sie seien Seherinnen, Ärztinnen, man erzähle von ihnen ferner, daß sie über Verwandlungskünste verfügten und zauberische Fähigkeiten hätten, so hätten sie den Wind und das Meer zu erregen vermocht. Von einem heiligen Feuer in der Hut dieser Gallisenae wird nichts erwähnt, es darf aber angenommen werden.«[195]

Zu dieser Nachricht des Pomponius Mela paßt eine andere Erwähnung der »neun Zauberinnen«, ebenfalls aus der Bretagne und aus heidnischer Zeit. Sie findet sich in dem bereits erwähnten uralten, bretonischen Druidenlied »Die Reihe«, das Heinrich Möller in seinem »Lied der Völker«[196] im bretonischen Urtext und in deutscher Übersetzung (mit seiner einprägsamen Melodie in hypodarischer Tonart) bringt. Es handelt sich um ein Frage- und Antwortspiel, wie es sicher im Unterricht der als Lehrer berühmten keltischen Druiden verwendet wurde (lateinische Entsprechungen gab es später in christlichen Klosterschulen, säkularisierte Texte desselben Spiels leben in deutscher Sprache bis heute fort). Der Schüler fragt, der »Meister« antwortet, den Kehrreim singen die Schüler in ständiger Wiederholung mit, so verlängert er sich unaufhörlich, da alle Antworten immer wieder in langer Kette wiederholt werden. In der neunten »Reihe« heißt es (in der deutschen Übersetzung):

> Neun Korrigan, jugendschöne,
> Im Mondschein ziehn wie Schwäne
> Den Tanz um die Fontäne.

Der Herausgeber und Übersetzer des Liedes sagt in der Anmerkung dazu: »Die neun Korrigan sind die geweihten Jungfrauen der Armorikaner (Bretonen)« und weist ebenfalls auf die Nachricht des Pomponius Mela hin. Korrigan sind Zauberinnen, sehr charakteristisch ist, daß die neun jungen Mädchen den Tanz um den Brunnen, also den Quellteich schlingen und wie Schwäne erscheinen.

Die Neunzahl und das weiße Gewand gehören fast überall zu diesen »geweihten Jungfrauen«. »Die Amtstracht der (latinischen) Vestalin ist eine altertümliche Brauttracht, die charakterisiert ist durch ein langes, weißes Gewand, auch der Mantel der Vestalin war weiß. Ums Haupt trug sie eine breite Binde, darüber ein Kopftuch, das auf die Schultern herunterfiel und vorn auf der Brust mit einer großen runden Fibel zusammengehalten wurde, die nach Abbildungen die Gestalt eines vierspeichigen Rades hat.«[197] Huth weist in diesem Zusammenhang auf den Bericht Strabos über die Wahrsagerinnen und Opferpriesterinnen der Kimbern hin (Strabo 2,3), die weiße Gewänder und »eherne Gürtel« trugen. Auch möchte er »von der altertümlichen weiblichen Festtracht, insbesondere der Brauttracht Siebenbürgens und Frieslands zurückschließen auf die Kulttracht der germanischen vestalischen Seherinnen«. Die siebenbürgische Tracht hat noch die Rundfibel, die ohne Zweifel ein aus der nordischen Bronzezeit stammendes Sonnensymbol ist.

Bei den verschiedensten Völkern tauchen die neun weißgekleideten Mädchen als Tempelpriesterinnen und Feuerhüterinnen auf. Interessanterweise finden sie sich auch bei den nordafrikanischen Libyern bzw. Berbern und vor allem bei den Kanarern. Die Aufzeichnungen der Spanier beschreiben den dort herrschenden Brauch genau. Auf Kanaria gab es jungfräuliche Priesterinnen, die »Harimagadas«, »Volksmägde«, hießen und in großem Ansehen standen. Auch von Seherinnen, die Rat erteilten und Streitigkeiten schlichteten, wird berichtet. Die Mädchen trugen weiße Gewänder, hüteten das heilige Feuer, trugen bei Umzügen die Opfergefäße und sprengten Milch im Tempel aus[198].

Noch erstaunlicher ist, daß die erobernden Spanier in Südamerika bei den Inkas der Andenkultur dieselben Bräuche vorfanden. Wie überall waren dort die Tempeljungfrauen Töchter angesehener Familien, ja Prinzessinnen. Sie hießen »Sonnenjungfrauen«, hüteten das Feuer, spannen, webten, bereiteten kultische Rauschgetränke und buken heiliges Brot. Das Kultfeuer wurde beim Neujahrsfest an der Wintersonnenwende gelöscht und »feierlich als Neufeuer mit dem Holzbohrer erzeugt«[199].

Auch im altmexikanischen Kult gab es weißgekleidete Feuerpriesterinnen, auch dort wurden zu bestimmten Zeiten alle Feuer gelöscht und mit Holzfeuerbohrern neu erzeugt. In Yucatan wurde das heilige Feuer, das als Symbol der Sonne galt, von einem Vestalinnenorden bewacht, den eine Fürstentochter gegründet haben soll. Sie war die Leiterin des Ordens, wurde nach ihrem Tod vergöttlicht und hieß die »Feuer-Jungfrau«[200].

Daß sowohl Mittel- wie Südamerika in vorgeschichtlicher Zeit in direkter Beziehung zu Nordafrika gestanden haben müssen, wird heute immer deutlicher. Zuerst hat hier Thor Heyerdahl durch seine »Ra«-Expedition auf die bestehenden Zusammenhänge und Möglichkeiten aufmerksam gemacht. Es kann kaum ein Zweifel daran bestehen, daß seine »Schilfbootfahrer« tatsächlich im zweiten Jahrtausend v. Chr. durch längere Zeit die günstigen Meeresströmungen benutzt und von Westmarokko oder den kanarischen Inseln aus nach Mittel- und Südamerika gefahren sind. Sie waren Libyer, weißhäutig und blondhaarig wie die Kernschicht der Kanarer und die nordafrikanischen »Atlanter« überhaupt. In Südamerika steckt vor allem im Gran-Chaco-Gebiet, vom Urwald überwachsen und noch weithin unerforscht (ebenso aber auch auf der Ebene von Santiago del Estero), eine regelrechte Megalithkultur. Es finden sich »runenartige Zeichen«, die des öfteren für »phönizisch« gehalten wurden[201]. In letzter Zeit hat sie der französische Forscher Professor J. de Mahieu als »Runen« (zunächst der seefahrenden »Wikinger«, dann aber der eingewanderten Libyer und »Hyperboreer«) angesprochen[202]. Daß sich die Tiahuanaco-Kultur (zum Beispiel) selbständig aus einer Megalithkultur entwickelt hat, ist absolut deutlich. Und auch, daß es vor allem in Südamerika in vorgeschichtlicher Zeit ganze Stämme weißer Einwanderer gegeben hat, von denen sich heute noch Reste und Spuren finden. Die kleine Inka-Oberschicht war weißhäutig und hellhaarig[203]. Die Spuren führen hier auf der einen Seite zurück nach Nordafrika und von da in den europäischen Norden, auf der anderen Seite zu den polynesischen Inseln (Thor Heyerdahl), deren Feuerkult in den gleichen Kreis gehört wie der der Inkas, Mexikaner und Kanarer.

Es ist auffallend, daß sich alle Spuren des sogenannten »Vesta«-Kultes und seiner Priesterinnen in den Gebieten der frühen Megalithkulturen und ihrer Ausläufer finden, während bei den Ostindogermanen das Feuer männlicher Hut anvertraut ist. Das läßt darauf schließen, daß dieser Brauch durch die westeuropäischen Megalithleute verbreitet wurde – sogar übers Meer – und ursprünglich aus dem Norden stammt. So dürfte er auch auf der Heiligen Insel geherrscht haben, wo übrigens noch die Karte von Johannes Meyer einen »Vesta«-Tempel verzeichnet.

Otto Huths Schrift »Vesta« (1943) ist dem Versuch gewidmet, Spuren dieses Brauchs auch bei den Germanen nachzuweisen. Huth führt da zunächst die römischen Nachrichten über die germanischen Seherinnen an. Sie waren Jungfrauen und – wie z. B. die Seherinnen Weleda, Aurinnia usw. – hochgeehrt und berühmt; ihre politischen Ratschläge lenkten die Fürsten, sie standen an der Seite der Könige, gingen als Gesandte zu den Heiligtümern anderer Völker – Walburg, eine semnonische Seherin, wird in einer ägyptischen Quelle erwähnt. Weleda wohnte in einem Turm an der Lippe und lenkte von da aus die politischen Bewegungen des Landes. Sicherlich geht das, was Tacitus[204] über die Stellung der germanischen Frau schreibt: »Sie glauben auch, daß ihnen eine gewisse Heiligkeit und etwas Prophetisches innewohne ...«, auf das große Ansehen zurück, das diese Frauen genossen.

Daß der Brauch, sich an berühmte Seherinnen zu wenden, im Norden alt ist und auch vor den Katastrophen dort geübt wurde, bezeugt indirekt die Geschichte des jüdischen Königs Saul, der sich an die »Hexe von Endor«, eine Seherin der Philister, wandte, um in ekstatischer Beschwörung Ratschläge seines verstorbenen Ratgebers Samuel und Zukunftsprognosen zu bekommen. Diese Seherin war sicherlich berühmt, sonst hätte Saul sich wohl nicht verkleidet ins Land seiner Feinde geschlichen, um sie aufzusuchen.

Nun sagen diese Berichte nichts vom Hüten heiligen Feuers oder von neun jungen Mädchen, die dem Tempel dienen. Huth nimmt aber trotzdem an, daß der betreffende Brauch auch im Norden bestand, und führt Spiegelungen in Sagen und Mythen an.

Es gibt aber auch noch einen direkten Beleg. In der in Island im 13. Jahrhundert aufgezeichneten, aber noch in heidnischer Zeit – also etwa im 9. Jahrhundert n. Chr. – in Norwegen spielenden Frithjofs-Saga wird erzählt, wie die Königstochter Ingeborg nach »Baldershag« gebracht wird, um der Werbung Frithjofs des Kühnen entzogen zu werden. Der »Baldershag«, der auf einer Anhöhe nahe dem Meer am Sognefjord liegt, ist ein mit einem Zaun umfriedetes Heiligtum mit Opferstätte und Halle. Hier lebt Inge-

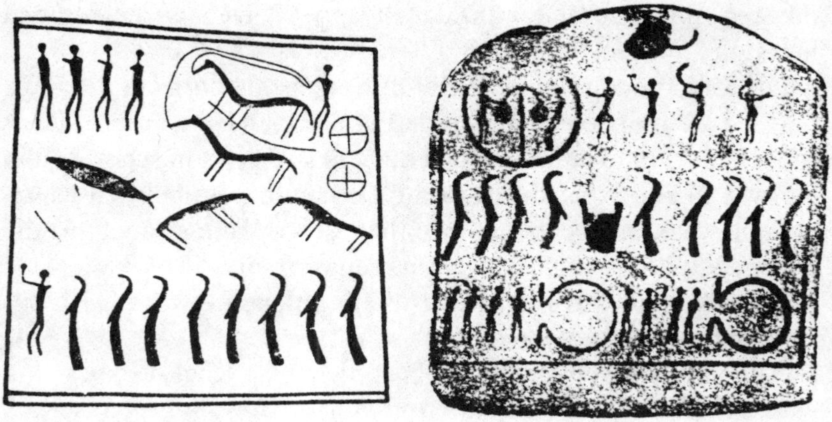

32 Zwei Steine des Grabes von Kivik, Schonen (Aufn. von Statens Historiska Museum, Stockholm)

borg zusammen mit acht anderen Mädchen, und die Neunzahl läßt doch wohl darauf schließen, daß sie dort den Tempeldienst verrichten. Die Mädchen dürfen jedenfalls nicht mit Männern zusammenkommen (Frithjof durchbricht das Verbot, dringt mit seinen Schiffsgenossen in den Frieden des Heiligtums ein und tafelt dort jeden Tag mit Ingeborg und den anderen Mädchen in der Halle).

Auch hier ist vom Feuerhüten nicht die Rede, doch ein Feuer ist vorhanden, und vermutlich ein ewiges, denn in einer späteren Szene der Saga brennt es auf der Opferstätte, obwohl Tag und Sommer ist, und durch Frithjofs Schuld stürzt das hölzerne Bild Baldrs in dies Feuer und verbrennt, weswegen der Held »friedlos« wird und fliehen muß[205]. Wir haben hier also noch einiges beisammen, was sich auch im Tempel der Basileia vermuten läßt: Eine Statue des Lichtgottes (über Baldr als Nachfolger Posides siehe unten), einen Feuerherd und neun Mädchen, die im Tempel das Leben »geweihter Jungfrauen« führen oder doch führen sollten. Daß Ingeborg aber wieder aus dem Tempel geholt und dem alten König Hring vermählt wird, zeigt, daß diese Tempeljungfrauen nicht wie die späteren Nonnen ihr Leben lang unvermählt bleiben mußten, sondern wieder aus dem Tempeldienst ausscheiden und heiraten konnten.

Die Erwähnung der acht Gefährtinnen Ingeborgs in der Saga liefert jedenfalls einen Beleg dafür, daß der Brauch des Neun-Mädchen-Tempeldienstes auch noch in spätgermanischer Zeit in Norwegen geübt wurde. Da sein Vorhandensein bei den Kanarern beweist, daß er megalithzeitlich ist, so kann er auch für die Bronzezeit des Nordens angenommen werden.

Dazu kommt dann ein weiteres, wenn auch etwas unsicheres Zeugnis aus der »goldenen Zeit« selbst.

Auf zwei Platten des oben besprochenen Kivik-Grabes sind wunderlich stilisierte Gestalten in langen Gewändern zu sehen, die von den meisten Forschern für Nornen oder Priesterinnen gehalten wurden. Auf der Platte, die den wagenlenkenden Gott und die Sonnenpferde zeigt, sieht man unten acht der langgewandeten Gestalten einem – offenbar tanzenden – Mann folgen. Auf einer anderen Platte stehen ihrer neun, fünf rechts, vier links vor einem Ding, das im allgemeinen für einen Opferkessel gehalten wurde. J. O. Plassmann hat es in einem Artikel in der Zeitschrift »Germanien« als eine Wiege und die Frauengestalten als schicksalkündende Nornen angesprochen[206]. Beide Deutungen sind plausibel. Auf alle Fälle dürften die Darstellungen des Kivik-Grabes wohl Szenen aus dem Kult des bronzezeitlichen Atlas-Reiches sein, und man wird annehmen dürfen, daß mit den langgewandeten Gestalten die neun Jungfrauen des Lichtgott-Heiligtums gemeint sind. Warum sie allerdings auf der einen Darstellung zu acht auftreten – was wohl irgendeinen kultischen Grund haben muß –, bleibt uns Heutigen dunkel[207].

Bedeutend weiter helfen die erwähnten Spiegelungen des Brauchs in Mythos und Sage. O. Huth führt hier mit vollem Recht das eddische Fiölsvinslied an (vgl. »Vesta« S. 157 u. 207). Hauer meint von diesem Lied, daß es, obwohl literarisch jung, sehr alte Überlieferungen enthalte[208]. Sein Inhalt, die Werbungsfahrt des Svipdagr, des »schnellen Tages«, also des Sonnenhelden, zu Menglöd, der »Halsbandfrohen«, die wie alle Erdjungfrauen das funkelnde Sternenhalsband trägt und wie Kleito in der von der »Waberlohe« umgebenen Burg eingeschlossen ist, stammt sichtlich aus dem Mythenkreis der Megalithkultur, eine Jenseitsfahrt auch hier mit dem Ziel der »Glanzhochzeit«. Auch dieses Lied ist ein Spiel mit Rede und Gegenrede, und das lange Gespräch mit dem Wächter, bei dem Weisheitsworte getauscht und Wissen abgefragt wird, zeigt, daß das Spiel wie so viele andere bei der Einweihung der Jünglinge in das überlieferte Wissen verwendet wurde. Außerdem dürfte das Ganze auf der Heiligen Insel, d.h. auf deren mythischem Vor- oder Nachbild spielen.

Menglöd ist die Jungfrau auf dem »Glasberg«, also dem Bernsteinhügel, sie ist von dem glänzenden, flammenden Wall umgeben, den Hunde bewachen. Ein Wächter weist den Einlaß-Suchenden zurück. Über dem Wall wird der Gipfel des Weltbaums sichtbar, der als Himmelträger im Mittelpunkt der Burg steht. Dort im glänzenden Saal sitzt Menglöd, umgeben von neun Mädchen, deren Namen auf Licht und Glanz und gute Gaben hinweisen. O. Huth schreibt dazu: »Die nordgermanische Mythe von Menglöd und dem Brisingamen (Halsschmuck) hat uns demnach das bewahrt, was wir in der kurzen Überlieferung von Weleda vermißten, nämlich sowohl die vestalische Schwesternschaft wie den Hinweis auf das ewige Feuer. Außerdem kann die Menglöd-Sage eine wichtige Bestimmung der Vestalin bestätigen: Menglöd ist, wie diese, heilkundig... Ferner ist Menglöd Braut des Sonnengottes, die Urvestalin, die ... im Hiero-Gamos mit der Sonnen- bzw. Feuergottheit lebt.«[209] Hier ist sicherlich das mythische Bild durch reale Zustände und realen Brauch geprägt worden, und wir dürfen somit auch vom Bild auf das reale Vorhandensein des Brauchs zurückschließen.

Aber nicht nur im Edda-Lied begegnen wir den neun Jungfrauen. Wir stoßen z.B. immer wieder auf die Tatsache, daß »etliche nordische Götter« – wie Spanuth sich ausdrückt – »ein weibliches Gefolge haben«[210]. Man begegnet ihnen im griechischen wie im nördlichen Sagenkreis. Da sind die Heliaden, die zu Helios gehören und am Eridanos Bernsteintränen weinen, die Hesperiden, die die goldenen Äpfel in heiligen Gärten hüten, dort wo Atlas unter dem Polarstern den Himmel stützt, die Atlantiden ferner, die als Töchter des Atlas gelten und auch am Tritonsee in Libyen und auf einsamen Meerinseln hausen, die Nereiden, die (wie z.B.

im Atlantisbericht) den über die Wellen hinbrausenden Poseidon begleiten.

Später – in der Edda und den germanischen Heldensagen – sind sie in vielfältiger Gestalt vorhanden. Als Disen und Idisen (»Göttinnen«, die zu Halbgöttinnen und nymphenartigen Wesen wurden) und als Walküren, die Odin-Wodan folgen. Hier schlingt sich nun manches ineinander, die Vorstellungen vereinen und trennen sich. Nicht alles, was da an glänzenden Jungfrauenscharen durcheinanderwirrt, dürfte dem westindogermanischen Feuerhüterinnen-Brauch entstammen. Da sind z. B. die iranischen Fravaši des Avesta, eine Art Schutzgeister, die den Walküren außerordentlich gleichen. Sie stehen bewaffnet den Kriegern bei, werden im Kampf angerufen, verleihen dem Kranken Gesundheit und »fliegen wie schöngefiederte Vögel« helfend herbei[211]. Und dann sind da jene Schlachtjungfrauen, die schon in den indoarischen Veden ihrem stürmischen Herrn und Gott folgen. In einem Lied des Rigveda zu Ehren des Vāta, der mit Wodan (Wode, Wuote) sowohl namens- wie wesensgleich ist, heißt es (in der Übersetzung von J. W. Hauer):

Jungfrauen eilen ihm zu wie zum Schlachtentreffen,
Vereint mit ihnen auf dem Wagen fährt der Gott,
Der König dieses ganzen Weltalls[212]!

So stürmen die glänzenden Jungfrauen in jener kämpferisch-schöpferischen Ekstase, die für den Kult dieses geheimnisvollen Gottes so charakteristisch ist[213], über den Wolken dahin.

Sie werden in den Edden und Heldenliedern ebenso beschrieben. Aber hier, im Norden Europas, mischen sich noch andere Züge ein, die aus dem westindogermanischen Bereich zu kommen scheinen. Hier spinnen und weben die walkürischen Jungfrauen (das Schicksal), sie singen Zauberlieder, kennen und verkünden das Zukünftige und die ewige Weisheit und tragen das verwandelnde Schwanengefieder.

Als Dienerinnen des Lichtgottes folgen diesem also im Westen neun Jungfrauen, die sich in Schwäne verwandeln können wie jene Knaben, die seine Barke über den nächtlichen Ozean ziehen. Von Osten her aber fliegen als Gefolge des dunklen Sturm-,

Toten- und Kampf-Gottes die Schlachtjungfrauen auch im Schwanengefieder heran. So vereinen sich die Vorstellungen wieder, die getrennt, aber in sehr alter Zeit sicher einmal eins gewesen waren.

Auch an die Nornen muß hier gedacht werden. Walküren, Disen, Idisen, Nornen, sie alle sind Jungfrauen und spinnende, webende, stickende, singende Schicksalskünderinnen. Die Frage, ob die Nornenvorstellung, die bei den späten Germanen so großartig und beherrschend auftritt und ihren stark tragisch gefärbten, aber ungeheuer mutigen Schicksalsglauben bestimmt, ihren Ursprung in einem megalithzeitlichen Tempelbrauch haben konnte, muß offenbleiben. Es erscheint als fast unmöglich. Und dennoch könnte der Brauch auf den Schicksalsmythos wenigstens eingewirkt haben.

Die Griechen kannten die Schicksalsschwestern unter dem Namen Moïren, drei Jungfrauen auch diese, die genau wie die Nornen das Schicksal spinnen – die letzte schneidet den Faden ab. Als Beweis dafür, daß die Nornenvorstellung bereits in der Zeit vor den Katastrophen in Atlantis bekannt war, führt Spanuth die Rede des Königs Alkinoos in der Odyssee (7/197/198) an, in der dieser von »den unerbittlichen Schwestern« spricht, die dem Helden das Schicksal »bei seiner Geburt in den werdenden Faden gesponnen«[214]. Aber hier könnte – wie an anderen Stellen auch – der griechische Dichter dem »Phäaken« die ihm selbst geläufige Vorstellung – hier die von den Schicksalsspinnerinnen, den Moïren – in den Mund gelegt haben.

Die Nornen wie die Moïren treten in der Dreizahl auf, wie überhaupt die Drei oftmals mit ihrer Verdreifachung, der Neun, abwechselt. In den nordischen Sagen erscheinen Nornen wie Walküren auch in unbestimmter Vielzahl, ebenso in den Volksmärchen, vor allem in jenen, die wie Vorläufer oder Doppelgänger des Mythos von der schlafenden Walküre (Brünhild) wirken, Dornröschen, Perceforest usw. Da treten sie an die Wiege des Neugeborenen als Künderinnen und Zumesserinnen des Schicksals.

Auch die Edda kennt sie in dieser Rolle. Ich zitiere die schöne Einleitung des Helgi-Liedes in der Genzmerschen Übersetzung:

Urzeit war es, Aare schrien,
von Himmelsbergen sank heiliges Naß:
Da hatte Helgi, den hochgemuten,
Borghild geboren in Bralunds Schloß.

Nacht war's im Hof, Nornen kamen,
sie schufen das Schicksal dem Schatzspender:
der Herrscher heerster solle er heißen,
der ruhmreichste Recke werden.

Sie schnürten mächtig Schicksalsfäden
dem Burgenbrecher in Bralunds Schloß,
goldnes Gespinst spannten sie aus,
festend es mitten unterm Mondessaal.

Sie bargen die Enden in Ost und West,
des Fürsten Land lag dazwischen;
nach Norden warf Neris Tochter
eins der Bänder unzerreißbar[215].

Die Nornen sind mehr als Schicksalskünderinnen, sie *schaffen* das Schicksal. Durch sie kam es, wie in der Völuspà gesagt wird, in die Welt und mit ihm Kampf, Krieg, Leid und Unheil. Das ist die tiefsinnige Deutung der Spätzeit. Vielleicht aber wurde die Nornenvorstellung wirklich in ihren Anfängen angeregt dadurch, daß in manchen Heiligtümern »Obervestalinnen« mit echter Sehergabe dem Kreis der neun weißen Schwestern vorstanden, wie Menglöd, die auch Seherin ist, ihren göttlichen Mädchen. Und daß ihre Macht und ihr Ansehen so groß waren, daß man sagte, sie seien nicht nur fähig das Schicksal zu künden, sondern es auch zu schaffen (so wie es von den keltischen Korrigan und ihren christlichen Nachfolgerinnen hieß, sie könnten das Wetter machen).

In der Edda wohnen die drei Nornen an einer der Quellen, die an den Wurzeln des Weltenbaumes entspringen und die nach der ersten und wichtigsten von ihnen Urds Brunnen genannt wird. Die Schwestern leben in einem *Saal*, der am Urdbrunnen steht, auf dem die zwei heiligen Schwäne schwimmen. Die Nornen haben die Aufgabe, die Weltesche zu begießen, »damit deren

Zweige nicht faulen oder hart werden«. Hier zeigt sich wieder die Beziehung der Schicksalsfrauen zu Quellen und Schwänen und zum Weltbaum[216]. Aber gleichzeitig sieht es auch hier so aus, als hätten sich wieder einmal Erinnerungen an reale Zustände in den Mythos gemischt. Vielleicht stand im Bezirk Posides auf Basileia wirklich ein Haus am Rand der heiligen Quelle, in dem die »weißen Jungfrauen« wohnten.

Von den Nornen kaum zu trennen sind die »drei Mütter« (Matrones) der provinzial-römischen Gedenksteine im Rheinland und die eng mit diesen verwandten »Beten« der Alpenländer. Sie gehören in den süddeutschen, vormals keltischen Bereich und haben von den Nornen oder besser den »weißen Feuerhüterinnen« weniger die seherischen Eigenschaften geerbt als die helfenden und heilenden. Sie sind eine Art Nothelferinnen und werden – wie die Dioskuren – vielfach von Frauen in Krankheit, Kindsnöten usw. angerufen. Aber auch die Tempeljungfrauen der frühen Zeiten waren ja »Heilsrätinnen«, sowohl die Vestalinnen wie die Dienerinnen der keltischen Brigit kannten sich in der Heilkunst aus; ein alter Wundsegen spricht von drei Göttinnen, die ihn schufen, und Menglöd sitzt auf dem »Lyfja-Berg«, wo kranke Frauen geheilt werden.

Wiederum eng mit den »drei Beten« verbunden sind die »weißen« oder »saligen Fräulein«, die ebenfalls, vor allem in Süddeutschland und den Alpenlängern, ihr Wesen treiben. In unendlich vielen Ortssagen schweben sie, weiß im Mondschein leuchtend, um alte Ruinen, Brunnen und Gehölze oder auch Bergkuppen, die einst heidnische Heiligtümer trugen. Otto Huth schreibt: »Wenn wir dies immer im Auge behalten, daß schon in heidnischer Zeit sich die Gestalten des Kultes im Mythos spiegelten, so können wir aus diesem in der Volkssage fortlebenden Mythos zurückschließen auf den heidnischen Kult, der der Christianisierung zum Opfer fiel. Neben dem Sagenkreis von der Wilden Jagd gibt es keinen anderen im germanischen Umkreis, der solche Bedeutung hat wie der von den Weißen Jungfrauen ... Bisher hat man sich damit begnügt, die mythische Entsprechung der weißen Jungfrauen in den Nornen aufzuzeigen. Wesentliche Züge lassen sich aber von hier aus allein nicht verstehen.«[217] Huth führt dann jene Züge an, die auf den »germanischen Vestakult« zurückweisen: z.B. daß die Weißen Frauen der Volkssage fast immer als Jungfrauen bezeichnet werden.

»Ferner treten sie als Schwesternschaft auf, und wenn schon meistens in der Dreizahl, so doch mitunter auch in einer größeren Anzahl.« Sie sind stets weiß gekleidet und hüten oftmals ungeheure Goldschätze, die zu Zeiten »brennen«, d.h. von Feuer umloht sind. Sie tragen manchmal am Gewand einen Schlüsselbund – »auch die altgriechische Priesterin, z.B. Iphigenie, wird mit dem Schlüssel am Gewande dargestellt«[218]. Manchmal tanzen sie auch, oder man hört ihren lieblichen Gesang.

Hiermit erinnern sie nun an neun andere Schwestern, die auch wie so viele ihresgleichen, einem Gott folgen: die neun Musen des klassischen Griechenlands. Huth führt sie nicht an, aber ich glaube, es kann kein Zweifel daran bestehen, daß sie direkt von den neun Tempelpriesterinnen Posides abstammen. Ihr Dasein in Griechenland bildet für meinen Begriff sogar den besten Beweis dafür, daß der Neun-Mädchen-Brauch zur Bronzezeit auf der Heiligen Insel bestand, zumal sie auch auf der Insel Zypern und im Philisterland auf Vasenbildern dem »Apoll« folgen, also überall da, wo die »Leute von der Säuleninsel« durch den »großen Kriegszug« hinverschlagen und seßhaft wurden.

Daß die Erinnerung an den Neun-Mädchen-Brauch hier mythisiert ist, liegt auf der Hand. Er wurde im Süden wohl nicht mehr real fortgeführt, doch wußte man noch, daß dem Apellos-Apollo (dem Poside des Nordens) neun Jungfrauen dienten und sein Gefolge bildeten. Hier hüten die »Musen« nun nicht das Feuer, sie spinnen, weben und wahrsagen nicht mehr, sondern sie vertreten, dem Geist des klassischen Griechentums entsprechend, nur die Künste, die ihr Herr schützt und pflegt, ein Dienst, der wohl auch den »weißen Jungfrauen« des Nordens nicht fremd war.

Daß die Musen den Reigen schlingen (im Mondschein um den Quellteich?), zeigen die Vasenbilder, sehr früh schon die »Hubbard«-Amphore aus Zypern (9. oder 8. Jahrh. v. Chr.), auf der Apollo mit der Lyra in der Hand den Reigen der Mädchen anführt, die hier allerdings nicht mehr weiß gekleidet sind, sondern bei nacktem Oberkörper bunte Röckchen tragen[219].

So stellt sich das Nachleben des Brauchs im Süden dar. Daß er sich im Norden noch in alter Form bis zur Christianisierung (ja gelegentlich sogar darüber hinaus) hielt, bestätigen Frithjof-Saga und keltische Quellen. Ob es allerdings auf Fositesland in frühchristlicher Zeit noch Feuerhüterinnen gab, sagt uns kein Bericht.

5. Tänze, Spiele, Darstellungen

Über das Thema: »Tänze und Spiele aus vorgeschichtlicher Zeit« ließen sich ohne weiteres mehrere dicke Bücher schreiben, so reich und vielseitig stellt sich das vor allem von der Volkskunde zuzsammengetragene Material dar. Ich kann hier nur das aus der Fülle herausgreifen, was in unmittelbarem Zusammenhang mit der nordeuropäischen Überlieferung stehend als Brauchtum der Bronzezeit angesprochen werden kann.

Von den gymnastischen Spielen und Wettkämpfen der Jungmänner, die ja die Phaiakie ausführlich beschreibt, war schon andeutend die Rede. Sie fanden in der Agora im Mittelpunkt der Insel statt. Von Faustkampf, Ringen, Wettlauf, Weitsprung und dem »Werfen der Scheibe« (unter der wohl ein steinerner Diskus zu verstehen ist) wird gesprochen. Zweifellos hatten die Spiele trotz des sportlichen Eifers, mit dem sie – laut Homer – betrieben wurden, weithin kultischen Charakter. Gewiß dienten sie auch der körperlichen Ertüchtigung der Jungmänner. Aber sie galten doch dem Gott und fanden zu seinen Ehren und vor seinem Angesicht statt.

Poside war ja, wie der griechische Poseidon, nicht nur »Schirmer der Schiffe«, sondern als Sonnenwagenfahrer auch »Zähmer und Lenker der Rosse«[220], und somit stand im atlantischen Bereich der Pferdesport an erster Stelle. Beide Berichte, der Platos und der Homers, erwähnen Übungsplätze für Pferde auf der Königsinsel, und der Atlantisbericht beschreibt, wie schon gesagt, die große Rennbahn auf dem äußersten »Erdkreis«, die wie dieser rund um die Burg herumführte. Hier ist der Einfluß megalithzeitlicher religiöser Vorstellungen nicht auszuschließen, der Wille, den Sonnenlauf magisch zu befördern, verband sich mit der Freude am Wettspiel. Auch zum Brauch der Totenfeste gehörten bis in die spätgermanische Zeit hinein Pferde- und Wagenrennen. Rundritt und Fackeltänze zu Pferde, das alles ist bereits frühindogermanisches Brauchtum und bestand, seit das Pferd gezüchtet wurde, was offenbar auch im europäischen Norden schon in der Jungsteinzeit geschah.

Von dieser »agonalen Haltung«, dem ritterlichen Wettkampfgeist, wie er nach Homer die »Phäaken« auszeichnete, haben dann die Dorer viel nach Süden getragen. Spanuth schreibt: »Als sie (die Nordleute) durch die Katastrophen des 13. Jahrhunderts v. Chr. aus ihrer Heimat vertrieben wurden und Griechenland besetzten, fanden sie in dem später so berühmt gewordenen Olympia nur profane Siedlungen vor, die in den Katastrophen um 1220 v. Chr. vernichtet worden waren. An Stelle der profanen Bauten und auf ihrem Schutt errichteten die neuen Herren eine große Kultstätte mit einem Tempel des hyperboreischen Apoll und einem Tempel des Kronos . . . In der Nähe der Tempel wurden, genau wie in Atlantis, die berühmten Wettkampfplätze von Olympia angelegt, die nach griechischer Überlieferung ›von Menschen des goldenen Geschlechtes‹, das sind nach einem alten Sprachgebrauch die Atlanter, errichtet worden sein sollen. Von dem heiligen Baum in Olympia, von welchem ein Jüngling mit goldenem Messer den Siegeskranz für die Sieger der einzelnen Kampfarten abschneiden mußte, ging die Sage, daß Herakles ihn aus dem Hyperboreerland nach Olympia mitgebracht hätte.«[221]

Auch die Spiele in Olympia waren heilige Spiele, wie sicherlich die auf der Basileia ebenfalls. Das Götterfest mit dem »Kampf der Wagen und Gesänge« stammt von dort, wo, wie Spanuth sagt, »schon viele Jahrhunderte vor der Anlage der olympischen Kampfbahnen in ›der goldenen Zeit‹, das heißt in der Bronzezeit, dieser Geist seine Pflegestätte hatte«.

Eine ebenso große Rolle wie der Wettkampf scheint bei den Phäaken-Atlantern der Tanz gespielt zu haben. In seiner einleitenden Rede vor Odysseus und den versammelten Zuschauern erwähnt der König Alkinoos ihn gleich zweimal[222].

. . . Denn wir suchen kein Lob im Faustkampf oder im Ringen,
Aber die hurtigsten Läufer sind wir und die trefflichsten Schiffer,
Lieben nur immer den Schmaus, den Reigentanz und die Laute,
Oft veränderten Schmuck und warme Bäder und Ruhe.
Auf denn und spielt vor uns, ihr besten phäakischen Tänzer,
Daß der Fremdling davon bei seinen Freunden erzähle,
Wenn er zu Hause kommt, wie wir vor allem geübt sind
In der Lenkung des Schiffs, im Lauf, im Tanz und Gesange.

Die »schöne Fläche« des Reigens wird ausgemessen und geebnet, die neun Kampfrichter, die bei den Wettkämpfen die Entscheidung treffen, überwachen auch die Tänze.

Gesang begleitet den Reigen. Der Sänger mit seiner Harfe tritt in die Mitte des Kreises (wie es noch in diesem Jahrhundert bei brauchtümlichen Tanzspielen in der Bretagne gehalten wurde[223]),

und um ihn standen die blühenden Jüngling',
erfahren im bildenden Tanze.
Und mit gemessenen Tritten entschwebten sie.
Aber Odysseus sah voll stiller Bewunderung die fliegende
Eile der Füße[224].

Das Lied allerdings, das der Sänger hier zur »lieblich rauschenden Harfe« singt, ist ein allzu langer Gesang, der die typisch griechische, etwas schlüpfrige Geschichte vom Ehebruch der Aphrodite mit Mars zum Vorwurf und durchaus nichts mit den Phäaken und ihrem Tanz zu tun hat, auch gar kein Tanzlied ist; es sieht aus, als sei er hier später eingeschoben worden.

Dieser Jünglingstanz ist ein ausgesprochener Reigen, der Tanzschritt wird allerdings nicht beschrieben. Vielleicht bewegten sich die Tänzer wie beim uralten, heute noch getanzten Allgäuer »Roien«, mit einem Übersetzen des Fußes nach rechts und zwei Nachstellschritten nach links, so daß der Kreis sich langsam links hin drehte, dem »Sonnenlauf« nach – »med solen«, wie die Schweden sagen. Hier ist die sonnenmagische Bedeutung des Tanzes noch deutlich. Wird mit dem Gesicht nach außen getanzt, wie es die Musen auf der erwähnten Hubbard-Amphore von Zypern tun, so mußte die Drehung allerdings nach rechts gehen, um der Sonne zu folgen[225].

Nach dem Reigen wird in der Agora der »Phäaken«-Insel ein getanztes Ballspiel von nur zwei auserwählten Jünglingen – den Königssöhnen – ausgeführt. Der Ball ist aus roter Wolle gefertigt.

. . . Einer schleuderte diesen (den Ball) empor zu den schattigen Wolken,
Rückwärts gebeugt. Dann sprang der andere hoch von der Erde
Auf und fing ihn, ehe behend sein Fuß den Boden berührte.
Und nachdem sie den Ball geradauf zu schleudern versuchten,
Tanzten sie schwebend dahin auf der allernährenden Erde
Mit oft wechselnder Stellung; die anderen Jünglinge klappten
Rings im Kreise dazu; es stieg ein lautes Getös auf[226].

Kultische Ballspiele haben sich durch die ganze heidnische Zeit in Europa erhalten, sie sind sogar noch stellenweise in den christlichen Kult aufgenommen worden. Wie beim Wagenrennen, beim Fackelritt und beim Rundreigen ist die Beziehung zum Sonnenkult nicht zu verkennen. Daß hier – bei den Phäaken – der Ball rot ist, hat sicherlich eine Bedeutung. Oft wurden diese Spiele auch mit gelben oder goldenen Bällen ausgeführt. R. Stumpfl schreibt in seiner sehr gründlichen Untersuchung über »Kultspiele der Germanen als Ursprung des mittelalterlichen Dramas«[227]: »Mannhardt (I. 479) und Schroeder (Arische Religion II 176ff.) vermuten im Ball ein Abbild der Sonne. Auch Chambers (M. St. I 128f.) neigt zu dieser Auslegung. Wenn die Kirche den Ball als Sinnbild Christi, als aufsteigende Ostersonne bezeichnet, so ist dies offensichtlich eine sekundäre christliche Umdeutung[228]. Als Brauch in Klöstern und an bischöflichen Höfen des Mittelalters ist das Ballspiel durch Belethus 1165 und Durandus 1286 bezeugt (Chambers). Als ritueller Brauch haben sich z.B. die Oster-pilota von Auxerre bis 1538 erhalten. Die Zeremonie fand im Schiff der Kirche vor der Vesper statt, die Kanoniker tanzten zu Orgelspiel und Gesang des Victimae paschali laudes, einen Ball werfend, rund um das am Boden eingezeichnete *Labyrinth* (choream circa dedulum ducentibus).«[229]

Weitere Beschreibungen solcher Spiele in der Kirche besagen, daß der Ball nur durch den Ranghöchsten der jungen Kanoniker geworfen werden darf – in der Odyssee haben zwei Königssöhne dieses Privileg – und daß die anderen den Ballspieler Hand in

Hand umtanzen. Wir haben hier ein schönes Beispiel einer direkten Kontinuität von der Bronzezeit an bis in die Neuzeit hinein.

Noch länger und besser hat sich ein anderer Männertanz erhalten, den die Odyssee zwar nicht anführt, dem man aber, wie ich glaube, ohne weiteres bronzezeitliches Alter zubilligen kann: der Schwerttanz. Über ihn ist viel geschrieben worden. Er wurde im Mittelalter durch die verschiedensten Zünfte und Männervereinigungen zu bestimmten Festen in fast allen europäischen Ländern aufgeführt. Noch heute tanzen ihn in Deutschland, Österreich, England, Schottland usw. Angehörige von Jugendbünden oder sogar von Berufsverbänden (z.B. Bergleute) bei »feierlichen« Gelegenheiten. Das »germanische« Alter des Tanzes ist unbestritten, zumal seine Tradition in allen Ländern mit germanischen Sprachen besteht. Spanuth führt einen alten Bericht aus Büsum in Schleswig-Holstein an[230]. Dabei zieht Spanuth, ebenso wie es Hauer, Stumpfl und andere getan haben, den Bericht des Tacitus über den germanischen Schwerttanz als Beweis für die nordische Herkunft und das Alter des Tanzes an. Merkwürdigerweise scheint dabei niemand bemerkt zu haben, daß dieser Bericht eigentlich einen solchen Beweis gar nicht liefern kann, weil Tacitus eine gänzlich andere Art von tänzerischer Übung beschreibt, als sie der uns vertraute männerbündische Schwerttanz darstellt. Das einzige, was die beiden Tänze gemeinsam haben, ist die Verwendung des Schwertes, die bei beiden die Bezeichnung »Schwerttanz« rechtfertigt.

Tacitus schreibt (Germania, Kap. 24): »Es gibt nur eine Art von Schauspiel bei ihnen (den Germanen), das bei jeder Zusammenkunft wiederkehrt. Nackte Jünglinge, die dieses Spiel als Sport betreiben, führen zwischen Schwertern und Speeren einen gefährlichen Tanz auf. Übung brachte Kunst, diese Anmut. Doch tun sie dies nicht zum Erwerb oder Verdienst: Das Vergnügen der Zuschauer ist der einzige Lohn für die kühne Verwegenheit.«[231]

Es ist deutlich, daß es sich bei diesem Tanz um ein Schauspiel handelt, bei dem der Römer wohl an die heimischen Zirkusspiele oder Gauklervorführungen denkt (weswegen er auch sagt, daß es nur *eine* Art von Spiel bei den Germanen gäbe, was ja an sich nicht stimmt). Es ist kein kultisches Spiel, sondern eine »Darbietung«, bei der es um das *Vergnügen* der *Zuschauer* geht, das also weder magische Zeremonie noch Erlebnis der religio bedeutet. Es ist eine offenbar zu jener Zeit viel geübte sportlich-akrobatische Mutprobe, gefährlich und darum erregend, da die Jünglinge sich offenbar nackt zwischen scharfe Schwerter und Speere stürzten.

Der uns überlieferte Schwerttanz aber ist etwas völlig anderes, ein Reigenspiel mit dramatischem Einschlag, dem die kultische Herkunft deutlich anzumerken ist und das noch heute unter so sehr veränderten Umständen eine bannende Wirkung auf den Zuschauer ausübt[232]. Das Schwert ist hier nicht Waffe, sondern Bindeglied, es wird beim Rundreigen vom einen Tänzer am Heft, vom anderen an der Schneide gefaßt. Scharf dürfen diese Schwerter nicht sein, es ist anzunehmen, daß in alter Zeit – wie auch heute – für diesen Tanz eigens Schwerter ohne scharfe Schneide angefertigt wurden – kein Vorgang, der allein steht, denken wir nur an die zahlreich gefundenen »Kultäxte« aus Bernstein oder ganz dünnem Bronzeblech der Stein- und Bronzezeit, die zum Kampf nicht taugten und ebenso wie – wahrscheinlich – die gewaltigen Hörnerhelme aus dem Kopenhagener Museum nur zu kultischen Darstellungen verwendet wurden. Somit gibt es beim männerbündischen Schwerttanz auch keinerlei »Gefahr«. Der Tanz stellt weithin ein Geschlinge symbolhafter Figuren dar. Ich zitiere Stumpfl: »Daß wir im Schwerttanz eine der ältesten und wichtigsten Tanzformen zu erblicken haben, darauf deutet schon die germanische Linearornamentik der Völkerwanderungszeit, worauf Meschke, einer Anregung Fritz Böhms (Maßstäbe zu einer Geschichte der Tanzkunst II, Breslau 1927, S. 13) folgend, aufmerksam machte (Schwerttanz 122ff.). Da die Ornamentik ›im weitesten Sinne einen direkten Niederschlag linear-räumlicher Bewegungsvorstellungen‹ (Böhme) darstellt, dürfe man, meint Meschke, ›schon aus der Tatsache eines Reichtums von Linear-Ornamentik in einer Kultur auf eine gleiche Fülle von körperlichen Bewegungen und Tanzantrieben schließen‹. Tatsächlich besteht zwischen den Band- und Tiergeflechtornamenten der Völkerwanderungszeit und dem Schwerttanz eine auffallende Übereinstimmung.

›Die Schwerter werden ja . . . hauptsächlich zur Bildung einer geschlossenen Kette verwendet. Und diese Kette verschlingt und entwirrt sich unaufhörlich in einem abstrakten Linienspiel, das in seiner unbedingten Beherrschtheit der Bewegung bei anscheinend in die Unendlichkeit laufender Variation kühnster Verwicklung und Lösung etwas elementar Dämonisches an sich hat. Es ist in seiner Abstraktheit, Feierlichkeit und erregten Geistigkeit bei aller Zucht des Gedankens die typisch tänzerische Gestaltung der männlichen Natur. Eine objektive Gestaltung, grundverschieden von allen Tänzen, in denen beide Geschlechter eine Rolle spielen. Der Anblick dieses unheimlichen Linienspiels, wie ihn etwa die nordenglischen Kurzschwerttänze bieten, wo dieses Prinzip bis zur letzten Konsequenz verfolgt ist, führt den Gedanken aber unmittelbar zum Ornament der Wikingerzeit (Richard Wolfram, Schwerttanz und Schwerttanzspiel, Wiener Z.f.Vk XXXVII 1932 II 1/2).«[233]

Die Figuren dieses Tanzes könnten aber wohl ebensogut wie auf die Ornamentik der Völkerwanderungs- und Wikingerzeit auf die der Bronzezeit zurückgeführt werden, die ja manches, was später wieder zur Ausarbeitung kam, bereits vorgebildet hat. Die Schwerttanzfigur der »Rose«, im Plattdeutschen bezeichnenderweise »Sünros« (Sonnenrose) genannt, ein Schwertgeflecht, das bei einigen Tanzvariationen über die Köpfe der Tänzer emporgehoben wird, zeigt deutlich die Beziehung auch dieses Spiels zum Sonnenkult, der ja in der Bronzezeit weit mehr Bedeutung hatte als in der späteren germanischen Zeit.

Stumpfl weist auch, Almgren folgend, auf Darstellungen tanzender Männer auf den bronzezeitlichen Felsbildern Schwedens (z.B. aus Lyke in Tanum) hin.

Soweit wir den Schwerttanz zurückverfolgen können, hat er zum Brauchtum der Männerbünde gehört. Stumpfl, Höfler (Kultische Geheimbünde der Germanen) und vor allem der Wiener Richard Wolfram, der bedeutende Altmeister der Volkstanzforschung, haben das klar herausgearbeitet. Der sogenannte »Narr«, der in allen Schwerttänzen eine wesentliche Rolle spielt, in den meisten Fassungen symbolisch getötet und wieder aufgeweckt wird, war ursprünglich der Initiant, der in die Gemeinschaft des

33 Tanzende Männer auf einem Schiffsschlitten (Felszeichnung aus Lycke bei Tanum, Schweden)

Bundes aufzunehmende Neuling. So, wie in vorgeschichtlicher Zeit der »Idiot«, der Wahnsinnige, als von göttlichen Mächten Besessener galt, so verstand man noch bis in späte Zeiten hinein den »Narren« als den ekstatisch Entrückten, den von göttlichen oder dämonischen Mächten Erfüllten. Zur Einweihung der Jünglinge gehörte aber wie zu allen Initiationen in religiöse Mysterien und Bünde die Entrückung, die Besessenheit und ebenso der symbolische Tod, aus dem der Einzuweihende als neuer Mensch mit neuem Namen (und veränderter Einstellung zum Leben) auferstand, um von nun an als Mann der Gemeinschaft der Männer anzugehören[234].

Daß die Männerbünde in der Hauptsache Träger der Kultspiele überhaupt waren, darüber kann nach den eingehenden Untersuchungen Otto Höflers[235], Stumpfls und anderer, die reiches volkskundliches Material zu dieser Frage zusammengetragen haben, kein Zweifel mehr bestehen. Die Bünde waren vor allem auch die Träger von Darstellungen des Totenheeres, die in den »Läufen« von Narren, Perchten, Haberfeldtreibern usw. bis in unsere Zeiten fortlebten. Mit ihnen waren außer Rügespielen, Heischebräuchen, Tänzen und dramatischen Darstellungen auch Fruchtbarkeitsbräuche verbunden. Sie fanden in den »Zwölften« um das Julfest herum und zu Frühlingsanfang statt, die Teilnehmer »liefen« maskiert oder mit geschwärzten Gesichtern, sie waren »Ver-

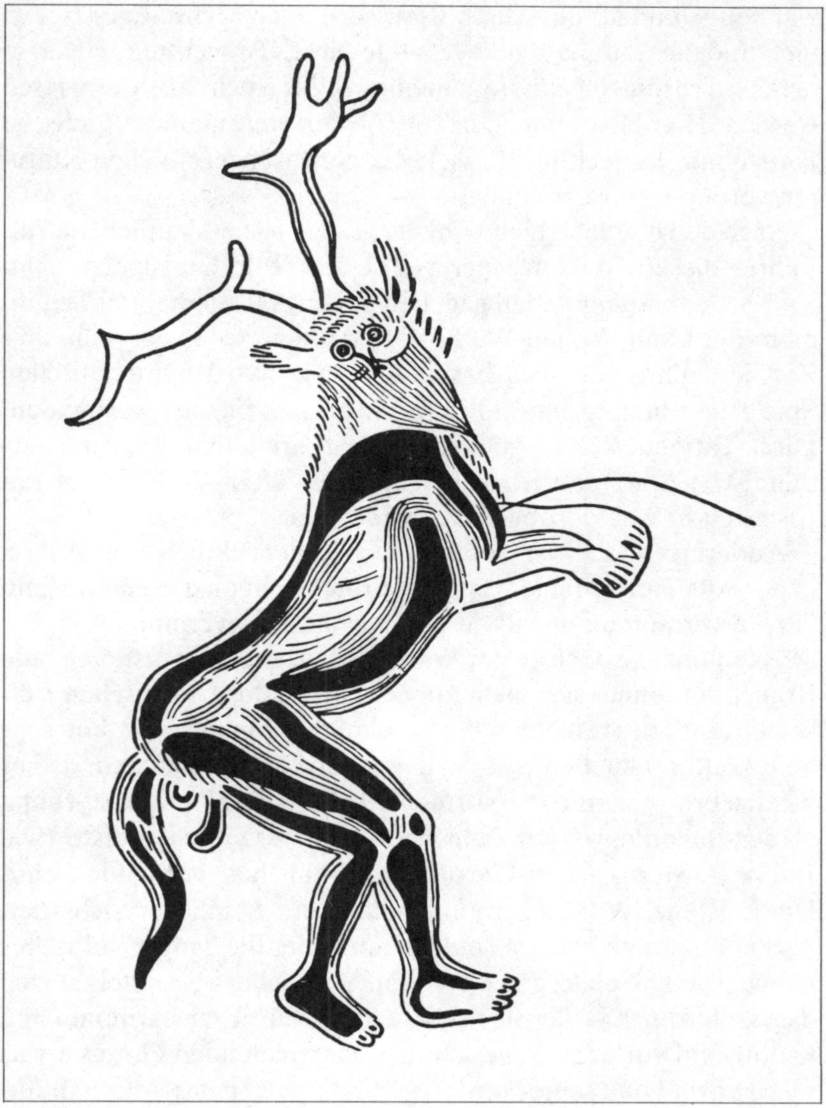

34 »Zauberer« von Trois Frères, Ariège (aus H. Kühn, Auf den Spuren des Eiszeitmenschen, Wiesbaden 1953)

wandelte« und als ekstatisch Besessene auch »Jenseitige«. Es ist nicht möglich, hier auf alle Aspekte dieses Brauchtums einzugehen, und es muß da auf die genannten Untersuchungen verwiesen werden. Hier bleibt nur zu fragen, ob derartige männerbündische Darstellungen auch im Bereich der nordbronzezeitlichen Kulturen vermutet werden können.

Nach den einschlägigen Untersuchungen ist es deutlich, daß als Führer dieses »Wilden Heeres« (dessen reale Umzüge zu mancher Sagenbildung Anlaß gegeben haben) fast immer der Schimmelreiter Odin-Wodan-Wode-Wuote fungierte. In germanischer Zeit jedenfalls war dies Brauchtum, wie das der dramatischen Spiele überhaupt, eng mit dem Herrn der Ekstase verbunden. Diese Tatsache könnte zu dem Schluß führen, daß jenes männerbündische Spielbrauchtum erst mit der Odins-Religion in der Eisenzeit in Westeuropa eingewandert sei.

Andererseits aber ist dieses Brauchtum ersichtlich uralt. Schon in der Altsteinzeithöhle von Trois Frères sieht man ja einen Mann in Tiervermummung als Vorläufer der Tiervermummten der Maskenumzüge hoch an der Wand hintanzen. Das entsprechende Brauchtum findet sich nicht nur bei allen indogermanischen Völkern, sondern weit über deren Umkreis hinaus, was auf sehr hohes Alter schließen läßt. So kann man kaum annehmen, daß es bei den bronzezeitlichen Nordleuten gänzlich gefehlt habe, zumal in den skandinavischen Ländern noch wesentliche Reste (wie Julbock-, Sternknaben-Umzüge und ähnliches) vorhanden sind. Die Existenz von Kriegerbünden kann mit ziemlicher Sicherheit angenommen werden, sie mögen auch hier die Träger kultischer Umzüge und Spiele gewesen sein. Möglicherweise stellen sich diese allerdings in der »goldenen Zeit« mit ihrer harmonischen Kultur und vor dem Angesicht des leierspielenden Gottes etwas weniger wild und schreckenerregend dar, als später unter Anführung des »Wut«-Gottes. Umzüge mit Sonnenbildern, Kultbäumen, Kultwagen und Schiffen jedenfalls, zu denen auch Männer (z. B. Lurenbläser) in Tiervermummung gehörten, bezeugen die schwedischen Felsbilder der Bronzezeit.

Daß es aber auch Spiele und Tänze gegeben hat, an denen beide Geschlechter gleichermaßen teilnahmen, ist höchst wahrscheinlich. Kleine bronzezeitliche Figuren, die vor allem in Dänemark gefunden wurden, lassen vermuten, daß in den Heiligtümern akrobatische Tänze mit fruchtbarkeitsmagischem Charakter von Männern und Mädchen getanzt wurden; dabei wurden offenbar jene roten Schnurröckchen getragen, die man mehrfach auch in Mädchengräbern gefunden hat.

Sicherlich tanzte und spielte aber auch bei Festlichkeiten – wie später in Skandinavien – »alles, was Beine hatte«, also Männer, Frauen und Kinder in bunter Reihe. Was sich aus den erhaltenen Balladentänzen der Färöer und Isländer erschließen läßt, zeigt jedenfalls, daß die Mehrzahl dieser Reigenspiele auf ursprünglich kultisch-religiöse Singtänze zurückgehen, die vorwiegend die Legende des Jahrgottes oder Sonnenhelden und seiner Braut zum Inhalt hatten, wobei das Werbungs- und Hochzeitsmotiv im Vordergrund stand. Es ist klar zu erkennen, daß hier eine direkte Linie von der Megalithzeit bis zu uns führt. Das fruchtbarkeitsmagische, den Sonnenlauf und Jahrkreis versinnbildlichende Mysterienspiel der Megalithreligion hat in ungebrochener Tradition bis heute nachgewirkt und klingt in den gesungenen Resten jener Kinderreigen an, die z. B. in meiner Kindheit noch eifrig gespielt wurden: »Machet auf das Tor, es kommt ein gold'ner Wagen«, oder »Es kommt ein Herr aus Morgenland . . .«, »Springet auf die Kette, daß die Kette klingt . . .«, »Grünes Gras unter meinen Füßen, hab verloren meinen Schatz, werd ihn suchen müssen . . .« und ähnliches mehr. Das ist immer wieder und wieder die Frühlingswerbung des »Herrn mit goldenen Haaren« um die »Jungfrau, die schön singt, klar wie Haar spinnt und sieben Jahre im Turm saß« wie die »Jungfrau Maleen« des Grimmschen Märchens. Oder aber es ist die Jungfrau selbst, die um den Verlorenen klagt und ihn suchen muß wie Freya den Od, Frigg den Baldr und Isis den Osiris.

Aus solch zersungenen Kinderspielresten, Volksliedern und Balladen haben 1932 Georg und Emma Hüsing ihre »Laiche« (Laich ist ein altes Wort für Tanz) zusammengestellt und versucht, die uralten Tanzformen dieser dramatischen Spiele zu rekonstruieren. Es war ein Versuch der Neubelebung aus dem Geist der »Jugendbewegung« heraus; inwieweit allerdings die Rekon-

35 Schüssel von Limoges a. d. 13. Jahrhundert v. Chr. (nach dem Original im Österr. Museum für Kunst und Industrie, Wien)

struktion der alten Spielweise nahekam, läßt sich schwer beurteilen.

Auf alle Fälle haben die jener Wiederbelebung zugrundeliegenden Forschungen doch einiges Wesentliche zu Tage gefördert. Es läßt sich erkennen, daß von allem Anfang an aus dem Rundreigen heraus gespielt wurde. Die Einzeldarsteller traten in die Mitte des Kreises, sangen – das gesprochene Wort kam erst später dazu –, agierten wohl auch, beim Refrain fiel der ganze »Chor« ein, der Reigen setzte sich wieder in Bewegung (noch späte christliche Spiele, wie das Oberuferer Christgeburtspiel, haben diese Darstellungsform).

Das griechische Wort »chor« entspricht dem germanischen »Laich«. Zunächst war das griechische Drama auch ein Spiel aus dem Reigen heraus und basiert auf der gleichen Grundlage. Da sich auch bei den ostindogermanischen Völkern, z. B. bei Indern und Afghanen, Kurden und Slaven, die gleiche Spielform findet[236], so muß sie steinzeitlich sein. Im Begleittext zu seinem Laich »Die Hinde im Rosenhag«[237] zeigt Hüsing auf, daß der mythische Stoff dieses Spiels ebenfalls frühindogermanisch ist und in reinerer, unzerstörterer Form in uralten iranischen und indischen Liedern erscheint. Da es sich ebenfalls um einen Stoff aus der Sonnenheldlegende handelt, können wir daraus erkennen, daß diese Legende nicht allein der Megalithkultur zugehörte und noch vor der Trennung zwischen Ost- und Westindogermanen entstand und wohl auch *gespielt* wurde. In der kunstfreudigen Bronzezeit, in der Gesang und Tanz sowieso blühten, wird dies sicher der Fall gewesen sein. Vermutlich wurde auch Kleito als »die Hinde« betrachtet, die von ihrem Vater, dem stirnäugigen Riesen und Himmelsgott, gejagt, gefangen und auf dem »Berg der Hinde« (wie Brünhild) in Todesschlaf versenkt und von der »Waberlohe« umgeben lag, bis der Sonnenheld sie befreite. Dieser Stoff der Ballade von der »Hinde« zeigt soviel Beziehung zum Mythos von Poside und Kleito-Periböa und ist so weit verbreitet, daß wir auch mit bronzezeitlichen Spielfassungen rechnen müssen.

Wir hörten, daß die jungen Kanoniker von Auxerre bei ihrem kultischen Ballspiel das in den Kirchenboden eingefügte »Labyrinth« umtanzten. Es handelt sich hier um eine sogenannte »Trojaburg«. Ernst Krause, der dieser eigentümlichen Anlage ein umfangreiches Buch gewidmet hat, sagt: »Mit dem Namen Trojaburg, skandinavisch Trojin, Trojeborg, Trojenborg, Tröborg, englisch Trojastadt (Troytown) oder Mauern von Troja (walls of Troy), walisisch Caer droida bezeichnet man seit alten Zeiten im Norden Europas Schnecken- oder Irrgänge (Labyrinthe), deren verschlungene Wege mit kleinen oder großen Steinen eingehegt oder aus dem Rasen herausgeschnitten werden. Es wird sich aus dem Folgenden mit ziemlicher Wahrscheinlichkeit ergeben, daß dieser Name ursprünglich in einem großen Teile Europas bis nach Griechenland und Italien in demselben Sinne wie im Norden

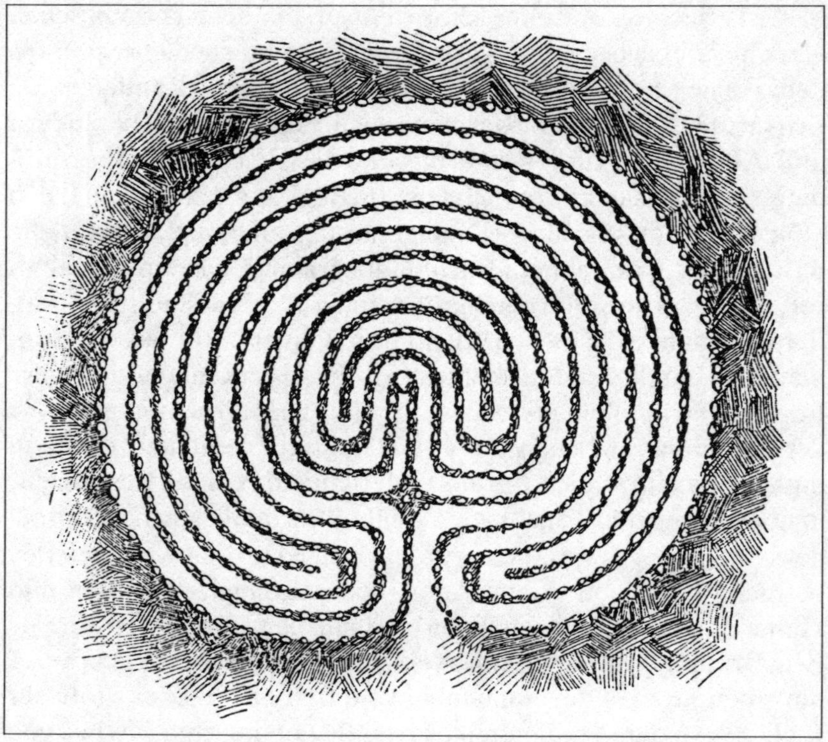

36 Die Trojaburg bei Wisby in Gotland (aus E. Krause, Die Trojaburgen Nordeuropas, Glogau 1893)

gebraucht worden ist. Urkundlich läßt er sich indessen nur für England, Dänemark, Schweden, Norwegen und einen Teil Finnlands belegen.«[238]

In Nordeuropa bis nach Rußland hinein liegen diese Labyrinthe, meist aus größeren Steinen kunstvoll gebaut, im freien Feld, oft in der Nähe von Kirchen, ehemaligen Thingplätzen und Heiligtümern. Natürlich sind heute längst nicht mehr so viele von ihnen, wie noch zu Krauses Zeiten, vorhanden. Wissenschaftliche Untersuchungen haben ergeben, daß manche von ihnen noch aus der Bronzezeit stammen, und daß die Sitte, derartige »Burgen« (»Tanzburgen« wurden sie auch genannt) anzulegen, durch alle Zeiten hindurch bis heute nicht ganz aufgehört hat. In Frankreich und teilweise auch in Italien finden sich entsprechende Labyrinthe in das Pflaster großer Kirchen und Kathedralen eingelassen; wie wir gehört haben, knüpfen sich auch an sie Tanztraditionen.

Die verschlungenen Wege der Trojaburg, von denen »der rechte« dann endlich im Mittelpunkt der Anlage mündet, wurden früher – vor allem bei Frühlingsfesten – ausgetanzt. Die Tänzer hielten sich an den Händen, und der Reigen bewegte sich, zumeist singend, bis in den Mittelpunkt und wieder hinaus. Der ursprüngliche Sinn des Spiels war, die Befreiung einer Jungfrau darzustellen, die im Mittelpunkt der »Burg« gefangen lag, vom Anführer des Reigens erweckt, befreit und aus dem »Turm« geführt wurde, in dem wiederum die Verschlingungen der Labyrinthwege ausgetanzt wurden. – Krause nimmt an, daß diese Wege die Sonnenbahnen darstellen sollten.

Das Wort Troja bzw. Droia hängt mit unserem drehen zusammen und ist ebenso mit lat. tornare verwandt, zu dem wiederum unser Turm (Turn) gehört; wir haben auch hier also die »Jungfrau im Turm«, d.h. in der Wendel- oder Rundburg[239]. Und wieder wird der Mythos in einem Reigenspiel dargestellt, das hier einwandfrei der Bronzezeit angehört.

Da auch Trojaburgen mit konzentrischen Kreisen statt Labyrinthgängen vorkommen, nennt Spanuth, wie schon erwähnt, den von Wasserringen und Wällen umgebenen Rundhügel auf der Heiligen Insel eine »Trojaburg«. Er vermutet dort ebenfalls Spiele, die das Schicksal der Erdjungfrau Kleito darstellten.

Mit zwei solchen »Liedern«, die noch in ihrer späten Fassung echte dramatische Spiele sind, haben wir uns schon befaßt. Das Skirmirlied der Edda zeigt sich – trotz dem großen zeitlichen Abstand – deutlich als die germanisch-isländische Fassung der in Homers Phaiakie angezogenen Periböa-Mythe, deren Heldin wiederum niemand anders ist als die Kleito des Atlantisberichts[240]. Ich glaube, es ist nicht vermessen, anzunehmen, daß das Skirmirlied auf ein bronzezeitliches, kultisches Spiel zurückgeht, das diese Mythe zum Inhalt hatte. Ebenso ist es mit der im Grunde noch urtümlicheren Werbung Svipdagrs im Fiölsvinslied. Dies Spiel könnte seinem Charakter und Inhalt nach sogar noch in die

Megalithzeit zurückreichen und aus dem Reigen heraus gespielt worden sein.

Die Beziehung dieser Edda-Spiele zu Mythos und Realität der Heiligen Insel läßt die Frage auftauchen, ob wohl derartige Darstellungen dort bei kultischen Festen als echte Mysterienspiele aufgeführt wurden. Kein Bericht erzählt davon.

F. H. Hamkens[241] nimmt mit guten Gründen ein Mysterienspiel, das den Mythos des »Sonnenhelden« (Drachenkampf, Heilige Hochzeit, Tod und Auferstehung) darstellte, am Externstein bei Horn in Westfalen an. Er trifft sich mit dieser Schlußfolgerung aus seinen eingehenden Forschungen mit der von Hans Gsänger (Die Externsteine, 1964), der, obwohl von ganz anderen Voraussetzungen ausgehend, zu einer ähnlichen Meinung kommt[242]. Solche Spiele fanden vermutlich durch lange Zeiten hindurch in allen großen Heiligtümern statt. Noch im 11. Jahrh. n. Chr. gab es kultische Spiele bei den großen Festen im Tempel von Uppsala (Schweden war damals als einziges skandinavisches Land noch heidnisch).

Die steinzeitliche Megalithreligion kannte ohne Zweifel Mysterien mit stufenweisen Einweihungen und Darstellungen heiliger Mythen, die sich um den Sonnenhelden und die Erdjungfrau drehten, die später zum »Soter«, dem Retter und Heiland, und der zu erlösenden »Psyche« wurden. Die griechischen Mysterien, vor allem die von Eleusis und Samothrake, die durch Jahrhunderte eine so tiefe und wahrhaft heilbringende Wirkung auf Leben und Kultur Griechenlands ausgeübt haben, waren vordorisch und nach Aussage Thassilo von Scheffers[243] uralt. Vermutlich wurzelten sie noch – ebenso wie fast alle orientalischen Mysterien – in der Religion der Megalithzeit. Auch hier standen im Mittelpunkt der Einweihungen wie der Mysterienfeste die heiligen »Dromena« (Dramen, Schauspiele). Sie müssen eine ungeheure Wirkung auf die Zuschauer ausgeübt haben, wie sie auch, da die meisten der großen Dichter Griechenlands, Aischylos, Sophokles, Pindar und andere, Eingeweihte in Eleusis waren, auf die Entwicklung des griechischen Dramas wesentlich einwirkten[244]. (Aischylos, der in Eleusis geboren war, soll mehrere seiner Dramen geradezu als Weihespiele für die Mysterien geschrieben haben.)

Aber auch die Religion des Nordens hatte sich aus der Megalithreligion entwickelt. Es widerstrebt uns, hier – im Atlasreich – Geheimkulte womöglich orgastischer Natur, Schweigegebote, geheimnisvolle priesterliche Einwirkung und nächtliche Dramenaufführungen mit Lichteffekten wie im Süden anzunehmen. Alles mag hier offener und naiver zugegangen sein[245]. Einweihungen muß es jedenfalls gegeben haben und dabei auch Spiele. Darauf weist all das oben Angeführte hin. Wenn Svipdagr mit dem Wächter der Bernsteinburg oder Sigurd mit dem Drachen vor dem Kampf Weisheitsgespräche mit Frage und Antwort führen, die sich keineswegs aus der dramatischen Situation ergeben, sondern den Gang der Handlung nur – scheinbar sinnlos – aufhalten, so ist das einzig dadurch zu erklären, daß diese Spiele bei den Jünglingseinweihungen als eine Art Lehrstück verwendet wurden[246].

Schon der Schwerttanz zeigt Tod und Wiedererweckung des »Narren«. Wie gesagt, war es vermutlich so, daß das Jahrkreisdrama den Initianten nicht nur vorgeführt wurde, sondern der eine oder andere von ihnen auch selbst die Rolle des Sonnenhelden verkörperte und stellvertretend seinen Tod erlitt und seine Auferstehung erlebte.

Hier muß noch ein Wort zur Auffassung dieser Darstellungen gesagt werden. Es ist vielfältig belegt, daß für den Homo religiosus der vorgeschichtlichen Zeit die »Verwandlung« des einzelnen im Drama nicht nur Spiel oder gar »Darbietung«, sondern echtes Einssein mit dem Dargestellten bedeutete[247].

Meistens war und ist es die Maske, die die »Verwandlung« schafft. Mit der feierlichen Handlung des Aufsetzens der Maske nimmt der Dämon (im griechischen Sinne als göttliche außerirdische Macht zu verstehen) von dem maskierten Menschen Besitz, und zwar nicht nur in der Meinung der Zuschauer, sondern auch in der des Maskierten selbst. Auch die griechische Maske diente ursprünglich dieser echten Verwandlung. Im Bauernbrauchtum des süddeutsch-österreichischen Raumes lassen sich noch bis in unsere Zeit hinein Beispiele dieser Auffassung finden. Otto Höfler bringt ein eindrucksvolles Zeugnis: Der oberösterreichische Dichter Richard Billinger erzählt aus seiner eigenen Kindheit, wie sein Nachbar, ein reicher Bauer, die »Liebe (›Minne‹) des heiligen Johannes am 27. Dezember mit großer Feierlichkeit, Musikbegleitung und Gauklertänzen trank und vor und nach dem Trinken die vergoldete Trinklarve« aufsetzte, die ihn für eine kurze Zeitspanne zum Verwandelten machte[248].

Richard Wolfram berichtet, daß österreichische mit geschwärzten Gesichtern und Masken »laufende« Bergbauern von den am Wege stehenden Zuschauern als »Tote« (Angehörige des Totenheeres) betrachtet und bezeichnet wurden, obwohl jeder die hier »laufenden«, sehr lebendigen Burschen kannte und mit Namen benennen konnte.

Auch im feierlichen Hervorholen und Anlegen des »Narrenhäs« und der Maske, wie es gelegentlich noch im oberländischen Fasnet-Brauch geübt wird, hat sich ein Rest des Verwandlungskultes und der damit verbundenen Anschauungen erhalten. Wer erlebt, wie mit dem Anlegen der Maske aus ruhigen, ernsten, schwerfälligen Bauern rasende Dämonen werden, die kreischend und schellenklirrend durch nächtliche Gassen toben und ums Feuer tanzen, spürt etwas von der Verwandlungskraft der Maske.

Daß dies Erleben vor 3000 Jahren noch viel verbreiteter und selbstverständlicher war als heute, leuchtet unmittelbar ein. Es sieht aus, als trage der Mann auf dem Schwanenwagen von Dupljaja, den Spanuth für den »hyperboreischen Apoll« hält, eine Maske. Ich wiederhole: Vielleicht war dieser Apoll, der – laut griechischen Berichten – von Delphi zur Heiligen Insel am Okeanos kam und im nächsten Frühjahr wieder zurückfuhr, wirklich ein »Verwandelter«, handelte es sich um eine echte »Epiphanie« des Gottes: Ein Stellvertreter erschien den Gläubigen, der, sobald er die Maske aufsetzte, von heiliger Dämonie erfüllt, zum Gott selbst wurde, heilen, segnen und das Recht verkünden konnte. Es kann so gewesen sein oder auch nicht. Jedenfalls gehörte wohl dergleichen hochheiliges Maskenspiel auch zu den Darstellungen der nordeuropäischen Bronzezeit, die keine »Darbietungen«, sondern echt erlebte Religio waren.

Sechstes Kapitel

Zusammenfassung

Nun wir Mythos, Kult und Brauch bei den Nordländern der Bronzezeit so einigermaßen überschauen, läßt sich folgendes sagen:

Wir sehen ein kräftiges, tätiges Volk, das unter günstigsten klimatischen Bedingungen seinen Wohlstand mehrt, wozu ihm vor allem der Reichtum seines Landes an Bernstein und die Fruchtbarkeit seines Bodens, aber sicherlich auch die eigene Tüchtigkeit und Tatenlust verholfen haben. In seiner »goldenen Zeit« – ehe die Schatten des »Götterzorns« auf sein besonntes Dasein fallen –, bei jugendlichem, aber nicht mehr primitivem Entwicklungsstand, sehen wir es unbefangen den Dingen hingegeben, die ihm Freude machen. Die Seefahrt steht vornean, das sagt die Phaiakie immer wieder. Die Phäaken-Atlanter sind Hochseefahrer – auch Hochseefischer natürlich –, sie bauen die besten Schiffe der damaligen Zeit. Diese leichten »schwarzen« Boote mit den Schwanenköpfen an Bug und Heck durchkreuzen auf Handelsfahrt, aber auch auf Neulandsuche die fernsten Meere, sie leben in einem durch göttliches Gesetz untermauerten Frieden mit all jenen Völkern, die einst durch ihre Auswanderungen entstanden sind, und werden auch von anderen nicht behelligt. Aber trotzdem werden die jungen Männer oftmals, ihrer natürlichen Abenteuer- und Kampflust folgend, ausgefahren sein, neue Lebensräume zu suchen oder aber irgendwo Kampf und Beute zu finden, ehe sie heimkehrten und als »gestandene Männer« den Boden bebauten (es gibt Anzeichen dafür, daß auch schon in den Jahrhunderten vor dem großen Angriff gegen Ägypten Nordleute gegen die Pharaonen kämpften). Ein organisiertes Heereswesen, das den Einsatz einer Großzahl waffenfähiger Männer für den »Ernstfall« vorsah, bezeugt der Atlantisbericht.

Im übrigen allerdings genossen die »Atlanter« den Frieden, liebten gymnastische Spiele, Musik, Gesang, Schmuck und schöne Dinge aller Art, Geselligkeit, warme Bäder und Sauberkeit, ein gutes Mahl und Ruhe nach dem Essen, wie die Phaiakie es sagt. Die Bevölkerung wird vor allem aus Ackerbauern und Viehzüchtern bestanden haben, aber vermutlich gab es auch solche, die sich teils oder ganz dem Überseehandel oder einem Handwerk widmeten. Mindestens die Schmiede, die Bootsbauer und die Zimmerleute müssen bereits so etwas wie eigene Berufsstände gebildet haben, es gab zweifellos auch Schnitzer, Lederarbeiter, Schuster usw. Die Frauen waren für ihre Webarbeiten berühmt, und es ist anzunehmen, daß manche auch für Lohn webten oder nähten. Im übrigen dürften die Frauen, ähnlich wie später bei den Germanen, eine recht freie Stellung gehabt und ihre Männer oft kräftig beherrscht haben; daß sie auf Mode und Schmuck Wert legten, zeigen die Grabfunde.

Die Religion dieses Volkes war, wie es in jener »lichtumflossenen« Zeit wohl nicht anders sein konnte, eine Lichtreligion, in der die von allen Völkern stets gespürten dunklen Seiten der Schicksalsmächte stark zurücktraten.

Die Beschäftigung mit dem Geheimnis des Todes scheint eine – im Vergleich mit vielen anderen Kulturen, auch und vor allem der Megalithik – verhältnismäßig geringe Stelle eingenommen zu haben. Die Grabfunde zeigen, daß der Gedanke des im Hügel weiterlebenden Toten noch bis zu einem gewissen Grad wirksam war, doch setzt sich jetzt immer mehr die Brandbestattung durch. Man hat dies wohl mit Recht für einen Beweis dafür gehalten, daß die Vorstellungen über Leben und Tod sich »vergeistigten«. Es darf allerdings nicht vergessen werden, daß der Gedanke, die Verbrennung des irdischen Leibes fördere die Verwandlung des Toten in ein jenseitiges Wesen, uralt ist und im indogermanischen Bereich immer wieder als echter Mysteriengedanke aufflackert.

Die hellen und freundlichen Götter der Bronzezeit trugen Strahlenkronen und Strahlenkränze und leuchteten in der Gloriole ihrer Heiligkeit. Die Tempel strahlten von Gold, und selbst der himmelstützende Weltbaum, der als tragende und Gesetze kündende Säule am heiligen Quell stand, schimmerte, vom himmlischen Goldglanz (aur = Oreichalkos) überflossen, und war »goldgeschmückt«, wie noch in späten Berichten gesagt wird. Der väterliche, aber auch oftmals zürnende Himmelsgott der Indogermanen trat hier weithin zurück oder verschwand in der Säule, mit der er von jeher verbunden war. Im Mittelpunkt alles religiösen Erlebens stand der »Sohn«, der Schöne und Gute, der Sonnenheld und Sonnenwagenfahrer, der Herr der schimmernd weißen, singenden Schwäne, in die auserwählte Verstorbene verwandelt worden waren, dem lichten »Herrn« zu dienen. Die Leier im Arm, weckte er Gesang, Musik und Reigentanz, im heiligen Spiel erschien er leibhaftig auf dem Schwanenwagen oder im Schwanenboot, er durchfuhr das Land, die Fruchtbarkeit der Fluren zu beschwören, das heilige Recht und Gesetz zu verkünden, er schlichtete Streit, heilte Kranke und tröstete Bedrückte, er war »Helfer« und vermochte vielleicht sogar schon von Kummer und Gewissensnot zu »erlösen«, die ja auch in guten Zeiten dem Einzelmenschen nicht fern bleiben.

An seiner Seite stand die Terra Mater, die, Mutter und Jungfrau zugleich, älter war als der »Sohn« und einst auch mächtiger, jetzt aber die Ehren der göttlichen Gattin und Mutter aller königlichen Zwillingspaare genoß. Freundlich war auch sie; auch hier traten die dunkleren Züge der Verschlingerin des Lebens vor denen der Gebärerin zurück. Auch sie hatte ihre Umfahrt, ihre Feste, sie segnete die Fluren, und vor allem die Frauen streckten die Hände nach ihr aus.

Ihre »Heilige Hochzeit« war das hohe Fest des steigenden Jahres, und immer noch wurde das uralte Spiel, das ihre Erwekkung durch den werbenden Sonnenhelden darstellte, den Gläubigen vorgeführt, doch es ist anzunehmen, daß das Naturgeschehen schon seit langem eine tiefere, symbolische Bedeutung bekommen hatte. Denn es ist durchaus möglich, daß die Erdmutter ebenso wie Demeter in den Eleusinischen Mysterien auch hier in »Einweihungen« erschien, in denen die Fragen nach den Geheimnissen des Seins beantwortet, tieferes Götterwissen vermittelt und den Seelen große, läuternde Erlebnisse zuteil wurden, wie später in Griechenland. Auch die allgemeinen heiligen Jahresfeste wurden mit all der Hingabe und Freude gefeiert, die nötig waren, damit sie ihre Wirkung auf die Menschen ausüben konnten. Auf der Heiligen Insel hatten sie sicherlich besonderen Glanz. Feierliche Tieropfer, Hymnengesang, Blas- und Saitenmusik, Tänze, Umgänge, Spiele, Wagenrennen sind bezeugt. Natürlich durften das festliche Mahl und der Umtrunk nicht fehlen. Der König vollzog die Opfer und leitete die Spiele. Er war, wie es scheint, der einzige Priester des Gottes, von einer Priesterschaft ist nie die Rede, nur von weisen Männern, die ihm, ebenso wie die Wahrsprüche verkündende Seherin, zur Seite standen. Der König war heilig, auch er strahlte in der göttlichen Glorie, er vertrat den Gott, aber praktisch konnte er offenbar keinerlei Entscheidung fällen, ohne den Rat der Großen des Volkes einzuholen, die ihn umgaben. Und die ganz großen, die überregionalen Entscheidungen waren dem Thing der zehn atlantischen Könige vorbehalten, die allesamt streng durch das als göttlich und heilig anerkannte Gesetz gebunden waren.

So wirkte Religion im Kleinen wie im Großen in alle Bereiche des Lebens hinein. Die Götter waren als wirkende und helfende Mächte allgegenwärtig und wurden oftmals auch (in »eidetischer« Schau) leibhaftig »gesehen«. Man liebte sie, wie Kinder ihre Eltern lieben, und vertraute ihnen unbefangen (ohne den prüfenden Verstand gänzlich in die Ecke zu stellen), wenigstens so lange, als inneres Gespaltensein, Auflehnung und seelische Depression für die glücklichen »Atlanter« noch unbekannte Dinge waren. Als dann die Schatten das Licht fraßen, die große Dürre das Land verheerte und das Unheil über sie kam, mag sich einiges dergleichen eingestellt haben, zusammen mit der bangen Frage nach eigener Schuld an dem allgemeinen Unglück. Aber man war mutig und unternehmungslustig, überwand die Zweifel aus eigener Kraft, ohne die Götter zu verfluchen, zog aus, bessere Länder zu finden, und nahm die Götter mit, die dann in der neuen Heimat ebenso wie in der alten als getreue Helfer verehrt wurden.

Siebtes Kapitel

Nach den Katastrophen

Der Norden
Der Süden

1. Der Norden

Und was geschah, als die »lichtumflossene, wärmebadende Bronzezeit« (Oxenstierna) zu Ende ging?

Zunächst kam die große Dürre, dann der gewaltige »Kriegszug«, Auswanderungen aus den nördlichen Ländern. Und dann folgten nicht lange danach die Erdbeben und Meeresüberschwemmungen »und jener Tag und jene Nacht, da die Insel Atlantis im Meer versank« (Plato, Tim 25d), auch Feuer vom Himmel fiel und Moore und Wälder verbrannten. Weitere Auszüge der Überlebenden dürften gefolgt sein – das zerstörte Land verödete, die Bevölkerungszahl sank auf ein Minimum herab. Von höherer Kultur konnte keine Rede mehr sein, die Zurückgebliebenen fristeten gerade noch mühsam ihr Leben durch Fischfang und geringen Ackerbau. Handel, Hochseeschiffahrt – das gab es nicht mehr.

Es ist verständlich, daß die Bodenforschung aus diesen »dunklen Zeiten« nur klägliche Ergebnisse bringen kann. Sie meldet Fundlücken und dann fast beigabenlose Brandgräber. Bis dahin, wo gegen Ende des ersten Jahrtausends die Verbindung mit den Römern beginnt und deren prachtvolle Gefäße, Glasbecher usw. in den Gräbern der führenden Germanengeschlechter auftauchen, tappt man völlig im Dunkeln.

Wenn wir wenigstens einiges über diese Zeiten erfahren wollen, müssen wir uns nach wie vor an die geschriebenen Berichte halten.

Der Atlantisbericht ist *nach* der Katastrophe aufgezeichnet worden. Er spricht von dem Versinken der Insel und davon, daß das Meer dort jetzt »unzugänglich und unerforschbar sei, wegen des sehr seicht liegenden hindernden Schlammes, den die untergehende Insel zurückließ«. Das ist alles, mehr weiß der sonst so wohlunterrichtete Gewährsmann der ägyptischen Priester nicht zu sagen.

Hier muß aber noch auf eine Stelle des Atlantisberichtes aufmerksam gemacht werden, mit der kaum je einer der vielen Atlantisforscher oder -entdecker sich befaßt hat. Sie ist zwar ein wenig dunkel, deutet aber etwas an, das zu denken gibt. Der Passus lautet (Krit 120d–121c) in Spanuths Übersetzung: »Diese gewaltige und großartige Macht (es war zuvor von den atlantischen Königen, dem Geschlecht der Posidesöhne, die Rede und das »diese« bezieht sich offenbar auf sie, B. V.), die damals in jenen Gegenden bestand, ließ Gott nun in kriegsmäßigem Zusammenschluß gegen unsere Gegenden hier vorbrechen, und zwar, wie der Bericht lautete, aus folgendem Grund: Viele Menschenalter hindurch, solange die Natur des Gottes in ihnen genügend stark war, blieben sie den Gesetzen gehorsam und verleugneten nicht ihre Verwandtschaft mit der Gottheit. Denn ihre Sinnesweise war von hoher Art, wahrhaftig und durchaus großherzig (wörtlich: in allem groß); etwaigen Schicksalsschlägen gegenüber sowie im Verkehr miteinander zeigten sie sich gelassen und zugleich einsichtsvoll; in ihren Augen hatte nur die Tugend wahren Wert; darum achteten sie die vorhandenen Glücksgüter gering und machten sich nichts aus der Masse des Goldes und des übrigen Besitzes, die ihnen eher wie eine Bürde erschien. Sie waren weit davon entfernt, trunken von dem Schwelgen in ihrem Reichtum zu werden und ihrer selbst nicht mächtig zu Fall zu kommen; sie erkannten nüchternen Sinnes, daß diese äußeren Güter nur durch Tugend und Freundesgemeinschaft gedeihen können, aber dahinschwinden, wenn alle Sorge und alle Wertschätzung eben nur ihnen zugewendet ist; dann werde nämlich auch die Tugend mit in den Abgrund gerissen. Infolge dieser Denkungsart und des fortwirkenden Einflusses der göttlichen Natur gedieh ihnen alles, dessen wir vorher gedacht haben.

Als aber, was Göttliches in ihnen war, durch starke und häufige Vermischung mit Sterblichen mehr und mehr dahinschwand und menschliche Sinnesart die Oberhand bekam, da erst erzeigten sie sich unfähig, sich mit dem Vorhandenen richtig abzufinden, sie schlugen aus der Art und erniedrigten sich in den Augen der Urteilsfähigen dadurch, daß sie das Schönste von allem Wertvollen zugrunde richteten, während sie den Urteilslosen, die kein

Auge für den Wert eines auf wahrhafte Glückseligkeit gerichteten Lebens haben, nunmehr erst recht herrlich und rühmenswert erschienen.

Aber der Gott der Götter, Zeus[249], der nach Gesetzen regiert und einen scharfen Blick für dergleichen hat, beschloß, da er ein großes Geschlecht in so beklagenswerten Zustand versetzt sah, sie durch eine Strafe zu züchtigen, auf daß sie dadurch zur Besinnung gebracht und gebessert würden. So berief er denn alle Götter in ihren ehrwürdigen Wohnsitz, der, in der Mitte der Welt gelegen, den Blick über alles gewährt, was des Werdens teilhaftig geworden, und richtete an die Versammelten folgende Worte . . .«[250]

Daß hier der Atlantisbericht abbricht und Plato vor dessen Vollendung starb, ist außerordentlich schade. Wir hätten genauer erfahren, was die Götter den Atlantern vorzuwerfen hatten. Hybris? Verlust der einfachen Zufriedenheit und des guten Geschmackes? Es ist etwas unklar, was man unter diesem »Zugrunderichten des Schönsten« verstehen soll. Wahrscheinlich hätte Zeus auch verkündet, worin die Strafe bestehen sollte. Untergang der Atlantis-Insel? Sowohl dem ägyptischen Priester wie allen Nacherzählern der Geschichte war durchaus klar, daß jene Katastrophe auch Athen und andere Länder schwer getroffen hatte. Sie konnten sie also kaum als nur auf das Atlasgeschlecht gemünzte Strafe ansehen. Vielleicht hätten wir aus dieser für ewig verschwiegenen Rede des Zeus sogar etwas über die verlorenen Schlachten in Ägypten gehört, und manches Rätselraten über Zeit- und andere Fragen, die der Atlantisbericht aufwarf, hätte dann vermieden werden können.

Wir fragen uns auch, wer eigentlich diesen Tadel am Ende des Berichtes ausgesprochen hat. Daß er nicht gegen das Volk, sondern gegen das Königsgeschlecht gerichtet ist, ergibt sich aus der mehrmaligen Erwähnung der göttlichen Herkunft und der göttlichen Eigenschaften, die »durch Mischung mit Sterblichen« verschwinden[250a]. Die atlantischen Könige stammten von Poseidon ab, er war ihr »Vater« nach Meinung des Berichterstatters, ihre häufige Verbindung mit »irdischen« Frauen und ihre steigende Konzentration auf irdische Güter und irdischen Genuß brachten den Verlust der göttlichen Tugenden: Großherzigkeit, Genügsamkeit, Gleichmut und treues Zusammenhalten mit sich, das scheint den Sinn dieser Sätze zu bilden. Sprechen hier die ägyptischen und griechischen (politischen) Gegner des Atlasgeschlechtes? Oder Plato selbst, als Erforscher des Staats- und Kulturlebens? Beides kommt einem, liest man den Bericht mit unbefangenen Augen, wenig wahrscheinlich vor. Es sieht im Gegenteil so aus, als sei auch hier recht genau nachgesprochen worden, was der Vorerzähler berichtet hat. Wir kennen den ersten Erzähler, den Gewährsmann der alles aufschreibenden Ägypter, nicht. Aber nach den zitierten Worten scheint es sich um einen Mann zu handeln, der nicht nur die atlantische Welt, die Königsinsel, das Königsgeschlecht sehr gut kennt, sondern dem allen vielleicht selbst angehört hat[251] und der sich seine Gedanken darüber macht – zugleich liebende und kritische Gedanken –, der einen Niedergang kultureller und sittlicher Art beobachtet hat und an Läuterung durch Strafe der Götter glaubt.

Gab es denn überhaupt einen Neuanfang, der solche Strafe rechtfertigte und einem geläuterten Geschlecht neue Möglichkeiten brachte? Er jedenfalls, der kritische Kulturphilosoph, wer immer er gewesen sein mag, hat ihn nicht mehr erlebt.

Der goldene Reichtum war unwiederbringlich dahin. Es hat offenbar sehr lange gebraucht, bis der Norden wieder die Kulturhöhe von einst erreichte. Manches hat er bei veränderter Zeit- und Bewußtseinslage nie wieder erlangt. Aber den Gefahren, die Reichtum und Luxus mit sich bringen, ist er für lange Zeit entgangen, und das Bild, das Tacitus von der körperlichen und seelischen Gesundheit und dem Lebensmut der Germanen zeichnet, ist sicher nicht übertrieben. An Kultur hat es auch nicht ganz, an Religion schon gar nicht gefehlt.

Wir wissen, daß die Heilige Insel wieder aufgetaucht ist und aufs neue, wenn auch in beschränkterem Maße, religiöses Zentrum wurde. Wie das zugegangen ist, dafür haben wir nur das eine, ebenso erstaunliche wie unsichere Zeugnis: den Schluß der Völuspà, die mit dem herrlichen Bild der neu erstehenden Welt endet: »Seh aufsteigen zum anderen Male Land aus den Fluten, frisch ergrünend ...« Die Insel taucht aus dem Meer, auf dem

»Idafeld« im ehemaligen Heiligtum treffen sich die »Asen« wieder – es sind zumeist die Söhne der alten Götter, aber Baldr (der sehr wohl für Poside stehen könnte und in der Edda-Mythologie bezeichnenderweise als Fosites Vater gilt) ist zurückgekehrt – »Böses wird besser, Baldr kehrt heim«. Wieder finden sich im Gras die goldenen Tafeln, die vor Urtagen den Göttern gehörten. Und dann steht hier die viel umrätselte Zeile: »Wieder werden im weiten Windheim die Söhne der Zwillinge wohnen.« Man hat unter den Zwillingen Baldr und Hödr verstehen wollen, aber sie werden eigentlich nie als solche bezeichnet, und nirgends spielen ihre Söhne eine Rolle, man dächte denn an Baldrs Sohn Forseti-Fosite. Wahrscheinlicher ist, daß hier eine sehr alte Tradition spricht und ganz andere Zwillinge gemeint sind. Die atlantischen Könige waren die »Söhne« der Zwillingspaare, die Kleito dem Poseidon-Poside geboren hatte. Sollten wirklich Angehörige des alten Königsgeschlechtes überlebt und wieder auf dem Heiligen Hügel über dem windüberwehten Meer residiert haben? Vielleicht geschah es so – die Insel war jedenfalls noch in christlicher Zeit Königssitz, wenn es jetzt auch Friesen- und dann Dänenkönige waren, die dort auf dem Hügel ihre Burgen hatten.

Weitere Zeugnisse für neues, doch vom alten wenig verschiedenes religiöses Leben auf der Bernsteininsel im nördlichen Okeanos bieten die griechischen Nachrichten über das Hyperboreerland. Sie ersetzen glücklicherweise die fehlenden Bodenfunde ein wenig. Zwar schwingen in diesen etwas märchenhaften Erzählungen über das Land der »frommen und heiligen Hyperboreer« mit seinem Bernstein und seinen singenden Schwänen deutlich Erinnerungen an den dortigen Zustand in der vergangenen »goldenen Zeit« mit. Und die gleichzeitig umlaufenden Sagen von der Insel der Seligen Abalus (Avallon-Avalun) mit ihren Unterblichkeitsäpfeln, wo im »alten Garten« Kronos auf seine Auferstehung wartend schläft und später der Brite König Artus ebenfalls wartet, bis er seinem Volk wieder erscheinen darf, die Erzählungen auch von versunkenen Bernsteinpalästen, all dies Geraune stammt doch noch aus der Zeit, da die Insel für immer versunken schien.

Doch die Berichte von der Fahrt des hyperboreischen Apoll in seine alte Heimat und die frohen Feste dort, auch Herodots Nachrichten über die Gesandtschaften aus dem Hyperboreerland sind recht real gefaßt und spielen ohne allen Zweifel in einer Zeit, in der Apoll in Delphi bereits längst festen Fuß gefaßt hatte, in der in Delos prächtige Apollo-Tempel standen und auf der Bernstein-Insel des Nordens wieder ein weithin bekanntes, von Gesang, Zitherspiel und Festfreude erfülltes Heiligtum existierte, in dem der heimkehrende Lichtgott ein halbes (oder auch ein ganzes) Jahr lang residieren konnte.

Das muß wohl in den ersten Jahrhunderten des letzten Jahrtausends v. Chr. gewesen sein, denn im 6. Jahrhundert ist das Hyperboreerland schon zur Sage geworden. Im 4. Jahrhundert mußte Pytheas von Massilien die Bernsteininsel, die immer noch Basileia hieß und die »Apfelinsel« genannt wurde, neu entdecken, er erzählte von der Weltsäule, aber soweit wir wissen nichts vom alten Heiligtum, das nun offenbar an Bedeutung verloren hatte.

Alles, was wir aus dieser Zeit und der späteren erfahren können, bezeugt: Die Weltsäulen waren und blieben berühmt auch im Süden. Poside, der jetzt Fosite-Phosete-Fosta hieß, bedeutete zwar nur den Friesen noch etwas, doch seine Insel war und blieb heilig, Schwäne schwammen auf dem Quellbecken, und der Tempel barg Schätze, die seine dankbaren Verehrer dem Gott gespendet hatten.

Bei den übrigen Germanenstämmen aber war die Erinnerung an ihn verblaßt. Denn inzwischen war etwas geschehen, das die ganze religiöse Situation (und sicher auch die völkische) in dem Bereich, den einst die Söhne des Atlas beherrscht hatten, veränderte.

Wann es geschah, wissen wir nicht, wohl aber daß es irgendwann im ersten Jahrtausend v. Chr. geschehen sein muß. Denn als wieder Berichte über den Norden geschrieben wurden, diesmal von den Römern, die inzwischen mit den kämpferischen Auswandererzügen der Kimbern, Teutonen und Ambronen konfrontiert worden waren, da sprechen sie von einem obersten Gott der Germanenstämme, den sie mit dem Namen Merkur bezeichneten (ein besserer Vergleich fiel ihnen bei der Eigenart des nordischen Gottes wohl nicht ein), von dem wir aber wissen, daß er in

Skandinavien Odin, bei den südlicher wohnenden Germanenstämmen Wode, Wodan, Wotan oder Wuote hieß. Dieser Gott hatte einen Kreis von zwölf »Asen« genannten Göttern und Göttinnen um sich gesammelt, deren beliebteste Thor oder Donar, Freyr oder Fro, Freya, Frigga, Tyr oder Ziu oder auch Saxnot hießen und allesamt taten, als seien sie schon seit urewigen Zeiten in den Ländern Nordeuropas ansässig.

Daß es nicht so war, ist aber deutlich. Viele haben es zwar gemeint, der große Kenner der indogermanischen wie der germanischen Glaubensgeschichte J. W. Hauer eingeschlossen. Andere glaubten, mindestens Odin-Wodan sei ein ganz »neuer« Gott gewesen, der zur Römer- oder sogar erst in der Wikingerzeit in den Norden eingedrungen sei, den guten alten Bauerngott Thor teilweise verdrängt und den kriegerischen Adel durch seinen »artfremden« Zauber und seine unstete Wildheit »verdorben« habe[252].

Weder das eine noch das andere kann stimmen. Aus dem, was in den vorigen Kapiteln dargestellt wurde, ergibt sich klar, daß die nordeuropäische Bronzezeit weder eine Verehrung Odin-Wodans noch Thors noch der anderen Asengötter in der später aufgezeichneten Form kannte. Posides Sonnenzeichen, seine Pferde und Schwäne beherrschen vollkommen das Feld. Nirgends zeigt sich auch nur eine Spur von Odins Wölfen und Raben. Was durch die »große Wanderung« nach Süden getragen wurde und sich dort im Mittelmeergebiet und weit in den Osten hinein ausbreitete, waren Sonnenzeichen und Weltbaummotive. Mit den auswandernden Nordleuten zog der junge Licht- und Rechtsgott in alle Welt, nicht der geheimnisvolle Wolfsgott auf dem achtbeinigen Schimmel, der Einäugige mit dem Schlapphut und dem wehenden Mantel.

Wölfe und Raben hätten auch gar nicht in die »wärmebadende« Bronzezeit gepaßt, so wenig, wie sie später in den Süden paßten. Odin-Wodan ist im Grund ein winterlicher Gott und im Norden erst denkbar, nachdem die harten Winter und wilden Stürme über das zuvor sonnenerfüllte Atlasreich hereingebrochen waren. Er ist aber auch kein neuer Gott, sondern in Wahrheit eine uralte Gestalt. In den noch vor 1000 v. Chr. niedergeschriebenen indoarischen Veden tritt er unter dem Namen Vāta auf als Hypostase des Gottes Rudra. Hauer zitiert[253] die betreffenden Lieder, die zeigen, daß dieser Vāta schon die gleichen Züge des Sturm-, Toten- und Ekstase-Gottes, des Anführers des »wilden Heeres« trug und dort wie später im Norden tiefste Weisheit und Schau in die innersten Geheimnisse der Welt vermittelte. Denn Vāta-Wode-Odin ist keinesfalls das »Böse« in Person[254], sondern die geheimnisreichste und interessanteste Göttergestalt der gesamten Religionsgeschichte, vielschichtig und faszinierend, zugleich liebender Allvater und harter Töter, Herr des Zaubers und der Toten, Stürmer und Wanderer, der umherzieht, fragt und befragt wird, der die wilde Kampf-*Wut* ebenso entzündet wie das schöpferische Feuer des Dichters. Er gilt als Erfinder der Runen und des Runenzaubers, als erster Eingeweihter und als wissender Einweihender.

Ganz sicher ist dieser machtvolle Einäugige vor Urzeiten einmal ein indogermanischer Himmelsgott gewesen, der in allmählicher Entwicklung die ekstatischen Züge angenommen hat. Wo geschah diese Entwicklung? Vielleicht in Indien, wo man immer dem Tiefsinn zuneigte, vielleicht in Thrakien, wo wilde Mysterienkulte zu Hause waren? Oder bei den ungezähmten Reitervölkern der östlichen Steppen?

Jedenfalls denkt man nicht ohne Grund an den Osten. Da gibt es sogar eine konkrete Nachricht, die nur niemals ernst genommen wurde. Snorri Sturluson, der isländische Gelehrte, der im 13. Jarhhundert n. Chr. alle alten Überlieferungen, die sich in Island und Norwegen noch auftreiben ließen, mit Fleiß und Einsicht zusammenstellte und kommentierte, hat an zwei Stellen, in der »Heimskringla«, der Chronik der norwegischen Könige, die Odin als ihren Stammvater ansahen, und in der sogenannten Snorra-Edda über Odins Herkunft geschrieben. Er tat dies in euhemeristischer Weise, als Christ konnte er Odin nicht gut als Gott bezeichnen und mußte ihn somit zum Menschen und Vorzeitkönig machen, was allerdings schon auf der nächsten Seite seines Werks vergessen war.

Snorri sagt, daß Odin aus Asien kam. Man hat fast allgemein geglaubt, es habe sich da um eine Verwechslung von »Asen«

(Stützbalken-Götter) mit dem Erdteil Asien gehandelt. Aber vielleicht sollte man den klugen alten Snorri doch auch hier ernst nehmen. Die ostindogermanischen Züge, die die Edda-Lieder aufweisen, sind nicht zu übersehen[255]. Auch die Megalithmythen wie die der Bronzezeit sind – wir haben es gesehen – in die Edda eingegangen. Doch daneben tritt ein andersartiger, manchmal erschreckend rätselhafter Tiefsinn auf, etwas fast »schamanisch« Anmutendes und Wildes, das mindestens der lichten und kultivierten Denkungsart der Bronzezeit niemals entsprochen hätte. Freilich ist es nichts »Artfremdes«, alles ist indogermanisch durch und durch, alte, sehr alte indogermanische Mythen leben auf, aber eines zeigt sich ganz deutlich: Hier sind zwei verschiedene Zweige, die sich aus dem gleichen Kern entwickelt hatten, wieder zusammengekommen, und aus dieser Vereinigung sind das eigentliche Germanentum wie seine Religion entstanden.

Manche Forscher haben das gesehen und, da die Edda selbst eine Erklärung zu liefern scheint, nicht gezögert, diese mit archäologischen Befunden zusammenzustellen. Es entstand die sogenannte Vanenkriegs-These, die Hauer, Güntert und andere, zuletzt auch Spanuth vertreten haben[256].

In der Völuspá, vor allem aber auch in der Prosa-Edda und in Snorris »Heimskringla« wird von einem Krieg in uralten Zeiten gesprochen – »der erste Krieg, der in die Welt kam«. Zwei Göttergeschlechter, Asen und Vanen, die östlich und westlich des Tanais (Don) wohnen, wo man zu Snorris Zeit die Grenze zwischen Asien und Europa sah, setzen sich kämpferisch auseinander, sie berennen die gegenseitigen Burgen, dann aber schließen sie Frieden und stellen einander Geiseln, so daß etliche Vanengötter (Njörd, Freyr, Freya) in den Asenkreis kommen, was man als eine reale Zusammenlegung zweier Götterkreise gedeutet hat. Man setzte diesen Vorgang der Göttervereinigung in die Zeit kurz vor 2000 v. Chr. Die Archäologie stellt hier einen Einbruch der weit nach Osten bis zum Schwarzen Meer ausgebreiteten »Schnurkeramiker« oder »Streitaxtleute« in den megalithischen Norden fest, der – wahrscheinlich nach etlichen Kämpfen – zu einer friedlichen Durchdringung und Vermischung beider Völkerschaften führte. So rechnete man von hier an die eigentliche

»germanische« Zeit. Es lag nahe anzunehmen, daß die sehr aktiven, kriegerischen, dem Osten verbundenen Streitaxtleute[257] die »Asen« mit Odin-Wodan an der Spitze mitgebracht hätten, während die Vanen mit ihrem Charakter als Fruchtbarkeitsgötter der Megalithkultur zugehörten. Hauer macht darauf aufmerksam, daß die Vermischung zweier Göttergeschlechter sich schon dadurch dokumentiert, daß sich nun im Asenkreis Doppel- und Parallelgestalten finden, ja sogar zwei ähnliche Gestalten unter den vom Ursprung her gleichen Namen Freya und Fryja (Frigga) auftreten.

Das ist zweifellos richtig. Aber dennoch kann der mythische Vanenkrieg nicht in der Zeit um 2000 und nicht als Auseinandersetzung von Megalith- und Streitaxtleuten stattgefunden haben. Denn gerade die nordische Bronzezeit soll ja dann das Produkt dieser fruchtbaren Vereinigung zweier stammverwandter Völker gewesen sein. Und eben diese Bronzezeit weiß, wie wir seit Spanuths Forschungen erkennen können, nichts von Odin, nichts von den Edda-Göttern mit ihren zumeist doch typisch germanischen Namen, nichts von Freya-Frija. Wenn im Norden eine Vermischung zweier Götterkreise stattgefunden hat, so muß das sehr viel später, *nach* den Katastrophen, auch wohl nach der Zeit der »weisen und frommen« Hyperboreer, also auf alle Fälle *nach* dem Jahr 1000 v. Chr. geschehen sein.

Wenn nach langer Pause die antiken Schriftsteller wieder von den Nordleuten sprechen, scheinen diese Charakter und Lebensweise in mancher Hinsicht verändert zu haben. Etwas Urtümliches, Hartes ist in ihr Wesen und ihre Lebensauffassung gekommen, auch etwas Unstetes. Nicht mehr festgefügte, wohlorganisierte Reiche sehen wir, sondern Stämme, die leicht ihre Sitze wechseln, Viehzüchter, Bauern, die ihre Häuser verbrennen, wenn sie auf fruchtbarere Böden umziehen. Starke Kulturverluste stellt die Bodenforschung fest, doch zeigt es sich dann, daß Dichtung und Gesang immer noch blühen und in der Wikingerzeit sogar einen ganz großen Aufschwung nehmen. Die goldene Friedenszeit ist zur Sage geworden, ein wilder Kampfgeist erfüllt die Männer, Kampfwut und Kampfekstase spiegeln die Heldenlieder (wenn die Germanen auch nicht zu Kopfjägern geworden sind wie die stammverwandten Kelten). Jetzt sprechen Funde und Berichte immer wieder von Menschenopfern (kein Germanenfreund kann sie wegdisputieren), Hängeopfer vor allem und das Versenken in Moore waren bei Weihefesten bis in die späteste Zeit hinein üblich, sie sind fast durchweg mit dem Odinskult verbunden.

Wie konnten solche Veränderungen eintreten? Der Klimasturz und der Verlust des früheren Reichtums können nicht die einzige Ursache sein. Auch die Odins-Religion allein hätte wohl kaum so tiefgreifend wirken können. Snorri spricht von einem Kriegszug. Das Wahrscheinlichste ist, daß irgendwann wieder ein verwandtes, aber urtümlicher gebliebenes Volk in den Norden vorgestoßen ist, sich mit den Nachkommen der Bronzezeitleute vermischt hat und deren Götterwelt und wahrscheinlich auch deren Sprache stark veränderte. Aber wann sollte das gewesen sein?

Wir sind auf sehr vage Vermutungen angewiesen. Aber etwas fällt auf: Auch auf dem Gebiet der Sprache ist ja irgendwann im 1. Jahrtausend v. Chr. etwas Veränderndes geschehen: Die erste germanische Lautverschiebung nämlich. Martin Ninck, der übrigens erstaunlicherweise nichts von dem indoarischen Vāta zu wissen scheint und Odin-Wodan für einen im Norden einheimischen Gott, für eine »Schöpfung der Germanen« hält, ihn aber doch ganz als Ekstase-Gott sieht, schreibt in seinem hier schon zitierten Wodan-Buch: »Der furor teutonicus, der schon die Römer und viele Völker nach ihnen erzittern machte, hat also seine seelisch-religiösen Hintergründe. Denn seine Wurzel liegt in der Ekstase, und sein Ziel ist die Vereinigung mit dem Kriegsgott Wodan-Wutherr ... Müssen wir annehmen, daß sich die genannte Berserkeranlage in Maßen auch schon bei den Indogermanen fand, die nach Süden abgewanderten Stämme sie erst in geschichtlicher Zeit mehr verloren, die Germanen dagegen sie *in ihren nördlichen Sitzen erst voll entfalteten,* so wird das durch die lautliche Entwicklung der germanischen Sprache bestätigt.

Denn es liegt nun nahe, jene merkwürdige Wandlung, die die sprachliche Sonderart des Germanischen erst in Erscheinung treten ließ und unter dem Namen der ersten Lautverschiebung (um die Mitte des ersten vorchristlichen Jahrtausends) bekannt ist, mit einer stärker aufbrechenden Welle kriegerischen oďrs, die im Volkscharakter deutliche Spuren zurückließ, in Zusammenhang zu bringen. Besteht doch das Wesen dieser Verschiebung darin, daß die wichtigsten Laute am Wortanfang, am Schluß, aber auch im Innern mit mehr Explosivkraft hervorgestoßen werden. Aus Verschlußlauten werden Zisch- und Reibelaute, aus einem t, um nur Haupttatsachen zu nennen, ein engl. th, aus p über ph und pf ein f, aus k über kch ein ch und h. Die alten b, d, g verhärten sich zu p, t, k. Fügen wir noch hinzu, daß auch die Anfangsvokale im Gegensatz etwa zum heutigen Französischen mit einem deutlichen Vorhauch eingesetzt und daß die schwebende indogermanische Betonung durchwegs auf die Anfangssilbe (d.h. auf den Stamm, er ist aber fast immer Anfangssilbe) zurückgezogen wurde, so sehen wir: Gegenüber dem weicheren Idiom des Ahnenvolks gewann das Germanische mehr Festigkeit, Wucht (dies vor allem durch die Anfangsbetonung und den schärferen Einsatz), zugleich aber mehr Spannungsdichte, Explosivkraft, Luftstrom, oďr und Brandungsschwere. Wie kaum eine andere Sprache fand sie sich danach geeignet, gleichzeitig inneren Wallungen starken Ausdruck zu geben und alle Arten von Naturgeräuschen, das Windesbrausen, das Zischen des Gluthauchs, das Wogen des Wassers schallnachahmend darzustellen. Wie keine andere hat sie denn auch für Geräusche und Töne eine schier unerschöpfliche Fülle von Wörtern ausgebildet.«[258]

Diese Feststellungen Nincks wecken stark den Verdacht, daß »jene merkwürdige Wandlung, die die Sonderart des Germanischen erst in Erscheinung treten ließ« nicht allein auf eine innere Entwicklung, sondern mehr auf einen Anstoß von außen her zurückzuführen sei. Die Steigerung des »furor«, die größere Explosivkraft der Sprache, ihre Wandlung vom »weicheren«, dem Griechischen verwandteren »Idiom« zum harten ausdrucksstarken Germanisch und außerdem die stürmische, ekstatische und tiefsinnige Odins-Religion, das alles paßt erstaunlich zusammen.

Wenn wir die Erzeugnisse der Schmiedekunst wie überhaupt die künstlerischen Gestaltungen der Bronzezeit einerseits mit der (wiedererstarkten) germanischen Kunst der Völkerwanderungszeit oder gar der Wikingerzeit vergleichen, sehen wir dasselbe:

die gleichen Symbole und Zeichen, oft fast gleiche Formen (trotz des Abstands von anderthalb Jahrtausenden), aber harmonische Schönheit, Ausgeglichenheit und Anmut auf der einen Seite, wilde, dämonische, ja erschreckende Ausdruckskraft (man denke an die Schnitzereien des Osebergfundes) auf der anderen Seite. Es ist gelegentlich gesagt worden, daß die spätgermanische Kunst durch die Skythen beeinflußt worden sei, die tatsächlich einen ähnlichen Stil schufen. Was ist daran?

Merkwürdigerweise erlebten die südlich von den Germanen wohnenden Kelten um die gleiche Zeit ebenfalls einen verwandelnden Einschnitt in ihre geschichtliche Entwicklung. Sie, die sich im Aussehen kaum von den Germanen unterschieden und denen ebenso wie diesen wilder Kampffuror zugeschrieben wurde, sind von den Römern immer wieder mit diesen verwechselt worden bzw. umgekehrt wurden die Germanenstämme vielfach zu den Kelten (keltoi) gerechnet. In den Grenzgebieten vermischten sie sich auch so sehr, daß der Streit, ob dieser oder jener Stamm keltisch oder germanisch gewesen sei, bis heute andauert. Hier war es nur die Sprache, die in Wahrheit trennte. Die keltische Sprache, die sich wohl seit der Großen Wanderung in den Kerngebieten des Keltentums, in Süddeutschland, Ostfrankreich, einem Teil der Alpenländer und vielleicht Böhmens entwickelt hat, ist der germanischen zwar verwandt, unterscheidet sich aber doch stark von dieser.

Um die Mitte des ersten Jahrtausends – wohl eher etwas früher – lassen sich nun im keltischen Bereich bedeutende Umwälzungen auf politischem und kulturellem Gebiet feststellen. Man hat an eine »Revolution« gedacht, eine Machtergreifung der Kriegerbünde etwa, die die zahlreichen prachtliebenden Kleinfürsten und Könige der sogenannten Hallstattkultur entmachtete. Hermann Nölle schreibt in seinem lesenswerten Buch »Die Kelten und ihre Stadt Manching«: »Es scheint eine Revolution am Ort stattgefunden zu haben« und später: »Der Prozeß ist kompliziert mit all den verschiedenen Elementen. Da aber mit größter Sicherheit kein neues Element hinzutrat, muß sich eines der vorhandenen Elemente durchgesetzt haben. Das genügte, um eine neue Zeit einzuleiten, die keltische, auf fünfhundert Jahre.«[259]

Dagegen setzt sich heute die Meinung durch, daß eben doch »ein neues Element« hinzugekommen ist, und daß eine Einwanderung, ein starker Vorstoß von Osten her, die keltische Kultur sozusagen zu sich selbst führte. Gerhard Herm spricht, wohl gestützt auf französische Forschungen, von einer starken Beeinflussung des werdenden Keltentums durch die Skythen, die ab 800 v. Chr. nach Schlesien, in die Lausitz und bis Bayern vorgedrungen sein, später sogar eine ganz neue Kultur bis nach Frankreich getragen haben sollen. Er meint, daß die Kelten von ihnen die Kopfjägerei, das Reiten mit Trense und zweiteiliger Gebiß-Stange und manches andere lernten, und daß sich dann auch in der La-Tène-Ornamentik Skythisches zeige. Doch spricht er vorsichtig von »Spekulation«[260].

Diese These würde manches erklären. Die Skythen waren Indogermanen, blond und blauäugig, und verbanden eine reiche Kultur mit der urtümlichen Wildheit und Härte und dem Hang zum Mystizismus des Reiter- und Steppenvolkes. Es bleibt hier nur eine Schwierigkeit: Die Skythen waren Iranier und hatten eine Satem-Sprache, während das Keltische eine absolut westindogermanische Sprache ist. Wäre der skythische Einfluß so stark gewesen, wie Herm meint, so hätte sich dieser Einfluß doch auch in der keltischen Sprache zeigen müssen. (Allerdings kann ich nicht beurteilen, ob sich nicht vielleicht doch ostindogermanische Elemente im Keltischen finden.)

Einleuchtender aber erscheint eine andere These, die ich bei Alfred Weitnauer (»Keltisches Erbe in Schwaben und Baiern«) fand. Hier sind es nur mittelbar die Skythen, in der Hauptsache aber die Kimmerer oder Kimmerier, die in die keltischen Gebiete einfielen und bis nach Frankreich vorstießen[261]. Die Kimmerer waren die Nachbarn der Skythen nördlich des Schwarzen Meeres und sicherlich auch skythisch durchsetzt. Sie wurden im 8. Jahrh. v. Chr. von ihren Nachbarstämmen verdrängt, wanderten nach Kleinasien, laut Weitnauer aber zum Teil auch nach Süddeutschland bis ins Elsaß. Auch Weitnauer meint, daß dieser Einfall aus dem Osten den Kelten die Kopfjägerei beschert habe.

Von den Germanen spricht in diesem Zusammenhang niemand. Aber könnte es nicht sein, daß dieser Vorstoß auch sie getroffen und ihnen zwar nicht die Kopfjägerei, aber doch den gesteigerten »Furor« und den Gott Wodan gebracht hätte, dazu den Odins-Zauber und die Lautverschiebung?

Mit den Kimmerern ist es sowieso eine seltsame Sache. Mehrere antike Autoren (z. B. Diodor) behaupten mit Überzeugung, es handle sich dabei um Stammverwandte der jütländischen Kimbern; es sei der gleiche Name, der nur mit der Zeit ein wenig verändert worden sei. Spanuth stimmt ihnen zu, andere Forscher belächeln diese These. Zu Unrecht. Warum sollen sich nicht Kimbern aus dem Norden während der Großen Wanderung (oder schon früher) nördlich des Schwarzen Meeres niedergelassen haben, dort durch starke Berührung mit den Skythen zum Teil östliche Sitten und sogar östliche Götter angenommen haben, während ihre Sprache sich zwar etwas veränderte, aber ihren *west*indogermanischen Charakter behielt? Ihre Rückkehr würde dann eine fast genaue Parallele zu der um etwa 1500 Jahre früher erfolgten Rückkehr der »Streitaxtleute« bilden, die auch laut Hauer[262] in früher Zeit aus Dänemark (»wo es eine sehr altertümliche Schnurkeramik gibt«) ausgewandert waren und sich bis zum Schwarzen Meer ausbreiteten, vor 2000 v. Chr. aber (von einem starken Stützpunkt in Thüringen aus) zurück in den Norden drängten.

Sollte ähnliches hier wieder geschehen sein und der Vanenkrieg doch, wenn auch erst viel später, stattgefunden haben? Oder hatten sich Vanen und Asen am Ende bereits (wie Snorri es will) in der »Vorzeit« am Tanais[263] bekämpft, wo möglicherweise Kimbern mit Megalithtradition mit östlicheren Völkerschaften (aus »Asia«) zusammenstießen?

Snorri sagt, daß Odin zuerst im Saxenland erschienen sei, wo man ihm Tempel gebaut habe, und dann nach Norden zog und auf Odense auf Fünen seine erste Kultstätte in Skandinavien bekam. Mit Saxenland bezeichneten die Isländer zu Snorris Zeit das ganze Niederdeutschland. So könnte es sein, daß die Einwanderung, die Odin mit sich brachte, von Süden oder Südosten in das Gebiet der Nordleute eindrang. Es war eine starke und mitreißende Bewegung, die da erschien, sie ließ die alten Götter der Bronzezeit, die wohl ohnehin – außer in den friesisch-teutonischen

Küstengegenden – schon im Verblassen waren, nunmehr vollends zurücktreten.

Aber klarerweise war sie tolerant wie alle vorchristlichen indogermanischen Religionen. Sehr viel von dem, was Megalith- und Bronzezeit an Mythen, Vorstellungen und Bräuchen ausgebildet hatten, erhielt sich lebendig durch die Zeiten – zum Teil bis ins 19., ja bis ins 20. Jahrhundert hinein.

In der veränderten Gestalt, die sie unvermutet angenommen hatten, und mit veränderten, nun wirklich germanischen Namen, traten auch die alten Götter bzw. ihre Hypostasen in den neuen Götterkreis ein. Das Asgard des Nordens bildete sich nach der Erinnerung an die Heilige Insel der Bronzezeit. Der Vanengott Freyr ist die deutlichste Hypostase Posides. Er hatte zwar viele von dessen reich ausgebildeten Eigenschaften abgelegt, gleicht ihm aber trotzdem noch sehr, verjüngter Himmelsgott ist auch er, »Sohn« eines alten Himmels- und Meergottes (der eigentlich er selbst war) und einer Riesentochter und Erdgöttin, Bruder einer Erdjungfrau wie Apoll, Besitzer eines Wunderschiffes, jung und fruchtbarkeitsfördernd, eine Eigenschaft, die im bäuerlichen Schweden dann stark in den Vordergrund trat, Gott des Blühens und Wachsens, des Frühlings und des Friedens. Sein Kult stamme von der kimbrischen Halbinsel, sagt F. R. Schröder[264], er, der »Ing«, sei ursprünglich der Gott der von Tacitus genannten, an der Küste wohnenden Ingväonen-Völker gewesen[265] und von hier nach Schweden getragen worden, dessen Könige sich Inglinge nannten als »Söhne« des »Ing« oder »Ingvi«, der wiederum der »Sohn« des Himmelsgottes war. (Schröder stellt übrigens auch im Bereich des Freyr-Ing-Kultes ein wesentliches Fortleben des sakralen Königtums fest.)

Den besten Beweis, daß Freyr, dessen Name wie der Posides »Herr« bedeutet, auch Posides direkter Nachfolger ist, liefert das hier schon öfter angeführte Skirmirlied, in dem Freyr an Poside-Poseidons Stelle um die Periböa-Gerd wirbt.

Eng verwandt erscheint dem jungen Bronzezeitgott auch Baldr, als dessen Sohn ja der friesische Fosite in späterer Zeit gesehen wird. Baldr ist Ase, stammt also von der anderen, der östlichen Seite, der Odin angehört. Er gilt auch als dessen Sohn.

Er ist, wenn schon keine Hypostase, so doch eine Parallelgestalt Posides. Wahrscheinlich erbte er vieles von Posides Brauchtum. In seinem Tempel dienen die neun Jungfrauen, sein Name bedeutet ebenfalls »Herr«[266]. Jedenfalls ist er der vollkommene Sonnenheld, mit einer wohlerhaltenen, sehr altertümlichen und typischen »Legende« ausgestattet, die tief in die Megalithzeit hinabweist. Woher er auch stammen mag, er ist neben Freyr der berufene Nachfolger des lichten Posidéos, der am reinsten dessen Bild und Wesen dem Norden erhalten und vermutlich dann auch das Vorbild für jene Gestalt abgegeben hat, in der man nach der Bekehrung den »weißen Christ« sah.

Daß Heimdall eigentlich ein alter Weltstützergott ist und Atlas-Züge zeigt, wurde schon erwähnt.

Einige Rätsel gibt Thor-Donar auf. Für alle, die sich mit ihm befaßten, hat er stets etwas »Urgermanisches« gehabt. Dazu paßt, daß die Römer ihn gelegentlich mit Herkules-Herakles gleichsetzen, öfter noch mit Jupiter. Er ist (ähnlich wie Tyr-Ziu) eine ausgesprochene Hypostase des Himmelsgottes, verjüngt auch er, Sohn Odins und einer Erdfrau, der sich von Poside aber unterscheidet wie Zeus von Apoll. Die Gewittereigenschaften sind betont: Der hammerschwingende, auf dem donnernden Wagen fahrende Rotbart ist das verkörperte Frühjahrsgewitter, das alle Frost- und Reifriesen in die Flucht schlägt. Als letzte Tat bezwingt er die Midgard-Schlange. Freilich wird keine Jungfrau befreit, ein megalithischer Sonnenheld ist Thor nun einmal nicht. In dem, was sich für die Bronzezeit an Göttern erschließen läßt, finden sich kaum Spuren eines ausgesprochenen Gewittergottes, obwohl der atlantische Staatsmythos offenbar von Kämpfen mit Riesen wußte. Thor weist mit seinem Widdergespann auch mehr in südöstliche Richtung. Ziemliche Ähnlichkeit hat er mit dem slavischen Perkunas, noch mehr mit dem keltischen Taranis, es ist auch der gleiche Name, der die beiden Gestalten verbindet, denn »Taranis« heißt der Donnerer. So ist es gegeben, anzunehmen, daß Thor mit Odin eingewandert ist[267]. Das ist und bleibt aber eine Annahme, eine Vermutung genau wie die vorgetragene These von Odins Herkunft. Sicherheit kann es in all den Fragen, die die »dunkle Eisenzeit« betreffen, ja vorerst nicht geben.

37 Westfriesische Giebelaufsätze (»Ulbretter«) (aus »Germanien« 1939)

Doch bleibt die deutliche Erkenntnis eines Nachlebens vieler Elemente der Kultur und des Kults der Bronzezeit durch die Jahrtausende hindurch bis in geschichtliche Zeit.

Alle die Sonnen- und Weltbaumsymbole mit ihren typischen Formen finden sich wie gesagt in der Wikingerkunst wieder. Sie mögen im Bereich der Holzschnitzerei überlebt haben wie die Runen, sie finden sich in ganz Europa an den romanischen Kirchen und leben überall in der Volkskunst weiter. Noch zieren Posides Pferde und Schwäne hier und dort die Giebel niederdeutscher Bauernhäuser, noch kann man in Norwegen Vorratsspeicher sehen, die gebaut sind wie einst Salomos Tempel, also vermutlich doch wie die atlantischen Heiligtümer, die Vorbild für jenen waren. Noch bis in unser Jahrhundert hinein tanzten und sangen die Kinder auf der Straße die Reigenspiele, die die Werbung des »Mannes mit goldenen Haaren« und die Befreiung der »Jungfrau« aus dem Turm darstellten. Auf den Färöern tanzt man noch die Sonnenheld- und Drachentöter-Legenden, die Heilige Hochzeit lebt in den Maispielen von Schweden bis Süddeutschland und England fort, in diesem ganzen Bereich wird der bronzezeitliche Schwerttanz aufgeführt, und dergleichen mehr. Sehr vieles ist freilich verlorengegangen und verliert sich weiterhin in der Zeit der Maschinen und des Betons und des zerspaltenen und unsicheren Fühlens und Denkens, das die kindhafte Gottsicherheit der alten »goldenen« Zeit nicht mehr versteht. Die einfache, fraglose Verehrung der lichten, segnenden Götterschönheit gibt es nicht mehr, um so wichtiger ist es, etwas von den Formen und Gestaltungen, in denen sie sich damals äußerte, als Trost und Erhebung für uns zu bewahren.

2. Der Süden

Daß die Nachwirkungen der Kultur und Religion der nordeuropäischen Bronzezeit in den südlichen und südöstlichen Ländern (und weit darüber hinaus) zahlreicher waren und deutlicher hervortreten als im Norden selbst, kann nicht erstaunen. Fast die ganze Oberschicht des einstigen Atlasreiches war ja nach Süden abgewandert samt allen Kulturschaffenden.

Überall finden sich ihre Spuren: am deutlichsten in Griechenland, Italien und Palästina, aber auch auf Zypern, in Kleinasien und weiter im Osten. Die Niederlassungen der Nordleute im Donaugebiet, vor allem in Ungarn, wurden schon erwähnt. Von dort aus scheinen Züge nach Osten gegangen zu sein, sie führten offenbar zum Schwarzen Meer und weiter – auf den gleichen Wegen, die auch in der frühen Megalithzeit und in der ersten großen Dürre- und Wanderepoche um 2000 v. Chr. von Teilen der Nordvölker eingeschlagen wurden.

In der ersten Hälte des 1. Jahrtausends v. Chr. waren in den östlichen Steppen noch immer große Wanderungen und Völkerverschiebungen im Gange. Die westindogermanischen Völker stießen auf die ostindogermanischen und drängten sie weiter. Schon gegen Ende des 9. Jahrhunderts erreichte ein großer indogermanischer Völkerzug, der aus Siebenbürgen und den Balkanländern kam und dem sich noch in Rußland und Kaukasien wohnende Stämme angeschlossen hatten, die innere Mongolei und China. Der Vorstoß führte zur Eroberung der chinesischen Hauptstadt und zum Zusammenbruch des westlichen Chou-Reiches. Damit gelangten auch nordbronzezeitliche Einflüsse in die chinesische Kultur[268].

Daß die Welle aus dem Norden Süddeutschland und die Alpenländer nicht aussparte, ist selbstverständlich. Hier wird von der Einwanderung der »Urnenfelder-Leute« gesprochen. Man läßt sie aus dem Osten kommen, doch sind es wohl weithin Neuland suchende Nordleute gewesen. Natürlich ist es auch möglich, daß es sich manchmal um Trupps zurückflutender Teilnehmer an den Kämpfen im Mittelmeergebiet und um verdrängte Oststämme handelte, die die Donau heraufkamen, sich in Böhmen, Österreich, Süddeutschland usw. ansiedelten und sich mit den hier ansässigen »Hügelgrableuten« vermischten. Aus dieser Vereinigung ist dann das Keltentum hervorgegangen.

In den genannten Gegenden entwickelte sich nun eine Kultur, die, durch allmählich immer reicher werdende Fürstenhöfe gefördert, eine äußerst lebendige und starke Wirkung im weitesten Kreise ausübte. Sie erhielt ihren Namen von dem Fundort Hallstatt im Salzkammergut, wo Friedhöfe mit reichen Beigaben gefunden wurden. Die Hallstatt-Kultur steht in der direkten Nachfolge der nordeuropäischen Bronzezeit, sie zeigt in ihren Schmuckformen nicht nur alle die typischen Motive, die im Norden schon seit Hunderten von Jahren üblich waren: den Weltbaum mit »Volute« bzw. »Palmetten«, die Sonnenräder, Pferde und Schwäne, die Hirsche und die schlanken, langbeinigen Menschengestalten, sondern auch den gleichen Stil und die gleiche Form, die die späte Bronzezeit ihnen gegeben hatte[269].

Mit der Hallstatt-Kultur gingen diese Formen nun in alle Welt. Der schon erwähnte Völkerzug durch den Osten, die sogenannte »pontische Wanderung«, nahm sie bis China mit. Durch die stark indogermanisch beeinflußte Dongson-Kultur wurden sie bis Indonesien gebracht. Man möchte geradezu an fabrikmäßige Herstellung der hallstättischen Schmuckstücke glauben, so sehr gleicht eines dem anderen, gefunden wurden sie aber an den verschiedensten Enden der Erde. Sogar an der Westküste von Südamerika treten sie auf (Heine-Geldern [1950/54] nimmt eine durch Jahrhunderte bestehende Handelsverbindung zwischen China und Peru an).

Verwandte Kulturen zeigen sich gleichzeitig auch in Italien. Auf der bisher kulturell unterentwickelten Apenninen-Halbinsel taucht plötzlich ein neuer Stil auf, der Hallstatt entspricht. Spanuth spricht von einer »Typenfront« bzw. von einer »Schicht der Neubildungen, die uns helfen, die Auswirkung der Großen Wanderung auf der Apenninhalbinsel in ihren Einzelphasen zu erfassen (J. Wiesner 1942/202)«[270].

Diese »Typenfront« hat Italien offenbar schon kurz vor der großen Katastrophe erreicht, ist aber nachher durch immer neue Einwanderungen ergänzt worden. Es sind die typischen Waffen der Nordleute, vor allem die Griffzungenschwerter, ebenso aber auch die Metallarbeiten, die Schmucknadeln, Bronzekessel mit der Sonne im Schwanenschiff, die kleinen Darstellungen Posides im Boot, die Kesselwagen usw., die sich jetzt von Oberitalien bis Sizilien, Malta, Sardinien und zu den Balearen finden. Die Neueinwanderer brachten die Schmiede- und Bronzegußtechnik ins Land, Pferd und Wagen, Rasiermesser und Sichel, die Leichenverbrennung, das Anlegen großer Friedhöfe und last not least ihre Götter und religiösen Gebräuche, den Schwerttanz z. B. und noch so manches, was später im römischen Kult weiterlebte.

Wir wissen einiges, wenn auch nicht viel, von den Stämmen, die damals auf der alten Bernsteinstraße (durchs Inntal und über den Brenner) kamen und jenseits der Alpen ansässig wurden: Die Italiker, die Latino-Falisker, vor allem aber die Ambronen, die aus dem Westen Jütlands auswanderten und einen Teil Nord- und Mittelitaliens besiedelten (die Provinz Umbrien heißt heute noch nach ihnen). Ihre Nachbarn waren laut Spanuth im Süden ebenso wie zuvor im Norden die Teutanen oder Teutonen und dann die Kimmerier, die auch hier wohl dasselbe wie die Kimbern sind, also die Angehörigen der gleichen Stämme, die später, wieder durch Sturmfluten vertrieben, abermals versuchten, in Italien einzudringen (um 130 v. Chr.), aber von den inzwischen mächtig erstarkten Römern daran gehindert wurden. Plutarch erzählt im »Leben des Marius« von der seltsamen Begegnung der italienischen Ambronen mit ihren nordischen Stammesbrüdern, die sich vor der Schlacht von Aquae Sextiae an ihrem gleichlautenden Feldgeschrei als Verwandte erkannten[271].

Auch Auswanderer aus Schweden müssen zu jener Zeit den Südweg gezogen, dann aber im lombardischen Bergland ansässig geworden sein. Die berühmten Felsbilder des Val Camonica (7000 dieser Ritzzeichnungen sind bis jetzt katalogisiert worden) beweisen es. Die älteren von ihnen gleichen denen auf den Felswänden in Südschweden aufs Haar. Die Sitte, Zeichnungen dieser Art, Schiffe, Fußstapfen, Göttergestalten, dazu Sinnbilder und Runen in Felswände zu ritzen, gab es nur im stein- und bronzezeitlichen Schweden und anschließend dann von der Früheisenzeit ab im Tal von Camonica und Umgebung[272].

Trotz der starken Überflutung der ganzen Halbinsel durch die Nordleute am Ende des 13. Jahrhunderts v. Chr. ist hier in späterer Zeit – anders als in Griechenland – von einem Nachleben der nordischen Bronzezeitkultur wohl etliches auf künstlerischem, aber nur wenig auf religiösem Gebiet zu erkennen. Metapont, eines der frühesten und bedeutendsten Heiligtümer Apolls, ist in Sizilien wohl von Dorern errichtet worden. Im übrigen Italien aber hat der strahlende Gott mit der Leier verhältnismäßig wenig Einfluß gewonnen. Maßgebend waren hier durch längere Zeit die Etrusker. Ihre Oberschicht stammte (das dürfte jetzt als gesichert gelten) aus Kleinasien und hatte von dort eine Religion mitgebracht, die den Totenkult stark betonte und recht unindogermanisch wirkt, obwohl, wie neuerdings von dem bulgarischen Indogermanisten V. J. Georgiev festgestellt wurde, die Sprache der Etrusker ein westhethitischer, also ebenfalls indogermanischer Dialekt war[273]. Schmuckformen, Sinnbilder und vor allem die Runenschrift übernahmen die Etrusker von den eingewanderten Nordleuten, sonst aber hielten sie – und dies trotz ihrer späteren starken Abhängigkeit von der griechischen Kunst und Lebensart – an ihrer etwas düsteren, fremdartigen Vorstellungswelt fest.

Von ihnen wurden dann wieder die allmählich zur Größe der Welteroberer aufwachsenden Römer beeinflußt. Doch überwog bei diesen das indogermanische Erbe. Sie ließen sich ebenfalls – und das auch auf religiösem Gebiet – stark von den Griechen bilden, aber in ihrem Staatskult zeigen sich auch nichtgriechische, eigenständige Züge. Der Himmelsgott, hier Jupiter (Deus pater) genannt, regierte im herben, nüchternen, machtbewußten Denken Roms, der »Sohn« blieb im Hintergrund, zwar genossen die Weißen Jungfrauen, die Vestalinnen, hohe Achtung (einer Sage zufolge soll Rom von einer hyperboreischen heiligen Jungfrau gegründet worden sein), aber sie wurden hier nicht zu Musen. Erst viel später, in der Kaiserzeit, als sich vom Orient her wieder die uralten Vorstellungen der Megalithreligion mit Macht eindrängten, trat eine Sonnenheldgestalt, der »Sol invictus«, die »unbesiegte Sonne«, beherrschend in den Vordergrund.

Ganz anders war es bei den Philistern jenseits des Mittelmeers. Daß sie direkt von der »Pfahl-Insel« des Nordens kamen, bezeugt der Name, den die kurz nach ihnen in Palästina eingewanderten Hebräer ihnen gaben: »Das Übriggebliebene von der I Kaphtor«, der Insel des Stützbalkens, also der tragenden Himmelssäule. Sie müssen, da sie »übriggeblieben« waren, schon vor dem Untergang der Heiligen Insel nach Süden aufgebrochen sein. Daß sie nach ihrer Niederlage 1195 v. Chr. die kananäische Küste besiedelten, ebenso wie die Sakar-Phoinikes[274], wurde schon besprochen.

Die Philister und Sakar verehrten vor allen anderen Göttern den leierspielenden Gott, den die Semiten dann »Dagon« nannten. Er war von Delphinen und Schwänen begleitet, fuhr auf dem Sonnenwagen, und in ihren Städten bauten ihm die Neuankömmlinge prächtige Tempel. Die Ausgrabungen haben ihre Keramik und ihre Metallarbeiten zutage gefördert, und auch hier zeigen sich überall die typischen Motive der nordeuropäischen Bronzezeitkultur: Wiederum die Pferde, die Schwäne, die Rosetten und anderen Sonnenzeichen, Weltstützersymbole usw.[275] Ebenso ist es bei den Sakar und auf Zypern, wo die Dänen die Kupferlager ausbeuteten und – wir sprachen schon davon – Zeugnisse ihrer bedeutenden Schmiedekunst hinterließen.

Die Schwanenkopfschiffe der Nordmeervölker beherrschen für längere Zeit das Mittelmeer, vor allem die »Phönizier« trieben weithin Handel, umsegelten als erste Afrika und sind höchstwahrscheinlich, wie vor ihnen die Libyer, auch nach Mittel- und Südamerika gefahren. Sie sind verhältnismäßig schnell semitisiert worden, aber in ihrem Gott Baal (Herr) steckte doch bis in die späten Zeiten der Posidéos des Nordens und in ihrer »Astarte«

die Erdgöttin mit dem Sternenhalsband, die einst Kleito geheißen hatte[276].

Die Philister behielten mehr von ihrer heimatlichen Eigenart – wir erfahren ja aus der Bibel einiges über sie –, rieben sich aber schließlich in den Kämpfen mit den Hebräern fast vollständig auf.

Die schönste kulturelle Blüte jedoch trieb die befruchtende Einwanderung der Nordmeervölker in der Ägäis. Hier waren es vorwiegend die Dorer (oder Dorier), die die Bronzezeitkultur des Nordens samt ihrem Gott ins Land brachten. Auch sie müssen ein Hauptstamm der Atlanter und mit den Philistern nahe verwandt gewesen sein[277]. Es sieht so aus, als stammten auch sie von der Heiligen Insel, wenigstens dürften ihre königlichen Anführer, die »Herakliden«, dorther gekommen sein und zu den Nachfahren der »göttlichen Zwillinge« gehört haben. Möglicherweise waren sie es, die als erste, wenn auch vergeblich, in Griechenland eindrangen und, von Athen besiegt, sich wieder zurückzogen. Dies geschah noch vor der vernichtenden Katastrophe. Nach dieser müssen die »Herakliden« versucht haben, die Peloponnes zu besetzen. Hier könnte nun der berühmte Zweikampf zwischen dem »Herakliden« Hyllos und dem König von Tegea stattgefunden haben, dessen Ausgang die vertragsgebundenen »Herakliden« und ihr Volk zwang, die Peloponnes wieder für fünfzig Jahre[278] zu räumen.

Es spricht alles dafür, daß sie nach Kreta segelten, das nach Ausweis der archäologischen Funde zu dieser Zeit von Nordmeervölkern besetzt wurde. Doch da noch immer Ausbrüche des Thera erfolgten, mag das Leben hier zu gefährlich gewesen sein, so daß mindestens Teile ihres Volkes nach einiger Zeit die Insel wieder verließen. Wo sie sich weiterhin aufhielten, ist unklar, man könnte vermuten, daß sie sich wie die meisten der verbündeten Nordmeervölker an dem großen Angriff gegen Ägypten beteiligten und ebenso wie die Philister an der kananäischen Küste zu siedeln versuchten (ich möchte eine Beziehung des Namens Dorer-Dorier zu dem der Stadt Dor im Nordlibanongebiet nicht ganz ausschließen). Jedenfalls blieb ihr eigentliches Ziel die Rückkehr nach Griechenland. Die Heraklidensage berichtet, daß sie, als die fünfzig Jahre vorüber waren, irregeführt durch das

Orakel von Delphi, dreimal den Versuch machten, die Peloponnes zu erobern, die sie – aus uns nicht mehr ersichtlichen Gründen – als ihr legitimes Erbteil betrachteten. Erst der dritte Versuch, bei dem sie von Naupactos her zu Schiff über den Golf von Korinth setzten, gelang, die Dorerkönige und Urenkel des Hyllos konnten die Länder Argos, Messenien und Lakonien unter sich verteilen. Von jetzt (etwa 1100 v. Chr.) an beginnt der dorische Einfluß sich, vor allem in Kultur und Religion, im ganzen »Achaierlande« bemerkbar zu machen.

38 Dipylonvase aus dem
8. Jahrhundert v. Chr.
(Rijksmuseum, Oudheden)

38a Felsbild von Kivik
(Ausschnitt)

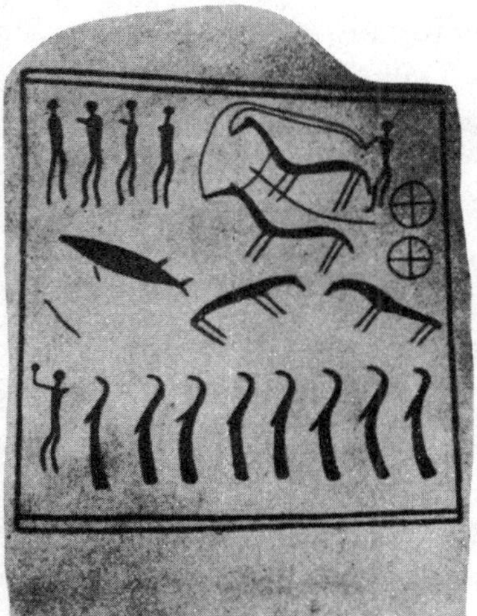

Der in den schwer geschädigten Ländern nur kümmerlich nachlebende mykenische Stil weicht nun einem neuen, dem »geometrischen«, der wieder nichts anderes ist als das lebendige Erbe der nordischen Bronzezeit. Er breitet sich in der ganzen Ägäis aus, selbst Athen, das so stolz auf seine Unbesiegtheit war und darauf, »autochthon«, frei von dorischen Einwanderern, geblieben zu sein, muß sich dem neuen Stil ergeben, der gerade auf seinen »Dipylon«-Vasen Triumpfe feiert. Da sieht man die anmutigen, dünnbeinigen Pferdchen, die von nun an so charakteristisch für den griechischen Vasenstil werden, die überschlanken, lebendig bewegten Menschengestalten, die Wagen mit den hohen Speichenrädern, die sich als Sonnensymbole in der Ornamentik wiederholen, die Kreise, Hakenkreuze, Mäander usw., und ist immer wieder verblüfft über die Ähnlichkeit mit den spätbronzezeitlichen nordeuropäischen Darstellungen und vor allem mit denen des doch 5–800 Jahre älteren Kivik-Grabes in Schweden.

In allen Künsten, auf allen Lebensgebieten bricht nun das Neue auf, aus dem dann das klassische Griechentum erwachsen wird. Spanuth hat einige Zitate aus Werken über griechische Kunst und Geschichte zusammengestellt, die in manchmal geradezu euphorischer Weise diesen Neuaufbruch der griechischen Kultur begrüßen[279], so N. A. St. Macalister (1914/27): »Neue Mächte auf Erden, neue Götter am Himmel, neuer Stil in der Architektur und Kunst, neue Rüstung und Kriegsmethoden, ein Alphabet und Eisen! Kreta und Ägypten sind passé, die gloriosen Tage des klassischen Griechentums liegen vor uns.«

Es ist so. Hier mit der neuen Einwanderung von Nordleuten, diesmal den Dorern, in die Welt der Ägäis beginnt jene Entwicklung, die bis heute das ganze Abendland befruchtet hat und zur Grundlage all seiner lebenskräftigen Renaissancen, seiner ganzen »klassischen Kultur« geworden ist. Daß diese Kultur mit jedem Ornament, jeder Form, jeder Göttervorstellung letzten Endes in der Kultur der nordeuropäischen Bronzezeit wurzelt, ist niemals wirklich gesehen worden – was nur dadurch zu erklären ist, daß man von dieser Bronzezeitepoche zu wenig wußte.

Hier hat nun auch der Gott der singenden Schwäne, der Musen und des schönen Maßes seine volle Stelle in der Entwicklung. Apollo ist »der griechischste aller Götter« genannt worden. Die Dorer haben ihn aber immer als den ihren betrachtet. Sie haben ihm seinen Namen Apellos gegeben, der noch lange als Nebenform der sich in Griechenland einbürgernden Wortform Apollo gebraucht wurde[280]. Es ist heute ganz klar, daß diese für Griechenland so wichtige Göttergestalt ihre große Bedeutung im griechi-

39 Jünglingskopf (Apollo), Griechenland, 6. Jahrhundert v. Chr. (Museum Baracco, Rom)

schen Leben erst durch die dorische Einwanderung erhielt, wenn sie die Dorer nicht überhaupt erst mitgebracht haben, was das Wahrscheinlichste ist.

Seine großen Heiligtümer, allen voran Delos und Delphi, haben mit ihren Festen und Orakeln eine umfassende Wirkung auf Leben und Geschichte des Griechentums ausgeübt. Die gesamtgriechische Politik wurde ja weithin durch die Apollopriester von

Delphi und ihre beratenden und beurteilenden Orakelsprüche gelenkt, die von allen Staaten anerkannt und befolgt wurden.

Es war also nicht nur Musik und bildende Kunst, die der Gott aus dem Norden in Griechenland zu neuer Entwicklung und Blüte brachte. Der Rechtsgott, der schon Poside als Erbe des Himmelsgottes gewesen war, brachte auch ein neues Recht nach Hellas.

Thassilo von Scheffer schreibt: »Die wirklich hohe und abgeklärte Weisheit von Delphi hat sehr viel zur Milderung schroffer Uranschauungen und roher, primitiver Gebräuche beigetragen, besonders auf dem Gebiet der Sühnung und Entsühnung. Es war ein erlösender, entspannender Segen, der von Delphi ausging. Der so schwere Ausgleich des alten Glaubens mit einer heranreifenden höheren Ethik fand hier statt, oder wurde von der Legende hierher verlegt. Dies gilt besonders für die Entsühnung von Mord und Blutschuld. Äußerlich mag dabei manches bloß wie rituelle Reinigung erscheinen, aber die Wirkung ging viel tiefer. Platon weist darauf hin, wie es allmählich Brauch der hellenischen Städte wurde, bei unvorsetzlicher Tötung Sühne in Delphi zu erbitten; daß sogar der Muttermord des Orestes hier seine letzte, selbst den Göttern fast unlösbare Beurteilung von hoher Warte aus empfing, ist bekannt ... Delphi vertrat die Lichtgottheit, und als solche mußte diese alle finsteren Mächte, alle Rachegötter, alle Dämonen eines unentrinnbaren Schicksals zu bannen trachten, selbst wenn diese in ihrer Art im Rechte waren. Es war der Begriff der Gnade, der hier durch Göttermund zuerst wirksam wurde, und es ist kaum zu ermessen, wieviel diese Einstellung für die von den Griechen stets erstrebte Entwicklung zur Harmonie und zur Weisheit in erlösender Klärung beigetragen hat.«[281]

Freilich wissen wir nicht, ob diese Entwicklung schon im Norden begonnen hat, ob dieser Gott bereits fähig war, die Härten des Sühne- und Rachedenkens zu mildern, als er noch Poside hieß. Thassilo von Scheffer spricht von einem Streben nach Harmonie. Wenn wir die goldenen Schalen, Tassen, Gürtelrosetten oder Schilde der hohen Bronzezeit betrachten, d. h. der Zeit, ehe die luxuriöse Verspieltheit der Formen Platz gewann, so sehen wir dieses Streben nach Harmonie in einer nie dagewesenen Verkörperung. Sollte es sich also nicht auch im Rechtsleben ausgewirkt haben? Frömmigkeit und Weisheit wird von den griechischen Schriftstellern immer wieder den Hyperboreern zugeschrieben, Odysseus erfährt die religiös verankerte Gastfreundschaft und Güte der Phäaken, und der Atlantisbericht spricht von ihrer Großherzigkeit und einer Sinnesweise, »die von hoher Art« war. Das Lob der Griechen ist erstaunlich einstimmig. Sollte nicht der Rechtsgott mit der Strahlenkrone einigen Anteil daran haben, indem er auch hier mildernd und harmoniefördernd wirksam wurde?

Als er nach Süden wanderte, trug er dann wohl den stammverwandten Achaiern diese Rechtlichkeit und Milde zu. Der Norden aber verlor ihn und mit ihm die Harmonie, die er doch einmal besessen hatte. Die spätere germanische Kunst zeigt sie bei aller Verwandtschaft der Formen und Symbole nicht mehr, ebensowenig wie die Germanen der Völkerwanderungs- und Wikingerzeit jene »Milderung des unerbittlichen Rachedenkens« kannten. Allerdings gewann das Germanentum damit auch die herbe Einfachheit, die Härte und Stoßkraft des Naturvolkes zurück, die es befähigte, unter klimatisch ungünstigeren Bedingungen sich in langsamem Wachstum zu noch größerer Kulturleistung durchzuringen, während die Südkulturen schließlich, die einen früher, die anderen später, dem Krankheitskeim zum Opfer fielen, der in jeder vollendeten Hochblüte steckt, und von dem schon der Erzähler des Atlantisberichtes wußte.

Besaß die nordeuropäische Bronzezeitkultur und ihre Religion somit eine räumlich und zeitlich weitreichende Nachwirkung, so war dies in noch viel höherem Maße bei jener Kultur der Fall, aus der die der Bronzezeit stammte – der Megalithkultur. Daß die Lichtreligion der Heiligen Insel direkt und bruchlos aus der Megalithreligion erwachsen war und nur ihre natürliche Fortsetzung darstellte, ist deutlich. Die archäologisch festgestellte Vereinigung von Megalith- und Streitaxtleuten hat hier sichtlich keinerlei Einschnitt bewirkt.

So wie die Megalithkultur sich über weite Teile der Erde ausbreitete, trug sie auch Bestandteile der ursprünglich in Nordwesteuropa – vielleicht auf der Heiligen Insel selbst – fixierten Megalithreligion bis in fernste Länder. Die Bedeutung dieses Vorganges für die Menschheit ist zur Zeit noch kaum zu schätzen. Es mag wohl noch vieler Forschungen und Einzeluntersuchungen bedürfen, um die Folgen dieser gewaltigen Ausbreitung einigermaßen festzustellen. Bis jetzt deuten sich uns da nur Konturen an.

Es kann hier auch nicht in größerem Umfang darauf eingegangen und nur kurz auf die Bedeutung hingewiesen werden, die die Religion der Megalithiker noch für uns Heutige besitzt.

Als die Nordleute zur Zeit der großen Naturkatastrophen um 1220 v. Chr. nach Süden und Südosten wanderten, trafen sie überall mythische Vorstellungen und Kultbräuche an, die den ihren eng verwandt waren. So ist es schwer, ja unmöglich, festzustellen, was mit dieser »Großen Wanderung« kam, was sich schon viel früher in den Mittelmeerländern verbreitet hatte, was aus der Megalithkultur des Westens, was aus dem Osten stammte, wo ja auch Indogermanen wohnten. Eines aber steht fest: Der Sonnenheldmythos, den alle Indogermanenvölker kannten, muß das Herzstück der Megalithreligion gewesen sein, denn er drang überall ein, wo die Megalithiker siedelten, und findet sich in vielerlei Versionen vor allem am Mittelmeer und im Orient. Osiris, Atys, Adonis und andere sind sehr alte Hypostasen des sterbenden und wiedererstehenden Sonnenlichtes, des Bekämpfers der Finsternis, des Befreiers der Erdjungfrau, des Erweckers der erstorbenen Vegetation und aller Lebenskräfte. Im übertragenen Sinn wurde er zum Heiland, zum »Soter«, der die erstarrte, in Erdenfesseln liegende Seele liebend zum Licht führt. So erschien er als leuchtende Gestalt in den Mysterien und Kulten der alten Welt, eine Vorstellung, die sich mit Zähigkeit hielt, weil die Menschen immer aufs neue nach ihr verlangten.

Wie schon erwähnt, drängten diese Vorstellungen in der Zeit der großen Umwälzungen wieder stark hervor, nachdem durch die Züge Alexanders des Großen der Hellenismus im weitesten Kreise die Länder des Orients erobert und sich mit ihren alten Vorstellungen verbunden hatte, als Rom zum Kaiserreich wurde und, die halbe Welt beherrschend, alle erdenklichen Religionen und Kulte bei sich aufnahm. Da trat der Sol invictus sieghaft auf den Plan, die persische Lichtreligion, der Stiertöter Mithras, verbreitete sich vor allem bei den römischen Legionen und mit diesen in die eroberten und besetzten Länder. Die Kaiser ließen sich als Sonnenhelden mit der Strahlenkrone abbilden. (Konstantin der Große tat dies noch, nachdem er das Christentum bereits zur Staatsreligion erklärt hatte.) Julian Apostata sprach von sich als »Sohn« des Sonnengottes, und der von Julian geförderte Neuplatonismus nahm wie andere Philosophien und Religionen den Sonnengedanken auf[282].

Auch in den römischen Provinzen lebte überall der Sonnenheldmythos auf. Kein Wunder, daß er es in den alten Megalithgebieten von Palästina tat. Von der Gnosis wurde schon gesprochen, in deren Gedankenwelt der »Soter« eine bedeutende Stelle

40 Römischer Sonnengott (Rheinisches Landesmuseum, Bonn)

40a Römische Münze mit Bild des Sol invictus

einnahm. So ist auch Jesus von Nazareth sehr bald als »Soter« betrachtet worden, obwohl er sich selbst betont als »des Menschen Sohn« bezeichnete. Nach seinem Kreuztod wurde seiner Geschichte der Sonnenheldmythos eingefügt, wie es auch bei so manchem anderen berühmten Mann geschah. So etwas ergab sich ganz von selbst, die Gedanken und Vorstellungen lagen in der Luft, die Sehnsucht nach der Realität des Wunders tat das Ihre dazu. Vor allem die Geburtsgeschichte des Sonnenhelden wurde wie z. B. auf den Kaiser Augustus so auch auf Jesus übertragen, mit allen Einzelzügen, ebenso – in mystischer Weise – das Geschehen nach seinem Tod: die Auferstehung wie die Unterwelt- und Himmelfahrt. Auch er war nun der »Sohn«, der mit der Strahlenglorie ums Haupt Weltgericht hielt, eine königlich regierende Göttergestalt bis tief ins christliche Mittelalter hinein; erst danach traten die menschlichen Züge wieder stärker hervor.

Im 4. Jahrh. n. Chr. setzte die durch Konstantin bestätigte, aber durch die Konkurrenz der Mithrasreligion wie des Neuplatonismus bedrängte christliche Kirche den Geburtstag Jesu Christi auf den »dies natalis solis invicti«, den Geburtstag des unbesiegten Sonnenhelden, also den 25. Dezember, fest, der der damalige Sonnenwendtag war[283]. So konnten die alten Festlichkeiten, z. B. die römischen Wagenrennen zu Ehren des Sonnenhelden, auch unter christlichen Auspizien weiterbestehen.

In unseren Weihnachts- und Osterliedern, die zum Teil sehr alt sind, lebt noch vieles von der Auffassung Christi als der »Sonne«. Das von Luther im ersten Vers noch alliterierend übersetzte »Nun komm der Heiden Heiland«, das aus dem 4. Jahrh. n. Chr. stammt, übernimmt den Sonnenpsalm der Bibel: »Er ging aus der Kammer sein, dem königlichen Saal so rein, Gott von Art und Mensch ein Held, sein Weg er zu laufen eilt.« – »O Heiland reiß die Himmel auf« feiert den kosmisch herabfahrenden, im »Tau« niederregnenden Heiland als »klare Sonn, du schöner Stern« und bittet: »O Sonn geh auf, ohn deinen Schein in Finsternis wir alle sein.« – Auch das Sonnenschiff fährt noch in deutschen und englischen Weihnachtsliedern übers Meer heran und bringt »des Vaters ein'gen Sohn«. – »Das ewig Licht« leuchtet aus der Krippe, in der das Jesuskindlein liegt wie einst der in der Grotte geborene Dionysos in der Kornschwinge.

Die Osterlieder wie z. B. das (schon angezogene) »Christ lag in Todesbanden« mit ihren sicher vorchristlichen Melodien zeigen ebenfalls Christus als die Ostersonne. Im Osterbrauch wurde bis vor kurzem noch auf vielen Friedhöfen der Aufgang ihres »neuen

41 Sonnenheld zu Pferde (Fränkisches Ziergehänge aus Mörstadt/Rheinhessen)

Lichtes« magisch unterstützt. Osterläufe setzen die alten Wettspiele der Götterfeste fort. Stumpfl erweist das Fortleben alter Spiele von Tod, Begräbnis und Auferstehung des Jahrgottes in den kirchlichen Heilig-Grab-Spielen und führt das in den Alpenländern noch hier und dort übliche »Kindlwiegen« zur Weihnacht, wobei in der Kirche um das auf dem Altar stehende oder in der Krippe liegende Christkind im 6/8-Takt getanzt wird, auf einen vorchristlichen Weihnachtsbrauch zurück, ebenso die

Sternsingerbräuche auf bronzezeitliche Umzüge mit auf Stöcken getragenen »Sonnen«[284].

Man könnte die Liste ins Unendliche verlängern. Überall schwingt die Vorzeit noch im Volksleben mit. Die alten Bilder und Bräuche umgeben uns noch weithin und befördern jenes »Streben nach Harmonie« in uns, das einst Posidéos-Apoll, der Unsterbliche, den Atlantern und Griechen zu geben vermochte. Der Lebensbaum, der Himmelsvater, der Sonnenheld, die Erdmutter-Himmelskönigin sehen uns noch immer in vielen Gestaltungen lebendig an. Stein- und Bronzezeit sind nicht tot, sie leben und wirken fast auf der ganzen Erde weiter. Möge uns allen zu unserem Heil das Erbe erhalten bleiben!

Anmerkungen

[1] Fr. Behn, »Die Bronzezeit in Nordeuropa«, 1967 – [2] Fr. Behn, 1967/96 – [3] J. Spanuth, »Das enträtselte Atlantis«, 1953/22f und »Die Atlanter«, 1976/25f. Spanuth führt den alten schwedischen Forscher Rudbeck (1630–1703) an, der bereits auf die Möglichkeit einer solchen Verwechslung hingewiesen hat, ferner auch darauf, daß die hohen Altersangaben der Bibel ebenso auf ein normales Maß zurückgehen, wenn man sie durch 12 dividiert (Methusalem wäre demnach 80 Jahre alt geworden), daß also hier die gleiche Verwechslung vorliege – [4]Timaios 25d – [5] Mehrere Forscher haben die Meinung vertreten, daß die Sprache in der Bronzezeit in ganz Europa verhältnismäßig einheitlich gewesen sei. G. Herm (»Die Kelten« 1977/99) führt den Indogermanisten Hans Krahe an, der meint, daß im 2. vorchristlichen Jahrtausend in fast ganz Europa ein einziges Idiom, das er die »Alteuropäische Sprache« nennt, gesprochen worden sei, die dann um 1000 v. Chr. sich in Einzelsprachen auflöste. Hierzu würde nicht schlecht die Meinung des französischen Sprachforschers A. Meillet passen, den Spanuth (1967/204) anführt und der eine von Nordeuropa aus zusammen mit der Megalithkultur nach Süden ausgebreitete »Staatssprache«, eben das Indogermanische, annimmt, die Sprache eines »Weltreiches«, das sich dann in »Provinzialsprachen« differenzierte, so etwa wie das Lateinische sich in die verschiedenen romanischen Sprachen auflöste. Diese Annahmen haben viel für sich, nur müßte es sich bei der megalithischen »Staatssprache« dann um das Westindogermanische, die »Kentum-Sprache«, gehandelt haben, während die von Osten herandrängenden Völkerschaften, wie Litauer, Balten, Slawen, Skythen, die nie Megalithiker waren und keinesfalls zur »Atlantischen Gemeinschaft« gehörten, ostindogermanische, also »Satem-Sprachen«, mitbrachten – [6] Oskar Paret, »Das neue Bild der Vorgeschichte«, 1948/100 – [7] Ernst Krause, »Tuiskoland«, 1891/19 – [8] Der Ethnologe G. Heberer spricht von einer »Mittleren Linie«, die vom Urmenschen bis zum heutigen Europäer führt und von der stets wieder Seitenäste, sich jeweiligen Klimabedingungen anpassend, abzweigen. Diese »Linie«, die sich am wenigsten anpaßte, erhielt sich in manchen körperlichen Eigenheiten besonders urtümliche Züge. Sollte die Hellfarbigkeit nicht auch zu diesen »urtümlichen Zügen« gehören? Durch Anpassung ist sie nicht zu erklären, denn wozu sollte sie nützen? – [9] J. W. Hauer bringt in seinem Aufsatz »Zum gegenwärtigen Stand der Indogermanenfrage«, Archiv für Religionswissenschaft Bd 36, 1939/53 etliche Beweise dafür. Solche finden sich auch in »Germanen und Indogermanen«, Festschrift f. Hermann Hirt, 1936/177ff – [10] Siehe Thor Heyerdahl, »Expedition Ra«, 1970 – [11] Siehe Spanuths Ausführungen hierüber in allen seinen Büchern – [12] Seit einigen Jahren tritt die Frage nach der Herkunft der Indogermanen wieder – selbst in der populärwissenschaftlichen Literatur –

deutlich hervor. Jetzt wird erneut die Herkunft aus dem Osten (Osteuropa, evtl. West-Asien) in den Vordergrund gestellt. Selbstverständlich hat diese These manches für sich und kann nicht ohne weiteres abgetan werden. Leider taucht aber damit auch wieder die Behauptung auf, die Streitaxtleute-Schnurkeramiker seien *die* Indogermanen gewesen und hätten mit ihrem Vordringen Europa »indogermanisiert«. G. Herm behandelt ausführlich diese These und führt als Gewährsleute Alfons Nehring, die Archäologin Maria Gimbutas und sowjetische Forscher an. Diese These ist aber schon in den dreißiger Jahren dieses Jahrhunderts endgültig abgelehnt worden, und zwar aus dem einfachen Grund, weil die »Indogermanisierung« hier zeitlich viel zu spät angesetzt wird. Es ist absolut unmöglich, daß aus einem verhältnismäßig engumgrenzten Gebiet heraus in der kurzen Zeit von 1–2 Jahrhunderten ein derart riesiges Gebiet, wie es die Indogermanen bevölkerten, erobert und mit einer neuen Sprache und mit einem neuen Volkstum versehen werden konnte. Die Leute aus dem Wolga-Gebiet müßten gleichzeitig in ungeheuren Massen nach Ost und West ausgeströmt sein, ein unmöglicher Vorgang. O. Paret schrieb 1949, man müßte in diesem Fall eine »kaninchenhafte Vermehrung« der Indogermanen annehmen. Abgesehen davon gab es ja schon im 4. Jahrtausend v. Chr. Indogermanen am Kaspischen Meer und am Aral-See, ja bis Mesopotamien. Und die Megalithleute in Westeuropa? Was sollten sie denn anders gewesen sein als eben Indogermanen? Paret wie Hauer und viele andere haben richtig erkannt, daß man das Indogermanentum bis in die Altsteinzeit zurückverfolgen kann und muß. Und da das Zentrum der Altesteinzeitkultur in Südfrankreich und Nordspanien lag, so erscheint die Annahme einer Nordwanderung nach Rückgang des Eises als besonders wahrscheinlich (s. vor allem O. Reche, »Entstehung der nordischen Rasse und die Indogermanenfrage« in »Germanen und Indogermanen«, Festschrift für H. Hirt 1936, Bd 2). Jedenfalls müssen bereits in der Mittelsteinzeit im Norden Europas Indogermanen gelebt haben – [13] Marie König, »Unsere Vergangenheit ist älter« 1980 – [14] Vgl. Herbert Kühn, »Auf den Spuren des Eiszeitmenschen« 1953/80ff und 94f – [15] Marie König, die das Bild ganz anders, aber, wie mir scheint, nicht befriedigend deutet, leugnet, daß der Mann liegt oder fällt, sondern erklärt, von der Tiefe des »Brunnens« her gesehen, *stehe* er vor dem Bison, 1980/110 – [16] In der isländischen Lodbrok-Saga wird erzählt, daß Dänen auf einer Entdeckungsfahrt am Strand einer verlassenen Insel einen uralten, vierzig Fuß hohen und ganz mit Moos überzogenen »Holzmann« vorfanden, der plötzlich in Versen zu sprechen begann und sich bitter darüber beklagte, daß er, einst ein großer Gott, heute keine Opfer mehr empfange, sondern »im Dornengewirr und mit Moos bewachsen, ohne Haut noch Gewand« stehen und sich von der »Träne der Wolke« betropfen lassen müsse – [17] J. W. Hauer, »Urkunden und Gestalten der germanisch-deutschen Glaubensgeschichte«, 1940/183 – [18] Als »Arier«, d.h. »die Hohen« bzw. »die Herren«, bezeichneten sich die *Ost*indogermanenvölker selbst. In der zweiten Hälfte des neunzehnten Jahrhunderts (n. Chr.) wurde das Wort vielfach für die Indogermanen überhaupt gebraucht. Inzwischen nennt man jetzt richtiger nur die vor etwa 4000 Jahren in Indien eingewanderten Ostindogermanenstämme »Arier« bzw. »Indoarier«, da ihnen allein der Name in dieser Form zukommt – [19] J. W. Hauer 1940/34f – [20] »Liederdichtung und Spruchweisheit der alten Hellenen«, übertragen von Dr. Lorenz Straub, oJ/71 – [21] J. W. Hauer 1940/212 – [22] Marie

König, 1980, nennt ihn so, gibt ihm aber lunare Bedeutung – [23] »Edda«, Sammlung alter skandinavischer Lieder und Sprüche, die im 12./13. Jahrhundert n. Chr. in Island aufgezeichnet wurden; man unterscheidet zwei »Edden«, eben die »Liederedda« und dann die sogenannte »Prosaedda« (Poetik) des berühmten Geschichtsschreibers und Altertumsforscher Snorri Sturluson (1178–1241) – [24] J. W. Hauer 1940/201 ff – [25] Tacitus, Germania, Kap. 2 – [26] J. W. Hauer 1940/15 – [27] Außerdem ist es heute klar, daß die Vorfahren der späteren Libyer in der Zeit um und vor 3000 v. Chr. in Unterägypten saßen, so daß der indogermanische Einfluß an der Wurzel der ägyptischen Kultur und Religion auf breiterer Basis gesichert ist. Siehe z. B. S. Schott, »Die Vertreibung der Libyer und der Ursprung der ägyptischen Kultur«, in Paideuma 4, 1950 – [28] Ich meine, daß wir hier erstaunliche Proben dafür haben, wie lang das Gedächtnis des Volkes ist. Besonders der Hinweis Frauenlobs auf die »diutische Sprache« ist interessant. Denn das »Teuta«-Land, das Land der Teutanen oder Teutonen, von dem das Wort »diutisch = deutsch« herstammt, das heutige Südjütland und Schleswig-Holstein, dürfte ja tatsächlich der Ausgangspunkt der Wanderungen gewesen sein, die die »Rede« der Nordleute in alle Welt trug, und wenn es auch nicht gerade »deutsch« war, so dürfte es doch wohl »indogermanisch« gewesen sein, was »Gott« dem Mennor-Mannus »bekannt« machte – [29] G. Schwantes, »Vorgeschichte Schleswig-Holsteins«, 1939, zitiert bei Spanuth, »Die Atlanter« 1976/218 f – [30] Fischer-Bücherei 82, 1955/162 – [31] Sibylle von Cles-Reden, »Die Spur der Zyklopen« 1960 – [32] J. Spanuth 1976/144 – [33] J. Spanuth 1976/195 – [34] J. Spanuth 1976/218 – [35] Die populärwissenschaftliche Vorgeschichtsliteratur zieht bereits nach, siehe G. Herm, »Die Kelten«, 1975, A. C. Hepp, »Licht von Mitternacht« 1979 u. a. – [36] R. v. Heine-Geldern, »Die Megalithen Südostasiens und ihre Bedeutung für die Erklärung der Megalithfrage in Europa und Polynesien«, 1928 in Antropos Bd 23 – [37] Auch die oft erörterte Frage, wie wohl die Großsteine transportiert und aufgerichtet wurden, beantwortet sich hier. Dem Artikel »Bilder zum Megalithen-Transport« von J. Röder in Paideuma Bd 3, 1944/84 ff sind aufschlußreiche Fotos beigegeben, die zeigen, wie in Assam, Nias usw. die Riesenblöcke auf Holzschlitten verladen, von zwei Ketten von Männern an Pflanzenfaserseilen auch steile Berge hinaufgezogen und schließlich »eingepflanzt« werden, indem man sie in eine vorbereitete Grube hinabgleiten läßt und diese zuschaufelt. Die Methoden ähneln denen, die Thor Heyerdahl in »Aku-Aku« 1957 vom Steintransport auf der Osterinsel in hübschen Farbfotos zeigt, nur daß hier die Steinriesen so aufgestellt werden, daß man eine Menge kleiner Steine hinter sie schiebt und sie so allmählich aufrichtet, eine Arbeit, die zehn Männer in 18 Tagen bewerkstelligen. Es zeigt sich jedenfalls hier wie dort, daß die Theorien, die eine starke Königsherrschaft, peitschenbewaffnete Aufseher, riesige Arbeitermengen und jahrelange Arbeitszeiten als Voraussetzung für das Aufstellen von Menhiren ansetzen, ganz verfehlt sind. Es handelt sich jeweils nur um die Bewohner einiger Dörfer, die das Errichten solcher Steinmäler als eine Art Volksbrauch betreiben, uralte Sitte und Glaube ersetzen eine strenge Organisation und Aufsicht ohne weiteres. Allerdings können es sich nur wohlhabende Sippen leisten, ihren Toten Steine aufzurichten, da alle Helfer beim Werk verköstigt und auch ein gewaltiges Festmahl zu Ehren des Verstorbenen ausgerichtet werden muß – [37a] Helgi-Lied: Helgis Wiederkehr. Übertr. v. F. Genzmer, 1933/209 – [38] J. Spanuth 1976/208 – [39] J. Spanuth 1976/212 ff – [40] Die frühen Kulturen des Zweistromlandes haben ihre eigene Entwicklung, die nicht ohne indogermanische Einflüsse und schon gar nicht ohne Zusammenhang mit der alten Höhlenkultur der Cromagnons vor sich ging, aber ihre Hauptanstöße von Osten und nicht von Westen her erhielt – [41] Thor Heyerdahl, »Expedition Ra«, 1970/278 – [42] S. Moren, »Ägyptische Religion«, 1960, erklärt, der Göttername Rē (wie auch Osiris und Isis) sei aus der ägyptischen Sprache nicht zu deuten. – Thor Heyerdahl hat in einem Brief an mich (vom 5. 7. 1979) die Vermutung ausgesprochen, daß die norwegische Bezeichnung »rav« für Bernstein mit dem Namen des »Ra« zusammenhängen könne, da die Vorstellung, die Bernsteinperlen seien die Tränen des Sonnengottes, sowohl im Norden wie im alten Ägypten verbreitet war (Nordsee-Bernstein findet sich bereits im 3. Jahrtausend v. Chr. in ägyptischen Gräbern) –[43] Vgl. Robert Schindler, »Zwei vorchristliche Jahreseinteilungen im deutschen Bauernkalender«, in Germanien 1941/161 – [44] E. Krause, »Tuiskoland«, 1891/217ff – [45] »Ein Erstling derer, die schlafen«, sagt die Bibel in einem anderen, aber doch merkwürdig ähnlichen Fall – [46] J. H. Breasted »Geschichte Ägyptens«, 1978 – [47] Wir dürfen annehmen, daß sogar schon der Vorneandertaler den Kopf- bzw. Schädelkult kannte – [48] Dabei herrschte die Meinung, daß die »Braut« ihre Jungfräulichkeit durch die Vereinigung mit dem »Gott« nicht verlor. Sie blieb Jungfrau, auch wenn der Vereinigung ein Kind entsprang – [49] R. Stumpfl, »Die Kultspiele der Germanen als Ursprung des mittelalterlichen Dramas«, 1936 – [50] Man kann ja kein Werk, das Märchen oder märchenähnliche Sagen und Mythen zu deuten versucht, in die Hand nehmen, ohne es bald wieder wegzulegen. Die Deutungen »hinken« immer, zumal die »psychologischen«, die das mythische Denken jener Welt, aus der die Märchen kommen, gänzlich außer acht lassen und darum fehlgehen – [51] Als erste hat die Engländerin B. S. Phillpotts dies erkannt und mit ihrem Buch über das eddische Drama den Weg für die Erforschung des vorchristlichen germanischen Kultdramas freigemacht – [52] Darum wirken auch die diversen Versuche, diese uralte Mythengestalt zu historisieren, so unbefriedigend. Vor allem die These, Siegfried sei mit dem Cherusker Arminius gleichzusetzen, hält sich hartnäckig – trotz ihrer Unsinnigkeit. Zuletzt hat sie (1953) Ulrich von Motz vertreten. Vernünftiger wirkt schon, was H. Ritter-Schaumburg 1981 in seinem Buch »Die Nibelungen zogen nordwärts« zu beweisen sucht. Ausgehend von der nordischen Thidreksaga setzt sich Ritter-Schaumburg für die Realität des Nibelungen-(Niflungen-)Todes in Soest ein. Siegfried ist nach seiner Meinung ein aus der Gegend von Halberstadt stammender Fürstensohn des 5. bis 6. nachchristlichen Jahrhunderts, der die Schwester des Niflungen-Königs heiratete und von seinen Schwägern ermordet wurde. Das ist immerhin möglich. Ritter-Schaumburgs Fehler liegt darin, daß er auch die offensichtlichen Märchen- und Mythenzüge der Thidreksaga (wenigstens zum Teil) für historische Realität nehmen will und nicht erkennt, daß hier etlichen Personen der Tragödie, so auch dem vielleicht wirklich realen Gatten der Griemhild, uralte Mythenzüge übergestülpt wurden, was in der Vorzeit immer dort geschah, wo Erzählungen sich auf mündlichem Wege weiterverbreiteten – [53] Gebrüder Grimm, Nr. 29 – [54] Marie König (1980) findet die gleiche Zahlenmystik (einschließlich der 7) bereits in Eiszeithöhlen des franco-cantabrischen Kulturkreises dokumentiert – [55] J. Spanuth, »Atlantis«, 1965/171 – [56] Die Karte findet sich im Vorblatt von Spanuths Buch »Die Atlanter«, 1976 – [57] Übrigens scheinen die Zahlen nicht ganz zu stimmen: danach müßte der Fosite-Tempel viel länger bestanden haben als die anderen, was aber nach der Bekehrungsgeschichte nicht der Fall war – [58] Sowohl Willibrord wie sein Nachfolger Liutger wurden mit Schwänen abgebildet, »nach dem alten Brauch, demzufolge die Bekehrer mit dem heiligen Tier jenes Gottes abgebildet wurden, dessen Kult sie überwunden hatten« (Spanuth 1965/463) – [58a] Mit diesem Eilbert gab es dann allerdings ziemliche Schwierigkeiten, er besuchte keine Synode, bezahlte seine Abgaben nicht und ließ sich allerlei zuschulden kommen, so daß der Erzbischof sich seinetwegen mehrmals an den Papst und an den Friesenkönig wenden mußte – [59] Ich denke, daß das r in den Namen kam, weil im hohen Norden, wo die alten Überlieferungen gesammelt und aufgeschrieben wurden, nur mehr wenig Kenntnis von diesem Gott vorhanden war, der einzig noch bei den Friesen Geltung hatte. Man wollte ihn nicht ganz ausschalten, von seinem ehemaligen Ruhm war einiges noch vage bekannt, man nahm ihn in den Götterkreis auf, aber man konnte mit seinem Namen nichts mehr anfangen, so wurde aus dem Gott des Rechtes ein »Vorsitzer« beim Gericht – [60] J. Spanuth 1976/160 – [61] J. Spanuth 1976/169 – [62] S. Josef Weisweiler, »Das altorientalische Gottkönigtum und die Indogermanen«, in Paideuma Bd 3, 1944–49/115f – [63] J. Spanuth 1965/210 u. 343 – [64] Ich verweise auf die entsprechenden Kapitel in Spanuths Büchern »Das enträtselte Atlantis« 1953/157ff, »Atlantis« 1965/477ff, »Die Atlanter« 1976/346ff, »Die Philister« 1980/213 – [65] Zitiert nach Spanuths »Atlantis« 1965/343f – [66] Dem Atlantisbericht zufolge wurden die Libyer, d.h. die Bewohner der nordafrikanischen Küste bis Ägypten, zu den Völkern jenes großen Bundes gerechnet, deren Könige alle 5 oder 6 Jahre auf der Heiligen Insel Basileia zusammenkamen – [67] Es ist merkwürdig, daß diese grundlegende Tatsache, die allein es ja schon verbietet, die »8000 Jahre vor Solon« des Atlantisberichtes ernst zu nehmen, bei den meisten Atlantis-Theorien völlig unter den Tisch fällt. Nur wer von dem großen Kriegszug gegen die Länder am Inneren Meer und Athens Abwehrtat ausging, konnte überhaupt dem realen Atlantis auf die Spur kommen – [68] J. Spanuth 1965/330 – [69] J. Spanuth 1980/197 – [70] J. Spanuth 1980/198 – [71] J. Spanuth 1976/37f – [72] J. Spanuth 1976/165ff – [73] Die Spitzsäule, auch später ein verbreiteter Kultgegenstand, mag wie der »Weltstützer« ein Rechts-Symbol gewesen sein – [74] J. Spanuth 1976/168f – [75] J. Spanuth 1965/464ff – [76] J. Spanuth 1965/443 – [77] J. Spanuth 1980/198 – [78] Zitiert nach J. Spanuth 1976/459ff – [79] S. unten Kap. IV, »Kleito, Mutter und Jungfrau« – [80] Die mittelalterliche christliche Mystik kennt »Das weiße Licht der Ewigkeit«, und noch die florentinischen Dichter der Renaissance sprechen von der »schimmernd weißen Reinheit« des göttlichen Lichtes (z.B. Lorenzo Medici in »Altercazione«) – [81] J. W. Hauer 1940/73 – [82] Abgebildet in Albert Herrmann, »Unsere Ahnen und Atlantis« 1934, Abb. 61 – [83] Ilias 13/17–38 – [84] J. Spanuth 1965/469 und 1976/157 – [85] J. Spanuth 1965/432f – [86] J. Spanuth 1965/467f – [87] G. Herm, »Die Kelten«, 1977/77 u. 129 – [88] Vgl. vor allem Otto Höfler, »Kultische Geheimbünde der Germanen«, 1934 – [89] E. Krause (1891 u. 1893) setzt sich mit starken Beweisen für diese Meinung ein, während M. König (1980) für das Jungpaläolithikum ein »Sonnenpferd« als Sonnensymbol annimmt, dem dann später im Mittelmeerkreis der männliche Sonnengott gefolgt sei – [90] Zitiert nach E. Krause 1891/197 – [91] Was allerdings Hekataios mit den Rhipäischen Gebirgen meint, ist unklar. Wahrscheinlich die Alpen. Ohne Verwirrung in der Geographie geht es, wie gesagt, bei den Griechen nie ab –

[92] Alle Zitate nach J. Spanuth 1976/146 und 1980/133 – [93] J. Spanuth 1965/66 – [94] E. Krause 1893/269 – [95] J. Spanuth 1976/129 f. Zu dem Ausdruck *»sphairoideto schemati«* schreibt Spanuth 1976/131: »Im Schema der Sphären heißt also nicht, daß der Tempel der Hyperboreer kugelrund war, sondern daß um ihn herum in verschiedenen großen Kreisen das Schema der Sphären nachgebildet war« – [96] Daß die Hyperboreer schon längst vor Meton das »Große Jahr« kannten, ist klar. Schon die Megalithiker müssen es gekannt haben. Die 56 sogen. Aubry-Löcher in Stonehenge sind als Beweis für die entsprechenden astronomischen Berechnungen angesehen worden – [97] J. Spanuth 1965/466 – [98] E. Krause 1893/271 – [99] J. Spanuth 1965/463 – [100] J. Spanuth 1965/Abbildungsteil – [101] J. Spanuth 1965/Abbildungsteil, 1976/vor Seite 337, 1980/133 – [102] J. Spanuth 1965/440 f, 1980/131 – [103] Abgebildet bei J. Spanuth 1965/640, 1976/113 – [104] J. Spanuth 1965/439 – [105] Thule 17/67 – [106] Die Boote der Nordmeerleute von 1200 v. Chr. scheinen nach diesen Darstellungen fast genauso gebaut zu sein wie die Wikingerschiffe in der Zeit zwischen 800 u. 1100 n. Chr., ein Zeichen, wie lange sich dieser äußerst praktische, hochseetüchtige Schiffstyp gehalten hat – [107] Siehe M. Ninck, »Wodan und germanischer Schicksalsglaube«, 1935/257–267 – [108] J. Spanuth 1980/258 – [109] E. Krause 1891/245 – [110] Vergl. z. B. das Märchen von Rumpelstilzchen oder die Sage von Dr. Faust und dem Teufel – [111] Daß der Zweikampf als Gottesurteil auch bei kriegerischen Entscheidungen angewendet wurde, wissen wir nicht nur aus der späteren germanischen Geschichte. Auch die bronzezeitlichen Nordvölker haben auf ihrem großen Kriegszug mehrfach zu diesem menschensparenden, tief religiösen Mittel der Entscheidung gegriffen, wie mehrere Berichte zeigen (z. B. die dorische Herakliden-Sage) bis hin zum Kampf zwischen dem Philister Goliath und dem Hebräer David – [112] M. Ninck 1935/264 – [113] Wir erinnern uns, daß diese Geschichte auch vom griechischen Poseidon erzählt wurde – [114] Interessant ist, daß andere Fassungen dieses Märchens Raben an die Stelle der Schwäne setzen, schwarze, winterliche Vögel ersetzen die strahlenden Lichtvögel. Hierbei sei an Wodan-Odins Beziehung zu den Raben erinnert und daran, daß dieser Gott sehr oft winterlichen Charakter hat. Die dunklere, winterliche Seite des Mythos setzt sich durch, so wie der Klimasturz die »lichtumflossene Bronzezeit« auslöscht, verdrängt der Wode den lichten Schwanengott – [114a] In Friesland erzählt man sich noch heute, die kleinen Kinder kämen übers Meer in einem schneeweißen Schifflein von Schwänen gezogen, in diese Welt (K. Sterksma in »Germanien« 1939) – [115] J. Spanuth 1965/469 – [116] Das hat J. W. Hauer in »Urkunden und Gestalten« 1940 deutlich herausgestellt – [117] Die Wieland- und Mimirsagen weisen nicht nur in der Edda, sondern gerade auch in der nordischen Thidrek-Saga so urtümliche, weit verbreitete und in urindogermanische Zeiten zurückführende Züge auf, daß sich dem Kenner des Mythos förmlich die Haare sträuben, wenn er lesen muß, wie H. Ritter-Schaumburg 1980 versucht, diese Sagenzüge zu realisieren und als wirkliche Geschehnisse der Völkerwanderungszeit zu erweisen – [118] In Münster i. W., das früher Mimigardisfort hieß, befand sich wahrscheinlich ein besonders namhaftes Heiligtum dieses Gottes – [119] J. W. Hauer 1940/233 – [120] Solche Sängerschulen gab es bei Germanen, Kelten und Griechen. Noch nach der Christianisierung bestand auf Island eine Skaldenschule, in der der Vortrag der alten »Vorzeitweisen« gelehrt wurde. Ihr verdanken wir vermutlich die beiden Edden – [121] J. Spanuth 1980/203 – [122] J. Spanuth 1980/205 – [123] J. W. Hauer 1940/72 f –

[124] Auch G. Schwantes 1936/19 ist dieser Meinung – [125] Zitiert bei W. Pastor, »Deutsche Urzeit«, 1922/269 – [126] G. Neckel in »Deutsche Ur- und Vorgeschichtswissenschaft der Gegenwart«, 1934 Anm. zu S. 43/44 – [127] J. Spanuth 1980/199 – [128] Vgl. Th. v. Scheffer 1940/143 – [129] Zitiert bei F. H. Hamkens 1971/231 – [130] In der Jungsteinzeit scheint an die Stelle des Mutterschoßzeichens der Höhlen ein anderes getreten zu sein: die sogenannten »Eulenaugen«, die sich, wie die stilisierten Abbilder der Magna Mater überhaupt, oft an Megalithdenkmälern finden – gelegentlich auch im Norden, z. B. in Dänemark. Auch zeigen kleine weibliche Statuetten der Bronzezeit die charakteristische Haltung: rund zum Kreis gebogene Arme mit den Händen unter den Brüsten (so entsteht eine ähnliche »Rune« wie bei den Tonfiguren aus Jugoslawien, die den jungen Gott auf dem Wagen zeigen). Daß derartige Darstellungen, die sich bei den Philistern fortsetzen, die Erdmutter meinen, ist höchst wahrscheinlich – [131] Eine Fülle von Material hierzu bietet Ernst Krause in »Die Trojaburgen Nordeuropas«, 1893. Ich verweise vor allem auf die Kapitel »Ein Kaiser will seine Tochter heiraten« S. 173 und »Die Baumeister-Sage der Edda« S. 109 – [132] J. Spanuth 1976/171 – [133] J. Spanuth 1976/136f – [134] Fr. H. Hamkens 1971/251f – [135] H. v. Wolzogen, »Die Edda«, 1876 – [136] Zitate nach der Edda-Übersetzung von Felix Genzmer 1933 – [137] Es handelt sich hier sicher um Zeitbestimmungssymbole – [138] Fr. H. Hamkens 1971/230ff – [139] Fr. H. Hamkens 1971/233 – [140] Tacitus, »Germania«, Kap. 40 – [141] Siehe Fr. R. Schröder 1941 – [142] J. Spanuth 1976/436 – [143] Geschichtsbibliothek Kap. 56–61, zitiert nach J. Spanuth 1976/210f – [144] J. Spanuth 1976/211 – [145] Man nennt daher die Vermenschlichung ursprünglich mythisch gesehener Gottheiten heute noch »Euhemerismus« – [146] J. Spanuth 1980/91 – [147] J. Spanuth 1965/428 – [148] J. Spanuth 1965/428 – [149] J. Spanuth 1976/146 – [150] J. Spanuth 1976/139 – [151] J. Spanuth 1976/149 – [152] Tacitus, »Germania«, Kap. 34. Spanuth, der Tacitus zitiert (1976/149f), macht darauf aufmerksam, daß auf diese Angaben hin mehrfach angenommen wurde, die Felsen von Helgoland seien mit jenen »Säulen des Herakles« gemeint. Aber auch hier muß es sich um jene Säulen handeln, die tatsächlich im Heiligtum Fosites vorhanden waren und von denen noch später die Missionare erzählt haben. Ich halte es übrigens für möglich, daß bereits die Angabe des Atlantisberichtes, Atlantis habe hinter den Säulen des Herakles gelegen, durch eine solche Verwechslung der Meerenge von Gibraltar mit den Felsen von Helgoland (oder auch den echten Nordsäulen auf Basileia) verursacht wurde – [153] G. Schwantes 1939/520 – [154] Auch in jener knieenden Jünglingsfigur mit Stierhelm, die einst ein Beil hielt und als Gegenstück des zyprischen Gottes von Enkomi in Dänemark gefunden wurde, meint Schwantes einen der »göttlichen Zwillinge« zu erkennen (1939/522). Der Jüngling kniet nämlich auf einem Plättchen mit durchbrochenem Ständer, und es ist deutlich, daß sich auf der anderen Seite eine zweite Figur befunden hat, die weggebrochen ist. Es kann ein zweiter Knieender mit Hörnerhelm, ein Zwilling des anderen, gewesen sein. Vielleicht. Aber der Gott von Enkomi hat keinen Zwilling. So möchte ich eher vermuten, daß auf der anderen Seite des Plättchens eine weibliche Figur gekniet hat, eine Partnerin des Gottes, kein Partner: Kleito neben Poside. Aber auch das ist natürlich nur eine vage Vermutung – [155] J. W. Hauer 1940/69 – [156] Siehe J. Spanuth 1965/420ff und 1976/123ff – [157] J. Spanuth 1976/84f – [158] J. Spanuth 1976/70, mit Berufung auf R. Eisler 1928 – [159] J. W. Hauer 1940/332 – [160] In »Germanien«, Jahrg. 1938/320, haben in einer Untersu-

chung über den Namen »Aurinnia« I. O. Plassmann und G. Traithnigg sich eingehend mit dem Wort »aurr« beschäftigt, das, mit grammatikalischem Wechsel zu »aus«, indogermanisch »aves« = glänzen, aufleuchten, tagen bedeutet. Darum »Aurora«, die Morgenröte, und »Austro«, Osten, und der germanische Name des Morgensterns »Aurvandil«, althochdeutsch »orentil« = glänzender Wandler. Auch der Beiname des eddischen Gottes Hönir »Aurkonungr« = Glanzkönig wird angeführt. Dazu läßt sich noch der Name der thrakischen Königstochter »Oreithya« stellen, die nach der griechischen Sage vom Boreas, dem Nordwind, geraubt wird. Den Namen mit »Berggöttin« zu übersetzen gäbe keinen Sinn. Ist es aber die »Goldglanzgöttin«, die Sonne, die der kalte Winterwind raubt, so ergibt sich eine sinnvolle Jahreszeitmythe – [161] J. Spanuth, Brief vom 21. 1. 1978 – [162] J. Spanuth 1976/379 – [163] J. Spanuth 1976/177 f – [164] Daß beim Mahl des Phäakenkönigs immer der »Gott des Donners« angerufen wird, also doch wohl nicht Thor, sondern Zeus, entspricht griechischer Sitte. Auch dies mag wie manches andere zu den feststehenden Formeln gehören, die der griechische Dichter mit Selbstverständlichkeit benutzt, ohne dabei ein spezielles Brauchtum gerade der Phäaken herausstellen zu wollen – [165] Siehe J. Spanuth 1976/401, 1965/511 – [166] Wer den Film, der 1952 bei der Krönung der Königin Elisabeth II. gedreht wurde, gesehen hat, weiß, was der Ausdruck »sakrales Königtum« bedeutet. Daß noch heute ein tief eingewurzeltes Bedürfnis des europäischen Menschen besteht, solches Brauchtum mitzuerleben, zeigt die Tatsache, daß während der Hochzeit des englischen Thronfolgers selbst in Westdeutschland ganze Städte wie ausgestorben lagen, da jedermann am Bildschirm ein wenig Glanz »der heiligen Königsmacht« zu erhaschen suchte – [167] J. Spanuth 1965/342 – [168] J. Spanuth 1976/55 – [169] Heine-Geldern, in Antropos, 1928 – [170] J. Spanuth 1965/463 – [171] Delos wurde vermutlich von den einwandernden Dorern nach dem Vorbild ihrer Heimatinsel ausgestaltet – [172] Tacitus, »Germania«, Kap. 9: »Im übrigen sind sie der Meinung, daß man die Götter nicht in Tempelwände einschließen noch irgendeiner menschlichen Gestalt nachbilden könne wegen der Hoheit der himmlischen Mächte« – [173] J. Spanuth 1980/257 und in der Zeitschrift »Deutschland in Geschichte und Gegenwart« 1981, Heft 3/29 ff, Heft 4/22 ff – [174] J. Spanuth 1976/171 – [175] Siehe z. B. G. u. E. Hüsing 1932/65 ff – [176] In allen Büchern Spanuths ist davon ausführlich die Rede – [177] Das Schutzumschlagbild des ersten Spanuth-Buches »Das enträselte Atlantis« 1953 zeigt sie dort, ebenso scheint Siegfried Bockelmann in seinem Roman »Sie kamen von den Enden der Erde« 1970 anzunehmen, daß die Säule auf einer Dachplattform des Tempels stand – [178] Zitiert bei J. Spanuth 1976/148 – [179] Ich weise außer auf die Schriften von Seitz auch auf das ausgezeichnete Werk von Fr. H. Hamkens, »Der Externstein« 1971 hin – [180] Ich verweise auf die Ausführungen Spanuths in »Die Philister«, 1980/177 ff, hier besonders interessant die Belege für das Zurückreichen der »runischen« Buchstabenschrift in die Altsteinzeit – [181] S. Tacitus »Germania«, Kap. 10. Hierzu auch J. de Mahieu 1982/55 ff – [182] Vgl. auch J. W. Hauer 1940/42 ff und 261 ff – [183] J. Spanuth 1980/200 – [184] Edda, Voluspá 58–59 – [185] J. Spanuth 1965/457 – [186] J. Spanuth 1965/340 – [187] F. v. Löher in Germanien, 1937/241 – [188] Dr. L. Straub oJ 427, J. Spanuth 1980/105 – [189] J. Spanuth 1965/430, 1976/151 – [190] J. Spanuth 1965/453 – [191] O. Huth 1936/129 schreibt: »Im alten Rom wurde das ewige Vesta-Feuer, das Staatsfeuer, und alle Herde am Neujahrstag gelöscht und mit heiligem Feuer, das durch Holzreiben erzeugt wurde, neu entfacht« – [192] O. Huth, »Vesta«, 1943/30 – [193] J. Spanuth 1965/453 – [194] O. Huth 1943/29 – [195] O. Huth 1943/34f, Anm. 4 – [196] H. Möller »Das Lied der Völker«, Bd 4: »Keltische Volkslieder«, Ed. Schott Nr. 554/9f – [197] O. Huth 1943/75f – [198] Die Kanarer (Guanchen) hatten im übrigen ein Doppelkönigtum (wie die Spartaner) und einen Zwillingskult, der im Zusammenhang mit ihren Feuerbräuchen stand – [199] O. Huth 1943/136 – [200] O. Huth 1943/137 – [201] Was sie vermutlich zum Teil auch sind. Daß die seefahrenden Phönizier (Sakar) Niederlassungen in Mittel- und Südamerika hatten, dafür finden sich jetzt immer klarere Beweise – [202] Siehe die in den letzten 10 Jahren im Grabert-Verlag erschienenen Bücher von Prof. Dr. J. de Mahieu, besonders »Die Erben Trojas« 1982 – [203] »Heller als wir«, sagten die erobernden Spanier mit Erstaunen. Sie heirateten die schönen, blonden Inka-Prinzessinnen vom Fleck weg und brachten sie sogar an den Hof von Madrid – [204] Tacitus, »Germania«, Kap. 8 – [205] Emil Engelmann 1887/146 und »Die Geschichte von Fridthjof dem Kühnen«, übertr. v. Gustav Wenz 1922/10ff – [206] J. O. Plassmann, »Wintersonnenwende in der Symbolik des Kivik-Grabes«, in Germanien 1939/29 – [207] J. Spanuth, der in seinen Büchern von 1953 und 1965 die Ansicht von Plassmann und Huth teilte, vertritt in »Die Atlanter« (1976) und in »Die Philister« (1980) die Meinung, es handle sich bei den Langgewandeten um die zehn atlantischen Könige vor dem Blutkessel beim Stieropferfest. Diese Deutung leuchtet mir nicht ein. Hätte der Steinschneider nicht zehn Gestalten gezeigt, wenn die zehn Könige – eine hier doch wichtige Zahl – gemeint gewesen wären? Auch gleichen die Gestalten in etwa stilisierten Schwänen, was sofort die Vorstellung von Schwanenjungfrauen heraufbeschwört – [208] J. W. Hauer 1940/223 – [209] O. Huth 1943/86 – [210] J. Spanuth 1965/469 – [211] O. Huth 1943/90 – [212] J. W. Hauer 1940/187 – [213] Vgl. M. Ninck 1936 – [214] J. Spanuth 1976/400 – [215] Die Edda, übertr. v. F. Genzmer 1933/199 – [216] Noch im »Nibelungenlied« künden zwei badende Schwanenfrauen, die Hagen durch Wegnehmen ihrer Gewänder (wie Wieland der Schmied) in seine Gewalt bringt, dem Tronjer das Schicksal der Nibelungen, und der am Strand der Normandie Wäsche waschenden Gudrun verkünden zwei Schwäne das Nahen ihrer Befreier – [217] O. Huth 1943/77 – [218] O. Huth 1943/78f – [219] J. Spanuth 1980/205 Abb. – [220] J. Spanuth 1965/475 – [221] J. Spanuth 1965/476. Daß die Einwanderer neben dem Apolltempel noch einen für Kronos errichteten, könnte als Beleg dafür betrachtet werden, daß zur Zeit der Auswanderung aus dem Norden dort Kronos als Himmelsgott neben Poside-Apoll verehrt wurde – [222] Homer, »Odyssee«, übers. v. Voss 8/246–253 – [223] Vgl. z. B. M. Luserke, »Die Reise zur Sage«, 1940/19 – [224] Homer, »Odyssee«, 8/263–265 – [225] Die Musen tanzen übrigens auch auf späteren Darstellungen immer mit dem Gesicht nach außen, ebenso die Tänzer auf mittelalterlichen Bildern. Manchmal zeigen diese noch den in der Mitte des Kreises stehenden Spielmann – [226] Homer, »Odyssee«, 8/374–380 – [227] R. Stumpfl 1936/137 – [228] Die christliche Deutung entspricht sicherlich noch jener, die das »Heidentum« bis zurück in die Bronze- vielleicht sogar Steinzeit diesem Ballspiel gab: der aufsteigende Ball ist Symbol der Sonne, die wiederum den jungen Lichtgott vertritt – [229] Besonders interessant erscheint hier die Verbindung des kultischen Balltanzes mit dem Labyrinth, d. h. der Trojaburg – [230] J. Spanuth 1976/383 – [231] Zitiert nach J. W. Hauer 1940/63 – [232] Ich habe bei einem Volkstanzfest einen ganzen Saal voller schwatzender, lachender, vespernder Festteilnehmer in gebannte Regungslosigkeit und absolute Stille versinken sehen, als nur der eintönige Trommelschlag und das erregende Klirren der Bronzeschellen den Einzug der Schwerttänzer ankündigte – [233] R. Stumpfl 1936/126 – [234] R. Stumpfl erklärt, daß auch der Tanzführer, der »König«, der am Ende des Tanzes auf das Schwertgeflecht tritt, mit diesem langsam emporgehoben wird und so, über den Köpfen der Tänzer stehend, eine kurze Rede, oft in Versen, hält, daß dieser »König« in manchen Gegenden auch als »Narr« betrachtet wurde. Vermutlich trug er ursprünglich ebenso wie der »Neuling« den Spitzhut, der ja im gesamten Brauchtum das Abzeichen des »Außerirdischen« bzw. des von außerirdischen Mächten Besessenen oder mit ihnen in Verbindung Stehenden darstellt. Er findet sich auch im oberdeutschen Narrenbrauchtum wie beim Umzug der schwedischen Sternknaben und ebenso bei Gestalten wie etwa »Harlekin«, »Kasperle«, »Knecht Ruprecht« und seit urältesten Zeiten bei Göttern, Kobolden, Zwergen, und ist hier des öfteren durch eine Kapuze ersetzt. Stumpfl sieht in dem Chorführer des Schwerttanzes auch den »Töter«, den Einweihenden, der, als Priester selbst ein »Besessener«, den Einweihungszeremonien vorstand – [235] O. Höfler ist vielfach angegriffen worden, da er in seinem überaus interessanten Werk »Kultische Geheimbünde der Germanen« (1934) die Männerbünde des germanischen Bereichs analog dem Geheimbundwesen primitiver Völker als »*Geheim*bünde« angesprochen hat, was sie wahrscheinlich nicht waren. Im übrigen ist aber sein Buch, von dem leider nur der erste Band erschienen ist, eine Fundgrube für den Erforscher brauchtümlicher Erscheinungen und seine Erklärung des Wilde-Heer-Glaubens als Spiegelung ekstatischer Männerbund-Bräuche absolut plausibel – [236] G. u. E. Hüsing 1932/3 f – [237] G. u. E. Hüsing 1932/35 ff – [238] E. Krause, »Die Troja-Burgen Nordeuropas«, 1893/2 – [239] Sogar das berühmte Troja, um das der Trojanische Krieg tobte und das laut Homer einst von Poseidon erbaut worden war, der hier die Jungfrau Hesione gefangenhielt, war vermutlich nichts anderes als eben eine »Rundburg«, schließlich sprachen seine Bewohner ja eine indogermanische Sprache wie alle thrakischen und die meisten kleinasiatischen Völkerschaften – [240] Hier zeigt sich wiederum an einem schönen Beispiel, daß nicht nur Atlantis und Phäakenland ein und dasselbe sind, sondern auch, daß dieses Land im Norden Europas gelegen haben muß und seine Mythen noch in später Zeit dort weiterlebten – [241] F. H. Hamkens 1971 – [242] Hamkens führt in seinem Schrifttums-Verzeichnis das sieben Jahre vor dem seinen erschienene Buch von Gsänger nicht auf, kannte es also ebensowenig, wie Gsänger das seine kennen konnte – [243] Th. v. Scheffer, »Hellenische Mysterien und Orakel«, 1940 – [244] Th. v. Scheffer 1940/69 f – [245] Vielleicht. Aber vielleicht unter- bzw. überschätzen wir auch unsere nordeuropäischen Vorfahren in diesem Punkt wie in manchen anderen – [246] Vgl. hierzu J. W. Hauer 1940/252 ff – [247] Daß eine solche absolute Identifizierung mit der Rolle auch heute noch möglich ist, vor allem bei religiösen Laienspielen, dafür kenne ich ein paar selbst miterlebte Beispiele; freilich führt dies absolute Erleben heute nicht mehr zur Stärkung und Erneuerung der Persönlichkeit, zur »Selbstfindung« wie einst, sondern in die psychiatrische Klinik – [248] O. Höfler 1934/140 f – [249] Natürlich ist der Name Zeus für den Himmelsgott griechisch. Die Fassung der Stelle gehört Plato an, das ist klar. Aber Sinn und Inhalt stammen aus einem älteren Bericht, das besagt das eingeschobene »wie der Bericht lautete« – [250] J. Spanuth 1976/472 f – [250a] Daß es sich hier nicht um die Reinhaltung der Rasse handeln kann, wie auch schon vermutet wurde, ist natürlich deutlich – [251] Siegfried Bockelmann läßt in seinem zweibändigen, auf Spanuth's These basierenden Atlantis-Roman 1971 den Atlanterkönig selbst in ägyptischer Gefangenschaft den umfangreichen Bericht schreiben, dem später der Priester zu Sais seine Informationen entnehmen konnte – [252] Dies ist so etwa die Meinung, die Bernhard Kummer in seinem Hauptwerk »Midgards Untergang« (Ende der zwanziger Jahre erschienen, 1972 nochmals aufgelegt) vertritt. Es ist jammerschade, daß dieser vorzügliche Kenner der mittelalterlichen nordischen Literatur, vor allem der Isländer-Sagas, seine Forschungen auf den engen Raum des Island der Bekehrungszeit beschränkt hat und, wo er über germanische Religion schreibt, das weite Gebiet der indogermanischen Parallelen – wohl bewußt – gänzlich ignoriert. So ist er zu Fehlschlüssen und Fehlurteilen gekommen, die bis heute noch in der Germanen-Literatur, vor allem in Büchern von interessierten Laien, auftauchen und Verwirrung stiften. Kummers Werk ist ein Schulbeispiel dafür, wie weltanschaulich bedingte Einseitigkeit den Blick auch eines bedeutenden Forschers trüben kann – [253] J. W. Hauer 1940/156ff – [254] Wie Bernhard Kummer meint – es ist immer mißlich, moralische Maßstäbe an Göttergestalten anlegen zu wollen – [255] Sie sind es wohl, die Kummer in den Edden stören und die er für das Werk von Dichtern hält, während Hauer (als Indologe) sie erkannt, geschätzt und hervorgehoben hat – [256] J. W. Hauer 1940/130ff setzt sich mit Güntert (»Altgermanischer Glaube«, 1937/46ff) auseinander und erwähnt auch K. H. Eckhardt als Vertreter der Güntertschen Meinungen. Außerdem J. Spanuth 1976/221ff – [257] Jene Forscher, die in ihnen die eigentlichen Indogermanen sehen, setzen ihre Heimat nördlich des Schwarzen Meeres an – [258] M. Ninck 1935/115f – [259] H. Nölle 1974/20 u. 22 – [260] G. Herm 1977/139f – [261] A. Weitnauer oJ/16 u. 58 – [262] J. W. Hauer 1939/53 – [263] In Tanais (Don) steckt das Wort dan = Fluß, das sich überall findet, wo die Nordleute hingekommen sind, sogar in Palästina (Jor*dan*) – [264] F. R. Schröder 1941/39f – [265] F. R. Schröder schreibt in »Ingunar-Freyer«, 1941/41: »Daß die Ingwäonen in der eigentlichen Urheimat des Germanentums, auf der kimbrischen Halbinsel, gesessen haben, steht außer allem Zweifel, auch werden wir sie darüber hinaus mit den *Germanen des Mutterlandes* insgesamt (einschließlich der in den alten Stammsitzen Dänemarks und Schwedens wie auch des südlichen Norwegens) gleichsetzen müssen. Ihr allen Teilstämmen gemeinsamer Kultmittelpunkt muß in ältester Zeit der Nerthus-Hain gewesen sein . . . und der Gott Ing ist nicht etwa, wie man gelegentlich gemeint hat, irgendwie nachträglich erst mit der Göttin Nerthus (Njördis-Kleito, B. V.) verbunden worden, sondern beide gehören von jeher unlöslich zusammen. Ingvanaz ist der männliche Partner, der Sohn und Gemahl der Nerđuz-Ingvanó, der mütterlichen Erd- und Eibengöttin« – [266] Schon im alten Indien gab es den Titel Palas = Herr, dem wir später in Europa immer wieder begegnen bis hin zu dem »Baal« der südmittelmeerischen Völker und dem Sonnengott Bel der Kelten – [267] Daß er im Island der Bekehrungszeit wie zuvor auch in Norwegen als meist verehrter Gott erscheint (woraus Kummer so weitgehende Schlüsse zieht), besagt durchaus nichts über seine Herkunft – [268] Siehe R. Heine-Geldern »Die altasiatische Herkunft der südamerikanischen Metalltechnik«, in Paideuma 5, 1950. Ebenso H. Schmidt »Zeitschrift für Ethnologie«, 1924, O. Reche und andere. Mehrmals haben so indogermanische Einwanderungen auf China gewirkt und ihm außer Kämpfen auch kulturelle Anregungen gebracht. Die Einflüsse sind archäologisch voll belegt und unbestritten – [269] Die große Ähnlichkeit, ja Übereinstimmung, die sich auch noch bei vielen anderen Dingen findet, hat dazu geführt, daß man an eine Beeinflussung des Nordens durch die Hallstatt-Kultur und sogar durch die – manche dieser Formen verwendende – etruskische Kultur glaubte, und da man Hallstatt erst 800 v. Chr. beginnen ließ – die etruskische Kultur kann sowieso erst ab ungefähr 700 gerechnet werden –, so mußte man notgedrungen das Ende der nordeuropäischen Bronzezeitkultur samt Klimaänderung, Überschwemmungen und so weiter um vier- bis fünfhundert Jahre vorrücken. Heute wissen wir, daß um 1200 die Katastrophen und der Klimasturz die Kultur des Nordens zunächst beendeten und daß damals die großen Südwanderungen erfolgten. So wird man auch die Hallstatt-Kultur früher beginnen lassen müssen, als das bisher geschah. (J. Wiesner 1942 z. B. erklärt bereits Hallstatt A für gleichzeitig mit der End- und Submykenischen Periode Griechenlands kurz nach 1200 v. Chr.) Man wird sich endlich dazu entschließen müssen, auch einmal eine Befruchtung des Südens durch den Norden anzunehmen und zu erkennen, daß sowohl die Kulturen Süddeutschlands wie die Norditaliens ihr Gesicht durch die einwandernden Nordleute bekommen haben, damit auch das immer noch gebrauchte, unsinnige Wort vom »etruskischen Import« (in den Norden) endlich aus den Publikationen verschwindet – [270] J. Spanuth 1976/303 – [271] J. Spanuth 1976/308 u. 1965/326f – [272] Siehe F. Altheim und E. Trautmann »Italien und die dorische Wanderung« in Albae Vigiliae 1940 – [273] V. J. Georgiev in der Zeitschrift voprosi jazi hoznanija H. 2, 1972 – [274] Dieser Name stammt von den Griechen, und Spanuth vermutet, daß er mit dem der Philister identisch sei, dh die Hebräer sagten »Philister«, die Griechen »Phoinikes« (Phönizier). Nach meiner Meinung dürfte der Name, den diese Nordmeervölker sich selbst gaben, Paläster oder Palister gelautet haben – [275] Vgl. zu all diesem J. Spanuth »Die Philister, das unbekannte Volk« 1980 – [276] Die wechselvolle Geschichte ihrer Nachfahren ist in dem bekannten Buch von G. Herm »Die Phönizier« gut dargestellt worden – [277] J. Spanuth 1965/291 – [278] So sagt es die Herakliden-Sage in der Nacherzählung von Gustav Schwab, »Sagen des klassischen Altertums«. J. Spanuth folgt in dieser Sache Herodot, der von hundert Jahren spricht – [279] J. Spanuth 1976/431 – [280] Roscher, »Lexikon der griechischen und römischen Mythologie« – [281] Th. v. Scheffer 1940/142f – [282] Auch hier zeigt sich die merkwürdige Tatsache, daß fast alle Rückgriffe auf das sakrale Königtum mit Sonnendienst und Sonnenzeichen verbunden sind. Alle Kronen sind eigentlich Sonnengloriolen. Die uralte Vorstellung, die sich immer wieder in einzelnen Zügen durchringt, ist wohl etwa die: Der »Heilige Herrscher« stammt vom Lichtgott ab, er vertritt ihn, ist durch ihn erleuchtet und folgt seinen Zeichen, die zugleich den Gott und ihn vertreten – [283] Man hatte die Fixierung von Christi Geburtstag auf verschiedene, meist Frühjahrsdaten zu legen versucht, davon aber wieder Abstand genommen, da die Kirche zunächst eine Geburtsfeier überhaupt als »heidnisch« ablehnte – [284] Siehe R. Stumpfl 1936.

Literaturverzeichnis

Ackermann, H., Jesus, Göttingen 1952
Altheim, Fr., Der unbesiegte Gott, tb., Hamburg 1957
Altheim, Fr. und Trautmann, Neue Felsbilder aus der Val Camonica, in: Wörter und Sachen 1938
Andrée, K., Der Bernstein, Stuttgart 1951
– Der Bernstein und seine Bedeutung, in: Natur und Geisteswelt 1937
Apollonius Rhodius, Die Argonauten, verdeutscht v. Th. v. Scheffer, Leipzig 1940
Atlantis enträtselt? Herausgegeben von R. Weyl, Kiel 1953
Bauer, W., Lorbeer für Hellas, Stuttgart 1964
Baumgärtel, E., Dolmen und Mastaba, in: Der alte Orient, Beiheft 6 1926
Baumann, H., Löwentor und Labyrinth, Gütersloh 1966
Behn, Fr., Die Bronzezeit in Nordeuropa, Stuttgart 1967
Bibby, G., Faustkeil und Bronzeschwert, Hamburg 1957
Bidez, J., Julian der Abtrünnige, München 1940
Birt, Th., Von Homer bis Sokrates, Leipzig o. J.
– Charakterbilder Spätroms, Leipzig 1919
Bittel, K., Grundzüge der Vor- und Frühgeschichte Kleinasiens, Tübingen 1945
Bockelmann, S., Sie kamen von den Enden der Erde – Und zogen durch Länder und Meere, Atlantis-Roman, 2 Bd., München 1971
Braghine, A., Atlantis, Stuttgart 1939
Brant, W., Wer war Jesus Christus?, Stuttgart 1957
Breasted, J. H., Geschichte Ägyptens, Wien 1936
Bretonische Märchen, herausgegeben v. Ré Soupault, Jena 1959
Bomann, W., Bäuerliches Hauswesen und Tagewerk im alten Niedersachsen, Weimar 1941
Ceram, C. W., Götter, Gräber und Gelehrte, Hamburg 1949
Cles-Reden, S., Die Spur der Zyklopen, Werden und Vergehen einer Weltreligion, Köln 1960
Daqué, E., Urwelt, Sage und Menschheit, München-Berlin 1931
Die Detmolder Tagung, in: Germanien 1938 H. 7
Dirlmeyer, Fr., Apollon, Gott und Erzieher des hellenischen Adels, in: Archiv für Religionswissenschaft 36/1940
Ebert, M., Reallexikon der Vorgeschichte, Berlin 1924 bis 1932
Edda, Volksausgabe, übertr. v. F. Genzmer, Jena 1933
Engelmann, E., Die Frithjofs-Sage, Stuttgart 1887
– Parzival, Stuttgart 1888
– Germanias Sagenborn, 2 Bde., Stuttgart 1890

– Volksmärchen und Göttersagen aus germanischer Vorzeit, Stuttgart 1880 und 1882
Fleming, Th., Haben die Kelten Amerika entdeckt? in: Das Beste, Nr. 4 1977
Flor, F., Die Indogermanenfrage in der Völkerkunde, in: Germanen und Indogermanen, Festschrift für H. Hirt, Heidelberg 1936
Focke, Fr., Ritte und Reigen, Stuttgart-Berlin 1941
Frank, K. A., Sturm aus Atlantis, Das Abenteuer einer neuen Urgeschichte, Düsseldorf 1975
Friedrich, J., Das erste Auftreten der Indogermanen in Kleinasien, in: Germanen und Indogermanen, Festschrift f. H. Hirt 1936
Gadow, G., Der Atlantisstreit, Fischer tb., Frankfurt a. M. 1973
Genzmer, F., Vier altdeutsche Heldenlieder, Darmstadt o. J.
Die Geschichte von Frithjof dem Kühnen, übertr. v. G. Wenz, Jena 1922
Grimm, Brüder, Kinder- und Hausmärchen, Stuttgart-Berlin 1906
Gsänger, H., Delphi, Freiburg i. Br. 1962
– Die Externsteine, Freiburg i. Br. 1964
Gutenbrunner, S., Namenkundliche Zeugnisse zur germanischen Urgeschichte, in: Germanen und Indogermanen, Festschrift f. H. Hirt 1936
Hahn, E. E., Heiligtümer der Germanen, Gerabronn-Crailsheim 1970
Hamkens, F. H., Der Externstein, Tübingen 1971
Hauer, J. W., Die vergleichende Religionsgeschichte und das Indogermanenproblem, in: Germanen und Indogermanen, Festschrift f. H. Hirt, Heidelberg 1936
– Urkunden und Gestalten der germanisch-deutschen Glaubensgeschichte, Stuttgart 1940
– Zum gegenwärtigen Stand der Indogermanenfrage, in: Archiv f. Religionswissenschaft 36/1939
Heberer, G., Neue Ergebnisse der menschlichen Abstammungslehre, Göttingen 1951
Heine-Geldern, R. v., Die asiatische Herkunft der südamerikanischen Metalltechnik, in: Paideuma 5, 1950/54
– Die Megalithen Südost-Asiens und ihre Bedeutung für die Erklärung der Megalithfrage in Europa und Polynesien, in: Antropos Bd. 23, Leipzig 1928
Hennig, E., Der Werdegang des Menschengeschlechtes, Tübingen 1950
Hepp, A. E., Licht von Mitternacht, Tübingen 1979
Herbig, R., Philister und Dorier, in: Forschungen und Fortschritte Bd. 17, 1 u. 2, 1941
Herm, G., Die Kelten, tb. Reinbeck b. Hamburg 1977
– Die Phönizier, Düsseldorf-Wien 1973
Hermes, G., Das gezähmte Pferd im neolithischen und frühbronzezeitlichen Europa, in: Antropos Bd. 30, 1935
– Das gezähmte Pferd im alten Orient, in: Antropos Bd. 31, 1936
Herrmann, A., Unsere Ahnen und Atlantis, Berlin 1934
Herrmann, P., Sieben vorbei und acht verweht, Hamburg 1952
Heyerdahl, Th., Aku-Aku, Berlin 1957
– Expedition Ra, Gütersloh-Wien 1971
– Indianer und Altasiaten im Pazifik, Wien 1966
– Kon-Tiki, Wien 1951

– Wege übers Meer, Völkerwanderungen in der Frühzeit, München 1978
Hilker, Fr., Die olympischen Spiele in Altertum und Gegenwart, Leipzig 1936
Hitzig, F., Zur ältesten Völker- und Mythengeschichte, Leipzig 1845
– Urgeschichte und Mythologie der Philister, Leipzig 1845
Höfler, O., Kultische Geheimbünde der Germanen, Bd. 1, Frankfurt 1934
– Der Runenstein von Rök, Germanisches Sakralkönigtum, Bd. 1, Tübingen 1952
Hölscher, U., Die Wiedergewinnung von Medinet-Habu, Tübingen 1958
Homer, Die Ilias, übers. v. J. H. Voss, Halle o. J.
– Odyssee, übers. v. J. H. Voss, Leipzig o. J.
Homet, M. F., Die Söhne der Sonne, Freiburg i. Br. 1958
Honoré, P., Ich fand den weißen Gott, Frankfurt 1961
Hülle, W., Die Steine von Carnac, Leipzig 1942
– Zur Herkunft der nordischen Rasse, in: Mannus, Bd. 28, 1962
Hüsing, G. u. E., Deutsche Laiche und Lieder, Wien 1932
Huth, O., Die ewigen Stammesfeuer der Germanen und Indogermanen, in: Germanien 1938, H. 9
– Der Feuerkult der Germanen, in: Archiv f. Religionswissenschaft, Bd. 36, 1939
– Die Gesittung der Kanarier als Schlüssel zum Urindogermanentum, in: Germanien 1937, Heft 2
– Märchen und Megalithreligion, in: Paideuma, Bd. 5, 1950
– Atlantis, Utopie oder Wirklichkeit? in: Universitas 1953
– Die Verehrung des heiligen Feuers bei Germanen und Indogermanen, in: Germanien 1938, Heft 8
– Vesta, Beihefte z. Archiv f. Religionswissenschaft, Heft 2, 1943
– Weltberg und Weltbaum, in: Germanien 1940, Heft 12
– Weltsäule und Weltnagel, in: Germanien 1939, Heft 3
– Der Zoptenberg als Vandalenheiligtum, in: Germanien 1933, S. 178
Innerebner, G., Sonnenlauf und Zeitbestimmung im Leben der Urzeitvölker, Beihefte zu Germanien, Heft 2, o. J.
James, E. O., Religionen der Vorzeit, Köln 1957
Jettmar, K., Die frühen Steppenvölker, Baden-Baden 1980
Jung, E., Germanische Götter und Helden in christlicher Zeit, München 1939
Karsten, T. E., Zu den ältesten Völker- und Ortsnamen der Ostseeländer, in: Germanen und Indogermanen, Festschrift f. H. Hirt 1936
Kaufmann, R., Zwanzig Millionen Jahre Mensch, in: Christ und Welt 24. 2. 1967
König, M. E. P., Unsere Vergangenheit ist älter, Höhlenkult Alt-Europas, Frankfurt 1980
Kraft, G., Der Urmensch als Schöpfer, Tübingen 1948
Krahe, H., Die Vorgeschichte des Griechentums nach dem Zeugnis der Sprache, in: Die Antike, Bd. 15, 1939
Kraiker, W., Nordische Einwanderung in Griechenland, in: Die Antike, Bd. 15, 1939
Krause, E., Tuiskoland, Glogau 1891
– Die Trojaburgen Nordeuropas, Glogau 1893
Kühn, H., Das Erwachen der Menschheit, Frankfurt-Hamburg 1954
– Der Aufstieg der Menschheit, Frankfurt-Hamburg 1955

– Auf den Spuren des Eiszeitmenschen, Wiesbaden 1953
Kulturgeschichtliche Reise durch Norddeutschland, Fremdenverkehrsverband Nordmark e. V., Hamburg 1962
Kummer, B., Midgards Untergang, 1935 (1972)
Kunst und Kultur der Kelten, Führer zur Kelten-Ausstellung im Museum zu Allerheiligen, Schaffhausen 1957
Lange, W., Der Drachenstich in Furth im Wald, in: Germanien 1938, Heft 11
L'art scandinave, zodiaque, la nuit des temps, 2 Bände 1969
Lăsclo, G., Steppenvölker und Germanen, Wien-München 1970
Lechler, E. I., Neues über Pferd und Wagen in der Steinzeit und Bronzezeit, in: Mannus Bd. 25, 1959
Leyen, Fr. v. d., Das Heldenlieder-Buch Karls des Großen, München 1954
Liederdichtung und Spruchweisheit der alten Hellenen, übertr. v. L. Straub, Berlin-Stuttgart o. J.
Lisner, I., Das Rätsel der großen Kulturen, Stuttgart 1973
Löher, F. v., Rasse und Gesittung der Kanarier, in: Germanien 1937, Heft 8
Lommel, H., Mithra und das Stieropfer, in: Paideuma Bd. 3, 1944–49
Luserke, M., Reise zur Sage, Potsdam 1940
Mabinogion, übers. v. Lady Charlotte Guest, London 1892
Mac Culloch, I. B., Die Kelten, in: Chantepie de la Saussaye, Lehrbuch der Religionsgeschichte 2, Tübingen 1925
Mahieu, J. de, Die Erben Trojas, Tübingen 1982
– Des Sonnengottes große Reise, Tübingen 1972
Maisel, A. Q., Die Steinkreise von Stonehenge, in: Das Beste Nov. 1961
Matz, Fr., Kreta, Mykene, Troja, Stuttgart 1965
Menghin, O., Grundlinien der Methodik einer urgeschichtlichen Stammeskunde, in: Germanen und Indogermanen, Festschrift f. H. Hirt 1936
Menghin, W., Kelten, Römer und Germanen, München 1980
Mersmann, H., Deutsche Musikgeschichte, Potsdam 1934
Miltner, F., Die Dorische Wanderung, in: Klio, Bd. 47, Leipzig 1934
Möller, G., Die Ägypter und ihre libyschen Nachbarn, in: Zeitschr. f. Ethnologie 1920/21
Möller, H., Das Lied der Völker, Bd. 2, Skandinavische Volkslieder, Bd. 4, Keltische Volkslieder, Mainz o. J.
Mössinger, F., Das Sonnenroß und sein Reiter, in: Germanien 1941, Heft 11
Mötefindt, E., Der Wagen im nordischen Kulturkreis, in: Studien und Forschungen zur Menschen- und Völkerkunde, Stuttgart 1917
Morenz, S., Ägyptische Religion, Stuttgart 1960
Moser, H. J., Eddische Melodien, in: Germanien 1939, Heft 2
Much, R., Germanische Stammesnamen, in: Germanen und Indogermanen, Festschrift für H. Hirt 1936
Mühlhofer, F., Pflanzenbau während der Eiszeit, in: Germanien 1938, Heft 1 u. 2
Müllenhoff, C., Deutsche Altertumskunde, Bd. I, Berlin 1870
Müller, G., Der Umritt, Seine Stellung im deutschen Brauchtum, Stuttgart 1941
Müller, O., Geschichte der Hellenischen Stämme, Bd. 1, Die Dorier
Müller, R., Der Himmel über den Menschen der Steinzeit, Berlin-New York-Heidelberg 1970

Neckel, G., Deutsche Ur- und Vorgeschichtswissenschaft der Gegenwart, Berlin 1934
Neubert, M., Die Dorische Wanderung, Stuttgart 1920
Ninck, M., Götter- und Jenseitsglauben der Germanen, Jena 1937
– Wodan und germanischer Schicksalsglaube, Jena 1935
Noack, F., Homerische Paläste, Leipzig 1913
Noelle, H., Die Langobarden, Berg/Starnberger-See 1978
– Die Kelten und ihre Stadt Manching, Pfaffenhofen/Ilm 1974
Nowathnig, W., Beiträge zur Herkunftsfrage der Schnurkeramik, in: Mannus 28, 1962
Oxenstierna, E. Graf, Die Nordgermanen, Stuttgart 1957
Paine, B. v. und v. d. Au, H., Der deutsche Schwerttanz, Kassel 1935
Pallottino, M., Was wissen wir heute von der etruskischen Sprache? Zürich 1955
Paret, O., Ludwigsburg und das Land um den Asperg, Ludwigsburg o. J.
– Das neue Bild der Vorgeschichte, Stuttgart 1948
Pastor, W., Deutsche Urzeit, Weimar 1906
Paulsen, P., Was bedeutet die Bronzetür zu Gnesen für die Frühgeschichte des deutschen Ostens? in: Germanien 1941, Heft 1
Pauly-Wissowa, Real-Enzyklopädie der klassischen Altertumswissenschaft, Stuttgart 1912ff.
Pearlman, M., Auf den Spuren des Moses, Olten 1973
Plaßmann, J. O., Der Dreistufenbaum in der deutschen Mystik, in: Germanien 1942, Heft 4
– Wintersonnenwende in der Symbolik des Kivik-Grabes, in: Germanien 1939
– u. Trathnigg, G., Aurinnia oder Albruna? in: Germanien 1939, Heft 10
– Zum Felsensarg unter dem Externstein, in: Germanien 1933/105
Pörtner, R., Bevor die Römer kamen, tb., München-Zürich 1967
Reche, O., Entstehung der nordischen Rasse und die Indogermanen in: Germanen und Indogermanen, Festschrift f. H. Hirt 1936
Recheis, K., König Artus und die Ritter der Tafelrunde, Düsseldorf 1974
Reuter, O. S., Das Rätsel der Edda und der arische Urglaube, Sontra in Hessen 1922
Riemenschneider, M., Die Welt der Hethiter, Stuttgart 1954
Ritter-Schaumburg, H., Die Nibelungen zogen nordwärts, München-Berlin 1981
– Dietrich von Bern, München-Berlin 1982
– Sagen der Völker, Stuttgart 1976
Röder, J., Bilder zum Megalithentransport, in: Paideuma Bd. 3, 1944–49
Rössler, O., Die Weltsäule im Glauben und Gebrauch der Kanarier, in: Archiv für Religionswissenschaft, Bd. 37, 1941
Roscher, W. H., Lexikon der griechischen und römischen Mythologie, Leipzig 1884ff.
Saxo grammaticus, Dänische Geschichte, übertragen von P. Herrmann, Leipzig 1901
Schachermeyr, F., Rasse und Kultur im minoischen Kreta, in: Wörter und Sachen, 1939/40
– Wanderungen und Ausbreitung der Indogermanen im Mittelmeergebiet, in: Germanen und Indogermanen, Festschrift f. H. Hirt, 1936

Schadewaldt, W., Der Gott von Delphi und die Humanitätsidee, Pforzheim 1965
– Hellas und Hesperien, Herausgez. z. 60. Geburtstag von W. Schadewaldt von Kl. Bartels, Zürich-Stuttgart 1960
– Von Homers Welt und Werk, Stuttgart 1965
Schäfer, H., Amarna, in: Religion und Kunst 1931
Schätze unterm Schutt, Mesopotamien, Ägypten, Griechenland, Rom, versch. Autoren, Stuttgart 1930
Scheffer, Th. v., Hellenische Mysterien und Orakel, Stuttgart 1940
Scheltema, A. v., Die Kunst der Vorzeit, Stuttgart 1950
Schindler, R., Zwei vorchristliche Jahresteilungen im deutschen Bauernkalender, in: Germanien 1940, Heft 11, und 1941, Heft 4/5
Schlette, F., Germanen zwischen Thorsberg und Ravenna, Leipzig-Jena-Berlin 1980
Schliephacke, B. P., Gilgamesch sucht die Unsterblichkeit, München 1948
Schlötermann, H., Religionen der Völker, Mannheim 1954
Schloz, W. und Laiblin, W., Vom Sinn des Mythos, Stuttgart 1936
Schmidt, F. H., Osterbräuche, Leipzig 1936
Schmidt, O., So zum Tanze führ ich dich, Deutsches Volksgut im Heimattanz, Berlin 1936
Schöll, H. Ch., Die Drei Ewigen, Jena 1936
Schott, S., Die Vertreibung der Libyer und der Ursprung der ägyptischen Kultur, in: Paideuma 4, 1950
Schreiber, H. u. G., Throne unter Schutt und Sand, tb. Würzburg 1965
Schröder, F. R., Ingunar-Freyr, Tübingen 1941
– Skadi und die Götter Skandinaviens, Tübingen 1941
Schuchardt, C., Alteuropa, 4. Aufl., Berlin 1941
– Die Burg im Wandel der Weltgeschichte, Potsdam 1931
– Deutsche Vorgeschichte in Bildern, München-Berlin-Oldenburg 1936
– Vorgeschichte von Deutschland, München-Berlin 1934
Schulten, A., Tartessos, Hamburg 1950
Schultz, W., Altgermanische Kultur in Wort und Bild, München 1935
Schwab, G., Die schönsten Sagen des klassischen Altertums, 3 Bände, Gütersloh 1862
Schwabedissen, H., Wie datiert man die Vorzeit? Vortrag Südd. Rundfunk, Heidelberg 14. 1. 1968
Schwantes, G., Die Vorgeschichte von Schleswig-Holstein, Neumünster 1939
Seemann, O., Kleine Mythologie der Griechen und Römer, Leipzig 1874
Seitz, F., Die Irminsul im Felsenrelief der Externsteine, Pähl 1956
Siebs, Th., Der Gott Fosite und sein Land, in: Beiträge z. Geschichte d. deutschen Sprache u. Literatur, Band 35, 1909
Spanuth, J., Das enträtselte Atlantis, Stuttgart 1953
– Und doch Atlantis enträtselt, Stuttgart 1955
– Atlantis, Tübingen 1965
– Die Atlanter, Tübingen 1976
– Die Philister, das unbekannte Volk, Osnabrück 1980
– Germanische Entwicklungshilfe für Israel, in: Deutschland in Geschichte und Gegenwart, Heft 4/5, Tübingen 1981

Sprockhoff, E., Zur Entstehung der Germanen, in: Germanen und Indogermanen, Festschrift f. H. Hirt 1936
– Die nordische Megalithkultur, Handbuch der Urgeschichte Deutschlands, Berlin-Leipzig 1938
Stichtenoth, D., Abalus und die Nertusinsel, in: Zeitschrift für deutsches Altertum, Wiesbaden 1955–56
Strasser, M., Völker und Kulturen von Urbeginn bis heute in vergleichender Darstellung, Stuttgart 1935
Ströbel, R., England und der Kontinent in vor- und frühgeschichtlicher Zeit, in: Germanenerbe 1940, Heft 11/12
Stumpfl, R., Kultspiele der Germanen als Ursprung des mittelalterlichen Dramas, Berlin 1936
Sutcliff, R., Scharlachrot (Bronzezeit-Roman), Gütersloh 1961
– Der Adler der Neunten Legion (Jugendroman), Stuttgart 1964
– Das Stirnmal des Königs (Jugendroman), Stuttgart 1969
Tacitus, C., Sämtliche Werke (deutsch), Wien 1935
Teudt, E., Germanische Heiligtümer, Jena 1929
Thule. Altnordische Dichtung und Prosa, Band 1, 2, 13, 14, 15, 16, 17, 18, 20, 22, Neuauflage 1963–1965
Trent, Th., Atlantis – versunkene Welt, Göttingen o. J.
Uehli, E., Atlantis und das Rätsel der Eiszeitkunst, Stuttgart 1957
Usener, H., Götternamen, Bremen 1896
Verhagen, B., Ein König in Atlantis (Atlantis-Roman), Tübingen 1980
– Rückkehr nach Atlantis (Atlantis-Roman), Tübingen 1982
Volta, G. G., Die Westgoten, Berg/Starnberger-See 1979
Wahle, E., Deutsche Vorzeit, Tübingen 1950
Webster, T. B., Von Mykene bis Homer, übers. v. E. Doblhofer, München-Wien 1960
– Die Nachfahren Nestors, übers. v. E. Doblhofer, München-Wien 1961
Weigel, K. Th., Lebendige Vorzeit rechts und links der Landstraße, Berlin 1940
Weinert, H., Stammesentwicklung der Menschheit, Braunschweig 1951
Weitnauer, A., Keltisches Erbe in Schwaben und Baiern, Kempten 1965
Weissweiler, J., Das altorientalische Gott-Königstum und die Indogermanen, in: Paideuma 3, 1948
Wiesner, J., Alt-Kreta und seine Kunst, in: Die Karawane, Heft 3–5, Jahrgang 1964–65
– Die Kunst des alten Orient, Ullstein-Kunstgeschichte, Frankfurt-Berlin 1963
– Die Thraker, Stuttgart 1963
– Frühzeitliche Tierbilder in Alteuropa und im Alten Orient, in: Forschungen und Fortschritte, Bd. 7/131, 1942
Wilke, G., Die Zahl dreizehn im Glauben der Indogermanen, in: Mannus Bd. 10, 1918
Wirth, H., Die urreligionsgeschichtliche Gemeinschaftsgrundlage von Europa und Ägypten, Europa-Korrespondenz, Wien 1957
Wirth, W., Die Volute, in: Antaios, Stuttgart 1965
Witter, W., Woher kam das Zinn in der frühen Bronzezeit? in: Mannus 28, 1962
Wölfel, D., Die Religion des vorindogermanischen Europa, in: Paideuma 1950
Wolfram, R., Tänze der Germanen, in: Germanien 1938, H. 5

Wolters, F., und Petersen, C., Die Heldensagen der germanischen Frühzeit, Breslau 1922
Wolzogen, H. v., Die Edda, 1876
Wunderlich, H. G., Wohin der Stier Europa trug, Reinbek bei Hamburg 1972
Zimmermann-Ost, E., Färöer, die unbekannten Inseln, Stuttgart 1938
Zotz, L. E., Vormenschen, Urmenschen und Menschen, Stuttgart 1949

Personen- und Sachverzeichnis